富媒体 智能化
高等教育财经类核心课程系列教材
高等院校应用技能型精品规划教材

组织行为学

Organizational Behavior

理论 · 实务 · 案例 · 实训

李 贺 ◎ 主编

上海财经大学出版社

图书在版编目(CIP)数据

组织行为学:理论·实务·案例·实训/李贺主编.—上海:上海财经大学出版社,2021.3

高等教育财经类核心课程系列教材

高等院校应用技能型精品规划教材

ISBN 978-7-5642-3692-2/F·3692

Ⅰ.①组… Ⅱ.①李… Ⅲ.①组织行为学-高等学校-教材 Ⅳ.①C936

中国版本图书馆 CIP 数据核字(2021)第 022297 号

□ 责任编辑 黄 荟

□ 封面设计 贺加贝

组织行为学

——理论·实务·案例·实训

李 贺 ◎主编

上海财经大学出版社出版发行

(上海市中山北一路 369 号 邮编 200083)

网 址:http://www.sufep.com

电子邮箱:webmaster@sufep.com

全国新华书店经销

上海叶大印务发展有限公司印刷装订

2021 年 3 月第 1 版 2021 年 3 月第 1 次印刷

787mm×1092mm 1/16 16.5 印张 422 千字

印数:0 001—3 000 定价:48.00 元

前 言

组织行为学(Organizational Behavior)属于理论性较强的基础课程,以古典管理理论和行为科学为两大支柱。本书的编写贯彻“准、新、实”三个特点:“准”,即准确地讲授概念和理论;“新”,即把组织行为学的最新研究成果呈现在读者面前;“实”,即学以致用,研究一定量的案例,引导读者在应用上下功夫,特别是探讨在中国的环境下应用的规律。本书紧紧围绕应用技能型人才培养目标和培养模式,理论联系实际,注重学生应用能力、实践能力和创新能力的培养。全书吸收了国内外理论与实践的最新成果,较系统地阐述了组织行为学的基本理论、基本知识和基本实践。我们组织了“双师双能型”教师和校企合作单位,结合高等院校和应用技能型院校的教学特色编写了本书。

《组织行为学——理论·实务·案例·实训》教材把知识点、能力要素落实到具体内容中,实现了课堂教学与应用零距离对接,并兼顾“就业导向”和“生涯导向”,紧紧围绕中国“经济发展新常态”下高等院校和应用技能型人才培养的目标,依照“原理先行、实务跟进、案例同步、实践到位”的原则,全面展开课程的概念,坚持创新创业和改革的精神,体现新的课程体系、新的教学内容和教学方法,以提高学生整体素质为基础,以能力为本位,兼顾知识教育、技能教育和能力教育,力求做到:从项目引导出发,提出问题,引入概念,设计情境,详尽解读。

本教材共涵盖12个项目、42个任务。在结构安排上,以基于工作过程为导向构建教材体系,采用“项目引领、任务驱动、实操技能”的编写方式,力求结构严谨、层次分明。在表述安排上,力求语言平实凝练、通俗易懂。在内容安排上,尽可能考虑到财经类专业不同层次的不同需求,每一个项目都设有“知识目标”“技能目标”“素质目标”“项目引例”“知识精讲”“同步案例”;项目后编排了“应知考核”(包括单项选择题、多项选择题、判断题、简述题)、“应会考核”(包括观念应用、技能应用、案例分析)、“项目实训”(包括实训内容、实训目标、实训组织、实训成果)。课后的项目练习结合每个项目的实际工作技能要求而编写,以使读者在学习每一项目内容时做到有的放矢,增强学习效果。

作为普通高等教育应用技能型财经类核心课程系列教材,本书具有以下特色:

1. 内容全面,体系规范。作为教科书,本教材把握改革脉搏,吸纳了企业最新理论和最新案例,体现深化企业改革中出现的最新机制和做法,将学生的学习与现实的形势紧密结合起来,以适应现代企业组织工作和参与各项组织改革与发展的实践。

2. 结构新颖,栏目丰富。为便于读者学习,本书力求在结构上有所突破,激发读者的学习兴趣和学习热情。每一项目的开篇有清晰的“知识目标”“技能目标”“素质目标”“项目引例”,项目后编排了“应知考核”“应会考核”“项目实训”,以呼应本书的实践性、应用性特色。

3. 与时俱进,紧跟政策。注意吸收国内外企业研究和实践的最新成果,并结合作者的教研实践和教研成果,加入作者对现实企业生活的理解。不仅介绍一般的理论方法,还特别注重理论在实际中的应用和有关案例的拓展。

4. 学练结合,学以致用。鉴于课程的理论性和应用性的特点,为了便于及时复习所学的知识内容,提高学习效率,在课后安排了应知考核、应会考核、项目实训,主要引导学生“学中做”和“做中学”,一边学理论,一边将理论知识加以应用,实现理论和实训一体化。

5. 校企合作,接近实际。为培养应用技能型人才,践行知行合一,推动校企共同修订培养模式,促进校企共同开发课程、共建实训培训,发展创新创业教育、开展校企合作育人,对接最新职业标准、行业标准和岗位规范,组织开发和修订校企一体化教材,包括融合职业岗位所需知识、技能和职业素养的人才培养方案和课程标准。

6. 教辅资源,配备齐全。为了配合课堂教学,编著者精心设计和制作了教师课件 PPT、习题参考答案、课程教学大纲、配套实验课程大纲、配套习题、模拟试卷等实现网上运行,充分发挥网络课程资源的作用,探索课堂教学与网络教育有机结合的新途径,教师可加入 QQ 交流群 839697807。

本教材由李贺主编,赵昂、李明明、李虹、美荣、李林海、王玉春、李洪福负责全书教学资源包的制作以及写作过程中的资料收集整理。本教材适合会计、财务管理、审计、资产评估、工商管理、金融学、财政学、国际经济与贸易、物流管理、劳动保障、市场营销、人力资源等财经类专业方向的高等教育和应用技能型院校使用,同时也可作为企业管理等相关人员的参考资料。

本书得到了出版单位和校企合作单位的大力支持,以及参考文献中的作者们的贡献,谨此一并表示衷心的感谢!本书在编写过程中参阅了参考文献中的教材、著作、法律、法规、网站等资料,由于编写时间仓促,加之编者水平有限,难免存在一些不足之处,恳请专家、学者批评指正,以便我们不断更新、改进与完善。

内容更新与修订　　**试卷样例**

编 者
2021 年 3 月

目　录

前言 ………………………………………………………………………… 001

项目一　组织行为学导论 ……………………………………………… 001
任务一　组织行为学概述 ……………………………………………… 002
任务二　组织行为学的产生、发展与挑战 ………………………… 005
任务三　组织行为学的研究方法 …………………………………… 010
应知考核 ……………………………………………………………… 013
应会考核 ……………………………………………………………… 014
项目实训 ……………………………………………………………… 016

项目二　人性 …………………………………………………………… 017
任务一　人性概述 ……………………………………………………… 017
任务二　人性假设 ……………………………………………………… 025
任务三　人性假设的应用 ……………………………………………… 031
应知考核 ……………………………………………………………… 035
应会考核 ……………………………………………………………… 036
项目实训 ……………………………………………………………… 038

项目三　认知 …………………………………………………………… 040
任务一　知觉概述 ……………………………………………………… 041
任务二　归因概述 ……………………………………………………… 049
任务三　认知的应用 …………………………………………………… 052
应知考核 ……………………………………………………………… 055
应会考核 ……………………………………………………………… 056
项目实训 ……………………………………………………………… 058

项目四 个性 …… 060
任务一 个性概述 …… 061
任务二 气质概述 …… 063
任务三 性格概述 …… 067
任务四 能力概述 …… 069
任务五 价值观概述 …… 072
任务六 个性的应用 …… 073
应知考核 …… 078
应会考核 …… 079
项目实训 …… 081

项目五 态度、情绪和压力 …… 083
任务一 态度概述 …… 084
任务二 情绪概述 …… 087
任务三 压力概述 …… 090
任务四 态度、情绪和压力的应用 …… 093
应知考核 …… 099
应会考核 …… 101
项目实训 …… 103

项目六 激励 …… 104
任务一 激励概述 …… 105
任务二 激励理论 …… 107
任务三 激励的应用 …… 116
应知考核 …… 120
应会考核 …… 121
项目实训 …… 123

项目七 群体 …… 125
任务一 群体概述 …… 126
任务二 群体行为分析 …… 128
任务三 群体的应用 …… 132

应知考核 …… 140
应会考核 …… 141
项目实训 …… 143

项目八 人际关系 …… 145
任务一 人际沟通概述 …… 146
任务二 人际沟通的方式和网络 …… 149
任务三 有效沟通 …… 153
任务四 人际策略 …… 158
任务五 人际关系的应用 …… 162
应知考核 …… 168
应会考核 …… 169
项目实训 …… 170

项目九 团队 …… 172
任务一 团队概述 …… 172
任务二 团队的应用 …… 176
应知考核 …… 180
应会考核 …… 182
项目实训 …… 183

项目十 领导 …… 185
任务一 领导概述 …… 186
任务二 领导理论 …… 189
任务三 领导的应用 …… 199
应知考核 …… 203
应会考核 …… 204
项目实训 …… 207

项目十一 组织 …… 210
任务一 组织概述 …… 211
任务二 组织结构 …… 217

任务三 组织变革 …… 220
任务四 组织发展 …… 226
任务五 组织的应用 …… 227
应知考核 …… 231
应会考核 …… 232
项目实训 …… 234

项目十二 组织文化 …… 237
任务一 组织文化概述 …… 238
任务二 组织文化的应用 …… 243
应知考核 …… 249
应会考核 …… 250
项目实训 …… 253

参考文献 …… 255

项目一

组织行为学导论

○ **知识目标：**

理解：组织行为学的概念和特征；组织行为学的学科性质。

熟知：组织行为学的产生、发展与挑战；组织行为学的研究方法。

掌握：组织行为学研究的对象；组织行为学研究的内容；组织行为学形成的理论基础。

○ **技能目标：**

能够结合组织行为学的研究方法，分析和解决现实中组织存在的问题。

○ **素质目标：**

运用所学的组织行为学导论知识研究相关事例，培养和提高学生在特定业务情境中分析问题与决策设计的能力；结合行业规范或标准，运用知识分析行为的善恶，强化学生的职业道德素质。

○ **项目引例：**

七个人分粥的故事

从前，有七个人住在一起，每天共喝一桶粥，每天都不够喝。一开始，他们抓阄决定谁来分粥，每天抓一次阄。于是每周下来，他们只有一天是饱的，就是自己分粥的那天。后来，他们推选出一个道德高尚的人来分粥。“强权”就会产生“腐败”，大家开始挖空心思去讨好他、贿赂他，搞得整个小团体乌烟瘴气。然后，大家开始组成三人的分粥委员会和四人的评选委员会，互相攻击、扯皮，导致粥吃到嘴里全是凉的。最后，他们想出一个办法：轮流分粥，但分粥的人要等其他人都挑完后拿剩下的最后一碗。为了不让自己吃到最少的，每人都尽量分得平均，就算不平均，也只能认了。这样一来，大家快快乐乐、和和气气。

引例感悟：管理者的主要职责就是建立一个像“轮流分粥，分者后取”那样合理的游戏规则，让每名员工按照游戏规则自我管理。游戏规则要兼顾企业利益和个人利益，并且要让个人利益与企业整体利益统一起来，实现责、权、利三者的完美结合。缺乏责任，企业就会产生腐败，进而衰退；缺乏权力，管理者的执行就变成废纸；缺乏利益，员工的积极性就会下降，消极怠工。因此，企业应该首先建立起一个“责、权、利”完美结合的平台，形成一个相对公平合理的管理机制，只有这样，才能充分调动员工的积极性，使其各显其能。

○ **知识精讲：**

任务一　组织行为学概述

一、组织行为学的概念和特征

（一）组织行为学的概念

组织行为学（Organizational Behavior）是行为科学在管理领域中的应用。多数学者认为，行为科学是运用科学的观察、实验、调查、测验等实证研究方法，去研究人的行为规律及其应用的跨学科、综合性、边缘性的学科群，而不是一个独立的学科。广义的行为科学包括心理学、社会学、文化人类学、政治学、经济学、教育学、法律学、生理学等与人类行为有关的学科。狭义的行为科学包括心理学、社会学、文化人类学三个学科，后来就称为“组织行为学”。特别是心理学的发展，为组织行为学发展和壮大作出了巨大贡献。

在20世纪50年代的美国心理学界出现了“组织心理学”这一概念，也有人称之为管理心理学、工业与组织心理学等，主要是运用心理学原理去探讨组织管理中人的心理与行为规律，它受到了管理学界的重视，逐渐成为现代管理科学中的一个重要学派和学科分支，称为“组织行为学”。

我们认为，组织行为学是研究组织管理活动中人的心理与行为发生、发展与变化规律，并依据这一规律采取相应的管理措施，充分调动员工工作积极性，提高组织管理活动效率的学科。因此，我们也可以说，组织行为学是吸收、运用各相关学科（包括心理学、社会学、人类学、政治学及其他涉及管理的学科）的理论、方法，探讨组织中个体、群体、组织、领导的心理和行为活动规律，说明如何通过调整人际关系、激励动机、提高领导水平和领导艺术、增强组织凝聚力等手段，来协调人—人系统，并以此来改善组织活动的有效性、提高工作绩效的学科。

（二）组织行为学的特征

（1）组织行为学是一门综合性的学科，它综合运用了心理学、社会学、人类学、生理学、生物学，还有经济学、政治学等学科有关人的行为的知识与理论，来研究组织中的人的行为规律。

（2）组织行为学涉及三个重要的方面，即个体、群体和组织。对他人行为的了解，主要是通过观察获得的。观察者运用自己的眼、耳、鼻、舌、皮肤等，直接观察人的行为，或者采用录像机和摄影机等现代科技手段协助观察。通过对外在行为的分析，推测人的内在心理状态。

个体是组织的基石，个体行为是组织行为的核心，研究组织行为的规律性，首先要研究个体是如何影响组织的，同时要研究组织通过什么来影响个体的态度、价值观、积极性及满意度，个体差异又如何影响其行为和工作绩效。群体是介于个体与组织之间的一级组织，它是个体直接工作的地方，个体对组织和社会的贡献是通过群体实现的。

（3）组织行为学的研究与学习目的，是在掌握组织中人的心理和行为规律的基础上，正确认识人的行为、理解人的行为、预测人的行为、引导人的行为、控制或改变人的行为，以便调动人们的积极性和创造性，提高组织工作绩效。通过科学的测试手段，对组织成员的心理素质及各方面的能力进行诊断，做到了解自己、完善自己，了解他人、理解他人、激励他人。

二、组织行为学研究的对象

组织行为学的研究对象不应该是人类某一实践领域中人的行为的特殊规律，而应该是人类组织管理活动中人的行为活动发生和发展的一般规律。因此，组织行为学的研究对象是组织中人的行为发生、发展与变化的一般规律，这里的组织包括企业、学校、医院、军队等所有的组织。这样就形成了组织行为学的不同应用分支学科，如企业组织行为学、学校组织行为学、医院组织行为学、商业组织行为学等。这些应用分支学科都是组织行为学的一般原理在各个实践领域的应用中逐渐发展形成的。具体而言，组织行为学要研究两个方面的问题：一方面要研究工作组织对其成员工作行为的影响，如工作组织对成员观察事物的方法、工作态度和行为方式的影响；另一方面要研究工作组织成员的行为方式及其绩效对整个组织工作效率和绩效的影响。

三、组织行为学研究的内容

一般而言，组织行为学的研究内容包括个体、群体和组织，其中领导的内容渗透在个体、群体和组织三个层面中。因此，组织行为学的研究内容可以概括为四个方面：

（一）个体行为

无论是什么样的组织都离不开每一个具体的人的活动，所以，组织中的个体心理与行为是组织行为学的主要研究对象之一。为此，关于个体心理与行为的知识构成了组织行为学知识体系中的重要内容。属于个体心理与行为的内容主要有人的需要、动机、态度、激励等。其中，激励个体行为积极性的理论与实践是个体心理与行为研究的核心内容，在组织行为学的理论体系中占有重要地位。

（二）群体行为

组织管理活动离不开个体的心理与行为活动，而在实践中，每一个个体不可能孤立地存在和活动，众多的个体组成各种各样的群体，例如项目小组、科室、教研室等。研究群体行为，使群体具有更高的活动效率，取得更好的活动效益，是组织行为学研究的又一项基本内容。属于群体行为的内容主要有群体活动的内在机制、正式群体与非正式群体关系的和谐、团队建设等。

（三）领导行为

在组织管理中，领导者处于关键地位，他们的心理与行为对组织的生存和发展具有更大、更直接的影响，而且他们受特殊地位、社会角色、职责与功能的影响，心理与行为具有一定的特殊性。因此，领导行为也是组织行为学研究内容的重要组成部分。属于领导行为的内容主要有领导理论的探讨、领导者的权力和影响力、领导者的选拔和培训以及领导艺术的提升等。

（四）组织行为

组织是一个内容很广泛的概念。工业企业、矿业企业、商业企业、学校、行政单位、事业单位等都是一个个组织。组织是由两个以上不同层次、不同职能的群体组成，并实现共同目标的大系统。组织管理活动是在组织活动中进行的。属于组织行为的内容主要有组织设计、组织变革与组织发展、组织文化建设等。

四、组织行为学形成的理论基础

（一）心理学

一般来讲，人的行为是外显的，人的心理活动是内省的，而人的全部行为是受心理活动支配的，要研究组织中人的行为规律，就必须以心理学作为理论依据，因为心理活动和心理特征是人们产生行为的重要原因和内在动力。心理学是研究人的心理现象及其规律的科学。所谓心理现象的规律,包括心理活动的规律和心理特征的规律两个部分。

(二)社会学和人类学

人的心理既是脑的机能的反映,又是客观现实的反映,人的心理活动既受个体生理因素的影响,更受社会环境的制约和影响。因此,个体心理学和社会心理学构成了心理学的两大支柱,在此基础上,根据心理学研究的实践领域和具体内容的不同,派生了心理学的各个分支,如工业心理学、军事心理学、教育心理学等,在心理学研究比较发达的国家,心理学的分支有 40 多个。

(三)管理学

现代管理高度重视对人的管理,而对人的管理主要是对人的心理与行为的管理。从学科研究的对象、任务和内容来区分,心理与行为管理正是组织行为学研究的课题和核心内容。所以,心理与行为管理这个核心问题,既是组织行为学与管理学的学科交叉点,又是组织行为学的生长点。

(四)政治学、伦理学、生物学、生理学

政治学中的权力与冲突,伦理学中的道德规范,生物学和生理学中的生物节律、体力、智力与情绪等都会影响人的行为。

组织行为学需要运用上述学科的知识来进一步研究组织中人的心理与行为,如表 1—1 所示。

表 1—1　　各学科主要影响和涉及研究领域

学　科	具体学科	主要影响和涉及研究领域
管理学	人力资源管理学	培训与开发、绩效管理、员工招聘与选拔、薪酬管理、劳资关系
	组织管理学	组织理论、组织技术、组织变革、组织文化
行为科学	心理学	激励、领导、知觉、个性、个体决策、工作满意度、态度、工作压力、工作设计
	社会学	群体动力、群体行为、团队建设、沟通、行为改变、态度改变、群体决策
	人类学	价值观比较、态度比较、跨文化研究、组织文化、组织环境
社会科学	政治学	冲突、组织内权力与政治
	经济学	领导有效性、工作绩效
	伦理学	激励、领导、沟通的伦理问题

五、组织行为学的学科性质

(1)组织行为学是一门交叉学科,它要吸收与运用多种相关学科的研究成果,用于研究组织中人的心理与行为规律。这些学科包括心理学、社会学、社会心理学、人类学、政治学及其他涉及管理的学科。

(2)组织行为学是一个研究领域,它是一个具有独立知识和技能的领域,它不是研究人的一切心理与行为,而只是研究在组织中人的工作行为的决定因素,包括个体、群体、组织和领导。

(3)组织行为学把研究个体、群体、组织和领导的心理与行为规律运用于组织实践中,以使组织的工作更有效率。它关心人们在组织中做什么，以及这种行为如何影响组织的绩效，它强调的是与管理有关的行为。

任务二　组织行为学的产生、发展与挑战

一、组织行为学的形成和产生

（一）组织行为学形成的历史背景

1. 资本主义社会生产力的推动

资本主义社会生产力的发展，客观上推动了组织管理实践的发展，为组织行为学的诞生注入了强有力的"助产剂"。随着资本主义社会生产力的发展，垄断进一步加强，在发达的资本主义国家推行了产业部门的企业合并，出现了大型的联合企业和垄断组织。这就使得企业和组织的规模日益扩大，管理的过程日趋复杂，商品市场的竞争也异常激烈，从而导致对管理水平与管理效益的要求越来越高。对于管理实践的发展提出的上述问题，古典管理理论已无法回答和解决，必然要求产生一种新的管理理论。所以，资本主义社会生产力的发展给重视人的因素和强调发挥人的积极性的组织行为学注入了强有力的"助产剂"，推动了组织行为学的诞生。

2. 资本主义生产关系中阶级矛盾的激化

在严酷的组织管理下，工人们整天围着机器疲于奔命，感到异常紧张、单调和劳累，精力消耗在亿万次简单重复与枯燥的操作活动中，身心健康受到了严重的损害。因此，这种管理方式日益激起工人的极大不满与强烈抵制。随着资本家对工人剥削的加剧，工人也日益觉醒，开始反抗资本家的剥削，并组织起来与资本家进行斗争，致使工人阶级与资本家之间的矛盾激化。这时，古典管理理论已不能满足资本家进行组织管理的需要。

3. 社会学、心理学的发展

社会学、心理学和行为科学等学科的发展为组织行为学的产生奠定了理论基础。

综上所述，组织行为学的产生是社会与历史发展的必然产物。

（二）组织行为学的产生

组织行为学的产生是组织演变、管理理论发展的必然结果，与工业心理学、管理心理学、组织心理学有着历史的渊源。

第二次世界大战前，美国将心理学用于工业，一直称之为"工业心理学"。1892 年，雨果・芒斯特伯格在哈佛大学创立了研究工业心理学的实验室，率先提出心理学能应用于工业以提高生产率。他的突出贡献在于，继泰勒之后对工业生产中劳动者的行为做了进一步的研究。20 世纪 20 年代，梅奥等人的"霍桑实验"在泰勒的科学管理之外开辟了组织管理研究的新领域。"人群关系理论"闻名于世，成为行为科学研究的先声。从此，管理者更关注并致力于对人的行为研究，自然科学和社会科学方面不断取得的成果又促进了对这一问题的研究进程，从而在一次跨学科的研究讨论会上，经过对这一学科问题的讨论，正式把这门综合性极强的学科定名为"行为科学"。

20 世纪 60 年代中叶后，行为科学的又一个重要发展方向是对组织行为的研究，主要论述企业性组织中人和群体的行为。该研究既注意人的因素，又注意组织的因素，因此在一定

意义上是人群关系学派和组织理论的综合。最近20年来,行为科学主要是围绕着组织行为的一些课题发展的,因而目前比较流行把该学科称为“组织行为学”。

二、组织行为学的发展

组织行为学是随着组织的演变、管理理论的发展而产生和发展的。这个发展过程实质上是组织行为的研究探索的过程,是组织管理理论与人力资源学理论、权变理论、组织文化理论不断融合的结果。

(一)行为科学理论阶段

行为科学理论包括对人际关系理论、个体行为理论、团体行为理论、组织行为理论等不同阶段和不同层次的研究。

人际关系理论的要点是:人是社会人;企业不但存在着“正式组织”,还存在着“非正式组织”;新的领导能力在于提高职工的满意度。

(二)人力资源学派的出现

20世纪50年代后期,美国出现了经济衰退;与此同时,美国阿波罗登月计划的实现,又标志着科学技术的迅猛发展。员工的需要和期望在发生着巨大的变化。此时,心理学界对人的动机、需要、群体动力等的研究也趋于深化。这些客观因素都促使行为科学家重新探讨激励员工积极性的途径。于是,一个新的学派——人力资源学派——产生了。

人力资源学派理论认为,组织中发生的种种问题的根源在于没有能够发挥职工的潜力。该学派的主要代表人物是阿吉里斯和麦格雷戈。阿吉里斯在1957年发表的《个性与组织》中呼吁管理者从组织上进行改革,鼓励员工多负责任,让他们有成长和成熟的机会。1960年,麦格雷戈在《企业的人性面》中总结了人性假设理论——X理论、Y理论。他认为,现代组织的管理者应该让员工负更多的责任,发挥他们的潜力。如果这样做,将会如发现原子能那样,开发出难以想象的人力资源。

(三)权变观点的影响

在人力资源学派理论发展的过程中,权变理论逐渐进入了管理领域。权变理论认为,管理的对象和环境总是处于复杂的变化中,所以对于管理问题的处理,不存在一个简单的、普遍适用的方案。人们必须按照管理对象和环境的具体情况,选择具体的对策。

组织行为学理论吸收了权变理论的观点,认为遵循权变理论并不等于没有理论,而是告诉人们怎样从错综复杂的情境中寻找关键性变量,然后找出变量之间的因果关系,从而针对一定的情境使用一定的对策。

(四)组织文化研究的兴起

第二次世界大战后,日本经济奇迹般地迅速崛起并对美国经济构成强大威胁,引起了管理理论界的关注。学者们研究后认为,如果说美国企业的管理相对来讲比较注重“硬”的一面,即强调理性管理;那么日本企业在兼顾“硬”的方面的同时,更注重管理“软”的方面,即企业管理中的文化因素。

该时期代表性的研究成果有:劳伦斯·米勒的著作《美国企业精神》;美国学者希克曼和施乐在著作《创造卓越》中提出的“战略—文化结合模式”。

此时,组织行为学开始进入深入研究阶段。理论研究者们认为,“软”管理的核心是对人的管理,爱护人才,发现人才,调动人的积极性和创造性,并与硬性管理相结合,才能使组织成功制胜。组织文化理论与实践是对传统管理模式的突破和超越，是管理理念的又一次重大转变，也是现代管理理论发展的必然趋势。

同步案例 1—1　　　　该不该扣“小团伙”帽子

背景与情境：某学校有三位青年教师同时进入该校工作，同住一间集体宿舍，业余时间关系密切，引起学校里一些人的议论。一次，学校定于晚上召开全体教师大会，三位青年教师为看一场难得的音乐会而分别请假。这件事情让学校领导产生了不同意见。一种意见认为，学校要形成良好的教师集体，就要制止这种“小团伙”的发展，要严肃处理这次会议请假事件；另一种意见认为，不能扣“小团伙”的帽子，支部应通过适当方式对他们进行帮助教育。

问题：

(1)如何看待三位青年教师的“小团伙”事件？

(2)如何看待上述两种处理意见？

案例精析：

(1)该校三位青年教师的交往不算反常，不能简单扣上“小团伙”的帽子。他们借故不参加全校教师大会而去听音乐会的行动是不正确的，应予以帮助教育。

(2)正式群体之中应该允许非正式群体存在，其对协调人际关系、满足成员需要有积极作用；非正式群体有积极型、消极型等不同类型，本案例不能简单扣上“小团体”或“小集团”帽子；对不同非正式群体应采取不同的指导方式，对积极型应支持鼓励，对消极型应引导转化。

三、组织行为学的新发展

(一)传统取向的组织行为学的新发展

传统取向的组织行为学的新发展主要表现在如下四个方面：

第一，组织变革已成为全球化经济竞争中组织行为学研究的首要问题。

第二，组织行为学强调对人力资源的系统开发。组织行为学更加关注研究管理者决策、技术创新和员工适应中必须具备的胜任素质，更加关注如何充分利用和开发人力资源。相应的组织行为学研究由原来的局部、分散转变为整体、系统。

第三，组织行为学研究更加关注国家目标。在跨国公司和国际合资公司的比较研究、科技投入的行为研究、失业指导研究、劳动力多元化研究、国家金融安全研究等方面，均取得了显著的经济效益和社会效益。

第四，组织行为学研究除秉承强调生产效率的传统外，更加关注工作生活质量。组织行为学认为，强调生产效率与强调工作生活质量并非相互排斥。如果工作生活质量不令人满意，就很难实现生产效率；相反，较高的生产效率是拥有改善生活质量所必需资源的先决条件。

(二)积极组织行为学的兴起

传统组织行为学更多地关注组织、团队、管理者和员工等负面障碍问题的解决，积极组织行为学的提出弥补了传统组织行为学的不足。

积极组织行为学的理论基础源于积极心理学的研究成果。西方积极心理学的发展始于20世纪60年代，到了20世纪90年代，有关积极心理学的研究成果大量涌现。受积极心理学的影响，鲁森斯提出“积极组织行为学”的概念。积极组织行为学是对积极心理品质和能力的测量、开发及有效管理的研究与应用，旨在提高个体、群体和组织的绩效。它强调积极心理品质和能力的可测量性、可开发性和绩效相关性。自我效能感、希望、乐观、主观幸福感和恢复力被认作积极组织行为学有关积极心理能力的典型代表。

根据美国学者安德鲁·J. 杜布林(A. J. Dubrin)的概念:组织行为学是系统研究组织环境中所有成员的行为的一门学科,以成员个人、群体、整个组织以及外部环境的相互作用形成的行为作为研究的对象。因此,组织行为学的应用重点是组织中管理者与被管理者之间、管理者之间、被管理者之间的行为关系,研究如何运用理论来指导实践,提高公司的管理绩效和员工满意度,激发个体的工作潜能,实现管理科学化。然而,世界经济环境的不断变化给组织行为学的发展带来了很多机遇的同时,也带来了一些挑战。

四、组织行为学面临的挑战

(一)"新组织"的兴起带来的挑战

随着知识经济的不断发展,一些新的组织如团队型组织、虚拟组织、学习型组织、扁平化组织、多元化组织、无边界组织、网络组织等也不断发展壮大起来。相对于比较固定的传统组织结构,在新型组织结构中,网络化大大优化了信息流程,使得组织结构越来越灵活多变,这样有利于加快上下左右信息传递的速度,有利于组织中个体之间的沟通,推动了组织从构筑明确性的组织边界转变为无边界管理或渗透边界管理。这些新型组织结构形式通过企业的组织重构简化内部组织结构,尤其是正式组织结构,弱化等级制度,促进组织内部信息的交流、知识的分享和每位成员参与决策过程,使得企业组织对外部环境的变化更敏感、更具灵活性和竞争实力。同时,由于技术进步的速度加快,竞争激烈,必然带来劳动力市场流动率的提高和员工忠诚度的减弱等,这样就必须要通过组织学习与界限管理,保证组织的核心竞争力,激发变革和创新;在持续提升核心竞争力的同时,舒缓员工的工作压力,改善其道德行为。

在新型的组织结构中,领导者的权威意识较之前有所淡化,员工的相对权利扩大。知识型员工正在崛起,他们具有较高的创造性、流动性和成就动机,其所从事的工作任务具有一定的复杂性,因而其个性和行为表现出了不同于传统组织环境下的特征。这些知识型员工对组织的依赖性降低,他们更看重工作的自主性而轻视来自组织的指令和管制,更看重工作的意义而不仅仅只是注重工作结果的关联性。新型企业领导的主要职能是使本组织适应新的现实环境并迎接所造成的价值挑战。这种新的领导将不再由一个"负责"的精英人物来担任,他将从每一个人内在的能力中产生,这种更加人性化的管理注重分权和劳动者自觉遵守纪律,工作从由一些重复性的行为构成变成由个体之间的相互交流构成,而工业时代强调集权和强制性的纪律的领导方式必然会引发组织内部的很多矛盾。

此外,相对于传统比较固定的组织结构,新型的组织结构更加注重对环境变化的适应能力,以提高自己的竞争能力和工作效率。那些依然只强调组织结构明确、稳定和角色可替换性的传统组织已不再适应时代的发展。既然现在组织行为学是一门应用性学科,就必须做出相应的变革,使得传统组织行为学的理论向研究比较开放的新型组织结构做出一定的转变。

(二)劳动力多元化带来的挑战

随着全球竞争的不断激化,一个组织不得不努力提高自己的生产率和产品质量以求得生存。然而,经济的全球化使得组织的劳动力、产品和资本市场也变得多元化,尤其是一些跨国公司,它们的成员大多来自不同的国家和民族,虽然不同的人在组织中多多少少会被自动同化,但员工是不可能把自己的价值观和生活方式完全置于一边的。因此,组织行为学的研究者在探索其发展时，需考虑到如何对不同国籍、宗教信仰、教育背景、生活习惯、思想需要的员工进行工作安排，以适应当前多变的工作环境和交际圈。当然，管理人员还需要改变自己的经营哲学，不仅要平等对待自己的员工，更需要承认差异化，并且能够对员工之间的差异化作出积极的反应，从而提高生产率，为自己的组织创造更高的价值。此外，制订针对性的薪酬、福利、培训计划，通过听取不同的观点来改善决策质量，对调动员工的积极性、提高组织的效率也是十分有效和必要的。

处于知识经济的新时代，知识的含量决定着大多数产品的真正价值，脑力劳动已上升为人类劳动的主要形式，这点从电子产品方面可以得到淋漓尽致的诠释。因此，如何提高劳动生产率不再成为一个很严峻的问题。但是，因劳动生产率的提高而引发的一系列社会问题（如失业、生产过剩、如何稳固社会财富的持续增长等）不得不成为学者和专家关注的焦点。由此，对组织行为学的研究应该更加注重人性的取向。

（三）提高劳动者的创造性和积极性

实践证明，适当地运用激励机制，可以从精神上、物质上引导员工充分发挥他们的劳动创造性和工作积极性，提高工作效率和工作效益，推进企业的可持续发展。韦尔奇一向很鼓励员工勇敢地展示自己，他说："我希望员工能够充分发挥潜能，提出他们的建议，而我会为他们提供各种资源。这样，员工们给我的将是许多建议和计划，我可能会说'我不喜欢这个想法，但这个主意非常好'，这样的交流更有创意。"然而，随着社会的发展、物质水平的提高，人们更多追求的是那些能够真正实现自身人生价值的成就感、有利于个人成长的挑战以及满足工作生活高质量需求的内在报酬。显然，传统经济时代只强调外在激励的政策已无法满足员工的需求，依据马斯洛的需要层次理论，激励必须考虑人的需要，别人需要什么，我们就给予什么样的激励，这样的激励才是真正有效的。

因此，管理者在管理中要正确认识被管理者的多层次需要，努力把管理的手段与员工的需要结合起来，有针对性地给予激励。一旦这种内在的激励对员工的思想意识产生影响，便会给整个组织带来意想不到的收获。

同步案例 1—2　　加薪之后，他们怎么了

背景与情境：有一天，副总经理对人事经理说："老王，自从上个月加薪及增加员工福利后，我想员工都很高兴吧！"王经理决定亲自调查员工的感受，以下是他的发现：

小钱说："在公司三年了，餐厅的菜几乎都没有变化，现在想到中午吃饭就觉得没胃口。"

老吴说："你看看我弯腰才能捡这些零件，一个月前就向领班建议装个料架，既可省掉无谓的动作，又免得我一直弯下身子，但一直没下文。"

阿洪说："厂内那么多员工，平时除了工作也没什么交谊的机会，都不知做什么，建议办些活动，但都被以各种理由打了回票。"

小力说："上次参加同学会，同学名片一拿出来就是经理、主管等，我在公司都七年了，好不容易才升到组长，名片实在不敢拿出来。更不服气的是，他们的薪水也不见得比我多。"

问题：

(1)如果你是王经理，该怎样回复副总经理？

(2)加薪这种奖励方式有什么不足？如何才能满足员工的不同需要？

案例精析：

(1)加薪解决不了员工面临的问题，大家意见很大，应该如实向上级反映，但副总经理显然认为加薪的作用很大，大家应该比较满意，所以在回复时要讲究方式方法。

(2)薪酬只是激励员工的一种方法，作用有限。激励措施的选取应从员工的需要出发，根据实际情况灵活采用不同的方式。

任务三 组织行为学的研究方法

学习组织行为学的研究方法，一方面，有助于管理者摆脱关于个体行为的直觉观点，学会系统地分析个体行为；另一方面，有助于提高管理者使用科学研究成果的意识，使其对相关理论有更深刻的认识和评价。

组织行为学领域常用的研究方法主要有实验法、调查法、观察法、心理测试法、案例研究法等，下面作简要介绍。

一、实验法

实验法是把研究被试置于设计好的情景中，研究者通过操纵自变量和无关变量，使被试的行为和心理产生变化，从而揭示自变量与因变量关系的研究方法。根据实验场地性质差异，实验法分为现场实验法和实验室实验法两种。

(一)现场实验法

现场实验法，是指研究者在真实的自然环境中，通过操纵某些自变量以观测因变量的变化，从而分析揭示变量间的因果关系。其优点是外部效度比较高，可以研究许多在实验室中无法开展的研究课题，并能够根据研究进展的具体情况及时调整；其不足之处是干扰条件不易控制，花费比较高。

(二)实验室实验法

实验室实验法，是指研究者在实验室中系统地通过操纵一个或几个自变量，以观察记录因变量变化结果，从而分析并探讨两者之间的因果关系。其优点是控制严谨，因此能够推论因果关系，而且遵照既定的实验程序去进行，结果容易重复验证；其不足的地方是实验情景与现实状况有所不同，因此研究所得结果不易推广到日常的生活中，外部效度较低。

二、调查法

调查法是研究者根据研究问题的性质，运用问卷、调查表、电话访问、面谈等工具，对特定人群进行调查，收集材料、进行统计分析，以研究被调查者的行为特征或规律。

例如，研究者设计了包括12个项目的调查问卷，调查大公司中管理者培训课程的内容。问卷连同一封解释研究性质和目的的说明书一起，寄给250家公司的人力资源部经理，其中155名经理完成了问卷调查。调查结果表明，最常见的培训方案是开发有效的授权技巧(占90%)和倾听技巧(占83%)。

以上即为一个典型的调查法。这种方法一定要借助问卷、调查表或访谈的形式收集信息和数据；这些问卷或调查表往往根据所要调查的人群的实际情况或研究者自己的兴趣，由研究者自行设计，或借用经专家设计的现场调查问卷；调查项目的设计要便于研究结果的量化、分析和总结；调查的样本要有代表性，才具有统计意义，研究者能够根据代表性样本推断出一般的特征和规律。

无论采取何种方式进行调查，研究者都必须遵循调查法的一般程序，包括明确具体的调查目的、制订调查方案和调查计划、搜集资料、整理和分析资料以及撰写调查报告等。

调查法比较经济而且可行，它只调查样本，而不必调查群体中的每个成员，因此减少了费用。此外，调查法为了解人们对具体问题和行为的看法提供了一条便利可行的途径，调查的数据比较易于量化，有助于快速收集大量资料。因此，在对组织行为的态势研究中，调查法是行之有效的研究方法之一。但是，它也存在潜在的不足。首先，问卷很少能够全部回收，低回收率带来的问题是：根据答复者得出的调查结论是否能推广到那些未被调查的群体？其次，通过调查的形式较易于了解到被调查者的态度或想法，却不易于了解其行为。再次，被调查者受到社会赞许性的影响，他们回答问题时为了求得某种安全感，会按社会的准则，而不是根据自己的标准，因此通过调查获得的结果的可靠性可能要打折扣。最后，被调查者常常出现自我保护倾向，例如，面对面谈话往往会给人增加心理负担，使人产生防御心理。

三、观察法

观察法是在自然条件下，如在正常的、真实的工作情景中，有目的、有系统地观察、研究对象，以获得数据、得出结论。如对领导的工作能力和工作风格等的研究，对员工的工作技能和工作压力等的研究，都可以用观察法。研究者在进行观察之前，必须明确了解“观察什么”“怎样观察”和“怎样记录”等问题，以便不失时机地捕捉到有关信息。

研究者运用观察法应注意以下几点：第一，进行有计划的观察。观察必须是有目的、有计划的观察，观察的目的是什么、从哪些方面观察、分哪些阶段观察、观察到何种程度都应在事先有周密的安排。第二，进行连续性、轮换性的观察。连续性观察是指对同一对象的同一问题要做多次观察。连续多次观察可以避免偶然性，获得具有稳定性的数据。轮换性观察是指对同一研究课题变换几次对象进行重复观察，以观察变换了的研究对象对同一课题是否有基本相同的心理或行为变化。第三，进行隐蔽性观察。研究者的观察活动力求不使被研究者觉察到，这样才能使被研究者的心理活动自然流露出真实的变化；否则，被研究者容易出现种种假象，即迎合心理或逆反心理。迎合心理是指被研究者出于“好心”而主动配合研究者的意图，故意表现出符合研究者主观愿望的心理变化；逆反心理则是被研究者出于“好奇”或反暗示，故意反常地表现出自己的心理活动。不管是迎合心理还是逆反心理，都不能反映被调查者真实的心理状态，从而使研究资料失去意义。隐蔽性观察如果在室内进行，可以装置里明外暗的观察室，研究者通过“观察窗”可以任意对研究对象的一言一行进行详细观察而不被本人觉察。如果研究对象在室外活动，研究者可以扮演团队成员，以掩盖其真实身份，从而获得可靠资料。

观察法的优点在于：研究者不对研究对象施加任何影响，不改变其活动进程，因此能够掌握研究对象的许多生动活泼的实际资料，其可靠性、可信度较高。观察法也有一定的缺点，即研究者对于被研究者的情况即使了解得很清楚，但任何个体和群体都有其独特性，因此很难把研究成果运用于其他的个体和群体中去。

总而言之，观察法是一种简便易行、行之有效的方法，如果能辅之以其他研究方法，如现场调查法，效果会更好。

四、心理测试法

研究中通过标准化的心理测试量表或精密的测量仪器来测量被试有关心理和行为的研

究方法,称为心理测试法。

在采用心理测试法时,研究者应该特别重视信度和效度这两个基本因素。信度是指一种测试所得的分数的稳定性或可靠性,即个人在同一测试上数次测量的结果的一致性。效度是指一种测试在测量欲测行为特征时所具有的准确度。一个测试的效度越高,即表示它所测结果越能代表所欲测行为的真正特征。在能力测试中,无论是性向测试还是成就测试,只有其所测得的结果符合该种能力测试的目的时,这种能力测试才能作为有效的测量工具。

五、案例研究法

案例研究法(Case Study Method)以某一典型个体、群体或单位为研究对象,进行深入、具体的研究,从中找出规律性,再推而广之。案例研究法由美国哈佛大学法学院首创。1870年,兰德尔出任哈佛大学法学院院长时,法律教育正面临巨大的压力:一是传统的教学法受到全面反对;二是法律文献急剧增长,这种增长首先是因为法律本身具有发展性,其次是在承认判例为法律的渊源之一的美国表现尤为明显。兰德尔认为,“法律条文的意义在几个世纪以来的案例中得以扩展。这种发展大体上可以通过一系列的案例来追寻”。由此揭开了案例法的序幕。

案例法在法律和医学教育领域中的成功激励了商业教育领域。哈佛大学洛厄尔教授在哈佛创建商学院时建议,向最成功的职业学院法学院学习案例法。1908年,案例法在哈佛商学院开始被引入商业教育领域。由于商业领域严重缺乏可用的案例,哈佛商学院最初仅借鉴了法律教育中的案例法,在商业法课程中使用案例法。由此,人们开始有针对性地研究和收集商业案例。

(一)案例研究设计

在进行案例研究设计过程中,研究者首先要分析案例研究的目的。研究者通过收集、整理数据得到指向这些问题的证据,并最终为案例研究做出结论。通过对以前相关研究资料的审查,提炼出更有意义和更具洞察力的问题。其次,研究者提出研究思路,研究思路可以来自现存的理论或假设。无论是建立新的理论还是对现存的理论进行检验,研究思路的提出都是必不可少的。再次,研究者需要确定分析单位。分析单位可以是个人、事件或一个实体,如非正式组织、企业、班组等。有时候,可以有主要的分析单位和嵌入的分析单位。最后,研究者需要确定连接数据及命题的逻辑。为了把数据与理论假设联系起来,在研究设计阶段,研究者必须对理论主张进行明确的表述。另外,研究者还要解释研究发现的准则。对于分析的结果,研究者可以针对研究的命题进行解释,以响应原来的理论命题。在案例研究设计阶段,研究者还要确定研究案例数量。

(二)选择案例

案例选择的标准和研究对象应与研究问题有关,从而使研究者获得对案例研究有意义的信息和数据。案例研究可以使用一个案例或多个案例。单个案例研究可以被用来构建新理论或挑战已有的理论。多个案例研究的特点在于它包括两个分析阶段:对单个案例的分析和案例之间的比较分析。前者是把每一个案例看成独立的整体进行全面的分析,后者是在前者的基础上对所有案例进行统一的抽象和归纳,进而得出更精辟的描述和更有力的解释。

(三)收集信息和数据

案例研究的信息和数据来源包括文件、档案记录、访谈(如开放式访谈和集中式访谈)、问卷调查、直接观察、实体的或是文化的人工制品(artifacts)。

(四)分析资料

资料分析通过检视、分类、列表以及其他方法重组证据,以探寻和研究初始命题。在分析资料之前,研究者需要确定自己的分析策略、分析的目的和对象。

(五)撰写报告

案例研究成果的表述形式具有很大程度的灵活性,并不存在标准或统一的报告格式。但在社会科学研究领域,常常会使用与案例研究过程相匹配的格式,从而使案例研究报告分为相对独立的几个部分:背景描述;特定问题、现象的描述和分析;分析与讨论;结论与建议。

(六)案例研究设计质量的指标

第一,效度(validity)是对所研究的概念形成一套正确的、可操作性的测量。在案例研究中,采用多种信息和数据来源,形成证据链,要求证据的提供者对案例研究报告草案进行检查、核实。效度分为内在效度和外在效度。内在效度(internal validity)仅用于解释性或因果性案例研究,不能用于描述性或探索性研究,是指从各种纷乱的假象中找出因果联系,即证明某一特定的条件将引起另一特定的结果。外在效度(external validity)是指建立一个范畴,把研究结果归纳于该类项下。案例研究策略即用理论指导单个案例研究,通过重复、复制的方法进行多个案例研究。

第二,信度(reliability)表明案例研究的每一步骤,例如资料的收集过程,都具有可重复性,还要保证重复研究能够得到相同的结果。

案例研究能够给研究者提供系统的观点,通过对研究对象进行直接的考察,研究者能够深入理解和分析思考。但是,案例研究也存在局限性:一是难以进行归纳。对案例研究的归纳带有一定的随意性和主观性。二是存在技术上的局限和研究者的偏见。案例研究没有一种标准化的数据分析方法,证据的提出和数据的解释带有可选择性,研究者在意见上的分歧以及研究者的其他偏见都会影响数据分析的结果。三是大量的时间和人力耗费。费时费力是案例研究的现实问题。

应知考核

一、单项选择题

1.(　　)是组织行为的核心。

A. 个体行为　　B. 群体行为　　C. 团队行为　　D. 管理行为

2. 人的需要、动机、态度、激励等属于(　　)内容范围。

A. 个体行为　　B. 群体行为　　C. 领导行为　　D. 组织行为

3. 激励、领导、沟通的伦理问题属于(　　)。

A. 人类学　　B. 政治学　　C. 经济学　　D. 伦理学

4. 激励、领导、知觉、个性、态度、压力属于(　　)。

A. 人力资源管理学　　B. 组织管理学　　C. 心理学　　D. 社会学

5. 研究者根据研究问题的性质,运用问卷、调查表、电话访问、面谈等工具,对特定人群进行调查,收集材料、进行统计分析,以研究被调查者的行为特征或规律,属于(　　)。

A. 实验法　　B. 调查法　　C. 观察法　　D. 心理测试法

二、多项选择题

1. 属于群体行为的内容主要有(　　)。

A. 群体活动的内在机制　　B. 正式群体与非正式群体关系的和谐

C. 团队建设　　D. 领导理论的探讨

2. 属于组织行为的内容主要有(　　)。

A. 团队建设　　B. 组织设计

C. 组织变革与组织发展　　D. 组织文化建设

3. 组织行为学领域常用的研究方法主要有(　　)。

A. 实验法　　B. 调查法　　C. 观察法　　D. 案例研究法

4. 社会学包括(　　)。

A. 群体动力　　B. 群体行为　　C. 团队建设　　D. 沟通

5. 组织行为学研究的内容包括(　　)。

A. 个体行为　　B. 群体行为　　C. 领导行为　　D. 组织行为

三、判断题

1. 组织行为学是行为科学在管理领域的应用。(　　)

2. 组织行为学涉及三个重要的方面,即个体、群体和组织。(　　)

3. 组织行为学的研究对象是人类某一实践领域中人的行为的特殊规律。(　　)

4. 根据实验场地性质差异,实验法分为现场实验法和实验室实验法两种。(　　)

5. 效度是对所研究的概念形成一套正确的、可操作性的测量。(　　)

四、简述题

1. 简述组织行为学的特征。

2. 简述组织行为学研究的内容。

3. 简述组织行为学的研究方法。

4. 简述组织行为学的学科性质。

5. 简述组织行为学的案例研究法。

应会考核

■ 观念应用

【背景资料】

王丽的烦恼

王丽从大学毕业,情绪高涨地开始了她的新工作——联想的销售代表。最初的几个月,她忙得不可开交,参加了大量的正式职业培训,了解她将负责销售的产品,还要费力去理解她那个高深莫测、性情多变的上司。

这天晚上,下班回家的王丽满心困扰,辗转难眠。几周来,她在工作中留意观察,许多问题萦绕脑海:为什么一些同事会比另一些更加成功?在主要用电脑来交流的今天,当我们走出家门、进入工作时,怎样才能像一个团队一样共同合作?怎样才能学会应付完成销售额的压力?当我叫同事李华帮忙的时候,他为什么不跟我合作?为什么经理征询我的意见,但随后又不理睬我的建议？新的联想文化和旧的有什么差别？它为什么总在不停地变化？……

【考核要求】

王丽为什么感到困扰？你能给她一些意见吗？

■ 技能应用

顾客的个人隐私你泄露了吗？

双击公司(DoubleClick)是一家在线广告网络公司，最近陷入了隐私争议。公司一直在收集数百万网络浏览者的习惯数据，调查他们所访问的网络和点击的广告。双击公司强调这些记录是匿名的，只是为了更好地将广告和网民进行匹配。后来，公司宣布它将在数据库中增加名字和地址，但对在线隐私感到担心的公众迫使它撤回了这一做法。

双击公司不是唯一一家在互联网上收集个人数据的企业。在雅虎注册的顾客需要提供生日等个人信息，亚马逊、eBay和其他网站也在收集个人信息。随着互联网使用的增加，已经有调查表明，人们开始担心哪些信息被收集和哪些人获得了这些信息。

【技能要求】

1. 本案例中存在哪些道德伦理问题？
2. 试对上述问题作出你的善恶研判。
3. 通过网络或图书馆调研等途径收集你作善恶研判所依据的行业规范。
4. 请对网络时代个人隐私的保护作出评价。

■ 案例分析

【情境与背景】

Great Plain Software 公司

位于北达科他州法戈市的 Great Plain Software(GPS)公司，是一个成功的案例。公司于1983年成立，时至今日拥有2 200名员工，销售额为1.95亿美元，最近又从微软获得了10亿美元的销售额。管理层把公司的成功归因于"员工第一"的企业战略。

该公司首席执行官邓·伯格姆(Doug Burgum)说，企业的成长与成功可以归因于三项指导原则：第一，把公司建设成一个员工不愿意离开的理想工作场所，人们会主动上门来参加工作；第二，给所有层级上的员工工作自主权；第三，让员工成长，包括专业技术方面和个人发展方面。

GPS公司都做了些什么来促进"员工第一"的企业文化？管理者指出，一是组织结构，二是激励措施，三是对员工的承诺来帮助员工开发自己的技能和领导力。该公司是扁平的组织结构，垂直层级最少化，主要以团队为单位完成工作，在这里没有传统的职位配置(如高层管理者的停车位，或拐角的办公室)。激励措施包括员工参股方案、随意的着装标准、儿童入托服务、课外学习课程(包括方方面面，从有氧健身到个人理财)。不过，令管理层最骄傲的还是他们对于员工开发的承诺。公司为员工提供了一长串的培训和教育机会，而且都利用工作时间进行，旨在帮助员工提高技能水平。该公司的首推培训方案称为"随处可以领导"方案，设计它的目标是，为了确保公司拥有那些可以在不断变化的环境中承担新型领导角色的员工。公司强调课堂培训，把员工按部门划分成培训团队，这些团队中的舵手是"团队领导者"，他们的工作是帮助自己的成员培养新思想和新项目。他们还被期望提供面对面的工作指导和职业规划建议。几乎所有的公司员工都有机会成为团队领导者。

作为对"员工第一"信念的支持证据，伯格姆不仅拥有了日益提高的营业收入，更是成功地保持了员工的满意度。例如，该公司的离职率极低，每年仅5%——远低于信息产业

18%—25%的平均数字。

【分析要求】

1. GPS公司的“把人员放在第一位”战略很有成效。既然如此有效，为什么不是所有的公司都采纳这一做法呢？谈谈你的看法。

2. 你是否认为“员工第一”的做法更适用于某些特定的企业或行业？如果是，你认为它可能适用于哪些企业或行业？为什么？

3. 你认为在像GPS这样的公司中工作，可能存在的缺陷是什么？

4. 你认为在像GPS这样的公司中进行管理时，可能存在的缺陷是什么？

5. 一些批评家认为“员工第一”的政策不能带来高利润，但高利润允许“员工第一”政策的存在。你是否同意这种说法？请解释你的观点。

项目实训

【实训内容】

成大事者与不拘小节。

【实训目标】

让学生体会大事与小节的关系。

【实训组织】

以学习小组为单位，进行辩论赛，小组分为：

正方观点：成大事者不拘小节；

反方观点：成大事者也拘小节。

【实训成果】

1. 老师依据本背景设定对立的论题组织辩论赛，根据分组辩论成绩、班级讨论、书面报告等综合评定。

2. 评分采用学生和老师共同评价的方式，并完成实训报告。

《成大事者与不拘小节》实训报告		
项目实训班级：	项目小组：	项目组成员：
实训时间：　　年　　月　　日	实训地点：	实训成绩：
实训目的：		
实训步骤：		
实训结果：		
实训感言：		

项目二

人　性

○ **知识目标：**

理解：人及其本质。

熟知：人性的善与恶。

掌握：人性假设及其应用。

○ **技能目标：**

能够学会分析人性的善与恶，并能够根据人性假设理论分析其在组织中的应用。

○ **素质目标：**

运用所学的人性知识研究相关事例，培养和提高学生在特定业务情境中分析问题与决策设计的能力；结合行业规范或标准，运用知识分析行为的善恶，强化学生的职业道德素质。

○ **项目引例：**

王石的悟性

1988年，万科与美国费城的富兰克林铸币公司合办车模加工厂。最先接触的是中国香港人彼得(Peter)，两周后是美籍德国人，一个月后是美籍日本人，又一周后是美籍犹太人律师，最后是美籍爱尔兰人老板。

面对这些来自不同种族的客人，王石由惊讶变得理性，他对此做出了如下解释：中国香港人评估万科的实力和信用；德国人谈工艺流程设计，产品组装工序环节以秒为单位；日本人是工艺产品成本控制师，计算每件产品加工费的最经济支出；犹太人律师来谈终止合同时双方的责任和义务，非常仔细。

引例感悟：人是有文化差异的，同样的事情，不同性格的人做，效果是不同的。用人需要精准，才能把事情的每个环节做好，最终产品才能达到卓越。

○ **知识精讲：**

任务一　人性概述

一、人及其本质

对人的本质的探索是我们学习和研究组织行为学的一个出发点和落脚点，关于人是什么和人的本质的话题，西方历史上有众多不同的见解与看法。

（一）西方的斯芬克斯之谜及上帝造人之说

古希腊神话中有一个长着狮子躯干、女人头面的有翼怪兽叫斯芬克斯，它经常坐在忒拜城附近的悬崖上，向过路人出一个谜语：什么动物早晨用四条腿走路，中午用两条腿走路，晚上用三条腿走路？如果路人猜不出，就会被害死。很多人被害死后，造成了城里人的恐慌。后来一个叫俄狄浦斯的人猜中了答案，谜底是人，斯芬克斯羞惭跳崖而死。这就是斯芬克斯之谜，它从人生的不同阶段描述了人一生的生理成长过程。

从语言学分析来看，斯芬克斯之谜的谜面与谜底应该置换、颠倒，即谜面是“人是什么”，谜底才是“人是早晨用四条腿走路、中午用两条腿走路、晚上用三条腿走路的动物”。但是，这样的置换并不能解释人到底是什么、人的本质何在的问题。俄狄浦斯对斯芬克斯之谜的破解只触及人的生物属性，对人的认识还停留在表象层面。

《圣经》里提到：“上帝说，我们要照着我们的形象、按着我们的样式造人，使他们管理海中的鱼、空中的鸟、地上的牲畜和田地，以及地上所爬的一切昆虫。”于是，上帝就用地上的尘土造人，将生气吹进他的鼻孔里，他就成了有生气的人，名字叫亚当。但这个亚当却没有配偶，这个世界上只有男人而没有女人。于是，上帝让亚当沉睡，取下他的一根肋骨，造成了一个女人，名字叫夏娃。从此，地球上开始有了人类。

上帝造人之说与东方女娲造人的传说相似，都带有浓厚的神话色彩，这与当时的社会发展水平、人的认知能力有关。上帝造人之说还隐含着一个重要的推定：上帝是人的本质。

（二）西方学者有关人及其本质的经典论述

1. 古希腊—罗马时期

古希腊—罗马时期对人的认识多局限于直接存在，其探讨并未涉及人的本质。苏格拉底提出了“认识你自己”；柏拉图认为“人是理性的生物”；普罗泰戈拉提出“人是万物的尺度”；亚里士多德则把人与社会联系起来，认为“人天生是政治动物”。

2. 欧洲中世纪时期

欧洲中世纪(Middle Ages)基督教会盛行，教会中心论在社会中占据主导支配地位。一些宗教家大多认为人是上帝创造出来的，人没有自己独立的本性，上帝才是人的本质。

圣·奥古斯丁(354—430)在其所著的《上帝之城》中认为，人类作为一个整体，在朝着上帝规定的目标行进，人类历史的终极目标就是要到达上帝之城，完成上帝交给的任务。

托马斯·阿奎那(1225—1274)虽然和亚里士多德一样强调人天生是政治和社会的动物，但他在亚里士多德实体学说的基础上，认为人是由灵魂与肉体组成的一个统一的实体，即人不是由灵魂与肉体两个各自独立的实体构成的，灵魂与肉体只是构成人的两个因素，灵魂是形式，肉体是质料。此外，他还认为，上帝的存在并非可以不证自明，却也不是无法证明的。在《神学大全》中，他提出了证明上帝存在的5个证据，并阐述了耶稣基督化身的目的是恢复人类的本质，协助人类移除他们身上“原罪的污染”。

3. 西方近现代时期

近现代以来，西方学者一直在探讨人及其本质问题，并提出了一些见解深刻且影响深远的观点。

培根(1561—1626)认为，“人不过是自然的奴仆和翻译员”。关于人的天性，他认为是隐而不露、很难被压抑的，更很少能完全根绝。

霍布斯(1588—1679)在其著名的《利维坦》一书中认为，“自然创造人类，在人类身体和心灵的功能上，是造得极不平等的”。

拉·梅特里(1709—1751)认为，“人体是一架会自己发动自己的机器，一架永动机的活生生的模型。体温推动它，食料支持它”，还提出“人是机器，但他感觉、思想、辨别善恶……他生而具有智慧和一种敏锐的道德本能，而又是一个动物”。

法国唯物主义哲学家霍尔巴赫(1723—1789)在其《自然的体系》中，明确肯定了世界的物质性和人的物质性，“人乃是自然的产物”。

德国狂飙运动先驱者赫尔达(1744—1803)也坚持“人是自然的产物”这一观点，他认为，“自然是通过它的万物来显示它的存在和活动的。当自然在陆地上的功能达到最高峰的时候，它就创造了所谓的人”。

伊曼努尔·康德(1724—1804)认为，“人，实则一切有理性者”，“可以作为天赋有理性能力的动物而自己把自己造成为一个理性的动物”。在他看来，人天生具有理性能力，这种理性能力是一种使人类得以彻底摆脱动物状态而获得自由的创造能力。

费尔巴哈(1804—1872)在探讨人的本质的问题上，主张“理性、爱、意志力”即人的本质。在他看来，“一个完善的人，必定具备思维力、意志力和心力。思维力是认识之光，意志力是品性之能量，心力是爱。理性、爱、意志力，这就是完善性，这就是最高的力，这就是作为人的绝对本质，就是人生存的目的”。此外，人的本质在对象中显现出来，对象是人的公开的本质，是人的真正的、客观的“我”，“没有了对象，人就成了无”，“人由对象意识到自己”。

19世纪英国生物学家查尔斯·罗伯特·达尔文(1809—1882)通过实证考察，提出了著名的生物进化论，并认为人是从动物中经过“物竞天择，适者生存”的法则进化而来的。这实质上也为“人是自然的产物”提供了有力证明。

西格蒙德·弗洛伊德(1856—1939)关于人的探讨主要体现于其精神分析法三大内容框架下的人格结构理论之中，对此他构建了“本我、自我、超我”三个层次。(1)本我是最原始的、与生俱来的、无意识的自己，它由先天的本能和欲望所组成，是同肉体联系着的。本我不考虑客观环境、社会道德及外在行为规范，一味追求本能欲望的满足，按快乐原则行事。(2)自我是意识的结构部分，在幼儿时期慢慢形成，是受父母权威的压制而逐渐形成的驾驭本我的心理能力。自我代表人的理智和良知，它处于本我与外部世界之间，是外部世界与本我的居间者，遵循现实的原则，主要任务功能是调节外部世界与本我的冲突，控制本我。(3)超我是一切道德限制的代表，是人格结构中的理想部分。它通过父母和师长的指示、道德规范的内化及社会文化环境中价值观念的影响形成，遵循“道德原则”，主要机能是监督、批判及管束自己的行为。另外，他还认为，每个人都有生的本能和死的本能。生的本能可以引起个体成长、爱、人格发展以及与周围世界的结合的建设性内驱力；死的本能则导致个体攻击、憎恨、人格退缩以及与周围世界的疏远并最终死亡的破坏性内驱力。

卡西尔(1874—1945)在其1944年出版的《人论》一书中着力于研究人是什么的问题，在批判继承前人相关思想的基础上，他把人概念化为“符号的动物”，认为“符号化的思维和符号化的行为是人类生活中最富有代表性的特征，并且人类文化的全部发展都依赖于这些条件”。

上述西方学者对人及其本质的代表性观点虽有各自可取之处，并给予我们启示，但他们有关人及其本质的论述大多是抽象的、主观推定的，某些论述虽然运用了唯物主义自然观来探讨人的本质，但是它们尚未从本质上明确揭示出人的实践本性、社会历史本性以及现实需要本性。

(三)马克思关于人及其本质的3个命题

马克思关于人及其本质的论述非常丰富，核心思想集中体现在以下3个代表性命题之中。

1.“劳动或实践是人的本质”

关于这个命题,马克思在《1844年经济学哲学手稿》中指出,“人的类特性恰恰就是自由的自觉的活动”。这一思想提出了人的生命活动具有的特有方式,即实践或劳动。实践活动是人与动物最本质的区别,也是产生和决定人的其他所有特性的根据。

“社会生活在本质上是实践的。凡是把理论引向神秘主义的神秘东西,都能在人的实践中以及对这个实践的理解中得到合理的解决。”马克思的这一论断给了我们研究人的本质的方法论,即在实践活动中认识、理解人的本质。“人的类特性”是指人的本质,“自由的自觉的活动”则是指劳动或实践。马克思在《德意志意识形态》中将劳动看作人的根本标志,强调了物质生产对人的重要性。他还认为,物质生活第一性,这是人之所以为人的最本质的地方。劳动这种生命活动是人维持肉体生存需要的手段。

动物的活动是一种被动适应环境的、盲目的本能活动,而人在创造性活动中处于一种积极状态,人的劳动实践过程是能动的、自觉的创造性活动,人通过劳动来创造有利于自身发展的外部环境,并为人的生存和发展提供物质条件基础。“可以根据意识、宗教或随便别的什么来区别人和动物,一旦人们开始生产他们所必需的生活资料的时候……他们就开始把自己与动物区别开来”,“通过实践创造对象世界,即改造无机界,人证明自己是有意识的类存在物”,这都突出强调了劳动是人最基本的自由自觉的生命活动,是人区别于动物的根本所在。

人是社会的人,劳动使自然的人具有了社会性。人的本质特性除了具有上面提到的主观能动性、社会性外,马克思在“人学本身就是自己实践活动的产物”的基础上,还认为人的本质是现实的,即人的时间性、历史性等都是由实践活动决定的。

2.“人的本质是一切社会关系的总和”

马克思在《关于费尔巴哈的提纲》中提到,“人的本质不是单个人所固有的抽象物,在其现实性上,它是一切社会关系的总和”。人的本质是由社会关系决定的,而不是与生俱来的,它是现实的、具体的,而非超现实的、抽象的;决定人的本质的社会关系是各种各样社会关系的总和,这些社会关系随着历史的变化而变化,而不是超时空的绝对的东西。另外,他认为人的自然属性是人的社会属性的物质承担者,而非人的本质属性。

在马克思看来,个人并不是各自毫无联系的、原子式的孤立存在,而是处于一定的社会关系中的具体的人。社会就是各种各样的关系,个体是社会存在物。人作为社会的个体存在物就离不开各种各样的社会关系。德语中名词“关系”源于发生关系的动词“行为”,马克思在语源学分析基础上,认为社会关系根源于人的自我实现的“行为”。他在《詹姆斯·穆勒〈政治经济学原理〉一书摘要》中进一步对此作出论证:“因为人的本质是人的真正的社会联系,所以人在积极实现自己本质的过程中创造、生产人的社会联系、社会本质……”从这一意义上看,人为实现自己本质而发生各种生产关系,人的本质并非生而就有,而是在后天社会生活和社会实践尤其是生产实践中形成的;它还说明了人的本质是在各种现实实践劳动中实现的,创造性劳动活动的客观性、具体性决定了人在实现其自身本质时也非超越现实的、抽象的。

人的本质是多方面社会关系的总和,其中,生产关系是其他一切社会关系的基础。人在通过物质生产等实践活动创造自己的物质生活时,必然要与他人相互交往,进而发生一定的生产关系、经济关系或政治关系等各种社会联系,这样就构成了特定的社会关系。人们之间这种特定的社会关系总和及其交往形式往往又由生产力决定,有什么样的物质生产方式,就有什么样的社会关系。这些社会关系随着生产力的发展而不断变化,而非一成不变。

人既有自然属性，又有社会属性。人的自然属性是指人作为自然存在物而具有的肉体特性和生物特性，它是先天的、与生俱来的。社会属性是指人作为社会存在物，在实践活动的基础上形成的人与人之间的各种关系，它是后天的、可以被塑造的。自然属性是人存在和发展的基础，没有自然属性，人的社会属性就根本无法实现，所以说人的自然属性是其社会属性的物质承担者。然而，人之所以为人，不在于人的自然属性，而在于人的社会属性。从“人的本质是一切社会关系的总和”这一命题，我们可以推断出，人的本质属性是其社会属性，而非自然属性。

3.“人的需要即人的本质”

马克思不仅赋予需要以前提性，而且赋予它以普遍性、永恒性和能动性。他还特别强调指出，“需要的发展是人的本质力量的新的证明和人的本质的新的充实”。人类发展史，就是一部人的需要即人的本性不断改变和发展的历史。离开了人的需要，人的一切实践活动和一切社会关系都将不复存在。从这一意义上来说，这一命题不仅涵盖了前两个界定的内容，还揭示了前两个界定的原因。可以说，“人的需要即人的本质”这一界定，是对前两个界定的综合。

马克思将人的需要分为两种：(1)为了能够生存，如对于吃、喝、住、穿以及其他一些东西的需要。“一切人类生存的第一个前提，也就是一切历史的第一个前提，这个前提就是：人们为了能够‘创造历史’，必须能够生活。但是为了生活，首先就需要衣、食、住以及其他东西。因此，第一个历史活动就是生产满足这些需要的资料。”这句话中，“一切人类生存的第一个前提，也就是一切历史的第一个前提”体现了人的需要的前提性、普遍性和永恒性，“人们为了能够‘创造历史’，必须能够生活”则体现了人的需要的能动性。(2)已经得到满足的第一个需要本身、满足需要的活动和活动中所使用的工具引起的新的需要。“新的需要”是人不断进行创造性的实践活动、引起社会关系的改变、促使历史不断发展的重要内在原因。“新的需要”还成为人与其他动物的一个重要区别，它体现了“人的需要”是能够发展的，而其他动物往往仅停留在吃、喝、繁殖等简单的生理需求上。

人进行劳动实践，形成各种各样的社会关系，究其原因，需要是其内在动力，即没有需要，就没有生产，更不会产生各种社会关系。反过来，人通过各种生产活动，利用各种社会关系也能够促进、满足人产生新的需要。这一命题侧重于人的自然属性，强调了人自身的内在需求，对于人的本质的形成和发展起到了推动作用。

马克思关于人的本质的阐述，从抽象的“劳动是人的本质”到“人的本质是一切社会关系的总和”，再到“人的需要即人的本质”，经历了一个由不成熟逐步走向成熟的过程。马克思关于人的本质的研究，与其说是关于人的本质的探讨和概念，不如将其看作一种考察、分析方法。他告诉我们要运用历史唯物主义的观点，在具体的历史时期和物质生产方式中，以现实的个人为立足点，去研究人的本质。随着历史的发展，人的本质也在不断地生成、变化和发展。

二、人性的善与恶

人性是一个看似传统又崭新的研究课题，探究人类自己的本性，追问人的行为动机，必然离不开对人性善与恶的揭示与认知，中西方思想家关于这个问题都非常关注。

(一)西方的人性善恶论

1. 西方的性善论

古希腊时期的苏格拉底、柏拉图和亚里士多德基本上都是从人的理性出发来论述人性本善的。

苏格拉底认为，人的本性是善的，知善是一个人的美德，美德即知识。虽然人的本性为善，但他同样认为，人后天的行为却有善恶之分；在不同范围、不同性质的道德要求下，善恶的评价是不同的；要实现至善的本性，就必须发现理性的知识，使人具有美德；人具有了美德，行为正确，才会成为一个善人。

柏拉图继承了其师苏格拉底关于人性善的理念，但在他看来，人的善的本性是天赋的，这种天赋善性并不包括奴隶在内。亚里士多德则认为，人的本性在于理性，但人的本性是向善的。“至善”就是理性的生活，是人性最完善的体现。

以费尔巴哈为代表的唯物主义者从人的自然属性出发，论述人性善的本性。费尔巴哈认为，人作为一个感性存在，自我保护、趋利避害是人的自然属性，这一自然属性决定了人的本质属性。善恶不是主观的，而是客观的，“善乃包含于人的本性之中，甚至包含于人的利己主义之中”。费尔巴哈以人的自然需求作为衡量善恶的标准，在他看来，利己主义也是善。

2. 西方的性恶论

西方的性恶论大致可以从文艺复兴时期一些思想家的观点中来认识。

马基雅维利(1469—1527)作为意大利新兴资产阶级的代表，他不再从《圣经》和上帝出发，而是从人性出发，他的国家学说是以性恶论为基础的。在他看来，人是自私的，追求权力、名誉、财富是人的本性，人与人之间经常发生激烈斗争就在于人性的自私；国家是人性邪恶的产物，为防止人类无休止地争斗，国家才应运而生。

霍布斯从机械唯物主义的角度研究人性，他认为，人的一切行为均是为了满足个人利益，人的本性就是自私地、无休止地追求自身利益。这种将人的一切行为都看作自私自利的观点，实质上反映了当时资产阶级的本性。他曾说过，在人的本性中，我们发现发生争执有3个主要原因：一是竞争；二是猜疑；三是荣誉。竞争使人求利，猜疑使人求安，荣誉使人求名。他将竞争作为第一原因，显然重点旨在论证人性的自私与恶。

3. 西方的亦善亦恶论

除以上论述外，西方一些学者还认为，人性既有善的一面，也有恶的一面。毕达哥拉斯认为，人性具有不稳定性，人身上最有力的部分是灵魂，而灵魂是可善可恶的，因此人性也是可善可恶的。黑格尔(1770—1831)坚持善恶不可分割的辩证法，他认为善恶都是人的意志的体现，“恶也同善一样，都是源于意志的，而意志在它的概念中既是善的又是恶的”，“善与恶是不可分割的”。

（二）东方的人性善恶论

东方尤其是以中国古代为典型代表的人性学说影响较为深远。中国古代人性学说基本上形成于孟子和荀子时期，自此以后各种人性观点不一而足，但大多围绕善恶展开讨论。

1. 孟子的性善论

孟子将道德规范概括为仁、义、礼、智四端，把人伦关系概括为君臣有义、父子有亲、夫妇有别、长幼有序、朋友有信五种，这样概括的出发点便是性善论。孟子对性善论的论证是通过人的心理活动来完成的，他认为，“人皆有不忍人之心”，即每一个人都具有这样普遍的心理活动。既然这种心理活动是普遍的，因此，性善就是有根据的。“恻隐之心，人皆有之；羞恶之心，人皆有之；恭敬之心，人皆有之；是非之心，人皆有之。恻隐之心，仁也；羞恶之心，义也；恭敬之心，礼也；是非之心，智也。仁义礼智，非由外铄我也，我固有之也，弗思耳矣。”在他看来，人性的四种美德是人生而就有的，而非外界强加的。本善是出于人的本性、天性，孟子称之为“良知”或“良能”。“人之所不学而能者，其良能也；所不虑而知者，其良知也。孩提之童无不知爱其亲者，及其长也，无不知敬其兄也。”

2. 荀子的性恶论

战国末期荀子倡导的性恶论以利害作为人性研究的出发点。他认为，社会纷争动乱是人们追求物质利益造成的；人的本性具有恶的道德价值，反对天赋道德的观点，强调道德教育的必要性，仁、义、亲、尊等道德观念则是通过后天所学、所行、所为而获得。

荀子提出“人之性恶，其善者伪也”，“伪”是“为”的通假，意为人为、追求。在他看来，人性中没有善，所以人们才会去追求善。“材性知能，君子小人一也。好荣恶辱，好利恶害，是君子小人之所同也……凡人有所一同：饥而欲食，寒而欲暖，劳而欲息，好利而恶害，是人之所生而有也……人之生固小人，无师无法则唯利之见耳。”这段话说明了无论是君子还是小人，生而都是“好利恶害、唯利是图”的。“……然则从人之性，顺人之情，必出于争夺，合于犯分乱理而归于暴。”人性本不恶，但是对欲望不加以节制就会变恶。

韩非子作为荀子的学生，他主张人性恶比荀子更加鲜明彻底。“医善吮人之伤，含人之血，非骨肉之亲也，利所加也。故舆人成舆，则欲人之富贵；匠人成棺，则欲人之夭死也。非舆人仁而匠人贼也，人不贵，则舆不售；人不死，则棺不买。情非憎人也，利在人之死也。”韩非子认为，唯有接受恶的本性，才合乎天意。统治政策必须依据人的本性作出相应奖罚，“凡治天下，必因人情。人情有好恶，故赏罚可用，故禁令可立，而治道具矣”。

3. 告子的无善无恶论

孟子、荀子的性善论和性恶论在当时是较为有代表性的人性观，但是告子却认为人的本性无所谓善也无所谓恶，人性的善恶都是后天形成的。

告子提出“生之谓性”，“食色，性也”，人的天资、饮食需求等都是本能属性，无善恶之分。善恶是人的社会属性，是道德的评价。他将人性喻为水，水不能决定流向何方，因而人性也是中性的。“性犹湍水也，决诸东方则东流，决诸西方则西流，人性之无分于善不善也，犹水之无分于东西也。”

4. 亦善亦恶论及性三品之说

先秦时期关于人性学说的探讨基本在性善与性恶之间徘徊，除了性善论、性恶论和无善无恶论之外，从两汉开始，人性亦善亦恶论在历史上开始占有重要地位。

亦善亦恶论的最早提出者应该算是战国时期的世硕，但他的《世子》一书早已失传，他的人性观点只能借助王充《论衡·本性篇》中相关论述略知一二。“周人世硕，以为人性有善有恶，举人之善性，养而致之则善长；恶性，养而致之则恶长。如此，则性各有阴阳，善恶在所养焉。”在他看来，人性既有善的因素，也有恶的因素，善恶完全在于后天的“养”（发展）。

西汉董仲舒没有明确提出性三品的概念，性三品是后人根据其对人性的认识加以概括而来的。他认为，“名性不以上，不以下，以其中名之”，“圣人之性，不可以名性；斗筲之性，又不可以名性；名性者，中民之性”。他理解的“圣人之性”在于仁，是全善之性，无需教化；“斗筲之性”在于贪，是全恶之性，难以转化为善。此二者为不变之性，因此不可名性。只有“中民之性”才可以说是性，只有这种性有善有恶，它是可以教化为善的。

东汉王充可谓是最早明确提出性三品之人，他从人性亦善亦恶的前提出发，将人性划分为上、中、下（即善、中、恶）三个等级。中人以上是性善者，以下是性恶者，中人才是性善性恶的混合者，这种人通过后天环境的教育教化可以改变其恶性。

唐朝韩愈在完善、总结董仲舒和王充的性三品的基础上，提出了性情三品之说。他认为，“性也者，与生俱生也；情也者，接于物而生也。性之品有三，而其所以为性者五；情之品有三，而其所以为情者七。曰：何也？曰：性之品有上、中、下三。上焉者，善焉而已矣；中焉者，可导而上下也；下焉者，恶焉而已矣”。人包含性和情两部分，性生而具有，情是后天形成的。性由仁、义、礼、智、信五德构成，情由喜、怒、哀、惧、爱、恶、欲七个方面组成。性分三品，“上品之性”由仁主导，其余四德通行而不悖反；“中品之性”虽有五德，但仁德不足，其余四德相混而不纯，故可善可恶；“下品之性”生而不备五德，是恶的。与性相应，他将情也分为上、中、下三品。“上品之情”完全符合道德标准；“下品之情”既不符合中道，又任性而为，是不可救药者；“中品之情”的人“可导而上下”，经过教化能变善。

（三）**人性善恶的广义超元论解读**

广义超元论是于 20 世纪 90 年代中期，在反思西方式二元论、东方式不二论及空宗禅宗式狭义超元论思维模式的基础之上，慎重建构的试图扬弃三者的一种整合型思维模式。在广义超元论看来，关于人性的性善论、性恶论、亦善亦恶论及非善非恶论，均是处于特定社会历史阶段的思想家如此这般设定、建造、创造出来的，原本不存在有关人性的任何一种理论、学说、观点。

依据不同的思维模式，可以给予人性善恶以完全不同的解读。

1. 西方式二元论

西方式二元论坚持认为，不同的认知对象及其部分之间的统一、同一关系是相对的，对立、差异关系是绝对的，即“彼此虽有合而实为二”。按照这种思维模式分析人性善恶，只能推出以下两个结论：人性要么本善，要么本恶，不可能亦善亦恶或非善非恶；人性之善与恶在一定的时空条件之下是可以相互转化的，或者说，本善之性在后天的社会生活实践中可能转变为恶，本恶之性也可能在后天的教育规范之下转变为善。但是，善与恶之间的对立、差异是绝对的、无条件的，统一、同一是相对的、有条件的，也就是说，善即善，恶即恶，善与恶“虽有合而实为二”。

2. 东方式不二论

东方式不二论坚持认为，不同的认知对象及其部分之间的统一、同一关系是绝对的，对立、差异关系是相对的，即“彼此虽有分而实不二”。按照这种思维模式分析人性善恶，可以推出以下两个结论：人之本性亦善亦恶或非善非恶，亦善亦恶强调人之本性原本善恶兼备，善恶不可离，非善非恶则强调人之本性无所谓善恶，善恶皆是人后天生活实践的结果；人性之善恶无论是先天注定，还是后天养成，彼此之间都存在着对立、差异，但是这种对立或差异是相对的、有条件的，它们之间的统一、同一才是绝对的、无条件的，善恶不可分，从一定意义上可以说，善即恶，恶即善，善与恶“虽有分而实不二”。

3. 空宗禅宗式狭义超元论

空宗禅宗式狭义超元论坚持认为，不同的认知对象及其部分以及相互之间的统一、同一、对立、差异关系都是“自性为空”或“缘起性空”的。说彼此为二，非为二，是名为二；说彼此不二，即非不二，是名不二。“……者，即非……，是名……”是其认识模式。按照这种思维模式分析人性善恶，可以推出以下两个结论：人的本性非善、非恶、非亦善亦恶、非非善非恶，人之本性缘起性空或自性为空；善和恶都是人们的方便说法，原本无善，亦无恶，无亦善亦恶，亦无非善非恶，也就是说，人之本性“善，即非善，是名善”，“恶，即非恶，是名恶”，“亦善亦恶，即非亦善亦恶，是名亦善亦恶”，“非善非恶，即非非善非恶，是名非善非恶”。

4. 广义超元论

广义超元论坚持认为，不同的认知对象及其部分以及存在于它们之间的统一、同一、对立、差异关系，都是处于特定社会历史阶段的人类意识群体或个体如此这般显现、设定、建构、生产和创造出来的，因此，没有任何理由将彼此间的对立、差异或统一、同一关系绝对化、实在化或本体化。依据广义超元论思维模式，我们认为，性善论、性恶论、亦善亦恶论和非善非恶论均是在一定历史环境下的人类意识如此这般设定、建构和创造出来的，它们是因人而有、因人而异的，原本无所谓人之本性；相对于各种人性理论，我们既要生“无所住心”，也要生“有所住心”。所谓生“无所住心”，是说任何一种人性理论均是实践着的人类意识如此这般设定、建构和创造出来的，必然有其历史局限性，不应该执着于这些实为人类意识对象化产物的任何一种理论。所谓生“有所住心”，有两层意思：第一层意思是说在一定范围、层次内应该执着于某一种人性理论，给予现实生活中的人之行为以说明或解释；第二层意思是说随着时间与空间的变化，随着人类认识实践能力的不断提高，我们应该设定、建构、创造新的人性理论，给予人性以新的说明和解释。

任务二 人性假设

管理归根到底是对人的管理。美国管理心理学家麦格雷戈在《企业的人性面》一书中提到，在每一个管理决策或每一项管理措施的背后，都必有某些关于人性本质及人性行为的假定。现代管理理论以人性假设为前提，不同的管理观念和管理行为背后都隐含着不同的人性假设。因此，人性假设不但影响了人类的管理活动，同时对管理理论的形成和发展也起到推动作用。

人性就是人的本质属性。关于人性问题，古今中外的学者们从不同的角度进行了大量的研究，也提出了许多关于人性的假设。在管理领域，人性假设是指管理者在管理过程中对人的本质属性的基本看法。人性假设理论是管理科学学者根据自己对人性问题的探索研究所得的结果，对管理活动中的人的本质特征所作的理论假定。随着管理实践的发展，人们对管理中人性的认识也不断深化。在资本主义社会初期出现了“工具人”假设；科学管理理论兴起后，先后出现了四种人性假设，即“经济人”假设、“社会人”假设、“自我实现人”假设和“复杂人”假设；近年来，随着社会的发展，学者们又提出了“决策人”假设和“文化人”假设等。

“工具人”假设盛行于资本主义社会初期。当时，资本主义生产力还不发达，在工厂制度中，资本家将工人当作会说话的工具，所使用的管理手段主要是强制手段，如皮鞭惩罚、饥饿惩罚等。这种人性观将作为“管理者的人”和作为“被管理者的人”完全对立起来。“工具人”假设是一种落后的、野蛮的人性观，是与低下的生产力、落后的劳动手段相联系的，与现代化的生产经营相背离，但是目前在一些经济不发达国家的落后工厂，“工具人”假设仍有一定市场。

一、“经济人”人性假设

（一）代表人物

“经济人”（Economic Man），又称为“实利人”或“唯利人”。“经济人”假设起源于享乐主义哲学和劳动分工的经济理论。泰勒是“经济人”假设的典型代表。泰勒的科学管理思想是源于20多年的工厂管理实践经验，其科学管理理论建构的基础是对管理规律的深入探讨以及对人性某一侧面的深入认识和分析，科学管理的基本思路就是用合理的科学方法来形成有效的激励机制，以经济刺激的方式驱使工人开展有效的工作。泰勒的科学管理理论的实质源于他对人性的一种假设，即“经济人”假设。泰勒式管理强调金钱和物质利益的激励，把人看作机器或动物，否认工人的创造性。泰勒曾经说：“我只恨我的工人不像牛一样笨，否则我还能使工作效率提得更高。”他认为，如果工人能按照他所设计的标准动作进行工作，工作效率就会提高。另外，泰勒所提倡的“时间—动作”分析，虽然有其科学性的一面，但其基本出发点是考虑如何提高生产率，而不考虑工人的思想感情。

麦格雷戈在《企业的人性面》中对泰勒等人的管理思想及其管理实践进行了概括，提出了“X理论”，并在“X理论”中对“经济人”假设进行了阐述。

（二）主要观点

所谓“经济人”假设，是指将人视为理性的、自私和自利的，行为受经济利益驱动，寻求自身利益最大化的人的一种假定说明。

这种假设认为，“经济人”的行为就是为了追求最大利益，工作的目的是获得经济报酬。“经济人”假设的主要内容有：

（1）多数人天生是懒惰的，他们尽可能逃避工作。

（2）多数人没有雄心壮志，不愿负责任，而心甘情愿受别人指使。

（3）多数人的个人目标是与组织目标相矛盾的，必须用强制、惩罚的办法，才能迫使他们为达到组织目标而工作。

（4）多数人工作是为了满足基本的生理需要和安全需要，因此，只有金钱和地位才能鼓励他们努力工作。

（5）人大致可分为两类：大多数人具有上述特性，属被管理者；少数人能够自己鼓励自己，能够克制感情冲动而成为管理者。

（三）评析

“经济人”假设曾风行于20世纪初的欧美企业管理界。泰勒的科学管理思想中非常强调“经济人”的一面，主张通过物质利益和报酬刺激工人提高效率。在泰勒所处的时代，由于经济发展水平较低，社会整体物质条件薄弱，将金钱和物质回报看作刺激工人积极性的重要动力是有道理的。这种理论改变了当时放任自流的管理状态，加强了社会上对消除浪费和提高效率的关心，促进了科学管理体制的建立。这对我国目前的管理实践有一定的借鉴作用。但“经济人”假设也有很大局限性。

首先，“经济人”假设将人视为纯粹的“经济动物”，认为人的一切行为都是为了追求经济利益，显然这种纯粹的“经济动物”本身并不存在，所以其局限性难以避免。“经济人”假设把人完全看成是自私自利的，不论人们作出何种选择，均存在自觉或不自觉的成本收益核算，进而作出使自己预期效用最大化的决策。因此，这种假设完全是从实用主义角度进行分析的，其立论基础是一般人在大多数场合下是怎样做的，而不是应该怎样做。

其次，“经济人”假设是以享乐主义哲学为基础的，它把人看成是天生懒惰而不喜欢工作的“自然人”。这是20世纪初个人主义价值观点统治思想的反映，泰勒从企业家和工人都有的营利心来探求提高效益的根源，把人看成是机器。

再次,“经济人”假设的管理是以金钱为主的机械管理模式,否认了人的主人翁精神,否认了人的自觉性、主动性、创造性和责任心。他们认为,由于人是天性懒惰的,因此必须用强迫、控制、奖励和惩罚等措施,以便促使他们达到组织目标。

最后,“经济人”假设认为,大多数人缺少雄心壮志,只有少数人起到统治作用,因而把管理者和被管理者绝对对立起来,反对工人参与管理,否认工人在生产中的地位和作用,其人性观是完全错误的。

二、“社会人”人性假设

(一)代表人物

20 世纪 30 年代后,西方社会经济环境、政治环境、文化环境发生了一系列重要变化。社会、经济的变化引起管理理论的变革,管理实践的负反馈要求人们对原有的人性假设和管理模式进行反思。以“社会人”假设为基础的行为科学学派的出现是这一变革的重要标志。“社会人”假设的理论基础是人际关系学说,“社会人”(Social Man)又称为“社交人”。“社会人”假设最早来自哈佛大学教授梅奥(G. E. Mayo)主持的霍桑实验(1924—1932 年)。1933 年,梅奥总结了霍桑实验以及其他实验的结果,得出了以下结论:

(1)生产效率的提高和降低主要取决于职工的士气,而士气取决于家庭和社会生活,以及企业中人与人之间的关系。

(2)组织中存在着某种“非正式群体”,这种无形的组织有其特殊的规范,影响着群体成员的行为。

(3)人是有思想、有感情、有人格的活生生的“社会人”,人不是机器和动物,人们工作动机的重要性不是经济利益或人与人之间的竞争,而是工作中的社会关系以及自己在团体中的地位,人的思想和行为更多是由感情而不是逻辑来引导的,其行为既有“经济的逻辑”,也有“非经济的逻辑”。

(4)社会性需求的满足往往比经济上的报酬更能激励人们。

(二)主要观点

“社会人”假设的主要内容有:

(1)人是社会人,除物质因素外,社会心理因素等也影响着人的积极性,交往需求是人们行为的主要动机,是人与人之间形成认同感的主要因素。

(2)工业革命以来,专业化分工和机械化使劳动失去了内在的乐趣,因此必须从工作的社会意义上寻找安慰。

(3)生产效率的高低主要取决于员工的士气,而员工的士气则取决于各方面社会关系是否协调一致。

(4)在正式组织中存在着非正式群体,它们有其特殊的行为规范,对其成员影响很大。

(5)领导者要了解员工,多与他们沟通,倾听员工的意见,满足员工归属、交往和友谊的需要,使正式组织的经济需要与非正式组织的社会需要取得平衡。

(三)评析

从“经济人”假设到“社会人”假设,从以工作任务为中心的管理到以员工为中心的管理,无疑是管理思想与管理方法的进步。资本家实行参与管理满足了工人的一些需要,在企业中确实起到了缓和劳资矛盾的效果,许多企业收到了显著的效果。尽管如此,“社会人”假设也存在自身的局限性。

(1)人际关系的改善,并未改变资本主义社会雇佣关系、剥削关系的本质,也没涉及社会生产关系的改变,因此它不能解决资本主义社会的阶级矛盾与冲突。

(2)“社会人”假设认为,人与人之间的关系对于激发动机、调动职工积极性是比物质奖励更为重要的,因此,这一点对于我国企业制定奖励制度有一定参考意义。但它过于偏重非正式组织的作用,对正式组织有放松研究的趋向。

(3)“社会人”假设的出现开辟了管理和管理理论的一个新领域,并且弥补了古典管理理论的不足,为以后行为科学的发展奠定了基础。

同步案例 2-1　　海底捞的团队式激励

背景与情境:海底捞是一家以经营川味火锅为主、融汇各地火锅特色的大型餐饮集团。在海底捞,公司没有费尽心思对员工进行考核,员工却尽心尽力去工作,这与公司管理层所倡导的“客户满意”和“员工满意”的理念是分不开的。海底捞的管理层认为,餐饮行业的成功秘诀在于客户满意,客户满意的秘诀在于新鲜可口的食品和良好的服务。对于火锅店来说,食品的新鲜可口可以通过完善的流程来保证,而良好的服务在于确保员工的满意。

海底捞的激励制度的成功之处在于:他们了解到,客户的满意不是某一个人能够决定的,而是由整个服务团队来决定。因此,虽然公司不对每个人进行考核,却让每个员工非常清楚自己的目标是让客户满意。为此,在工作方法上,公司提供了培训,并给予员工相应的授权,让员工有能力提供优质的服务;在生活上,对员工提供关怀,解决其后顾之忧,让员工有意愿提供优质的服务。因此,不论分工是什么,每个人都在自己的工作范围内尽职尽责。这种“润物细无声”的激励方式,岂不是比“胡萝卜加大棒”式的“激励”更好?

问题:

(1)海底捞的团队式激励体现了管理者怎样的人性假设?

(2)试分析团队激励适用于何种管理情景。

案例精析:

(1)海底捞的团队式激励体现了“社会人”人性假设。

(2)考虑是使用个人奖励还是团队奖励要结合具体的管理情景。当工作是流程性的、对协同性的要求很高,且工作业绩的达成要依赖团队合作时,就较适宜采用团队激励。

三、“自我实现人”人性假设

(一)代表人物

“自我实现人”假设是在 20 世纪 50 年代末由美国心理学家马斯洛、麦格雷戈等人提出的。所谓“自我实现人”假设,是将人视为都能在自己行事的范围内作出决策、自主工作,每个人都渴望发挥自己潜力、展示自己才能,具有实现自我价值需要的人的一种假定说明。其建立的理论基础有马斯洛的“需要层次理论”、阿吉里斯的“从不成熟到成熟理论”和麦格雷戈的“Y 理论”。

马斯洛认为,“自我实现”的需要是人类最高层次的需要,它是指实现个人理想、抱负,发挥个人的能力到最大限度,达到自我实现境界。“自我实现”的人既接受自己也接受他人,解决问题的能力增强,自觉性提高,善于独立处事,要求不受打扰地独处,完成与自己的能力相称的一切事情。也就是说，人必须干称职的工作，这样才会使他们感到最大的快乐。马斯洛提出，为满足自我实现需要所采取的途径是因人而异的。

阿吉里斯提出了“从不成熟到成熟”的概念，认为一个健康的人是从不成熟向成熟发展的，这种成熟是一个自然发展的过程，这个发展过程实质上也是一个自我实现的过程。大多数人未能充分自我实现，是因为周围环境、管理制度等的限制。

（二）主要观点

麦格雷戈对马斯洛和阿吉里斯的理论进行了概括，提出了“Y 理论”。在“Y 理论”中，对“自我实现人”假设的核心内容进行了阐述：

(1)人并非天生厌恶工作，要求工作是人的本能；在适当条件下，人们是愿意工作的，因为在工作中消耗体力和智力就像游戏或休息一样自然。

(2)外部控制、威胁、惩罚并不是实现组织目标的唯一方法，人在实现自我目标的过程中能够自我约束和控制。如果给予其机会，员工会将个人目标与组织目标协调一致。

(3)在适当条件下，人们不仅乐于接受任务，而且愿意主动地承担责任。逃避责任、缺乏进取心、强调安全感一般只是经验的结果，而非人的天性。

(4)员工都有解决组织问题的想象力、独创性和奋斗精神；在现代工业中，一般员工的智慧和潜能只被使用了很少一部分，有待深入地开发和利用，关键是如何调动他们的积极性。

麦格雷戈基于上述假设认为，人的成长和发展是完全可能的，通过组织创造一种条件，使组织成员通过努力争取企业成功，以更好地实现个人目标。

（三）评析

由于“X 理论”把人们的行为过分一般化、简单化，因此，麦格雷戈提出了“Y 理论”，其贡献在于提出了能提高个人目标和组织目标一体化的哲学思想，并体现了人性的发展。同时，他把尊重员工个人人格当作企业管理目的本身，这是当时的管理人员和经济学者所认识不到的。而在“X 理论”指导下的企业根本无法实现雇员与企业之间利益的统一。因此，麦格雷戈提出的“Y 理论”为后来的人性化管理提供了理论指导。

“Y 理论”认为，管理者在管理活动中应加以合理引导，使个人能在达成组织目标的同时获得个人目标的满足，它强调的是人们合理行为的内心自觉性，因而不需要太多的清规戒律。这种强调内在自律的管理无疑有其科学的一面，但并非管理的灵丹妙药，因为人的本性与管理实践远非如此简单。相反，这一理论若走向舍弃制度管理的另一极端，也必将背离管理的宗旨。

四、“复杂人”人性假设

（一）代表人物

1956 年，斯隆管理学院的沙因在麦格雷戈的人性假设基础上，将人性研究细化，提出了“复杂人”人性假设。沙因回顾了管理历史上的三种人性假设，即“经济人”“社会人”和“自我实现人”假设，并提出每个假设都有合理的部分，能够在某些情境下解释某些人的行为，但都存在缺陷。沙因认为没有完美的管理，也没有十全十美的管理路径，要完全理解人性，必须从情境出发，将这些假设置于社会情境和发展的背景之下。

摩尔斯(J. Malse)和洛希(J. W. Larsch)于 1970 年发表了《超 Y 理论》，文中基于沙因的“复杂人”假设提出了一种新的管理理论——应变理论，又称“超 Y 理论”。这种理论倡导企业管理方式要根据企业所处的内外条件而随机应变，不存在一种万能的、普遍适用的管理原则和管理方法。

（二）主要观点

沙因提出的“复杂人”人性假设的主要观点如下：

（1）人类需要分成许多类型，并且会随着人的发展阶段和整个生活处境而变化。这些需要与动机对每一个人的重要程度是变化不定的，并形成一定的等级层次，而这种等级层次也是变化的，会因人而异、因情境而异、因时间而异。

（2）由于需要与动机彼此作用并组合成复杂的动机模式、价值观和目标，所以人们必须决定自己要在什么样的层次上去理解人的激励。

（3）员工可以通过在组织中的经历学到新的动机。这就意味着一个人在某一特定的职业生涯中或生活阶段上的总的动机模式和目标，就是他的原始需要与他的组织经历之间一连串复杂交往相互作用的结果。

（4）每个人在不同的组织中或在同一组织的不同下属部门中，可能会表现出不同的需要。一个在正式组织中受到冷遇的人，可能会在工会或其他非正式工作群体中找到自己社交需要和自我实现需要的满足。如果工作职务本身包含多样性的技巧要求，那么在不同的时间及对于不同的工作任务，就可能有多种动机能够发挥作用。

（5）员工能够对多种互不相同的管理策略作出反应，这取决于他们自己的动机和能力，也取决于工作任务的性质。换言之，不存在某种在一切时间对所有人都能起作用的唯一正确的管理策略。

（三）评析

沙因认为，前三种人性假设“都在一定程度上是正确的”，它们都为“认识组织是怎样发挥其功能的，以及怎样管理组织等问题”提供了某种见解。但是，这三种人性假设的弊端就在于它们都“过于简单化和一般化了”。沙因之所以提出他的“复杂人”假设，就是为了弥补前三种人性假设的缺陷，在充分考虑到人性、工作性质、组织情境等管理过程本身固有的复杂性后，提出一种权变和发展的观点。沙因的“复杂人”假设无疑更符合人性的实际和管理工作的需要。

同时，我们还应看到，“复杂人”人性假设并不是完备的理论。它只强调人们之间的差异性，而在某种程度上忽视了人们共性的方面，因而是片面的。此外，“复杂人”人性假设不能从“人”所处的个体的生产关系出发去认识人的需要，认识人的工作积极性，因而它只看到了“人性”的复杂现象，却无法认识“复杂人性”的本质。

五、人性假设的新进展

（一）“决策人”人性假设

最早提出“决策人”假设理论的是西蒙，西蒙是一位著名的经济学家、社会学家和心理学家，因在决策理论上的突出贡献获得 1978 年诺贝尔经济学奖。西蒙在运用行为科学、系统理论和运筹学以及计算机程序对组织行为进行研究后指出：“决策贯穿于管理的全过程，管理就是决策。”西蒙提出“人人都是决策者”，其“决策人”人性假设理论的观点把被管理者提高了一个层次，使之成为与管理者一样能够进行决策的人。“决策人”人性假设的主要内容有：

（1）决策人的理性总是有限的。由于环境的约束和人自身能力的限制，决策人不可能知道关于未来的全部备选方案和有关外生事件的不确定性以及所有备选方案实施的后果。因此，决策人的正确决策能力是有限的，其执行任务的能力更有限。

(2)决策人总在寻找满意的解决方案。由于个人的欲望会随着体验的变化而变化，一般在良性环境下，人的欲望会增强；反之，在恶劣的环境下，人的欲望会降低。所以，决策人对于备选方案的决策在很大程度上取决于是否符合其欲望水平，如果符合则结束搜索，选定该方案。

(3)组织中的每个人都是自主决策的行为主体，而决策本身并非“不可分解的基本单位”，应“视为由前提推出结论的过程”。决策前提包括价值要素和事实要素；另外，决策前提的引入既与决策者本身的素质有关，也与决策者所处的环境有关；最后，组织并不代替个人作决策，但是组织可以通过提供相关的事实前提和价值前提影响个人决策。

西蒙关于“决策人”的假设只是对“经济人”假设的修正和补充，如针对经济人完全理性假设，他认为理性是有限的；针对经济人追求利益最大化假设，他认为决策人只是寻求满意的解决方案。他所说的组织，是将个人置于组织之中，给予其激励和约束，发挥组织成员的作用。

(二)“文化人”人性假设

“文化人”假设是20世纪80年代初西方学者在企业文化运动蓬勃开展时提出来的。美国学者威廉·大内在1981年发表的《Z理论——美国企业界怎样迎接日本的挑战》成为企业文化理论的代表。其理论的核心是企业管理必须重视人与人的关系，企业内部必须具有共同的意识和责任，而且要造就亲密与合作的人际关系。“文化人”假设认为：

(1)企业中的人是有思想、有情感、有价值观的人，人的心理和行为归根结底是由人的价值观决定的。

(2)人的价值观、责任感及人们在生产中的行为表现，与他长期以来所受的文化熏陶有关。“文化人”人性假设理论认识到人性的可塑性，将人在生产中的地位提到了前所未有的高度，也将人类对人性的认识向前推进了一大步。

任务三　人性假设的应用

回顾人性假设的发展，我们看到了学者们对于管理中“人性”的深入思考，而这种思考源于一个简单而纯朴的目的，那就是如何有效地提高员工工作的积极性，提高组织的效率。管理的本质在于通过对人性的分析，根据人性的差异，采取最为有效的管理行为，以提高组织绩效。

一、“经济人”人性假设的应用

基于“经济人”假设，管理被认为只是领导者的工作，与被管理者毫无关系。为了使被管理者努力工作，管理者必须采取强迫、控制、惩罚等手段，并用金钱、福利等来引诱他们。管理方式的重点是如何提高劳动者的劳动生产率，管理者不必考虑被管理者的尊严、人格和感情。这种管理还必须制定各种严格的章程和工作标准，制定组织制度和工作纪律来规范被管理者的消极怠工行为。

建立在“经济人”假设基础上的管理方式是“胡萝卜加大棒”的方法，即金钱收买与严密控制、监督、惩罚相结合的方式。泰勒制就是这种管理类型的代表。泰勒的科学管理理论主要包括工作定额原理、标准化原理、刺激性的差别计件工资制等。泰勒等人的古典管理理论为当时的企业组织协调劳资关系、构建管理制度以及提高生产效率等提供了科学的管理思想与理论指导。

基于泰勒等人的管理思想和管理实践，麦格雷戈提出了“X 理论”，在该理论中，针对“经济人”的特点，提出了对应的管理措施。

(1)采用任务型管理，管理工作的重点是提高生产率，完成生产任务，对于人的感情和士气的责任则是次要的。

(2)组织是用经济性奖酬来获取职工们的劳动与服从，主张用金钱来刺激工人的生产积极性，用惩罚来对付工人的消极怠工行为。

(3)管理工作是少数人的事，工人的主要任务是听从管理者的指挥。

(4)如果人们工作效率低、情绪低落，解决办法就是重新审查组织的奖酬刺激方案，并加以改变。

尽管有西方学者提出，基于“经济人”假设的管理方式已过时了，但是我们同时必须看到，即使是在当今的管理实践中，对于经济欠发达地区或物质生活水平较低的人群来说，基于“经济人”假设的管理措施仍然有一定市场，并且在管理过程中会取得立竿见影的效果。在现代企业管理中，应在承认“经济人”假设的前提下，通过建立一种恰当的机制，使得经济人在追求自身利益的行为基础上，客观地有利于社会整体目标的实现。正如哈耶克所说：“真正的问题不在于人类是否被自私的动机所左右，而在于要找到一套制度，从而使人们能够根据自己的选择，决定其普通行为的动机，尽可能地为满足所有他人的需要贡献力量。”“经济人”假设分析了人们存在的经济利益趋向，组织可以通过提高人们的收入水平，调动人们的工作热情和积极性，促使人们努力工作，使个人行为趋向于为组织尽责尽力。

二、“社会人”人性假设的应用

基于“社会人”假设的人性，在管理上应该注意员工的心理要求和倾向，管理措施要注意群体心理，特别要避免群体性反对而形成对抗性非正式组织。当物质奖励达到一定程度后，就会产生边际效益递减，再增加的投入对人们满意感的影响很小，此时管理者更需关注人们的情感需要。“社会人”假设分析了人们对群体向往以及领导和他人对自己认可的心理需求，组织通过加强成员间相互沟通和情感交流的方式，关注人们的心理需求，或以使其获得成就感、名誉、地位等方式，让组织中的个体充分感受到尊重，从而调动团队的工作积极性，提高组织效益。

梅奥基于“社会人”假设，提出了“人际关系管理”理论，在该理论中，提出了针对“社会人”的管理措施。

(1)管理人员不应只注意完成生产任务，而应把注意的重点放在关心人和满足人的需要上。

(2)管理人员不能只注意指挥、监督、计划、控制和组织等，而更应重视职工之间的关系，培养和形成职工的归属感和整体感。例如，在组织中普遍存在的各种俱乐部和组织举办的各类团体活动，有力地增进了组织成员间的沟通与融合，满足了员工对于社会交往的需求。

(3)在实际奖励时，提倡集体的奖励制度，而不主张个人奖励制度。

(4)管理人员的职能也应有所改变，他们不应只限于制订计划、组织工序、检验产品，而应在职工与上级之间起到联络人的作用。一方面,要倾听职工的意见和了解职工的思想感情;另一方面,要向上级呼吁、反映职工的情况。

(5)提倡“参与管理”的新型管理方式,让职工和下级不同程度地参加企业决策的研究和讨论。

三、“自我实现人”人性假设的应用

“自我实现人”假设的观念使管理方式有了根本性的改变。在麦格雷戈提出的“Y 理论”中,针对“自我实现人”的特点,提出了对应的管理措施。

(1)管理重点的改变。“自我实现人”人性假设把注意的重点从人的身上转移到工作环境上,重视环境因素,管理工作的重点在于创造一种适宜的工作环境、工作条件,使人们能在这种条件下充分挖掘自己的潜力,充分发挥自己的才能,也就是说,能够充分地自我实现。

(2)管理人员职能的改变。从“自我实现人”人性假设出发,管理者的主要职能既不是生产的指导者,也不是人际关系的调节者,而只是一个采访者。他们的主要任务是如何为发挥人的才智创造适宜的条件,减少或消除职工在自我实现过程中所遇到的障碍。

(3)奖励方式的改变。麦格雷戈认为,对人的奖励分为两类:一类是外在奖励,如加工资、提升良好的人际关系;另一类是内在奖励,内在奖励是指人们在工作中获得知识,在充分发挥自己的潜力后心理上的满足和愉悦。只有内在奖励才能满足人的自尊和自我实现的需要,从而极大地调动人的积极性。

(4)管理制度的改变。从“自我实现人”人性假设来看,管理制度也要作相应的改变。总的来说,管理制度应保证职工能充分地表露自己的才能,达到自己所希望的成就。

四、“复杂人”人性假设的应用

“复杂人”假设认为,在企业管理中,管理方式要根据企业所处的内外条件而改变,不存在一成不变的、普遍适用的“最好的”管理原则和方法,要求管理人员根据具体人的不同情况,采用不同的管理措施。摩尔斯和洛希据此提出了“超 Y 理论”,并在该理论中阐述了管理方式。

(1)采取多样的组织形式。根据工作性质的不同,或采取固定组织形式,或采取灵活变化的形式来提高管理效率。

(2)采取灵活的领导方式。根据组织具体情况,采取弹性、应变的领导方法,以提高管理效率。在企业任务不明确且工作混乱的情况下,采取较严格的管理措施,使生产秩序走向正轨;反之,采取更多的授权,使下级可充分发挥自己的能动性。

(3)培养观察力。权变理论要求管理者要善于观察工作的个性差异,发现职工在需要、动机等方面的个体差异,因人而异地采取灵活多变的管理方法。

五、“决策人”人性假设的应用

西蒙基于“决策人”人性假设,提出了“有限理性决策理论”,倡导员工参与管理决策。该理论的着眼点不是单个人的工作积极性,而是群体合理决策中的行为协调,强调了激发工作能动性的重要意义和可能途径。一方面,它提示组织要充分关注组织的生存环境,并努力寻找适应环境的组织决策与组织中个人决策相协调的管理模式,以激发员工的工作能动性;另一方面,它提示组织要充分关注自身所拥有的信息条件,在采集、存储、加工、使用信息方面为劳动者提供适当信息以促使其发挥工作能动性。这种人性假设较之只关注劳动积极性的"经济人"和"社会人"假设而言,它强调了创造条件(特别是信息条件)以激发员工的工作能动性,其现实性有目共睹。

六、"文化人"人性假设的应用

根据"文化人"人性假设,在组织中要贯彻"人本管理"的理念。具体管理措施如下:

(1)培育和塑造员工的价值、精神、形象。

(2)重视人的尊严和价值,强调人际关系的和谐合作。

(3)强调在实现组织目标的同时也实现个人的全面发展。

在现代企业管理中,企业文化是企业动力和凝聚力的来源,技术只是平台,通过企业文化的建设可以确定企业的核心竞争力。

七、总结

从西方管理理论的发展历程来看,都是以人性假设的发展为基础和前提的。无论是"经济人""社会人"还是"自我实现人""复杂人"等,都有相应的管理理论与之一一对应,如表2-1所示。人性假设是一个不断丰富的过程。随着社会的进步和发展,必将产生新的人性假设理论,推动着管理理论进一步向前发展。作为现代企业,应全面认识和把握人性假设的概念,结合组织内部的实际情况,采取相应的科学管理措施,充分调动员工的积极性,实现企业的总体目标。

表 2-1　　人性假设、管理理论与管理方式对照表

人性假设	管理理论	管理方式
"经济人"人性假设	X 理论	科学管理
"社会人"人性假设	人际关系理论	人性管理
"自我实现人"人性假设	Y 理论	内在激励
"复杂人"人性假设	超 Y 理论	权变理论
"决策人"人性假设	有限理性决策理论	参与管理
"文化人"人性假设	Z 理论	人本管理

同步案例 2-2　　"五星计划"奖励体系

背景与情境:TriWest 是一家小型保健公司,位于亚利桑那州的凤凰城(Phoenix),拥有800名雇员。两年前,TriWest 打算实施一个让员工互相赏识的机制,为此设计了"五星计划"奖励体系。

第一颗星为"闪烁之星"。这是伙伴认证计划,员工可以将这个证书颁发给公司里的任何一个人,不管他们拥有什么头衔和职位。员工通过颁发"闪烁之星"证书,以表达他们对同事帮助的感激。证书将送给员工,同时证书的复制本将放进玻璃橱窗,这个橱窗每两个月就会绘制一次奖励证书图,并标出奖品,比如T恤、咖啡杯以及其他的小东西。

第二颗星为"超级之星"。这是一项主管们对员工优秀业绩进行奖励的计划。主管们可以对表现优异的员工授予“星元”优惠券，每张优惠券大致相当于40美元，获得者可以用它去兑换礼品。当主管们看到员工干得非常棒的时候，可以当场授予员工“星元”。

其余三颗星为“全星奖”，包括“例外客户服务”“内部协作”和“外部协作”三项奖励计划，是为了答谢以上的绩效和超出工作说明范围的业绩而授予的。这三项计划允许主管们对为企业作出重要贡献的员工授予高达750美元的奖励。“获得全星奖的员工通常是因为他们做了一些真正例外的事情，如一名技术员工工作到很晚，或者周末加班以确保新的电话系统装好并按时运作，他可以获得全星。”

TriWest认为，现金并不是“五星计划”成功所必需的。“员工喜欢被评价他们正在从事一份好工作，并不表示渴望很大一笔钱，他们仅想获得赞赏。”

问题：

(1)TriWest的“五星计划”反映了哪种“人性假设”？

(2)你认为“五星计划”将对公司产生怎样的影响？为什么？

案例精析：

(1)TriWest的“五星计划”反映了管理者的“社会人”假设、“自我实现人”假设。

(2)“五星计划”将会有效促进公司绩效的提升，促进公司团结、友善、积极奋进的良好组织文化的形成。

应知考核

一、单项选择题

1. 主张“理性、爱、意志力”即人的本质的学者是(　　)。

A. 霍尔巴赫　B. 赫尔达　C. 伊曼努尔·康德　D. 费尔巴哈

2. (　　)认为人是从动物中经过“物竞天择，适者生存”的法则进化而来的。

A. 培根　B. 霍布斯

C. 拉·梅特里　D. 查尔斯·罗伯特·达尔文

3. (　　)提出人的本性是善的，知善是一个人的美德，美德即知识。

A. 苏格拉底　B. 柏拉图　C. 亚里士多德　D. 霍布斯

4. (　　)提出“人之性恶，其善者伪也”。

A. 孟子　B. 荀子　C. 王充　D. 韩愈

5. (　　)理论认识到人性的可塑性，将人在生产中的地位提到了前所未有的高度，也将人类对人性的认识向前推进了一大步。

A.“决策人”人性假设　B.“文化人”人性假设

C.“自我实现人”人性假设　D.“复杂人”人性假设

二、多项选择题

1. 从人的理性出发来论述人性本善的是(　　)。

A. 苏格拉底　B. 柏拉图　C. 亚里士多德　D. 毕达哥拉斯

2. 东方的人性善恶论包括(　　)。

A. 孟子的性善论　B. 荀子的性恶论

C. 告子的无善无恶论　D. 亦善亦恶论及性三品之说

3. 科学管理理论的人性假设有(　　)。

A.“经济人”假设　　B.“社会人”假设

C.“自我实现人”假设　　D.“复杂人”假设

4. 针对“经济人”的特点提出的对应管理措施包括(　　)。

A. 采用任务型管理

B. 用惩罚来对付工人的消极怠工行为

C. 工人的主要任务是听从管理者的指挥

D. 工作效率低、情绪低落,解决办法就是重新审查组织的奖酬刺激方案

5.“决策人”人性假设的主要内容有(　　)。

A. 决策人的理性总是有限的

B. 决策人总在寻找满意的解决方案

C. 组织中的每个人都是自主决策的行为主体

D. 企业中的人是有思想、有情感、有价值观的人

三、判断题

1. 培根认为,“自然创造人类,在人类身体和心灵的功能上,是造得极不平等的”。(　　)

2. 马克思提出,“人的本质是一切社会关系的总和”。(　　)

3. 马斯洛提出了“超 Y 理论”。(　　)

4.“自我实现人”人性假设的管理方式为内在激励。(　　)

5. 梅奥基于“社会人”假设,提出了“人际关系管理”理论。(　　)

四、简述题

1. 简述马克思关于人及其本质的 3 个命题。
2. 简述“经济人”人性假设的主要观点。
3. 简述“社会人”人性假设的主要观点。
4. 简述“自我实现人”人性假设的主要观点。
5. 简述“复杂人”人性假设的主要观点。

应会考核

■ 观念应用

【背景资料】

肯德基与麦当劳的员工激励

成功的企业通常将“以人为本”的价值观作为其企业文化的核心。这种价值观认为,员工是公司最为重要的资产,是值得信赖并应当受到尊重的。员工会因受到鼓励而不断成长,不断发挥自己的最大潜力,促进组织业绩的不断提升。

一、目标是最大的激励

(一)名利激励

麦当劳认为,大部分人有名利之心,因此对员工诱之以名利,提供不断升迁的机会。伴随

升迁带来的高薪和尊敬，能有效激发和鼓励员工成名获利的动机，促进员工表现出极高的主动性和积极性，共同推进了麦当劳事业的发展。麦当劳在员工中树立一个普遍的信念：只要付出了努力，就能获得相应的地位和报酬。所以，麦当劳的员工表现出令人吃惊的主动性和积极性，许多新服务员往往提前上班、推后下班，连节假日也要特地到餐厅去走一走。在麦当劳多学点、多看点，主动为麦当劳多做工作。

（二）成长目标激励

肯德基奉行的一个准则是，不仅企业要成长，员工个人也要成长，连协作厂商和合作合资伙伴都能有成长机会，即“群策群力，共赴卓越”，把共同的成长当成企业与员工的目标来互相激励。肯德基的餐厅经理都是一步步从基层餐厅成长起来的，个个都有良好的教育背景，他们从管理一家餐厅，到管理四至五家，甚至管理一个市场。肯德基里没有在一个职位上干很久的员工。如果一个员工在一个职位上干了两年，就会被拍肩膀问：“你怎么这么长时间没升迁？”每一位具有潜质的员工在肯德基的阶梯形职业发展通道上都能看到攀登的希望点。可见，麦当劳与肯德基都极其善于利用目标激励，让员工的成就感得到了极大的满足。

二、赞扬是激励下属的最佳方式

赞扬是最好的激励方式之一。如果管理者能够充分地运用赞扬来表达自己对下属的关心和信任，就能有效地提高下属的工作效率。赞扬是期望激励的具体形式，是指管理者对员工能力的一种评价。有一家肯德基餐厅在店里设立了一面“星光墙”，用来表彰员工（哪怕很小的优点）。比如，一个员工下雨天给一脸雨水的顾客递上了纸巾；一位进门时没来得及换好工作服的员工，主动把一叠要洗的托盘送去清洗等。虽然是很细小的事情，却使他们都成了“星光墙”上的“大明星”。

三、营造良好的办公环境来激励员工

良好的办公环境不仅能够让员工觉得工作环境舒服，更能加强他们对公司的热爱，有强大的热情在这个良好舒心的环境中努力认真工作。肯德基善于营造令员工满意的办公环境，并有高级管理层亲自到餐厅激励员工士气的惯例。采取这种方式的目的有两个：一是让上下沟通更有效；二是让在第一线为公司挣钱的员工们感受到总部对自己的重视，产生荣誉感、自豪感和责任心。

【考核要求】

1. 肯德基和麦当劳的激励文化涉及“人性假设与管理”的哪些知识点？

2. 分析肯德基和麦当劳的激励文化所体现的人性假设。

3. 根据所学的人性假设理论，结合你对肯德基和麦当劳的了解，提出你的激励建议。

■ 技能应用

跨国公司商业贿赂

葛兰素史克涉嫌商业贿赂的丑闻，让这一全球制药巨头的“光环”黯然失色。然而记者梳理发现，葛兰素史克的事件绝非孤例。

2012 年 12 月，全球制药巨头礼来被美国证交会指控，通过提供不当支付方式贿赂外国政府官员，以获得在俄罗斯、巴西和波兰的业务，最终礼来同意支付追缴款等近 3 000 万美元，才了结了上述指控。

2012 年 8 月，美国证交会称，辉瑞制药在 8 个国家向当地官员以及医生和医护人员等国有单位公职人员行贿。最终，辉瑞缴纳了包括罚金在内的 6 000 万美元。

2008年底，曾困扰西门子两年多的贿赂案最终以13亿美元的罚金告终。

从20世纪90年代至今，摩根士丹利、IBM、朗讯、沃尔玛、德普、艾利·丹尼森等诸多知名跨国公司都曾涉嫌商业贿赂。

【技能要求】

1. 本案例中存在哪些道德伦理问题？
2. 试对上述问题作出你的道德研判。
3. 说明你所作善恶研判的依据。
4. 对于抵制商业贿赂，你有何建议？

■ 案例分析

【情境与背景】

抵制听课说明了什么？

镇东初中规模不算大，生源基础参差不齐，师资业务素质总体水平不高，教学质量始终上不去，学生家长反映强烈，领导也有意见。新学期开始后，镇教育委员会针对该校情况，决定调教育办公室李主任到该校任校长。

李校长任校长一周后，召开了学校领导班子会议，他谈了对提高教学质量的初步设想，他说："要提高质量，摘掉落后帽子，就必须加强教学管理，狠抓教学工作各个环节的检查，尤其是课堂教学的检查，因为这是提高教学质量的关键。我想通过经常性突击听课，促使教师钻研教材，改进教法，提高授课水平，向45分钟要质量。过去，我们学校班子没有重视这项工作，致使少数责任心不强的教师混课甚至旷课，这是突出的薄弱环节。因此，我提议，从明天起，所有校长、主任按自己所学专业，分学科到班级随时听课，事先一律不与教师打招呼，希望大家不要走漏风声。"会议后的第二天，校长、主任根据原定方案，自带凳子分头到班级进行不打招呼的听课。

第一次听课后，部分校长、主任肯定了这种做法。有的说："这次不打招呼的听课，确实发现了不少问题，有的教师未备课，就是读读书，有的新教师根本就不会讲课。"有的说："这次听课也发现了不少教师授课能力强、水平高，以后要注意重点任用。"有的还说："这样的听课今后每过一段时间听一次，是很有好处的。"当然，也有一部分干部提出疑问，认为这种听课方式不够妥当，对教师不够尊重，易造成逆反心理。

虽说有不同意见，随后仍按事先分工，继续进行这项未完的工作，不料情况与前一天截然不同。

这位教师说："我这节课主要是让学生做作业。"那位教师说："我这堂课主要是让学生背书。"一句话，就是不愿让领导听不打招呼的课。可想而知，这次校长、主任真的坐冷板凳了。这样的听课已无法进行下去了。教师的不满，明里暗里的"软"抵抗行动，李校长耳闻目睹。面对这意想不到的情况，他陷入了沉思。

【分析要求】

1. 本案例涉及本项目的哪些知识点？
2. 本案例中李校长的听课提议存在哪些问题？

项目实训

【实训内容】

人性。

【实训目标】

让学生对人性观点有深刻的认识。

【实训组织】

以学习小组为单位，进行辩论赛，小组分为：

正方观点：人性本善；

反方观点：人性本恶。

【实训成果】

1. 老师依据本背景设定对立的论题组织辩论赛，根据分组辩论成绩、班级讨论、书面报告等综合评定。

2. 评分采用学生和老师共同评价的方式，并完成实训报告。

<table>
<tr><th colspan="3">《人性》实训报告</th></tr>
<tr><td>项目实训班级：</td><td>项目小组：</td><td>项目组成员：</td></tr>
<tr><td>实训时间：　　年　　月　　日</td><td>实训地点：</td><td>实训成绩：</td></tr>
<tr><td colspan="3">实训目的：</td></tr>
<tr><td colspan="3">实训步骤：</td></tr>
<tr><td colspan="3">实训结果：</td></tr>
<tr><td colspan="3">实训感言：</td></tr>
</table>

项目三

认　知

○ **知识目标：**

理解：知觉的概念和特征；社会知觉的概念和分类；归因的概念。

熟知：社会知觉中的效应、社会知觉与管理；学习理论；归因理论。

掌握：社会知觉与知觉的关系；影响社会知觉的心理因素；归因偏差；认知的应用。

○ **技能目标：**

能够根据知觉与归因的相关知识，懂得知觉、社会知觉的异同及影响社会知觉的心理因素，学会分析个体的认知能力。

○ **素质目标：**

运用所学的认知知识研究相关事例，培养和提高学生在特定业务情境中分析问题与决策设计的能力；结合行业规范或标准，运用知识分析行为的善恶，强化学生的职业道德素质。

○ **项目引例：**

洛钦斯的实验

社会心理学家洛钦斯在他的实验中，用两段杜撰的文字描写了詹姆的生活片断作为实验材料。这两段文字描写了两种截然相反的人格特征。其中一段是写詹姆和朋友们一起去上学，他在路上晒太阳，在商店跟一群人聊天，问候一个他最近才认识的姑娘；另一段是写詹姆独自一个人从学校走回家，在树荫下歇凉，在商店里默默排队购物，没有去问候那个最近认识的姑娘。洛钦斯以不同顺序对这两段材料加以组合：一种是将描写詹姆性格内向的材料放在前面、描写他性格外向的材料放在后面；另一种顺序则正好相反。接着，洛钦斯将材料让两组水平相当的中学生被试阅读，并让他们对詹姆的性格进行评价。实验结果表明，先阅读的那段材料对被试进行詹姆性格的评价起着决定作用。

问题：组织中的个体在管理活动中总会受到知觉的影响，如何看待知觉效应对直觉决策的影响？

引例感悟：知觉效应是人们在长期的生活实践中形成和发展起来的，是人脑处理大量信息时产生的捷径，它方便、快捷，在很多时候也适用；在管理活动中，人们并不总是进行完全的理性分析并作出决策，不少管理者会运用直觉来进行决策。直觉决策是一种潜意识的决策过程，基于决策者的经验、能力以及积累的判断。在作直觉决策时，看似根据很少的信息或第一印象就进行了决策，但往往与决策者本身的性格、经验阅历、长期思考有关联。所以，直觉决策往往是在经验中提取无意识的过程，一定会受到无意识的影响。因此，知觉和各种知觉效应总会影响管理活动，效果却不可一概而论。

○ **知识精讲：**

鲁迅先生说，每个人看《红楼梦》都是不同的，“经学家看见《易》，道学家看见淫，才子看见缠绵，革命家看见排满，流言家看见宫闱秘事”。可见，每个个体对现实世界的认知是不同的。读一本书尚且如此，对他人言语和行为的认知就更是千差万别了。认知决定人的情感和行为，对人认知规律的认识与把握，对于管理活动的有效开展具有重大意义。认知理论包含的内容非常丰富，本项目主要围绕在管理中几种常用的理论进行介绍、分析与讨论。

任务一　知觉概述

一、知觉

（一）知觉的概念

人脑对客观事物的反应是从感觉和知觉开始的。一切高级复杂的心理活动都要以感觉和知觉作为基础。所以，研究组织行为学必须首先对感觉和知觉有较深入的认识和了解。

感觉是指人脑对直接作用于人的感觉器官的客观事物的个别属性或个别成分的反映。如图3－1所示，人们对香蕉的认识，首先视觉看到的是黄色的、弯弯的，其次味觉感受到的是香甜的。

图3－1　人对香蕉的认识

知觉是指人脑对直接作用于人的感觉器官的客观事物的整体属性或所有成分的反映。人通过知觉赋予客观事物意义并作出解释。如人们认识到香蕉是黄色的外壳、乳白色的内瓤，借助于经验和知识分析得出，香蕉是香甜的，是促进肠胃蠕动的。

感觉与知觉是密切相关的，感觉是知觉的基础，知觉是感觉的深化。两者的共同点都是直接作用于人的感觉器官的客观事物在人脑中的反映。两者的区别在于：知觉是各种感觉的结合，它来自感觉，但又不同于感觉；感觉只反映事物的个别属性，知觉却认识了事物的整体；感觉是单一感觉器官活动的结果，知觉却是各种感觉器官协同作用的产物；感觉不依赖于个人的知识和经验，知觉却受个人知识和经验的影响。同一物体，不同的人对它的感觉是相同的，但对它的知觉就可能会有差别，知识和经验越丰富，对物体的知觉就越完善、越全面。

（二）知觉的特征

人对客观事物的知觉是一种积极、能动的认知过程。知觉有4个特征：选择性、理解性、整体性、恒常性。

1. 知觉的选择性

知觉的选择性是指当人们感知外部事物时，能优先把知觉对象从背景中清晰地分离出来。客观事物是多种多样的，在特定时间内，人只能感受少量或少数刺激，而对其他事物只作模糊的反映。被选为知觉内容的事物称为对象,其他衬托对象的事物称为背景。某事物一旦被选为知觉对象,就好像立即从背景中凸显出来,被认识得更鲜明、更清晰。即使是对同一知觉刺激,如观察者采取的角度或选取的焦点不同,也可以产生截然不同的知觉经验。图3—2可以帮助读者理解知觉对象与背景之间的关系。

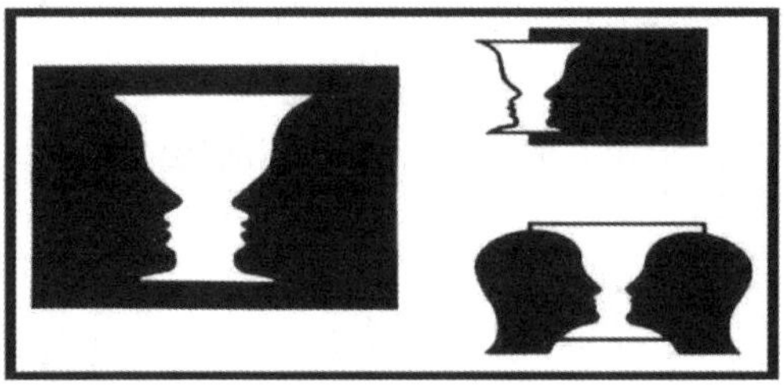

图3—2 是人脸还是花瓶?

2. 知觉的理解性

知觉的理解性是指当人们知觉某一对象时,可以根据自己的经验去加深理解,并作出解释。在知觉过程中,人不是机械被动地记录知觉对象的特性,而是通过自身已有的经验或知识对知觉对象作出自己的解释,使知觉对象具有主观意义,这就是知觉的理解性。图3—3可以帮助读者理解知觉的理解性。

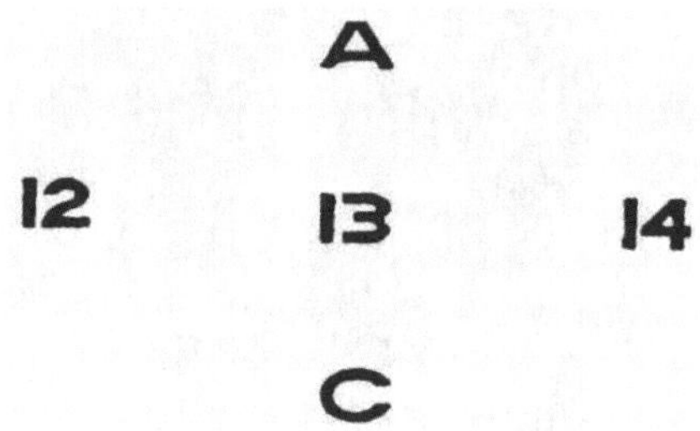

图3—3 中间是什么?

3. 知觉的整体性

知觉的整体性是指人们可以根据经验,按照事物的局部特征和个别属性去感知事物的整体。在知觉过程中,人常常不是孤立地知觉一个个单独的刺激物,而是将这些刺激物作为整体来感知事物的整体和关系。图3—4可以帮助读者理解知觉的整体性。

图3—4 知觉的整体性

4. 知觉的恒常性

知觉的恒常性是指当知觉的条件在一定范围内发生某些变化时，知觉的映象仍然保持不变。知觉的恒常性的表现有很多方面，如形状恒常性、颜色恒常性等。图 3－5 可以帮助读者理解知觉的恒常性。

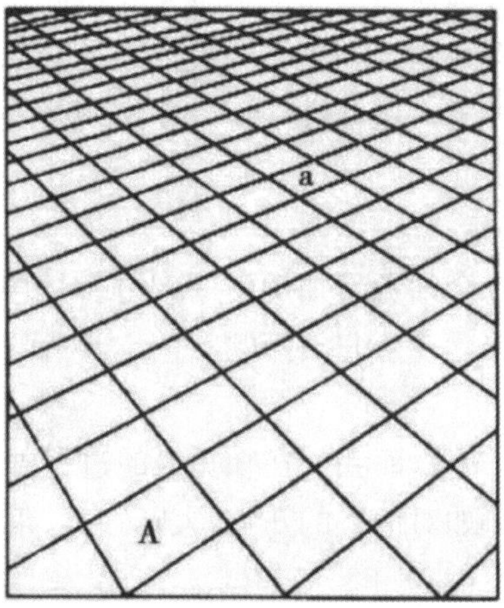

图 3－5 结构级差与深度知觉

知觉的选择性受到主、客观诸多因素的影响，而知觉的理解性、整体性和恒常性 3 种特征主要取决于人们的先行经验，知识和经验越丰富，3 种特征表现越明显。

（三）知觉与错觉

人们的知觉并不一定都是完全正确的。知觉的经验也会产生消极的影响，即产生错觉。错觉是在特定条件下产生的对客观事物的歪曲知觉。错觉又叫错误知觉，是指不符合客观实际的知觉，包括形状错觉、时间错觉、运动错觉、空间错觉以及光渗错觉、整体影响部分的错觉、声音方位错觉等。

产生错觉的原因，一般认为有以下 2 点：

(1)人们知觉器官认识事物的局限性，表现为视觉、听觉、嗅觉等感知上的局限性。如图 3－6 所示，缪勒错觉图中(a)和(b)是等长的吗？

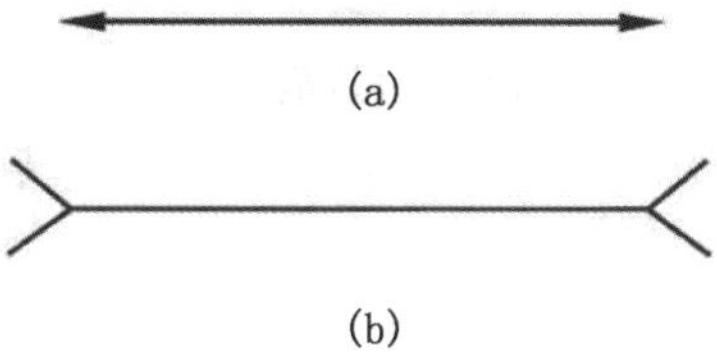

图 3－6 缪勒—莱伊尔错觉

(2)根据过去的经验，感知眼前变化了的事物。由于感知器官不适应外部条件的变化，反应迟钝和固守经验也可能导致错觉。错觉是一种消极因素，但如果运用得当，也能产生积极效果，可广泛运用于视觉艺术(如放映电影、服装设计，甚至军事领域)。

二、社会知觉

（一）社会知觉的概念

社会知觉的概念是由美国心理学家布鲁纳（J. S. Bruner）于1947年首先提出来的。根据知觉的对象不同，知觉可以划分为对物的知觉和对人的知觉，前者称为自然知觉，后者称为社会知觉。在组织行为学中，社会知觉受到更多的关注。社会知觉是指人对社会对象的知觉。社会对象包括个体、社会群体乃至大型社会组织。在组织行为学中，它是研究人际关系的基础。

（二）社会知觉与知觉的关系

知觉是社会知觉的基础，社会知觉是知觉的一部分。社会知觉是对人的知觉，它不仅仅停留在知觉的表面上，还可能深化产生归因问题。

（三）社会知觉的分类

社会知觉实质上是对人的知觉，而我们在知觉人的过程中，可以从不同角度和侧面进行，所以就有不同的社会知觉类型，如对他人的知觉、人际知觉、角色知觉、自我知觉等。

1. 对他人的知觉

对他人的知觉是指与他人交往时，通过对他人外部行为特征的观察，来判断他人的需要、动机、个性等心理活动的过程。人的外貌、言行等这些都是知觉的对象。对他人的知觉既受知觉对象的外部特征影响，也受知觉者自己主观因素的影响。

2. 人际知觉

人际知觉是指人与人之间相互关系的知觉，是知觉者和被知觉者情感交流的过程。它主要以人的交际行为为知觉对象，对人们交往中的动作、言语、礼节等进行感知。人际知觉是社会知觉核心的组成部分，影响其形成的因素主要涉及知觉的主体、知觉的客体、知觉的情境、交往时间的长短等。

3. 角色知觉

角色知觉是指个体对于自己所处的特定的社会与组织中的地位的知觉。角色是在涉及他人的社会活动中，社会对某一特定对象所期望的一种行为模式。它反映了一个人在社会系统中的地位，以及相应的权利、义务、权力和职责。

4. 自我知觉

自我知觉是指对自己的生理、心理和行为状态的知觉，也就是自己对自己的看法和评价，是个体的自我观念。人只有在认识了自身的状况之后，才能更好地使自己的行为适应外界环境的要求。

（四）社会知觉中的效应

在现实生活中，人们往往由于受到主、客观条件的限制而不能全面地看待问题，尤其是看待别人时，容易受到各种偏见的影响而造成社会知觉的歪曲。研究在社会知觉过程中产生的各种偏见，对于做好人的管理工作具有重要的意义。

1. 首因效应

首因效应也称为第一印象，指的是在社会认知过程中，最先的印象对人的认知具有极其重要的影响。第一印象往往是通过对别人外部特征的知觉，进而取得对他们的动机、感情、意图等方面的认识，最终形成关于这个人的印象。这些外部特征包括人的面部表情、身体姿态、眼神、仪表等。

对某人第一印象一旦形成，就会影响到人们对他以后一系列行为的解释。第一印象比较持久，但在形成对他人的正确印象方面尚有欠缺，原因在于：(1)第一印象的形成会不同程度地受周围环境或事物的影响。(2)第一印象是高度个性化反映，从而有可能歪曲对被观察对象的印象。(3)第一印象仅从偶然的交谈中获得，而不去全面考察被观察对象的个性等，因而可能形成片面形象。(4)第一印象在实际生活中会造成“先入效应”，这会给管理人员带来认识上的片面性。作为一个管理者，既不能忽视第一印象的积极作用，同时也要克服第一印象的消极影响，要全面、客观地考察被知觉对象，最终获得正确的人际知觉。

2. 近因效应

近因效应是指最近的印象对人的认知具有重要的影响。印象形成中的近因效应，最早是由洛钦斯于 1957 年在《降低第一印象影响的实验尝试》一文中提出的。在该文中，他以另一种方式重复了前面提到的关于首因效应的经典实验。具体的做法是，在让被试阅读有关詹姆性格的两段描写文字之间，有一段时间间隔，即先阅读一段后，让被试做数学题或听历史故事，再阅读第二段。实验结果与前述实验正好相反，这时对被试进行詹姆性格的评价起决定作用的已不是先阅读的那段材料，而恰恰是后阅读的那段材料。

3. 晕轮效应

当认知者对一个人的某种特征形成好或坏的印象后，他还倾向于据此推论该人其他方面的特征，这就是晕轮效应。晕轮效应是一种“以偏概全”的评价倾向，即在社会认知时，人们常从对方所具有的某个特征而泛化到其他一系列的有关特征，也就是从所认知到的特征泛化推及未被认知的特征，从局部信息形成一个完整的印象，根据一个人的个别品质对其作出全面的评价。

4. 刻板印象

刻板印象是指社会上对于某一类事或人产生的一种比较固定、概括的看法。人们把在头脑中形成的对某类知觉对象的形象固定下来，并对以后有关该类对象的知觉产生影响，如美国人敢于冒险就是刻板印象的例子。

5. 投射效应

在人际认知过程中，人们常常假设他人与自己具有相同的属性、爱好或倾向等，常常认为别人理所当然地知道自己心中的想法。这种“以己度人”的现象在心理学上称为投射效应。

投射效应的表现形式是多种多样的，主要有两种：(1)感情投射，即认为别人的好恶与自己相同，把他人的特性硬纳入自己既定的框框中，按照自己的思维方式加以理解。(2)认知缺乏客观性，比如过分地赞扬和吹捧自己喜欢的人或事，过分地指责甚至中伤自己所厌恶的人或事。投射效应常使人们对他人的知觉产生失真现象，这是因为人们倾向于按照自己是什么样的人来知觉他人，而不是按照被观察者的真实情况进行知觉。

(五)影响社会知觉的主、客观因素

1. 认知者的因素

(1)兴趣、动机和任务

①兴趣的个别差异往往决定着认知的选择性，这就是说，人们的兴趣往往会使他们把不感兴趣的事物排除在外，而集中注意力于感兴趣的事物。

②动机是推动人们行动的原因，符合人的动机的事物，往往会成为知觉的对象与注意的

中心。

③给被试以明确的任务，其对事物的感知就比较完整。

(2)过去的经验

人们的感知是当前存在于面前的事物，但这些客观事物却是复杂的。人们在感知其时，由于过去的经验、生活方式、文化背景的不同，对同一社会刺激会产生不同的认知结果。

不少学者认为，人们之所以能够认知对象的意义，是因为对关于该对象的经验已形成了观念，这种观念参与了认知过程，经验参与认知过程，巴克称之为“概念应用”。如一个学生根据他在学校的化学成绩，可能认为自己是当医生的料。在这里，原先形成的概念帮助他作出了判断。

(3)情绪影响

人对事物的感知也受个体情绪的影响，一个人当前的情绪状态会多少影响他对人的判断。人们在愉快的状态下，会感到眼前一片阳光明媚，什么都是美好的；当人忧郁、烦闷的时候，会感到一切都没有希望。“一朝被蛇咬，十年怕井绳”“情人眼里出西施”等俗语都说明一个人的感情影响知觉。

(4)个性特征

人的个性特征也影响知觉，不同性格、气质类型的人，知觉的广度和深度有个别差异。多血质的人知觉速度快、敏锐、知觉范围广，但不细致。黏液质的人知觉速度慢、知觉范围狭窄，但比较细致。另外，能力不同的人，知觉事物也不相同，有绘画能力的人，视知觉颜色感比较发达。

人们的性格不同也会影响他们的认知，自信心强的人和自信心弱的人，认知同一对象时，前者有独立性，后者却往往因服从别人、迷信权威而使认知活动受暗示，变得人云亦云。

一个常爱猜疑别人、具有猜疑性格的人，对他人动作和语言的认知往往从猜疑立场加以判断；一个具有内倾性格的人，判断与他交往的对方，总是以自己的内倾性格去看待对方，产生一种投射作用。

2. 认知对象的因素

(1)魅力

构成个体魅力的因素，既有外表特征和行为反应方式方面，又有内在性格特点方面。说一个人有魅力，意味着他具有一系列积极属性，如容貌美、有能力、正直、聪明、友好等。但在实际的认知过程中，个人往往只需具备其中某一两个特征就可能被认为有吸引力。

美貌通常最快被人认知，且直接形成对人的魅力，从而往往首先导致光环作用。除相貌外，态度也同魅力相关。人们把自己作为判断别人是否与自己相似的参照系，同时还常常会观察别人对自己的态度。按照弱化理论，人们喜欢爱自己的人而讨厌恨自己的人。在这个意义上，只要认知对象的判断对自己有利，认知者就会把他看成是有魅力的并对他持积极肯定的态度。

(2)知名度

一个人知名度的大小也影响着别人对他的认知。在一个人有一定知名度的情况下，人们通过某种社会传播媒介或周围其他人传递的有关他的信息，实际上已经开始了对这个人的认知。这时，人们所依据的都是间接材料，受他人暗示的成分较大。无论是否相信这些材料，都已经形成了一定的判断。所以一旦真正接触到知名人士，认知者必须首先检验原有的看法。

一般来说,知名度高、社会评价积极的人,对认知者的心理有特殊的影响力。人们常常把这样的人先入为主地看成是有吸引力的人。

(3)印象整饰

在多数情况下,认知对象并不是认知活动中完全被动的一方,而是让别人认知的一方。因此,认知对象的主观意图势必要影响他人对自己的判断。

人们在交往中总是要选择一定的装束、言辞、表情或动作给他人留下一个独特的印象。这种有意地控制别人对自己形成各种印象的过程,就叫做印象整饰。

3. 认知的情境因素

(1)宏观环境

宏观环境因素是指整个社会环境、社会文化因素等都会对认知个体产生影响。这是由于不同的国家、不同的民族都有自己的文化和风俗习惯,风格迥异的社会文化因素使人们对同一事物的认知有所不同。如在西方,与他人交谈时不能询问对方的工资多少,否则对方会认为你侵犯了他的隐私,但在我国,人们常把这一问题作为交谈的话题,而对方也并不认为这是一种冒犯。

(2)微观环境

微观环境因素包括认知者及被认知者所处的家庭、社会地位、工作单位、居住条件等,这些都会对人的认知产生影响。

在认知活动中,被认知者所处的场合也常常成为判断的参考系统。巴克指出,对象周围的环境常常会引起我们对其一定行为的联想,从而影响我们的认知。人们往往以为,出现于特定环境背景下的人必然是从事某种行为的,他的个性特征也可以通过环境加以认定。

环境背景对认知的这种影响可以在判断个体感情的文献中得到证明。20 世纪 20 年代以来的许多实验研究一致表明,画中所描绘的人所处的背景对于决定被试作出什么样的判断非常重要。被试作出如何判断以及判断的准确程度,受到被认知者周围景物和色调的强烈影响。科尔曼等人甚至认为,单是人的面孔和身体所传达的一致情况是不多的。背景可以提供最强的线索,把感情归属于人物。如假定一个人在笑,那么只有情景的线索才能显示出这一动作究竟是表示高兴还是难堪。

(六)社会知觉与管理

1. 社会知觉对人员聘用的影响

在人员聘用中,首因效应常常发挥重要影响。被知觉者应当学会利用知觉偏见,给管理者留下良好印象。

2. 社会知觉对决策的影响

由于决策者的特性(功利型、人权型、公正型),对决策目标、需求的理解不同,掌握决策资源不同,不可能做到完全理性决策。而在直觉决策中,社会知觉往往成为决定性因素。

3. 社会知觉对人员绩效期望的影响

根据心理学中的皮格马利翁效应,管理者对其下属的期望值越高,组织成员的成果就越突出。因此可以说,组织的绩效在一定程度上取决于管理者的社会知觉和期望值。

三、学习理论

(一)什么是学习

什么是学习?外行人的看法是“我们在学校里所从事的活动”。事实上,心理学家对学习的概念显然要宽泛得多。我们每个人都在学习，学习发生在每时每刻。因此，学习可以理解为由于经验而发生的相对持久的行为改变。行为的变化表明了学习的发生，学习是行为的改变。

(二)学习理论的形式

学习是以什么样的形式进行的？研究者围绕这个问题进行了深入的探讨。当前人们主要关注两种学习形式：工具性学习和社会学习。

1. 工具性学习理论

工具性学习又称操作性条件反射，是美国心理学家桑代克(Thorndike)提出的。桑代克指出，动物的行为倾向有赖于该行为对环境的效果。斯金纳(Skinner)在此基础上提出，"有机体倾向于重复那些导出满意结果的行为反应"，并提出了强化的概念。

2. 社会学习理论

班杜拉认为，人们通过观察社会情境中他人的行为，并模仿他人的行为而学会新的行为。这种认为我们可以通过观察和间接经验两种途径进行学习的观点，称为社会学习理论。

榜样影响是社会学习理论的核心。人们发现榜样对个体的影响包括 4 个过程：注意过程、保持过程、行为再现过程和强化过程。首先，学习者必须密切注意榜样的行为，注意得越多，学习就越有效。其次，对榜样的行为得有良好的保持，对某人行为的语言描述或表象有助于记忆。毕竟，如果我们记不住也就学不到什么。因此，榜样的影响取决于当榜样不再真正出现时，个体对榜样活动的记忆程度。再次，必须要有对榜样行为再现的过程，即个体通过观察榜样而看到一种新行为之后，观察必须要转化成行为。这一过程表明个体能够执行榜样活动。最后，如果提供了积极的诱因或奖励，将会激发个体从事榜样行为，人们对被强化的行为将会给予更多的注意，学习得更好，表现得更频繁。

同步案例 3－1　　员工的报复

背景与情境：一家炸薯条的制造工厂发生了一场劳资关系的噩梦。这家 Frito-Lay 公司下属的工厂有 210 名员工，那一年头 9 个月就有 58 名员工因违纪而遭解雇。恶劣情绪在工厂弥漫。尽管书面警告、解雇等处分行动不断，员工的违规行径却毫无收敛。

有名工人想了个鬼点子，向掌管工厂的经理们表达他的不满。一天，他带了支粗头笔来上班，偷偷地将炸薯条从生产和包装区运转的传送带上拿下，写上下流话，再神不知鬼不觉地放回原处。遭殃的炸薯条只有最后到了顾客手中，才被发现。用这种独特手段报复管理层苛刻对待小时工的消息很快在员工中传开。其他工人纷纷仿效，顾客投诉增多。Frito-Lay 公司总部收到越来越多顾客来信，他们对在购买的炸薯条盒上发现肉麻的情话而大为恼怒。

问题：

(1)惩罚在管理中非常普遍，惩罚最大的问题是什么？

(2)员工在工作中时有发生怠工、破坏等情况，管理层应如何看待这个问题？

(3)在管理中，如何应用各种强化手段？

案例精析：

(1)惩罚对行为的塑造很多时候是有效的，但其副作用也一直存在，因为惩罚只能使受惩罚者知道某种行为不好，却无法使受惩罚者知道应该如何做才是对的，而且惩罚会诱发各种负面情绪和认知体验，从而引起负向行为。

(2)管理层应该认识到惩罚本身的副作用，一方面从发现问题的根源入手来解决问题，另一方面可以树立好的榜样，多使用正强化的方式。

(3)强化手段在管理中的使用要灵活而富于变化，多种手段结合使用，使用惩罚时多考虑它可能的副作用，这样会比较好。

任务二 归因概述

通过知觉过程，人对自身或他人的行为和相关事实有了基本的了解。但人类往往会追求、探索行为背后的原因是什么，这就是归因。20 世纪 60 年代以来，很多学者对此进行了研究，并提出了已产生广泛影响的归因理论。

一、归因的概念

归因是指人们为了预测和评价被观察者行为的原因，而对被观察者的行为过程所进行的因果解释和推论。这种情况在我们的生活中经常发生。人们对自己周围所发生的各种事情总要问“为什么”，以此来寻找其原因。归因对工作、组织行为和管理决策有重要的影响。

二、归因理论

最早的归因理论是由美国著名心理学家海德于 1958 年在其著作《人际关系心理学》中提出来的。后来凯利和韦纳发展了海德的归因理论，分别提出了三维归因理论和成败归因模式，这些为理解和推断人类的行为原因提供了重要的理论支撑。

(一)海德的归因理论

1958 年，海德在其著作《人际关系心理学》中，从通俗心理学(Naive Psychology)的角度提出了归因理论，该理论主要解决的是日常生活中人们如何找出事件的原因。海德认为，人有两种强烈的动机：一是形成对周围环境一贯性理解的需要；二是控制环境的需要。而要满足这两个需求，人们必须有能力预测他人将如何行动。因此，海德指出，每个人(不只是心理学家)都试图解释别人的行为，并都具有针对他人行为的理论。

海德认为，事件的原因无外乎有两种：一是内因，比如情绪、态度、人格、能力等；二是外因，比如外界压力、天气、情境等。一般人在解释别人的行为时，倾向于性格归因；在解释自己的行为时，倾向于情境归因。

海德还指出，在归因的时候，人们经常使用两个原则：一是共变原则。它是指某个特定的原因在许多不同的情境下与某个特定结果相联系，该原因不存在时，结果也不出现，我们就可以把结果归于该原因，这就是共变原则。比如一个人总是在考试前闹别扭、抱怨世界，其他时候却很愉快，我们就会把闹别扭与考试联系在一起，把闹别扭归因于考试而非人格。二是排除原则。它是指如果内外因中某一方面的原因足以解释事件，我们就可以排除另一方面的原因。比如一个凶残的罪犯又杀了一个人，我们在对他的行为进行归因的时候就会排除外部原因，而归于他的本性等内在因素。

(二)凯利的归因理论

美国社会心理学家凯利在 1967 年提出了他的归因理论。他指出，影响人们行为的原因可以归于 3 个因素：(1)内因，即知觉者本人的特征；(2)外因，即知觉对象的特征；(3)情境因素，即环境。

而归因判断的标准也有 3 个，即一致性、一贯性和差异性。根据这 3 个标准，对归因作出正确的判断。一致性，即行为者的行为是否与周围其他人的行为相一致。一贯性，即行为者的行为在时间上和空间上是否具有稳定性，前后保持一贯性。差异性，即行为者的行为表现是否因对象改变而不同。

因此，凯利归因理论又称为三维归因理论。

（三）韦纳的归因理论

一个人在获得成功或遭到失败的时候怎样归因，这是归因研究中的重要问题。美国心理学家韦纳于 1974 年提出他的关于成功与失败的归因模式。他认为，人们对行为成败原因的分析可归纳为以下 6 个原因，如表 3－1 所示。

表 3－1　　韦纳的归因模式

归因因素 / 归因维度	能力	努力程度	任务难度	运气	身心状态	其他因素
因素源	内因	内因	外因	外因	内因	外因
稳定性	稳定	不稳定	稳定	不稳定	不稳定	不稳定
可控性	—	可控	不可控	不可控	不可控	不可控

（1）能力，自己评估个人对该项工作是否胜任。

（2）努力程度，个人反省检讨在工作过程中是否尽力而为。

（3）任务难度，凭个人经验判定该项任务的困难程度。

（4）运气，个人自认为此次成败是否与运气有关。

（5）身心状态，工作过程中个人当时身体及心情状况是否影响工作成效。

（6）其他因素，除上述 5 项外，尚有其他影响因素（如别人帮助或评分不公等）。

以上 6 项因素作为一般人对成败归因的解释，韦纳按各因素的性质，分别纳入以下 3 个维度：

（1）因素源：指当事人自认影响其成败因素的来源，是来自个人条件（内因），还是来自外在环境（外因）。在此一向度上，能力、努力程度及身心状态 3 项属于内因，其他各项则属于外因。

（2）稳定性：指当事人自认影响其成败的因素在性质上是否稳定，是否在类似情境下具有一致性。在此一向度上，6 项因素中，能力与任务难度 2 项是不会随情境改变的，比较稳定，其他各项则均不稳定。

（3）可控性：指当事人自认影响其成败的因素在性质上是否能由个人意愿所决定。在此一向度上，6 项因素中，只有努力程度 1 项是可以凭个人意愿控制的，其他各项均非个人能力所为。

韦纳认为，我们对成功和失败的解释会对以后的行为产生重大的影响。如果把考试失败归因为缺乏能力，那么以后的考试还会期望失败；如果把考试失败归因为运气不佳，那么以后的考试就不太可能期望失败。这两种不同的归因会对生活产生重大的影响，如表 3－2 所示。

表 3—2 成败归因

目前成败状况	本人过去成败状况	别人成败状况	归因
成功 （某人这次考试得了高分）	成功 （过去考试都得高分）	失败 （别人这次考试没得高分）	能力 稳定的内在因素
失败 （某人这次考试没考好）	失败 （以前考试也没考好）	失败 （别人这次考试也没考好）	题目太难 稳定的外在因素
成功 （某人这次考试得了高分）	失败 （以前考试没得高分）	失败 （别人这次考试没考好）	运气 不稳定的外在因素
失败 （某人这次考试没考好）	成功 （过去考试都得高分）	成功 （别人这次考试考得很好）	努力不够 不稳定的内在因素

韦纳归因理论的主要论点有：人的个性差异和成败经验等影响着他的归因；人对前次成就的归因将会影响到他对下一次成就行为的期望、情绪和努力程度等；个人的期望、情绪和努力程度对成就行为有很大的影响。

三、归因偏差

归因理论对归因过程有一个基本的假设：人们的归因活动总是以理性的、有逻辑的方式进行。然而，人们在归因解释时，由于受到主、客观诸多因素的影响，常常出现归因错误或偏差。一旦出现偏差，人们就会对其行为原因作出错误的解释和说明。归因偏差主要有基本归因错误、行为者与观察者偏差、自我服务偏见 3 种偏差方式。

（一）基本归因错误

人们在评价他人行为时，总是倾向于低估外部因素的影响，而高估内部或个人因素的影响。例如，当销售代表的业绩不佳时，经销经理倾向于将其归因于下属的懒惰而不是客观外界条件的影响。

（二）行为者与观察者偏差

行为者对自身行为的归因与观察者对行为者的归因往往是不同的。行为者倾向于强调外部环境等不可控制的因素，做出外部归因；而观察者则倾向于强调行为者本身的特质因素，进行内部归因。例如，员工倾向于将任务没有完成归因于环境的变化、没有预料到的意外因素等，而管理者则认为员工能力差或者不够努力，这样在员工与管理者之间就容易产生意见冲突。

（三）自我服务偏见

个体有一种把自己的成功归因于内部因素（如能力或努力），而把失败归因于外部因素（如运气）的自我标榜倾向。这样做的原因可能是个体都希望给他人留下好的印象，希望他人认为自己是有能力的或者是勤奋的。

人们在实际生活中难免会产生归因偏差，但又不是不可以克服和避免的。克服的方法之一就是要了解这些归因偏差产生的原因，在今后的归因过程中，警惕和避免这些因素的影响，对自己和他人做出理性的、正确的归因。

任务三　认知的应用

一、社会知觉理论在组织管理中的应用

（一）印象管理

人们都希望将自己美好的一面留给他人，这种社会知觉过程称为“印象管理”。印象管理是指个体努力操纵或控制他人对自己形成印象的过程，是通过行为、肢体语言和语言，试图影响他人对自己知觉的过程。不仅是求职者会运用印象管理，经理们也会通过谈话方式、整体风格、办公室的布局和家具陈设，甚至他们选择的雇员来进行印象管理。

研究者提出了若干印象管理框架。根据琼斯（Jones）和皮特曼（Pitman）的观点，个体可以采用 5 种策略进行印象管理：(1)逢迎，通过取悦别人或为别人提供帮助而给人以积极自信的印象；(2)自我提升，炫耀自己的才能；(3)树样板，以超出职责要求的表现给人以工作投入的印象；(4)恳求，给人以由于缺陷而需要帮助的印象；(5)胁迫，给人以有权势和有威胁性的印象。

一般来说，建立积极的或良好的印象是大多数人倾向的策略，表 3—3 列出了求职者使用的部分印象管理策略，其中，自我提升是最常用的策略。

表 3—3　　求职者常用的建立良好印象的方法

印象管理	描　述	技术使用频率(%)
自我提升	正面描述自己(如“我每天工作都很努力”)	100
夸大个人	夸大其词地描述过去(如“我解决了最难的问题”)	96
观念一致	表达假定被其他人接受的信念(如“我同意你的看法”)	54
主张权利	声称为过去成功事件负责(如“我的工作引致合同签订”)	50
赞扬别人	说一些恭维别人的话(如“你的工作给我留下深刻印象”)	46
克服障碍	描述克服降低绩效的障碍而取得的成功(如“尽管我担任 3 种不同的职务，但我还是获得了奖励”)	33
辩护	承担部分责任但否认负面牵连(如“我们失去了 30%的市场，但经济对每个人都是这么差”)	17

（二）企业形象塑造

不仅仅是个体希望给别人留下好印象，组织也一样，这就是企业形象塑造。一个组织给人们留下的印象会对个人与它的关系产生巨大的影响。一个组织的形象塑造得好不好，不仅会影响到绩效、客户满意度，也会影响到组织的招聘，即不但组织在招聘新人，新人也在选择形象好的组织就业。研究表明，公司的声誉越好，人们就越有兴趣去那里工作。

而影响组织形象的因素之一，就是人们从广告（包括招聘广告）、公司的年度报告等媒介中获得的信息。因此，组织不仅要关注企业的生产质量和服务质量，还要关心组织文化、组织声誉等重要信息。

（三）绩效评估

理想的绩效评估应该是完全理性的过程，对每个员工的绩效作出客观、公正的评判，并决

定他们应受到何种待遇。但在实际工作中,由于社会知觉偏差,绩效评估过程往往也存在偏差。首因效应和近因效应是考核中最常见的社会认知偏差。例如,在对员工进行绩效考核时,由于直接或间接的第一印象对人的影响非常深刻,使考核者只关注被考核者的最初印象,对其后来的表现视而不见,或只凭在第一印象中获取的少量信息,就力图对被考核者的其他特征和表现加以推测与判断。这种认知偏差多见于人才聘用和引进时或新进人员的考核中。近因效应则与首因效应截然相反,考核评定人员对考核对象的近期表现关注较多,而忽视了他们以往的表现。一般来说,在考核不太熟悉的人时,首因效应起较大的作用;而在考核身边的人或熟悉的人时,近因效应则会起更大作用。

在管理中,应该把首因效应与近因效应结合起来对人、对事进行感知。首先,要预防两种效应的消极影响,既不能"先入为主",也不能不看过去,只看现在。而应该以联系发展的态度感知事物,把对人、对事的每一次感知都当作我们认知事物过程中的一个阶段,避免形而上学的片面性。其次,要在一定条件下,发挥两种效应的积极作用。

二、学习理论在组织管理中的应用

(一)培训

学习理论在组织中最明显的应用是培训,即人们系统获得和提高用以提升工作绩效的技能和知识的过程。培训是为了帮助新员工做好应付挑战的准备,帮助老员工提高和优化工作技能。培训有很多种方法和形式,有一些是非正式的,由有经验的员工示范指导新员工,也有些培训是正式的课堂教学,教师讲解工作的要求和技巧,一般在课堂上学习新技能的人会有机会在模拟工作场景或工作中去实践它们。很多公司非常重视培训,如苹果电脑、摩托罗拉等甚至建立了自己的公司大学以满足公司员工的培训要求。

有效的培训需要理解下列 4 条原则:(1)参与。如果积极参与了学习过程,人们不仅学得比较快,而且保持技能的时间也会比较长。(2)复习。学过之后及时回味、复习,效果将会更好,保持也会更久。(3)培训迁移。当培训中所学的知识必须被应用到工作实践中去的时候,培训会更加有效。(4)反馈。反馈提供的是有关一个人所受培训的有效性方面的信息。除非你知道自己什么事做得好、什么行为需要纠正,否则你将无法提高自己的技能。

(二)奖励与惩罚

强化理论提出了很多如何巩固学习效果、如何改变个体行为的方法。其中,关于奖励和惩罚更是在工作中应用广泛。

员工被付给的报酬是根据他们如何分别在技术技能、团队成就技能和个人技能三个方面都有效地显示了自己的竞争力来决定的。要获得高的薪酬,这三种技能是员工必须具备的。虽然这种体制初看有些奇怪,但它确实有优势。这种技能报酬设计能鼓励推动公司成长的关键技能的发展。除了各种薪酬体系的设计,奖励还包括口头表扬、更多的培训和学习机会、晋升等,这些都可以帮助管理者塑造和改变员工行为。

惩罚也是工作场所中常用的手段,不过一直备受批评和质疑,其实,惩罚最大的弊端在于员工知道某种行为错了,但不知道正确的行为应该是什么样的,因此在惩罚过后,管理者如果能进一步指导员工该如何更好地完成任务,并且注意对事不对人,那么惩罚也是不错的塑造行为的方式。

(三)组织行为矫正

组织行为矫正也是强化理论的应用,指的是采用有规律的、循序渐进的方式引导出所需要的行为并使之固化的过程。从实际角度来说，当员工行为与管理者的要求和目标相差很大时，行为矫正是实现管理目标的重要手段。因为这时员工要做出合乎理想的行为很难，而如果只有满足标准才给予奖励，则奖励本身太渺茫，奖励很难奏效。进行行为矫正，即主动地、循序地引导所需要的行为，则可能成功达到目的。

组织行为矫正具体分为5个步骤：(1)识别与绩效有关的行为事件。员工所做的不同工作对现实的贡献或意义不同，因此，行为矫正首先要确认出哪些行为对工作绩效有显著的影响。(2)测量有关行为。管理者要确定绩效的基线水平，也就是要找到行为的基础效率水平。(3)识别行为的权变或绩效结果。采用功能分析法(Functional Analysis)鉴别工作行为的各种情境因素，以便管理者了解出现各种行为的原因。(4)拟定并执行一项策略性干预措施。为了强化必要的绩效和削弱不必要的行为，适当的策略是改变某些绩效—报酬的关联因素，如结构、程序、技术、群体或任务，代之以奖励高水平的绩效从而形成高度正相关。(5)评估绩效的情况。

三、归因理论在组织管理中的应用：归因偏差

所谓归因偏差，是指由于主观上的原因而造成的归因偏向和差别。为防止因错误归因而给自己和他人造成的不利影响，了解归因偏差的种类与形成归因偏差的原因是非常必要的。

(一)基本归因偏差

在对他人的行为进行归因时，人们倾向于低估外部因素的影响而高估内部或个人因素的影响，这种现象称为基本归因偏差。例如，某人从领导岗位上退下来之后，人们对他的看法会发生很大的变化，仿佛他原来具有的许多领导者的优秀品质一夜之间离他而去。事实上他还是他，只不过他的社会角色的变化使他的行为发生了变化。

那么，是什么原因使人们产生了基本归因偏差呢？一般有两种解释：一种解释认为，人们之所以会强调行为的个人因素而忽视情境因素，是因为个人的内在因素比情境因素更突出、更易引起人们的注意，将活动结果归因于活动者个人的特质反映了人们的一种自然的、习惯性的认识倾向；另一种解释认为，人们倾向于作出个人归因是由于社会对该种归因的鼓励和赞许的态度使然。人们成长和生活于其中的社会是一个鼓励个人奋斗和成功的社会，它在给予个人充分自由或机会的同时，也要求个人对自己的行为负责。

(二)归因分歧

归因分歧是常见于行为实施者与观察者之间的一种归因偏差，即对于同一行为，实施行为的人与旁观者所作的归因是不同的、有分歧的。研究表明，实施行为的人往往强调情境的作用，对自己的行为多强调外部原因，作外部归因；而旁观者常常强调并高估实施行为的人自身的、内在的因素。

形成这种偏差主要是因为双方所站的角度和出发点不同。旁观者往往站在一个理想的角度，从常规的逻辑出发。例如，朋友就应该互相帮助等，一旦发现不合常规，就归因于行为实施者的个人因素。而实施行为的人则更多的是从具体情况出发，强调实际行为的特殊情境，如朋友没及时帮忙是因为有急事走不开等。可见，归因分歧是造成人与人之间矛盾的一个因素。通常，人们会把自己的成功归因于内部因素(如自己的能力、努力等)，但对失败等则更多地归因于外部因素(如考试的题目太难、打分太严等)。观察者却往往从行为者自身去寻找行为的原因，进行内部归因。

(三)利己主义归因偏差

所谓利己主义归因偏差,是指人们有一种居功自满而避免对失败负责的倾向,人们将良好的行为归因于自身,而将不良的行为归因于外部情境或他人。

产生这种归因偏差既有情感上的需要,因为成功和良好行为总是与愉快、自豪的情绪相联系的,而失败和不良行为总是与痛苦、悲哀相联系的,也有维护自尊心和良好形象的需要,因为成功能体现并维护自身的价值,可以维护自尊心,也可以给别人留下良好的印象。

(四)利组归因偏差

群体的归因在很多方面类似于个体的归因,很多应用于个体的归因理论同样适用于群体。群体往往也会作出利己主义的归因,这种现象称为"利组归因偏差"或"群体中心偏差"。利组归因偏差类似于利己主义归因偏差,对于所属群体的成功,群体成员倾向于从群体内找原因(如群体成员有合作精神等);而对于群体的失败,群体成员则倾向于从群体外找原因(如领导不支持等)。对于其他群体就刚好相反,他们的成功归因于外部原因(如运气好、领导支持等),而他们的失败则归因于内部原因(如不团结等)。

应知考核

一、单项选择题

1. 某事物一旦被选为知觉对象,就好像立即从背景中突现出来,被认识得更鲜明、更清晰。这体现了知觉的(　　)。

A. 选择性　　B. 理解性　　C. 整体性　　D. 恒常性

2.(　　)主要以人的交际行为为知觉对象,对人们交往中的动作、言语、礼节等进行感知。

A. 对他人的知觉　　B. 人际知觉　　C. 角色知觉　　D. 自我知觉

3. 社会上对于某一类事或人产生的一种比较固定、概括的看法是指(　　)。

A. 首因效应　　B. 近因效应　　C. 晕轮效应　　D. 刻板印象

4. 当销售代表的业绩不佳时,经销经理倾向于将其归因于下属的懒惰而不是客观外界条件的影响,体现了(　　)。

A. 基本归因错误　　B. 行为者与观察者偏差

C. 自我服务偏见　　D. 客观服务偏见

5. 最早的归因理论是由(　　)提出的。

A. 海德　　B. 凯利　　C. 韦纳　　D. 琼斯

二、多项选择题

1. 知觉的特征包括(　　)。

A. 选择性　　B. 理解性　　C. 整体性　　D. 恒常性

2. 下列属于社会知觉的有(　　)。

A. 对他人的知觉　　B. 人际知觉　　C. 角色知觉　　D. 自我知觉

3. 投射效应的表现形式有(　　)。

A. 感情投射　　B. 认知缺乏客观性　　C. 情感投射　　D. 认知上的客观性

4. 榜样对个体的影响过程包括(　　)。

A. 注意过程　　B. 保持过程　　C. 行为再现过程　　D. 强化过程

5. 韦纳按各因素的性质，将(　　)纳入维度。

A. 因素源　　B. 稳定性　　C. 可控性　　D. 树样板

三、判断题

1. 感觉与知觉是密切相关的，知觉是感觉的基础，感觉是知觉的深化。(　　)
2. 人对客观事物的知觉是一种积极、能动的认知过程。(　　)
3. 社会知觉是指人对社会对象的知觉。(　　)
4. 美国人敢于冒险是首因效应的例子。(　　)
5. 最早的归因理论是由美国著名心理学家海德提出的。(　　)

四、简述题

1. 简述知觉的概念和特征。
2. 简述社会知觉与知觉的关系。
3. 简述影响社会知觉的心理因素。
4. 简述归因偏差的主要内容。
5. 简述有效的培训的原则。

应会考核

■ 观念应用

【背景资料】

乔的工作困境

乔拥有一家二手车销售公司，他热爱自己所做的事情。“二手车经销商的声誉不好。”乔说。他并不知道其中的原因。直到去年，他开了自己的销售公司才知道二手车经销商竟是如此声名狼藉。“当家人问我做什么生意时，我告诉他们，然后，他们就问我为什么要做那个。”尽管公众对二手车经销商的印象并不好，乔却很喜欢他的生意。他享受工作的多样化：买车、组装、帮助买主安排付款事宜。非常重要的是，乔喜欢与顾客打交道。乔认为，他广博的汽车知识使得他的销售工作更容易，“我可以告诉你汽车的刹车片是剩75%，还是全新的，因为我做过这个”。

为了和客户建立良好的关系，乔必须克服人们对二手车经销人员的刻板印象。他认为是他所在行业的一些人员使用的硬性销售技术导致了刻板印象的产生。“我认为顾客买车时，没多久就会感到累了。这种情况很难处理。”每当顾客把他看作另一个“黑心”的销售人员时，乔就会很沮丧。因为他努力工作来建立客户对他的信任，所以当他意识到自己失败时，就会感觉受到了伤害。“如果他们(顾客)质疑我的正直，那是最难办的事情。”

【考核要求】

1. 该案例涉及“认知理论与组织行为”的哪些知识点？
2. 试从这些知识点对乔的工作困境进行多元表征。

■ 技能应用

Karl 的难题

目前，Karl 的最新任务是完善游戏 Breakaway 的功能，要在对手未打败自己之前，先打败对手。Breakaway 是一款步调快速的场景游戏,Karl 在游戏中增加两项功能来提高游戏的魅力。第一,该款游戏加入 3D 科技,让玩家可以连接高清电视来玩游戏。第二,因为大部分玩家是男性,所以在每一等级中加入一个女性角色,每脱一件衣服,就嘲弄一下玩家。通过最后关卡,这个女性角色就变成裸女了。市场测试结果显示,这两项新增功能明显增加了该款游戏的获利。

经过数周之后,Will 问起 Breakaway 专案。Karl 报告:"Will,我想我们真的遇到难题了,或许安插裸女不是个好主意,有些人对这个真的觉得反感。"Will 不满意 Karl 的回复。

Breakaway 专案停顿,消息迅速传开。Karl 和父母用餐时,提到这个专案,父亲的话影响了他。父亲说:"儿子,你要知道你也许会为这个专案赔上工作。"

隔天,Karl 与 Will 开会讨论。Will 问:"你最后的决定是什么?"

Karl 说:"我想,我们不该用裸女。"

Will 说:"Karl,我认同你。在网络游戏市场上,美国大众尚未有万全准备来面对有裸女的内容。所以,我和网络服务公司联络,它们将会接收我们这款游戏,并且以成人商品名义在网络上销售。我也已经确认过国外市场,我发现如果将暴力元素减低,我们就能将这款游戏卖到墨西哥市场。A 公司已经通过我们现有的版本上市,但是它想要你在暴力与色情上增加更多画面。它已经有类似的游戏,市场已经准备好要进入下一个阶段。我把网络市场放在第二位,因为我们无法将 3D 技术加入独立的网络商品中。我们或许很快就可以达到那个等级,但是目前仍无法实现。这样的话,Karl,你知道该怎么进行 Breakaway 的案子了吗?"

【技能要求】

1. 本案例中存在哪些道德伦理问题?

2. 试对上述问题作出你的道德研判。

3. 说明你所作善恶研判的依据。

4. 请从社会学习理论与道德研判角度对 Karl 的决定作出评价。

■ 案例分析

【情境与背景】

尤尼帕特公司的约翰·尼尔

在英国汽车行业,尽管大多数零部件供应商在苦苦挣扎,但有一家公司做得很不错——它就是尤尼帕特公司(Unipart)。这家身价为 23 亿欧元的公司之所以能如此成功,很大程度上是由于其首席执行官约翰·尼尔(John Neill)所做出的决策。

1974 年,约翰·尼尔正值风华正茂的 29 岁,负责管理英国利兰公司(British Leyland)的分公司尤尼帕特。他很快就打破了利兰公司那些保守的高层主管的经营模式,着手发动具有创新特点的市场攻势,并使分公司的注意力集中在零配件行业(而不是汽车和卡车上)。他把分公司的市场预算提高了 6 倍,他创立了零售店方案,改变了产品包装,并力促分公司生产电视零配件。他的"零配件优先"定位与总公司老板的看法并不统一,老板认为这对英国利兰公司本身的生存能力构成了威胁。但是,对英国利兰的高级管理层来说,他们采取行动已经太晚了。尼尔把尤尼帕特改造成一个可以独立生存的企业,而公司的其余部分[后来是英国路华汽车集团(Rover Group)的一部分]却步履维艰,每年都在不断失去市场占有率。

几乎从一开始,尼尔就预料到尤尼帕特公司会从利兰公司独立出来。1987 年,他真的这样做了。他采取管理层收购的方式，通过谈判以 8 950 万欧元买下了尤尼帕特公司。然后，他立刻采取措施，让公司靠自己的力量站了起来。“我知道未来会更为艰难，”尼尔回忆道，“因为今天的市场占有率比昨天更小。因此，如果汽车配件行业不进行巨大变化，那么无疑会走下坡路。”在备用配件方面，尤尼帕特公司致力于树立一个非常优秀的顾客品牌。今天，尤尼帕特公司在英国成为一个备受顾客认可的品牌。它还涉足众多的其他行业。尽管生产和销售汽车零配件依然是公司的主要业务，但它同时还成功经营了一家仓储商店和一家物流公司，并创办了一个网上贸易平台。

1987 年，尤尼帕特公司刚刚独立时，向路华公司的销售占据企业的 90%，现在则降为 3%。尤尼帕特公司的命运不再与路华集团紧紧连在一起。实际上，目前尤尼帕特最盈利的业务是为美洲豹(Jaguar)生产全套零配件。

尽管尤尼帕特公司在尼尔全盘买下之后运作得很成功，但它仍然要面对艰难岁月。英国的汽车工业出现生产过剩局面，来自供应商方面的剧烈削价压力几乎要吃掉尤尼帕特公司的全部利润。作为回应，尼尔扩展了尤尼帕特的物流业，他斥资 29 200 万欧元买下汽车零部件经销公司帕特可(Partco)。这项收购使尤尼帕特一举成为英国最大的汽车零部件经销公司。尼尔还对企业进行多元化转型，不局限在汽车零部件方向，而是进军电子商务这一前沿阵地。

【分析要求】

1. 约翰·尼尔并不聪明，他不过是幸运而已。你是否同意这种看法？请解释你的理由。

2. 在尼尔的决策中，知觉具有什么作用？

3. 对比尤尼帕特公司和英国利兰公司在主要战略决策上的差异。

4. 回到 1987 年，假设是约翰·尼尔领导英国利兰公司，他还会有同样的成功吗？请解释你的看法。

项目实训

【实训内容】

学习型组织制度。

【实训目标】

培养制定学习型组织制度的能力。

【实训组织】

1. 在调研的基础上，制定模拟公司的学习型组织制度。

2. 以模拟公司为单位，运用头脑风暴法等组织深入研讨，形成公司的学习型组织制度。

【实训成果】

1. 根据小组成绩、班级讨论、书面报告等综合评定。

2. 评分采用学生和老师共同评价的方式，并完成实训报告。

《学习型组织制度》实训报告		
项目实训班级：	项目小组：	项目组成员：
实训时间：　　年　　月　　日	实训地点：	实训成绩：
实训目的：		
实训步骤：		
实训结果：		
实训感言：		

项目四

个 性

○ **知识目标：**

理解：个性的概念与特征；气质、性格、能力、价值观的概念和类型。

熟知：影响个性形成与发展的因素；气质的科学根据；性格的形成与发展；能力的差异分析。

掌握：个性的构成、个性差异与管理；气质和性格在组织管理中的作用；能力与管理；价值观对组织管理的影响；个性的应用。

○ **技能目标：**

能够运用个性、气质、性格、能力和价值观的有关规律提高管理的有效性。

○ **素质目标：**

运用所学的个性知识研究相关事例，培养和提高学生在特定业务情境中分析问题与决策设计的能力；结合行业规范或标准，运用知识分析行为的善恶，强化学生的职业道德素质。

○ **项目引例：**

用人的基本方略

在一次工商界的聚会中，几个老板大谈自己的经营心得。

其中一个说："我手下有三个不成才的员工，现正准备找机会将他们炒掉。"

"为什么要这样做呢？他们为何不成才？"另一位老板问道。

"一个整天嫌这嫌那，吹毛求疵；一个杞人忧天，老是害怕工厂有事；另一个浑水摸鱼，整天在外面闲荡鬼混。"第二个老板听后想了想，就说："既然这样，你就把这三个人让给我吧！"

第二天，这三个人到新公司报到。老板开始分配工作：喜欢吹毛求疵的人，负责管理品质；害怕出事的人，负责安全保卫及保安系统的管理；喜欢浑水摸鱼的人，负责商品宣传，整天在外面跑来跑去。三个人一听，职务的分配和自己的个性相符，不禁大为兴奋，兴冲冲地走上了新岗位。

过了一段时间，由于这三个人的卖力工作，公司的经营绩效直线上升，生意蒸蒸日上。

引例感悟：扬长避短是用人的基本方略。然而，在现实生活中，人的长处和短处并不是绝对的，没有静止不变的长，也没有一成不变的短。在不同的情景和条件下，长与短都会向自己的对立面转化。用人的关键有时候并不在于用这个人而不用那个人，而是要根据每个员工的个性和能力的差异合理地分配工作，使每一位员工都能在最适当的位置上发挥最大的潜能。

○ **知识精讲：**

任务一 个性概述

一、个性的概念与特征

(一)个性的概念

个性也称人格,是指一个人身上经常地、稳定地表现出来的特有的、与他人区别的心理特点和心理倾向的总和,包括一个人怎样影响别人、怎样对待自己以及可以被认识的内外品质全貌。

(二)个性的特征

个性涵盖了人的各种心理特征。主要有:

(1)个性具有独特性。正如世界上没有两片完全相同的叶子一样,世界上也不存在两个个性完全相同的人。由于遗传和后天环境的影响,每个人总是有不同于他人的独特个性。

(2)个性是在某种特定环境中自我实现的。人的个性必须在某种特定的环境或条件下才能得以彰显或体现出来,并且个性是受特定环境的作用和影响的,这对个性的塑造也是很明显的。因此,个性是在某种特定环境中自我实现的。

(3)个性具有自我连贯性。个性的形成是处于不断地发展和变化之中的,是相对稳定的,一般不会出现发展的间断性,总是处在自我连贯性之中。

(4)个性与导向目标的行为有关。个性的形成和发展与一定的目标相关,导向目标的出现意味着个性需要随着这一目标而有所改变,个性需要驱动下所做出的行为就是为了实现这一目标。因此,个性与导向目标的行为密切相关,导向目标对个性有着重要的影响。

(5)个性有一个成长过程。个性是每个人所特有的,它与个人一样都有一个成长过程:由“小”到“大”,由“不成熟”到“相对成熟”,由“不稳定”到“相对稳定”。在这一过程中,会受到各种因素的影响,具有强烈的可塑性。

二、个性的构成

个性是由两个部分构成的:个性倾向性和个性心理特征。

(1)所谓个性倾向性,是指心理过程的倾向性或意识的倾向性,包括兴趣、爱好、需要、动机、态度、信仰、理想、人生观、世界观等。其中,需要和动机在行为科学中占有重要位置,是现代激励理论的基础。

(2)所谓个性心理特征,是指心理过程的特征,它是在人的个性差异中比较稳定的、经常的、具有决定意义的部分,表明一个人的典型心理—行为,主要包括人的气质、性格和能力。

两者相互联系、相互制约,共同形成一个有机的整体,构成人与人之间在心理和行为上的个体差异,即所谓的个性差异。

三、影响个性形成与发展的因素

影响个性形成与发展的因素很多,但主要是遗传和社会环境因素。从一定意义上可以说,一个人的个性是在遗传和环境这两种因素的相互作用过程中形成和发展起来的。

(一)遗传因素

刚生下来的婴儿心理并不是一张白纸,都具有一些先天的遗传心理特征。根据对初生婴儿的观察，有的好动，是兴奋型的；有的较安静，是抑制型的。这样的神经类型特点就是遗传因素造成的，这些特征构成了每个人独特的心理基础。但是，这些生理素质仅仅是决定个性差异的一个方面，更重要的是在个性发展过程中来自外部的影响，即依赖于客观环境的影响，依赖于个人主观能动性的影响。

一个婴儿出生时先天遗传所固有的这种稳定的心理特征就是气质特征，它是决定人的心理活动动力方面的自然属性，决定心理活动进行的速度、强度、指向性等特征。气质为每个人增添了独特的色彩，所以气质是个性的组成部分之一。

应当特别指出的是，一般来说，气质是先天遗传因素的看法是正确的，但因此就否认后天社会环境对气质的影响就不对了。如果认为个性特征都是由先天因素所决定的，就更不可取了。这是因为作为个性心理特征的价值观、信念、兴趣和爱好等并不依赖于人的气质。实践证明，一个人的工作成效，主要受其思想认识水平（包括理想、信念、工作态度）、文化水平和技术能力等因素的影响，在某些条件下同时也受气质的影响。

（二）社会环境因素

有些站在机械论立场上的心理学家，他们以个性中的气质产生为依据，认为人们之所以不同是因为他们的遗传特征不同，甚至所有的个性特征都是遗传的。然而，辩证法观点认为，机体的遗传因素只不过是产生个体特征的一个条件，对于个性特征起决定作用的并非生物遗传因素，而是社会环境。

同卵（纯合性）双生子的研究成果，令人信服地证明了那种认为个性特征是遗传的看法是错误的。当我们把遗传因素完全相同的同卵双生子放到社会情况、物质生活水平和文化水平各不相同的家庭里去培养，人们就会看到他们的气质特征是很相似的；但是，他们整个的个性特征或性格特征极不一样，而且随着他们年龄的增长，个性的差异也越来越明显。

社会环境因素主要有家庭影响、文化传统影响以及社会阶级和阶层影响等。

1. 家庭影响

在个性形成过程中，家庭影响是最初的根源。家庭对子女的教育，除了要使其发展成为适合社会要求的人以外，还以自己的家庭特点影响子女。家庭影响主要体现在父母的个性和教育方式这两个方面。

父母的个性对子女个性形成的影响是潜移默化的，子女在父母抚养下，父母对工作的态度、与同事的交往、与亲属的关系、对挫折和胜利的反应，都会影响子女的个性。

父母的教育方式对子女个性的形成也有重要的影响。国外在这方面的研究很深入，如美国的波德温把教育方式分成民主与权威两种，后来列维又研究了母亲过分纵容和过分支配这两种教育方式对儿童个性形成的不同影响。研究结果表明，采用过分纵容方式，儿童多为不听话、易发脾气、不能克制自己，但达不到要求时又会退缩；采用过分支配方式，则儿童比较顺从、有礼貌，但比较软弱。

2. 文化传统影响

每个社会都有自己的文化传统，每个生活在特定社会中的人的个性都受到文化传统的影响。在文化的组成中，包括对一些重大问题的价值观念，如对人生的看法、对自然的看法、对人与人关系的看法，以及解决问题的方法和行为模式。一个社会要求其成员有大体上的共同行为模式。不同的人，其社会看法、解决问题的方法和行为模式是不相同的。例如，美国和日本对员工在工作单位之间的流动性就有不同的价值观念。在日本多数采用终身雇佣制，一个员工从甲厂流动到乙厂被视为叛逆行为;而在美国多数采用合同制、聘任制,人员流动都被看成是正常的行为。在对待人员流动问题上的两种根本不同的观念,会影响到个性的形成:日本工人喜欢以厂为家,不愿意跳槽;而美国工人则喜欢跳槽,愿意经常变换工作单位。

研究成果表明,文化传统从多方面影响着个性的形成。比如,影响人与人之间的关系,影响需求和满足需求的途径,影响解决冲突的方式,影响人们如何看待事物的真善美与假恶丑。因此,早在1949年,柯拉克罕就曾指出,文化在人生每一个转变上都调整我们的生活,不论我们认识到与否,从生至死一直有不断的压力,督促我们去遵循别人为我们定好的行为模式。

3. 社会阶级和阶层影响

任何一个人都必须生活在一定的社会中,在阶级社会和有阶层的社会中,个人又必然属于不同的阶级和阶层。而这个阶级和阶层,特别是阶级对人的个性影响尤为深刻,阶级成员不可避免地要被打上阶级的烙印,同一个社会中不同阶层的人的个性也有差异。我国有学者对大学生作了初步调查,发现知识分子阶层出身的人,文化修养好,行为举止比较文雅,待人礼貌,但善于幻想,与人交往时不太喜欢深交,遇事优柔寡断,个性易左顾右盼;农民阶层出身的人,生活比较朴素,不怕苦累,憨厚老实,但有时有自卑感,有点倔强固执;工人阶层出身的人,工作认真,集体主义强,守纪律,情感较强烈直爽,讲究实际等。

四、个性差异与管理

(一)个性影响员工的工作方式

由于个性反映个人兴趣,而兴趣又极大地影响个人所选择的职业和工作方式,所以管理者要根据个性特质合理安排工作,满足个体的工作兴趣,充分调动员工工作的积极性。

(二)个性影响员工的工作态度和效率

个性影响员工的工作方式,进而对员工的工作态度和工作效率有较大的影响。符合员工兴趣的工作、有利于员工工作的工作方式和工作环境将极大地改变员工的工作态度,提高其工作效率。

(三)个性影响员工的人际关系

每个人都拥有不同的个性特征,也会因此有不同的人际关系。“物以类聚,人以群分”,个性相投的员工更容易形成和谐的关系,这对组织有巨大的促进作用;相反,个性差异导致的人际关系紧张,也会使组织遭受一定的损失。因此,组织要重视对每个员工个性的认识,根据个性的相辅性和互补性来进行人员配置,在充分调动个性积极性的同时,使不同个性的员工形成互补,达到人员配置的最优化。

组织管理者要设计和营造一种适合不同员工个性不断成长的环境和氛围,使每一位员工的个性在得到最大限度发挥的同时,与组织的成长相结合,最大化地促进组织健康、有序地发展。

任务二 气质概述

一、气质的概念

气质是个体心理特征之一,主要表现为人在心理活动和行为方面的动力特点。气质是人天生的、典型的、稳定的心理特点,是表现在心理活动动力方面的个性心理特征。

气质主要有4个特征：气质与日常生活中所说的"脾气""禀性"很贴近，是稳定性最强的个性心理特征，所谓"江山易改，禀性难移"的禀性就是指气质；气质是天生的，主要受个体生物组织制约；气质是典型的、稳定的心理活动的动力特点；在特殊情况下，气质也会发生一定程度的改变。

二、气质的类型

每个人都有不同的气质特征，这些特征有规则地相互联系，从而构成一种特定的气质类型。心理学家通过观察研究，把人们表现出来的各种特征进行了不同的组合，对人们的气质类型进行了划分。历史上主要有以下几种气质类型学说：

(一)体液说

最先研究气质类型的是古希腊医生希波克拉底(Hippocrates)。他根据人体内血液、黏液、黄胆汁和黑胆汁4种体液成分高低的不同，将气质分为4种类型(见表4－1)，即胆汁质、多血质、黏液质和抑郁质。虽然体液学说已被放弃，但他提出的上述名词仍被各国学者所运用，并一直沿用至今。

表4－1　　气质类型及其特征

气质类型	主要体液	特　征
胆汁质	黄胆汁	直率、热情、冲动、暴躁、兴奋、反应强，兴奋难以抑制，具有外倾性
多血质	血液	活泼、敏感、灵活、乐观，适应性强，兴奋后易恢复，富于生气、善交际，浮躁轻率，缺乏耐力和毅力，具有外倾性
黏液质	黏液	迟缓，不够活泼、灵活，沉着冷静，情绪稳定，深思远虑，交际适度，内心很少外露，坚毅执拗，淡漠，自制力强，具有内倾性
抑郁质	黑胆汁	抑郁、脆弱、孤僻、体验性强，但外部表现不强烈，情绪深刻丰富，善于观察细节，见微知著，细心谨慎，敏感多疑，行动迟缓，不活泼，易于疲劳，但较易恢复，办事不果断和缺乏信心，内倾性明显

现代心理学家根据新的研究成果，对人的典型气质类型的特征进行了如下描述和说明：

(1)胆汁质气质：好冲动，情感发生快、强烈而持久，动作迅速而强烈，对自己的言行不能控制，反应速度快，但不灵活。具有这种类型特征的人，在情绪反应上易受感动，情感一旦发生就很强烈，久久不能平静，易发脾气，性情暴躁、易怒，情绪不能自制。在行为方面表现为积极参加各种活动，有创新精神，工作积极，遇到困难时能以极大毅力去克服困难。

(2)多血质气质：情绪不稳定，情感的发生迅速而易变，思维语言迅速而敏捷，活泼好动。在情绪反应上表现为快而多变，但不强烈，情感体验不深，但很敏感。在行为方面表现为活泼好动、机敏，喜欢参加各种活动，但常常有始无终。该类型的人适应性强、善于交际、待人热情，学习上领会问题快，但也表现出轻率、见异思迁等行为。

(3)黏液质气质：性情沉静，情感发生缓慢而微弱、不外露，动作迟缓，易抑制，沉默寡言。该类型的人在情绪方面表现为沉着、平静、迟缓、心境平稳、不易激动，很少发脾气，情感很少外露。在行为方面表现为沉默寡言、面部表情单一，胸怀宽广、不计小事，能委曲求全，自制力强，活动中表现为有条有理、深思熟虑、坚忍不拔。这种人容易形成勤勉、坚韧等特征，但也可能发展成萎靡、迟钝、消极、怠惰等不良品质。

(4)抑郁质气质:性情脆弱,情感发生缓慢而持久,动作迟钝,柔弱易倦。具有这种类型特征的人在情绪方面表现为情感脆弱、易神经过敏,容易变得孤僻。在行为方面表现为动作迟缓、胆小,不喜欢抛头露面,反应迟钝。这种人易形成伤感、沮丧、犹豫、深沉、悲观等不良心理特征。

(二)体型说

体型说由德国精神病学家克雷奇默(E. Kretschmer)提出。他根据对精神病患者的临床观察,认为可以按体型划分人的气质类型。根据体型特点,他把人分成 3 种类型,即肥满型、瘦长型、筋骨型。例如,肥满型产生狂躁气质,其行动倾向为善交际、表情活泼、热情、平易近人等;瘦长型产生分裂气质,其行动倾向为不善交际、孤僻、神经质、多思虑等;筋骨型产生黏着气质,其行动倾向为迷恋、认真、理解缓慢、行为较冲动等。他认为 3 种体型与不同精神病的发病率有一定的相关性。

美国心理学家谢尔登(W. H. Sheldon)认为,形成体型的基本成分——胚叶——与人的气质关系密切。他根据人外层、中层和内层胚叶的发育程度将气质分成 3 种类型。

(1)内胚叶型:丰满、肥胖。特点是图舒服、好美食、好睡觉,会找轻松的事干,好交际,行为随和。

(2)中胚叶型:肌肉发达、结实,体型呈长方形。特点是武断、过分自信、体格健壮、主动积极、咄咄逼人。

(3)外胚叶型:高大细致,体质虚弱。特点是善于自制,对艺术有特殊爱好,并倾向于智力活动,敏感,反应迅速,工作热心负责,睡眠差,易疲劳。

体型说虽然揭示了体型与气质的某些一致性,但并未说明体型与气质之间的关系机制,未说明体型对气质是直接影响还是间接影响,两者之间是连带关系还是因果关系。另外,研究结果主要是从病人而不是常态人得来的,因此,缺乏一定的科学性。

(三)血型说

血型说是日本学者古川竹二等人的观点。他们认为,气质是由不同血型决定的,血型有 A 型、B 型、AB 型、O 型,与之相对应的气质也可分为 A 型、B 型、AB 型与 O 型 4 种。A 型气质的特点是温和、老实稳妥、多疑、顺从、依赖他人、感情易冲动;B 型气质的特点是感觉灵敏、镇静、不害羞、喜社交、好管闲事;AB 型气质的特点是上述两者的混合;O 型气质的特点是意志坚强、好胜、霸道、喜欢指挥别人、有胆识、不愿吃亏。但这种观点是缺乏科学根据的。

三、气质的科学根据

许多中外学者提出了各种生理亚系统(体液亚系统、体型亚系统和神经活动亚系统)作为气质生理基础的科学根据。其实,气质的生理基础十分复杂,不是某个个别的亚系统能够决定的。但同其他亚系统相比,高级神经活动类型与气质的关系更为直接和密切。

巴甫洛夫(Pavlov)在 1909—1910 年间首次采用了“高级神经活动类型”概念,他的学生尼基斯洛夫斯基以神经过程平衡性为标准划分神经类型,如图 4－1 所示。巴甫洛夫于 1935 年出版的《人和动物的高级神经活动一般类型》被认为是神经活动类型学说方面的重要文献。

在巴甫洛夫学说的基础上,将神经活动类型描述为以下几种:

(一)强而不平衡型(兴奋或不可遏止型)——胆汁质

这种神经活动类型表现出以下特点:兴奋过程强于抑制过程,易建立阳性条件反射,很难

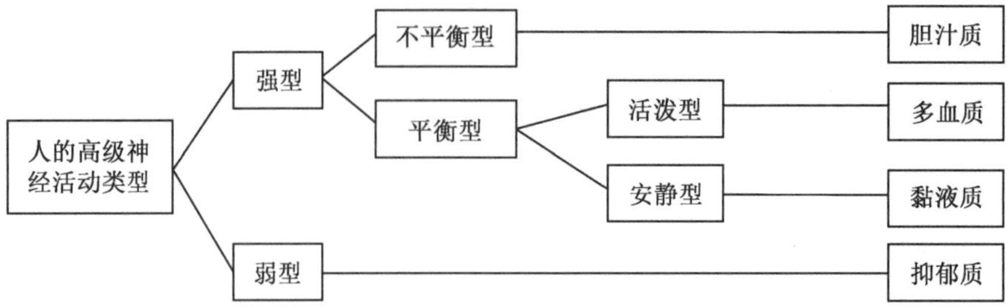

图 4—1 高级神经活动类型

建立阴性条件反射；易兴奋，不受约束；在必要的抑制情境中倾向于抑郁或昏沉，或产生难以遏制的行为或攻击性行为。

（二）强、平衡、灵活型（活泼型）——多血质

这是一种健康、坚强、充满活力的神经活动类型，被巴甫洛夫视为最完善的类型。其特点有：较好地与环境维持平衡；受刺激时活泼灵敏，无刺激时倾向于昏沉；容易建立抑制性条件反射；即使在不良环境中也难以出现神经症。

（三）强、平衡、不灵活型（安静型）——黏液质

这种神经活动类型表现出以下特点：对环境的适应能力强；兴奋过程和抑制过程都强且平衡，一旦与环境建立稳定联系就不易被改变；是一种坚韧而迟缓的类型；神经过程不灵活，较难适应快速变化的环境，即使在不良环境中也难以出现神经症。

（四）弱型（抑制型）——抑郁质

这种神经活动类型表现出以下特点：需特殊环境方能生存；神经细胞弱，正常强度刺激也会引起保护性抑制；常见神经症；对抑制刺激难以作出反应；环境快速、经常性的变化会引发神经错乱；具有一定的保护性；特定环境生活才有价值。

四、气质在组织管理中的作用

气质对人的行为及其效率有很大影响，各级管理者都应认真学习相关知识，并灵活应用之。

（一）必须避免对员工的气质偏见、气质歧视

气质类型主要是由生物遗传因素决定的心理活动的动力性特点，生而具有，只有心理特征和表现方式的区别，无好坏之分。在评定人的气质时，不能认为某种气质好，或某种气质不好。任何一种气质都有其积极的方面，也有其消极的表现，必须避免对员工气质的偏见和歧视。

（二）根据人的气质特征来调动人的积极性，合理用人

气质没有好坏之分，但气质类型有积极和消极的表现和作用，在这种情况下可能具有积极的意义，而在另一种情况下则可能具有消极的意义。如胆汁质的人可成为积极、热情的人，也可发展成为任性、粗暴、易发脾气的人；多血质的人情感丰富、工作能力强、易适应新的环境，但注意力不够集中、兴趣容易转移、无恒心等。气质相同的人也有成就高低和善恶的区别。抑郁质的人在工作中耐受能力差，容易感到疲劳，但感情比较细腻，做事审慎小心，观察力敏锐，善于察觉到别人不易察觉的细小事物。因此，管理者要根据气质的特征来调动人的积极性,合理用人。

(三)根据人的气质特征来合理调整组织结构,增强团队战斗力

在现代社会中,越来越多的工作需要依靠团队合作来完成,气质的相辅和互补有利于提高团队的工作效率。这首先是因为在一个团队中存在不同的分工,群体中的每一个成员的工作职能不同,对于气质也存在不同的要求。其次,有的工作往往需要几种不同类型的人协同完成,才能取得高的效率。这就需要在配备人员的时候适当考虑气质类型的相辅和互补,这样有利于协调群体的人际关系,使群体的社会心理气氛更加和谐。例如,多血质和胆汁质的人,热情主动,善于与人交往,因而易于与人建立友好的人际关系;而黏液质和抑郁质的人,内向、拘谨,在人际关系中处于被动地位。因此,在团队成员进行组合时,应该要考虑气质特征对人际关系的影响,使得团队的人际关系更加协调,提高组织团体的凝聚力和战斗力。

(四)根据人的气质特征采取相应的教育方式

不同气质的人,对挫折、压力、批评、惩罚的容忍程度不同,对思想感情的接受程度也不同。因此,在教育工作中必须采取因材施教、区别对待的方法。比如,多血质和胆汁质的人,人际交往较为主动,对公开性的教育、批评比较能接受;相反,黏液质和抑郁质的人,人际交往较为被动,比较能接受暗示性的教育、批评。

(五)气质对身心健康有影响,管理者应引导员工注意调整心身、趋利避害

心理和身体是相互联系、相互影响、相互制约、相互转化的。一般来说,积极愉快的情绪能够提高人的大脑和神经系统的活动能力,增强人对生活和工作的兴趣和信心;消极不良的情绪会使人的心理活动失去平衡,甚至会造成身体器官及生理的异常。由于不同气质类型的人情绪兴奋性的强度不同,适应环境的能力不同,这会直接影响到人的健康。一般来说,气质类型极端的人情绪兴奋性或太强或太弱,适应环境的能力也比较差,容易影响到身体的健康,我们对这种极端类型的人应该给予特别的照顾,具有极端气质特征的人也应该学会更好地保护自己,尽量避免强烈的刺激和剧烈的情绪变化。

任务三 性格概述

一、性格的概念

一般认为,性格是一个人对现实的较为稳定的态度和习惯化的行为方式,是人的个性心理特征中最为重要的一个,它对人的行为的影响也是最为突出的。

理解性格的概念,必须要把握以下几个要点:第一,性格是遗传和环境的合成物,是先天因素与后天因素的"合金";第二,态度是性格的核心内容,态度决定行为;第三,对现实稳定的态度会通过习惯化的行为方式表现出来,只有习惯化的行为方式才能构成性格的内容;第四,性格是个性的核心品质,是个性中最重要、最显著的心理特征,是一个人区别于他人的集中表现。

二、性格的类型

所谓性格类型,是指一类人身上所共有的性格特征的独特结构。关于性格类型,主要有下面几种典型观点:

(一)机能类型说

英国心理学家培因(A. Bain)和法国心理学家里博(T. Ribot)根据理智、情绪、意志三者各自在性格结构中所占优势的不同,把性格分为理智型、情绪型、意志型和中间型4种类型。

(1)理智型:以理智来衡量一切,并以理智来支配生活及自己的行动。

(2)情绪型:情绪体验深刻,言谈举止易受情绪左右,处理问题喜欢感情用事。

(3)意志型:其行为有明确的活动目标,行动坚定,具有主动性、积极性和持续性。

(4)中间型:不以某种心理机能占优势,而是具有其中两种心理机能的特点。

(二)内向型和外向型说

瑞士心理学家荣格根据个体心理活动的倾向,将人的性格分为内向型与外向型。

(1)内向型性格:沉静谨慎,深思熟虑,顾虑多,反应缓慢,适应性差,情感深沉,交往面窄,较孤僻,内在体验深刻,具有自我批评精神。

(2)外向型性格:主动活泼,情感外露,喜欢交际,热情开朗,不拘小节,独立性强,对外界事物比较关心,但比较轻率,缺乏自我分析和自我批评精神。

(三)独立—顺从说

奥地利心理学家阿德勒(A. Adler)根据个体的独立性程度,将人的性格分为独立型和顺从型。

(1)独立型:善于独立思考,有坚定的信念,有主见,能够独立发挥自己的力量,但喜欢把自己的意志强加于人。

(2)顺从型:独立性差,易受暗示,缺乏独立见解,容易盲从,随波逐流,屈从权威,遇大事常惊慌失措。

三、性格的形成与发展

性格形成是一个过程,而非天赋。人出世后,只有神经系统的个别差异,而无所谓性格特征。在成长过程中,受家庭、学校、社会环境等条件的影响,通过自己的主动实践活动逐渐形成不同的性格特征。

影响因素是多方面的,主要是生理因素和社会环境因素。其中,生理因素大致包括先天遗传因素、体格体形因素、男女性别因素等;社会环境因素主要包括家庭、学校、社会文化、工作环境,以及政治、经济、科技、艺术、宗教、历史、舆论等。

四、性格在组织管理中的作用

性格是具有核心意义的个性心理特征,是一个人社会本质的集中体现,具有直接的社会意义,因而也有好坏之分、优劣之别。

在管理活动中,应高度重视以下几方面:一是根据员工性格特征差异,合理安排工作;二是在组建群体时,必须注意其成员性格方面的互补;三是掌握员工性格的个别差异,有针对性地进行教育与管理,如对理智性格者"晓之以理",对情绪型性格者"动之以情",对独立性强的人"以柔克刚";四是注重培养良好的职业性格。职业性格是在各行各业的人们做好本职工作、胜任本职工作的心理动力。一般认为,教师应热情、外倾、理智、独立;技术人员应认真、严谨、刻苦钻研;公务员应廉洁、自律、秉公办事等。

同步案例 4－1　　　控制点可以预测不道德行为吗？

背景与情境：一项道德决策研究探讨了人格因素与不道德行为间的关系。在研究中，参与公文处理模拟训练的人员拥有平均 5 年的工作经验，扮演一家电子公司的销售总经理帕特·斯尼德。在模拟训练的大约十几个项目中，有两项需要作出涉及道德考虑的决策。其中一个情况是，一位地区销售总监告诉斯尼德，他手下的一个销售代表在提供回扣，斯尼德必须决定是否终止给回扣。第二种情况是，斯尼德接到了生产副总裁的便函，告诉他为了节省生产成本，这位副总裁已经决定改变一种产品的原材料，建议他不要告诉客户，尽管这可能会影响质量，现在斯尼德必须作出决定。根据参与者对这两种情境的回答，判断其预先设立的准则是否是道德的。

控制点是指个体的归因类型，包括内控型（将原因归于自己）和外控型（将原因归于环境），内控的参与者比外控的参与者表现出的道德行为更多。研究者提出，组织在选择涉及道德决策职位的经理时，应该了解职位申请者的控制点。其他研究也支持这个结论。

（资料来源：伊万切维奇等. 组织行为与管理[M]. 邵冲等，译. 北京：机械工业出版社，2006.）

问题：

（1）个体的个性特征会影响道德决策吗？

（2）你能想起哪些会影响道德决策的因素？

（3）对于改善道德决策，你有什么建议吗？

案例精析：

（1）个体某些个性特征确实会影响道德决策。内控型个体倾向于相信他对生活中发生的事件负有一定责任，而外控者很少为自己的行为结果承担责任。

（2）道德决策行为受到道德发展阶段、组织环境和控制点的影响，即个体的活动是否道德既受到个性特点的影响，也与他的工作环境有关。

（3）改善道德决策需要在识人用人时考虑到个体的个性特征，更重要的是改善管理制度，增加对道德行为的奖励（如薪酬制度的配合），同时也要增大不道德行为需付出的代价，奖惩结合，推动个体通过合理渠道满足自身需求。

任务四　能力概述

一、能力的概念

能力是指直接影响人的活动效率，使活动顺利有效完成的个性心理特征，它反映了个体在某一工作中完成任务的可能性。人的能力有两层含义：一是指现在已经具备的实际能力；二是指未来可能发挥出来的潜在能力。

对能力概念的理解，要把握以下几个要点：第一，能力与人的学习、工作、劳动等具体活动相联系；第二，能力是保证人顺利完成某种活动所必备的心理特征；第三，能力可以在活动中不断提高；第四，能力不等于才能，才能是指一个人在活动中表现出来的各种能力的复合；第五，能力发展的水平受先天生理条件的限制。

能力与知识、技能的关系：知识是人类社会实践经验的总结概括，是相对于个体客观存在着的人类精神；技能是在理论或实践活动中经过练习而获得并巩固的某种基本操作或活动方式，属于主观世界；能力则是个体心理特征之一，是掌握知识、技能并实现两者相互转化的一种主观条件。一般而言，掌握知识、技能较快，而培养某种能力较慢。

二、能力的类型

（一）根据能力的倾向性，能力分为一般能力和特殊能力

1. 一般能力

一般能力反映每个个体完成一切活动都必须具有的共同能力。所谓智力，是指一般能力的有机综合，指人认识、理解客观事物并运用知识、经验等解决问题的能力，主要构成要素有思维力、注意力、记忆力、观察力和想象力（即智力五因素）等。抽象思维能力是其核心，创造能力是其高级表现。

2. 特殊能力

特殊能力是指在某些专业和特殊职业活动中表现出来的一般能力的某些独特发展，或者说，是指个体从事某种专业活动应具备的各种能力有机结合而形成的能力，如教学能力、管理能力、数学能力、音乐能力、哲学思辨能力等。

（二）根据能力的创造性程度，能力分为再造能力和创造能力

1. 再造能力

再造能力是指使人迅速掌握知识、适应环境、善于按照原有模式进行活动的能力。

2. 创造能力

创造能力是指独特、变通、创新及超越平常的思考与活动的能力。

（三）根据能力的内容，能力分为具体操作能力、社会交往协调能力和抽象思维能力

1. 具体操作能力

具体操作能力是指人们操作自己的肢体以完成各项活动的能力。

2. 社会交往协调能力

社会交往协调能力是指能觉察他人情绪意向、有效地理解他人和善于同他人交际，并协调好各方面关系的能力。

3. 抽象思维能力

抽象思维能力是指人们在认识活动中运用概念、判断、推理等思维形式，对客观现实进行间接的、概括的反映过程的一种能力。

三、能力的差异分析

人的智力水平有高低，能力也是有差异的，这是客观存在的事实。只有正确认识到这种差异，才能对人进行合理配置，使人尽其才，提高组织的管理效率。在社会生活中，人的能力的差异主要体现在以下几个方面：

（一）智力的个别差异

智力与一个人的先天禀赋有关，但每个人在有利的环境下都可能使自己的潜能发展到最高。因此，从先天禀赋和环境因素的影响来看，智力是存在个体差异的。智力的个体差异有多种表现形式，它既可表现在水平的高低上，又可表现在结构的不同上，还可表现在发展与成熟的早晚上。

为了相对准确地刻画一个人的智力水平，西方心理学家发明了测量智力的一个专有概念，即智力商数，简称智商，并给出了测量智商的经典公式：

$$智商=(智力年龄/实际年龄)\times 100$$

即：

$$IQ=(MA/CA)\times 100$$

上述公式中，实际年龄是指从出生到进行智力测验时的年龄，简称 CA；智力年龄是指根据智力测验计算出来的相对年龄，简称 MA。专家学者通过智商研究人的智力，得到的结果是人群的智商呈常态曲线分布，如图 4－2 所示。

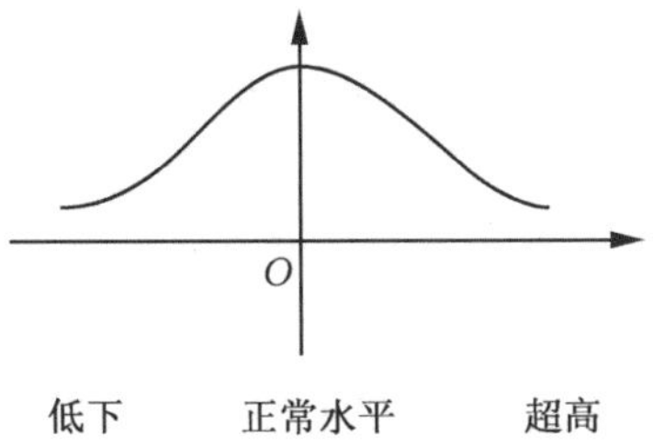

图 4—2　智商曲线

（二）能力的类型差异

这种差异是指能力在质的方面的差异，具体表现在知觉、记忆、表象、思维等方面。在知觉能力方面，有分析型、综合型、分析—综合型、情绪型；在记忆能力方面，有视觉型、听觉型、运动型、混合型；在表象能力方面，有视觉型、听觉型、动觉型、综合型；在思维能力方面，有形象型、抽象型、中间型。

另外，人的特殊能力的差异也很明显。如有文学才能的人，往往具有敏锐而深刻的观察自然和社会的能力、丰富的想象力、较强的语言表达能力等；而有音乐才能的人，则具有敏锐的音乐感觉能力、较强的听觉表象记忆能力等。

（三）能力的性别差异

根据相关研究成果，能力的性别差异主要表现在以下两个方面：一是就男女两性整体而言，在智力上可能没有差异，但是在特殊能力方面有所差异；二是两性即使在智力上有差异，其差异方向也不可能确定。

四、能力与管理

在管理实践中，合理运用能力方面的知识必须注意以下几点：

第一，拟定好人才招聘标准，管理招聘人才，力求量才录用。高学历、高能力者不一定优于低学历、低能力者，大量招收高学历者，结果用非所学，既浪费了人才，又增加了内耗，提高了管理成本。

第二，人的能力要与职务相匹配。不同性质的组织工作，不同层次的管理者，对能力的需要是不同的。

第三，组建群体、组织时，要注意其成员能力方面的互补，如帅才与将才、协调人才与专门人才的有机组合。

第四，根据员工的能力差异，对员工实施职业技术教育和相关能力培训。

第五，用人艺术的关键是发挥人的能力，做到人尽其才、才尽其用。

第六，建立有效的人才竞争选拔制度，使人才能够脱颖而出。

任务五 价值观概述

一、价值观的概念与类型

（一）价值观的概念

价值观是指一个人（或组织）对周围客观事物的意义、重要性的总评价和总看法，是一个人基本的信念和判断。一方面表现为价值取向、价值追求，凝结为一定的价值目标；另一方面表现为价值尺度和准则，成为人们判断事物有无价值及价值大小的评价标准。一个人（或组织）认为最有意义、最重要的客观事物就是最有价值的东西，可以视为人（或组织）行为选择的终极原因。有无明确的价值观，常常是一个组织是否获得成功的重要标志之一，也是组织文化的最核心部分。

人们在接触社会事物时，会赋予这一事物一定的价值，并将外部事物转化为自己的价值理念。人会不由自主地不断按照自己的标准对周围事物进行是非、善恶等评价，衡量这一事物对自己是否有价值。如对社会公平、自由、幸福、信仰等各种事物因素进行评价。像这种对诸多事物的看法和评价在心目中的主次、轻重的排列秩序，就是价值观体系。价值观和价值观体系是决定人们态度和行为的心理基础。

（二）价值观的类型

根据奥尔波特（Gordon Allport）及其同事的研究成果，他们将价值观分为以下几种类型：（1）理论型价值观者重视以批判和理性的方法寻求真理，对探究世界具有浓厚的兴趣，能客观而冷静地观察事物，力图把握事物的本质，尊重事物的合理性，以追求真理为人生的目的。（2）经济型价值观者注重实效，认为生活目的是为了追求利润和获得财富，比较现实，看重利益。（3）审美型价值观者重视外形与和谐匀称的价值，他们对现实生活不太关注，富于想象力，追求美感，以感受事物的美作为人生的价值。（4）社会型价值观者强调对人的热爱，能关心他人，助人为乐，以奉献社会为人生追求的最高目标。（5）政治型价值观者重视拥有权力和影响力，倾向于权力意识和权力享受，支配性强，其全部的生活价值和最高的人生目标就在于满足自己的权力欲望，得到某种权力和地位。（6）宗教型价值观者关心对宇宙整体的理解和体验的融合。这类人信奉宗教，相信神的存在，把信仰视为人生的最高价值。

罗克奇（M. Rokeach）把价值观分为两大类：终极价值观和工具价值观。他指出，终极价值观是一种期望存在的终极状态，是一个人希望通过一生而实现的目标。工具价值观是指偏爱的行为方式或实现终极价值观的手段。我们可以把罗克奇的价值观层次因素看成表层的工具性价值观和深层的目的性价值观，前者是为了达到工作目标所采取的手段，后者表明了一种工作利益倾向。

（三）态度与价值观

（1）价值观是指个体在长期的社会环境中所形成的比较稳定的、持久的社会信念和价值系统，包括内容和强度两个维度，如追求平等、自尊、刺激、享乐、舒适、友谊等。

（2）价值观强烈影响员工的态度与行为，它是了解员工态度与动机的基础。当员工的价值观与组织的价值观一致时，则能发挥出更大的作用。

(3)态度源于价值观，又表达价值观，价值观是态度的核心。社会心理学的研究表明，态度能表达人们深层的价值观念，而所谓的价值，就是态度对象对人的意义。价值观是衡量某种事物对个体活动的意义标准，态度的核心意义就是体现对某事物一定价值认识的个体反应。这些价值观作为基础的信息或意义内容，形成了基本框架，构成了态度的基础和核心。

二、价值观对组织管理的影响及其应用

(一)价值观对组织管理的影响

管理者的价值观对组织个体的影响是巨大的，具体会影响到：(1)对其他人、群体的看法，影响人际关系。(2)个人所选择的决策和解决方法。(3)个人对所面临的形势和问题的看法。(4)确定有关行为的道德标准。(5)个人接受或抵制组织目标、压力的程度。(6)对个体及组织的成功和成就的看法。(7)对个人目标和组织目标的选择。(8)管理和控制组织中人力资源的手段。

(二)价值观在组织管理中的应用

价值观在组织管理中的应用，主要体现在以下几个方面：(1)组织目标、愿景和制度的制定，必须考虑员工和群体的价值观，重视价值观的引导。(2)要致力于组织文化建设，根据组织的使命和任务，树立明确的组织价值观，建立大家共同接受、认可的价值体系和制度体系，提高组织的凝聚力。(3)管理者还必须重视价值观的变化及其对组织行为的影响。

任务六　个性的应用

一、气质理论的应用

(一)对气质的测量

气质的测定方法有很多，如观察法、问卷法、作业测定法和实验法等，但目前使用最多的还是问卷法。

(1)瑟斯顿(L. L. Thurstone)气质量表。该量表把气质划分为 7 个维度，包括活动性、健壮性、冲动性、支配性、稳定性、社会性和沉思性。每个维度有 20 道题，共计 140 道题。被试的回答方式是三择一式，即在“是”“不是”或“不肯定”中选一个。

(2)斯特里劳(J. Strelau)气质调查表。该调查表用来评定神经系统的 3 个特性，即兴奋强度、神经过程平衡性、神经过程灵活性，共计 134 道题。被试回答方式也是三择一式。

(二)对气质的应用

1. 依据气质特点安排员工工作

就一般职业来说，对于个体的气质特点并没有什么特别的要求，但一些特殊工种对气质的要求具有绝对性，不具备所要求气质类型的人就不能从事该种职业。如飞行员、宇航员、矿厂救护员等职业需要经受高度的身心紧张，具有抑郁质的人恐怕就难以适应，因此就需要通过气质测验进行人员筛选。不同气质的人在进行一些工作时，他们的工作效率会不一样，产生的效果也会有差别。一名管理者应该了解员工的气质特点，力争将员工安排在最有利于发挥他的气质特长的工作岗位上。

2. 气质与人际关系的协调

现代心理学研究表明，人际关系是否和谐直接影响职工的身心健康、群体的士气和工作效率。人际关系离不开一定的人际行为，而人际行为受气质影响，从而影响人际关系。如具有胆汁质气质特点的人，热情、开朗，但脾气暴躁、自制力差，往往在与人交往中不讲究方式，忽略别人的感受，在不知不觉中伤害他人。这些气质类型与特征往往影响人际交往的质量。作为管理者，应让每个员工了解个人气质在人际交往中的优势与不足。在人际交往中，一方面要充分利用个体气质上不同的优势，协调人际关系，建立和谐信赖的人际关系，保证员工身心健康，合作愉快；另一方面要让员工认识到个人气质上存在的不足，并设法改变以往的人际行为模式，以保持良好的人际关系。

3. 根据不同气质特点采取不同的教育方法

不同气质类型的人对挫折的容忍力不同，胆汁质和多血质的人承受挫折的容忍力较大，可以接受较严厉的批评，并且批评有利于他们认识错误、改正缺点；抑郁质的人对挫折的容忍力较小，所以要特别注意不宜在公开场合批评他们；而对于黏液质的人可以进行说理教育，但要注意以理服人。另外，在安排工作中，特别要多关心抑郁质和黏液质的员工，因为他们对新环境的适应比较慢，又有比较强的情绪易感性，因此对他们要有更多的耐心和鼓励。

4. 气质与人员的合理搭配

人员的合理搭配也应考虑人的气质差异，即应考虑不同气质特点的人的相容性。比如，侧重于多血质气质的人在群体中有积极作用，因为他们善于交际，有进取心，但其缺乏坚持性，做事易半途而废，进而影响士气和工作任务的完成。因此，在人员搭配上应根据工作性质，充分利用气质互补的特征，这对一个群体中每个成员充分发挥优势、共同完成工作任务有积极作用。

总之，在管理过程中，应注意员工个体气质的特点与差异性，把握住气质与工作匹配，不同的气质采用不同的管理策略等方式，才能使效率达到最大化。

同步案例 4-2　　谁当经理更合适

背景与情境：某电子电器工业公司是一个由10家小厂组成的专业公司，需要物色一个合适的新总经理。现在有两个备选人：李厂长和王厂长。下面是他们两个人的资料。

李厂长，男，39岁，文化程度为大学本科(电子专业)，中共党员。他性格开朗、精力充沛，活动能力很强，积极开展横向联系，在全国十多个省市开设了200多个经销点，效益都很显著。他认为要发展就要靠技术，因此千方百计，不惜重金引进人才，至今该厂已有10多位外来的高级工程师。他还很重视产品广告宣传，每年要花几十万元广告费。他担任了市企管协会分会的理事，在协会中活动频繁，各方面关系融洽，对厂里的工作也有促进。李厂长事业心强，一心扑在工作上。该厂曾被评为市企业管理先进单位，李厂长获市优秀厂长称号，该厂的产品也被评为市优质产品。但李厂长有一个明显缺点，就是骄傲自满、自以为是，有时性情急躁，不太把公司的领导放在眼里，经常顶撞他们，公司的“指令”常常被他顶回去，因此公司领导对他这一点颇为不满，各科室也不太愿意和他打交道。

王厂长，男，37岁，文化程度为大专(工商管理专业)，中共党员。他性格内向、沉稳，对自己厂今后五年的发展有一个远景规划，听起来切实可行，也颇鼓舞人心。对一些出风头的社会活动，他不太喜欢参加，但对各科开阔思路的业务技术讲座却很感兴趣。他很善于做职工的思想工作，还要求各级行政干部做思想工作，并把它作为考核的内容。因此，他的人缘挺好。他不喜欢花高价引进工程技术人员,也不喜欢高价做广告,而把做广告的钱用来购买先进的技术设备以提高质量。该厂是市企业管理先进单位,他本人则荣获市优秀厂长和局优秀党员称号。但也有不少人认为,王厂长缺乏开拓精神,按部就班,工作没有多大起色。按厂里的基础和实力,应该发展得更快些,但实际效益却比不上李厂长他们厂。与李厂长比,他显得过于谨慎,处事比较圆通,不得罪人。

问题:

(1)依据有关个性理论,对两位厂长的能力、气质、性格进行分析和比较。你认为谁当总经理才能做到"扬长避短""人尽其才"?

(2)在进行管理者选拔的时候,该如何进行个性与工作的匹配?

案例精析:

(1)管理者的能力包括专业技术能力、人际能力和概念能力。两位厂长在专业技术能力上相差不大,而高层管理者更注重的是人际能力和概念能力,两人各有优劣。从气质和性格上来讲,王厂长的情绪稳定性更高是他的一个很大优点,而李厂长性格中有一定的冒险性特质,显得很有魄力。

(2)首先,要了解一个职位的最关键能力、气质和性格是什么;其次,要通过全面的、科学的选拔程序来了解一个管理者本身的个性特点;最后,可以通过合理地调整职务权利或明确工作范围等手段来辅助管理者做好工作。

二、性格理论的应用

如何科学地了解个体的性格特点,并据此实施有效的管理,也是任何一名管理者需要重点思考的课题。

(一)对性格的测量

(1)梅彼类型指标人格量表。布里格斯(K. C. Briggs)及其女儿迈尔斯(I. B. Myers)在荣格心理类型论的基础上编制了梅彼类型指标人格量表(Myers-Briggs Type Indicator Personality Inventory,MBTI)。最新版的MBTI包含93个条目,由四维八极组成,它们分别是外向型或内向型(E或I)、感受型或直觉型(S或N)、思维型或情感型(T或F)、感知型或判断型(P或J)。各个维度的组合描述了一种个性概貌。

(2)十六种人格因素问卷。十六种人格因素问卷(Sixteen Personality Factor Test,16PF)适用于16岁以上的成年人,测量结果可获得16种人格因素:乐群性、聪慧性、稳定性、恃强性、兴奋性、有恒性、敢为性、敏感性、怀疑性、幻想性、世故性、忧虑性、实验性、独立性、自律性、焦虑性。

(3)大五人格测验。在以大五人格模型为理论基础的人格测验中,目前最常用的是NEO人格问卷修订版(Revised Neuroticism Extraversion Openness Personality Inventory,NEO-PI-R),共包含5个维度,测量5种人格特质,而每个维度量表又设置了6个测量特质水平的子量表。

(二)对性格的应用

近年来,在工业与组织行为心理学领域,性格测验开始成为职业选择中常用的工具之一。心理学者认为,性格主要与人们选择的职业类型有关。每个人的性格特点都不同,而且确实存在某些特定类型的人更适合做某些特定工作,比其他人在该行业中表现更好。霍兰德

(J. Holland)认为,职业选择是个人性格的延伸,人们倾向于去选择那些同个人的性格相匹配的职业,这样人才能适应工作,并且使个人和社会同时受益。他将人的性格分为6种类型,即现实型、研究型、艺术型、社会型、企业型和传统型。每一种性格类型都有相对应的职业兴趣,个体总是根据自己的性格类型所赋予的职业兴趣去选择职业。

另外,员工性格品质的形成和改变与组织管理观念有关,管理者领导方式和领导作风也制约着职工性格的形成。因此,对特定时期的特定组织而言,什么样的领导观念和领导方式最为合适,是管理者需要认真思考的重要课题。

同步案例4-3　　Kierlin的企业"螺丝螺帽"法

背景与情境:Kierlin是Fastenal公司的首席执行官(CEO),当他7岁时就想要开一家自己的公司。在主修完工程专业后,他进了国际商用机器公司(IBM)。然而,大公司的职员生活并不适合他。他想做的就是回到家乡——明尼苏达州的Winona,即Fastenal公司的发源地及现今所在地。

Winona并不是你想象中的一个每年销售额达到250亿美元的公司所在地应有的样子,而Kierlin也不是你想象中的一个经营着这么大公司的人。Kierlin因非常节俭的生活方式而著名。而且他对待员工也不十分慷慨,他的员工很少拿到额外津贴,甚至一点养老金都没有。那么,Kierlin给了他的员工什么呢?责任感,很强烈的责任感。在他的公司,营销人员只要工作3年就有可能晋升为商店经理。这些经理们既为公司省钱又卖力工作的原因很简单:他们薪水的一半来自奖金,公司的效益越好,他们的利益就越大。

虽然Kierlin对公司很放心,但他还是很努力地工作着。他每天早上6点之前到达公司,然后就立即开始工作,管理他心目中最重要的资产:人力。如果一家商店一天的利润超过了5 000美元,Kierlin就将这记录下来,并且召见这位经理以表祝贺。除此之外,当他出差旅行的时候,总要在当地的分店停顿一下,询问经营情况。

Kierlin强调说,给人们以责任感正是企业的宗旨所在,而并非是生产线和利润。对他来说,只有人才是企业真正的"螺丝螺帽"。他主张:"相信人,给他们作决定、冒险和努力工作的机会。这样,我们的企业就会获得成功。"

问题:

(1)你认为Kierlin的人格对近年来Fastenal令人惊异的辉煌成就起到了什么作用?在这一案例中,什么样的人格因素是最重要的?

(2)Fastenal公司内部的人说Kierlin永远不会退休,但他还是会退休的。你认为Fastenal会改变吗?公司的风格会一直保持下去吗?

案例精析:

(1)Kierlin的人格和行为方式把员工的智能都激发了出来,众人的潜能使公司有了如此的辉煌。信任他人是他具有的非常重要的人格因素。除此之外,还有勤劳、节俭、与众不同、睿智等。

(2)公司可能会变化,可是核心的价值观和文化不会变化,对人的重视、对赋予个体责任感的重视将会成为Fastenal的核心文化,不会改变。

三、能力理论的应用

(一)对能力的测量

对能力的测量是指通过对心理能力的测定,发现被试现有能力和未来能力的倾向。最早的能力测验量表是1905年编制的比奈—西蒙量表(Binet-Simon Scale),后来经斯坦福大学的推孟加以修订,称为斯坦福—比奈智力量表(Stanford-Binet Intelligence Scale)。该量表引入了智商的概念,并对测试结果作了细致的划分。

除了斯坦福—比奈智力量表外,美国心理学家韦克斯勒(D. Wechsler)推出的韦氏智力量表(Wechsler Intelligence Scale)也是被广为使用的智力测量工具。韦氏量表分为儿童智力测验和成人智力测验。韦氏智力量表对测验所得智商的分类与斯坦福—比奈量表较为相似。

智力测验提供了对人的一般能力的了解,这种了解还远远不能满足社会对选拔和使用各种人才的迫切需要。在现代化的生产和生活的要求下,人们的社会分工越来越精细,形成了不同实践领域所需要的特殊能力,如音乐能力、绘画能力、机械能力、运动能力等。每种特殊能力又有相对应的测量指标。

(二)对能力的应用

1. 个人能力与工作要求相匹配

不同的工作对能力的要求有所不同,如组织领导需要较高的组织能力,会计则需要很好的算术能力。而作为一名管理者,不仅应当熟悉各项工作对能力提出的不同要求,而且还应当熟悉他的下属各自具备的能力,只有这样才能找到能力与工作之间的最佳结合点,使人与工作达到最佳配置。

2. 招聘录用人员时应考虑潜在能力的水平

组织在招聘人员时,既要看其现有的知识、技能,也要考虑其潜在的能力。可以通过面试,了解对方的工作兴趣、工作动机等。可能的话,最好进行能力测验,以了解对方在特定工作领域中潜在的能力。

3. 恰当运用能力互补增值与协调优化原理

互补增值与协调优化原理是指组织充分发挥每个员工的能力特长,采用协调与优化的方法,扬长避短。每个人各有其长处和短处,但作为群体,则可以通过人与人的相互结合,取长补短,形成最佳结构,发挥出整体优势,实现个体不能达到的目标。在贯彻互补原理时,必须注意协调和优化。协调就是要保证群体能力结构与工作目标协调,与组织总任务协调,与技术装备、劳动条件以及内外生产环境协调。优化就是经过比较分析,选择最优方案。在组建员工群体时,有意识地应用互补增值原理,往往会收到事半功倍的效果。

四、价值观理论的应用

(一)对价值观的测量

价值观的测量方法与对价值观的概念界定有密切的关系。目前常用的价值观测量工具有以下两种:

(1)罗克奇价值观量表(Rokeach Value Scale,RVS)。罗克奇价值观量表使用排序法测量两类不同的价值观:工具性价值观(18个题目)和目的性价值观(18个题目)。施测时,让被试按其对自身的重要性程度对两类价值分别排序，将最重要的排在第1位，次重要的排在第2位，以此类推，最不重要的就排在第18位。用这个量表可以测得不同价值在不同人心目中所处的相对位置，或相对重要性程度。

(2)奥尔波特—弗农—林德西量表(Allport-Veraon-Lindzey Scale)。该量表由奥尔波特等人于1931年编制。该量表适用于大学生和成人，属纸笔测验，以斯普兰格的6种理想价值类型(理论的、经济的、政治的、社会的、审美的和宗教的)为理论依据。该量表包括45个项目，共有120个选择答案，每种价值类型20个。要求被试在每个选择答案上打分，然后将这些分数相加并校正，由此可绘制成剖析图，以反映被试在6种基本价值观上的相对强度。

(二)对价值观的应用

在管理活动中，了解并正确引导员工的价值观，对增强员工积极性、提高员工满意度起到很重要的作用。员工具有较为积极的态度时，就会表现出更积极的行为，有利于绩效的提高，因此对价值观的研究是非常重要的。

首先，组织目标、愿景和制度的制定，必须考虑到员工和群体的价值观，重视价值观的引导。只有在平衡各方面价值观的基础上，才能选择合理的组织目标，保证组织活动的有效性。因此，选择企业目标时，必须兼顾这些方面的利益，达到平衡。组织领导人都有自己的愿景，个人愿景要转化为员工共同的愿景才会形成组织的愿景。领导人自己的愿景要转化为共同愿景，必须与员工价值观兼容，才能得到大家的认同。

其次，要致力于组织文化建设，根据组织的使命和任务，树立正确的组织价值观，建立大家共同接受、认可的价值体系和制度体系，提高组织的凝聚力。

最后，管理者还必须重视价值观的变化及其对组织行为的影响。一方面，管理者要使组织工作适应人们普遍存在的价值观，例如，在组织活动中对个人权利的尊重、对生态环境的保护，只有这样，才能得到社会的认可，从而获得可持续发展的空间；另一方面，管理者要注意树立和培养新的价值观。

应知考核

一、单项选择题

1. 与世界上没有两片完全相同的叶子一样，世界上也不存在两个个性完全相同的人。这句话体现了个性的(　　)。

A. 自我实现性　　B. 自我连贯性　　C. 成长性　　D. 独特性

2. 所谓个性倾向性，是指心理过程的倾向性或意识的倾向性，不包括(　　)。

A. 信仰　　B. 人生观　　C. 世界观　　D. 气质

3. 情绪不稳定、情感的发生迅速而易变，一般属于(　　)。

A. 胆汁质　　B. 多血质　　C. 黏液质　　D. 抑郁质

4. 下列关于性格的表述错误的是(　　)。

A. 性格是遗传和环境的合成物

B. 态度是性格的核心内容

C. 对现实稳定的态度会通过习惯化的行为方式表现出来

D. 个性是性格的核心品质

5. 教学能力、管理能力、数学能力、音乐能力、哲学思辨能力等，一般是指(　　)。

A. 一般能力 B. 特殊能力 C. 再造能力 D. 创造能力

二、多项选择题

1. 个性心理特征是指心理过程的特征,主要包括人的( )。

A. 气质 B. 性格 C. 能力 D. 爱好

2. 体液说对人的典型气质类型分为( )。

A. 胆汁质 B. 多血质 C. 黏液质 D. 抑郁质

3. 不属于O型气质特点的有( )。

A. 温和、老实稳妥、多疑、顺从、依赖他人、感情易冲动

B. 感觉灵敏、镇静、不害羞、喜社交、好管闲事

C. A、B两者的混合

D. 意志坚强、好胜、霸道、喜欢指挥别人、有胆识、不愿吃亏

4. 在巴甫洛夫学说的基础上,将神经活动类型描述为( )。

A. 强而不平衡型 B. 强、平衡、灵活型

C. 强、平衡、不灵活型 D. 弱型

5. 奥尔波特将价值观分为( )类型。

A. 理论型价值观者 B. 经济型价值观者

C. 终极价值 D. 工具价值

三、判断题

1. 个性是在某种特定环境中自我实现的。 ( )

2. 个性倾向性主要包括人的气质、性格和能力。 ( )

3. 气质表现为人在心理活动和行为方面的动力特点。 ( )

4. 性格是个性的核心品质,是个性中最重要、最显著的心理特征。 ( )

5. 能力是一个人基本的信念和判断。 ( )

四、简述题

1. 简述影响个性形成与发展的因素。

2. 简述气质在组织管理中的作用。

3. 简述性格在组织管理中的作用。

4. 简述合理运用能力方面的知识必须注意的要点。

5. 简述价值观对组织管理的影响。

应会考核

■ 观念应用

【背景资料】

Frank的工作遭遇

Acme公司是一家医疗供应商,Frank是公司新到任的业务代表。Otis在一家全国连锁医院Thermocare担任采购人员。Frank与Otis第一次接触就成功谈成一笔50万美元的合

约,Frank 也因此获得 1 000 美元的奖金。

几个月后,Frank 联系 Otis,希望把合约金额再添加 50 万美元。“Otis,我觉得你们可能要补充库存量,库存量似乎已经不足了。”Frank 表示。

“你说的可能没错,我们的营业额有增加,或许是因为你们公司的产品,不过也可能不是这个原因。只是 Acme 是不是我们医院最好的选择,目前也还说不定。这个我们再说,听说你有芝加哥小熊队棒球比赛的票?”

Frank 想了一下,然后说:“Otis,我觉得你们营业额的增长,有一部分是因为我们的产品好。我们看球赛的时候聊一下,怎么样?”

“好吧。”Otis 答应了。

Frank 说服了 Otis,让 Thermocare 医院补足库存量,还答应给 Otis 一组棒球季套票。Frank 因为 Thermocare 的第二笔合约,又领到更多的奖金,行销副总还颁发给他绩优奖状。

两季后,Frank 成为业务部门顶尖人物之一。第三季开始时,Frank 观察到 Thermocare 的营业额大幅增长,Otis 应该可以再进 75 万美元的货,而且不会影响资产报酬率。当他们再谈这些数字时,Otis 说:“Frank,你知道我真的很感谢你给我小熊队的季票,但是这次的金额实在太大了。”Frank 得知,Otis 和他的妻子没去过墨西哥的度假胜地坎昆。Frank 从未碰过这样的情况,所以他请 Otis 稍等一会儿,Frank 到另一房间打电话请示主管,告诉他自己的想法。

“你在说废话吗? 还为了这种事情打电话给我? 我会想办法付这笔钱。”主管如此告诉他。

“公司会接受吗?”Frank 问。

“这种事情我来操心就好了。”主管这么回答 Frank。

于是,Frank 回去跟 Otis 说,请他们夫妇接受他的邀请到坎昆度假,之后谈话进行得很顺利。Otis 在坎昆的时候,决定再向 Acme 采购 75 万美元的产品,Frank 因此获得了更多奖金,并且还受到总部的嘉奖。

【考核要求】

1. 本案例中存在哪些道德伦理问题?
2. 试对上述问题作出你的道德研判。
3. 说明你所作善恶研判的依据。
4. 请从价值观与道德研判角度对 Frank 的做法作出评价。

■ 技能应用

李佳的辞职申请

张强和李佳是毕业于计算机专业的大学生,并同时应聘于某大型计算机公司,从事市场营销工作。张强比较外向,热情、开朗、善交际、积极主动,在大学时常常参加学生社团活动,并在学校的演讲大赛中获奖;而李佳比较内向,爱思考,不愿与别人多说话,喜欢独处,钻研精神强,善于搞发明创造,也曾获得过科技发明奖。应聘时,人事主管看到两人均为男生且外形较好,遂决定安排两人从事市场营销工作。

一年之后,张强已完全适应了销售工作,得心应手,成绩出色,被提升为部门副经理。而李佳则表现一般,虽然也能完成任务,但缺乏主动性和积极性。又过了一段时间,李佳找到人事主管，递交了一份自己的辞职申请。辞职的原因是他对营销工作不感兴趣。人事主管觉得李佳的个人素质还算不错，平时也较为勤恳，而且又是自己招聘进来的，所以有些犹豫是否接受李佳的辞职申请。

【技能要求】

1. 本案例涉及本项目的哪些知识点？

2. 试从这些知识点对本案例中人事主管的工作分配问题进行分析。

3. 假如你是人事主管，请制订解决上述问题的决策方案。

■ 案例分析

【情境与背景】

怎样看待奖金与荣誉

王亮是某大学的管理系讲师，负责工商管理专业的教学工作。去年他是全校的先进教师。他热爱教学，仔细研究教法，但在研究与著述方面业绩平平，没有多大起色。今年系里来了一批年轻的硕士、博士生，改变了教师队伍的结构。这些人的特点是学历高、基础好、知识面广，但并不像王老师那样认真仔细地教学。他们中最有名的是李强，刚满32岁，博士毕业，来校不足3个月，就在有关专业杂志上发表了3篇论文。后来有人传说学校为了提高知名度，将调整先进教师的标准，要十分重视研究成果和著述。对这种说法，王老师并不相信，认为“老师主要是教好书就行”。可在今年年底评比时，李强被评为先进教师，并获奖1 000元，而王亮却没被评上，至今他还想不通。

【分析要求】

1. 王亮为什么想不通？

2. 王亮是一个什么性格类型的人？

3. 王亮的职业生涯设计有无问题？

项目实训

【实训内容】

做一天和尚撞一天钟。

【实训目标】

让学生体会工作责任心的概念。

【实训组织】

以学习小组为单位，进行辩论赛，小组分为：

正方观点：“做一天和尚撞一天钟”好；

反方观点：“做一天和尚撞一天钟”不好。

【实训成果】

1. 老师依据本背景设定对立的论题组织辩论赛，根据分组辩论成绩、班级讨论、书面报告等综合评定。

2. 评分采用学生和老师共同评价的方式，并完成实训报告。

《做一天和尚撞一天钟》实训报告		
项目实训班级：	项目小组：	项目组成员：
实训时间：　　年　　月　　日	实训地点：	实训成绩：
实训目的：		
实训步骤：		
实训结果：		
实训感言：		

项目五

态度、情绪和压力

○ **知识目标：**

理解：态度的概念、组成与特征；情绪的概念和功能；压力的概念。

熟知：态度对行为的影响；压力源与压力的产生机制。

掌握：态度的测量和改变；情绪调节的策略、情绪劳动、压力的后果；态度、情绪、压力的应用。

○ **技能目标：**

能够运用态度、情绪和压力知识，学会如何改变员工的工作态度和工作满意度，以及如何避免情绪劳动和改变员工压力。

○ **素质目标：**

运用所学的态度、情绪和压力知识研究相关事例，培养和提高学生在特定业务情境中分析问题与决策设计的能力；结合行业规范或标准，运用知识分析行为的善恶，强化学生的职业道德素质。

○ **项目引例：**

怎样做好一个基层管理者

吴伟是一位跨国公司中国片区的副经理，在一次管理论坛上谈起了如何成为一名合格基层管理者的心得：如果把中层管理者比喻为球场上的教练，那么基层管理者就是队长，他们不但要在场上指挥队友共同进攻，更要身先士卒，冲锋陷阵。无数优秀的管理者，都是从基层做起的。因此，如何做好一名合格的基层管理者呢？(1)要有过硬的专业能力。基层管理者既是管理者，同时又肩负着具体的工作和事务，所以过硬的业务能力素质是以在组织中“让人心服口服”为前提的。(2)要有相适应的文化素质。全民文化教育不断提高，员工文化水平普遍较高，同时新技术、新设备不断涌现，办公手段日益现代化，所以管理者文化素质更要提高。(3)对员工要有正确的态度。以正确的态度对待员工，必须具有 6 种心态：尊重的心、关心的心、赏识的心、分享的心、授权的心、服务的心。(4)要对员工的情绪进行管理。积极情绪让工作效率更高，而消极情绪让绩效更差。因此，对于基层管理者来说，应随时关注员工情绪的变化，合理管理和引导员工情绪，让情绪来激发出员工的积极性，实现组织目标。

引例感悟：员工的态度、情绪等直接影响到他们对工作的满意度与组织承诺。因此，如何在复杂多变的管理环境中对员工的态度、情绪进行有效管理，是现代管理者必须面对的一个重要问题。

○ **知识精讲：**

任务一　态度概述

一、态度的概念、组成与特征

（一）态度的概念

态度是指个体对外界事物的一种较为持久而又一致的内在心理倾向，是个体对一定事件或对象作出肯定或是否定、赞成或者反对的一种评价，同时还会表现出一种反应的倾向性，即心理活动的准备状态。

（二）态度的组成

态度一般由认知、情感和意志 3 个方面的因素组成，组成态度的这 3 个方面相辅相成，不可分离，共同构成一个统一的整体，共同推动或影响人的行为。

（1）认知因素：认知是人对事物的看法、评价以及带评价意义的叙述，它是态度形成的基础。

（2）情感因素：情感是人对事物的好恶，带有感情色彩和情绪特征，它是态度形成的核心。

（3）意志因素：意志是指人对事物的行为准备状态和行为反应假设，态度不同于行为，但它含有行为的倾向，人的行为反映态度，它是态度重要的外在表现。

（三）态度的特征

态度相对于其他个性倾向性而言，具有以下几个相互影响、相互关联而又缺一不可的特征：

（1）社会性。态度是一种习得性的心理倾向，不是孤立存在的，受到社会观念、群体意识的影响和制约。

（2）针对性。态度有对应的现实对象，如人、物、事、观念等，具体指向某一人物或事物或观念。

（3）稳定性。态度必须经一定过程才能形成，而且一经形成就具有相对的稳定性，是一个人表现出习惯化行为方式的内在根据。

（4）间接性。态度是不能被直接观察的，只有通过人的外显动作、姿态、表情、语言及行为来进行间接的分析与推测。

二、态度形成的阶段

态度不同于一般的认知活动，它具有情感因素，比较持久、稳固，所以形成态度需要相当长的时间来孕育和准备。因此，态度的形成较为复杂，它需要经历模仿与服从、同化、内化等阶段。

（一）模仿与服从阶段

态度的形成和改变始于两个方面：一是出自自愿，不知不觉地开始模仿；二是出自受到一定压力的服从。

人有模仿和认同他人的倾向，尤其倾向认同他所崇拜的人，人在模仿中，认同不同的对象而习得不同的态度。

服从又称为顺从，指一个人按照社会要求、群体规范或别人的意志而做出的行为。在现实生活中，人就是要遵守许多行为规范，产生许多服从。不管是否愿意，都会如此。当然，许多时候是在无内心冲突下服从的，但有些方面也可能是被迫的，被迫服从形成习惯以后，就变成自觉服从，产生相应的态度。

（二）同化阶段

在这一阶段，态度不再是表面改变了，即已不是被迫而是自愿接受他人的观点、信念、行为或新的信息，使自己的态度与所要形成的态度相接近。也就是说，态度在这一阶段已比服从更进了一步，从被迫转入自觉接受、自愿进行。但在这时，新的态度还没有同自己全部的态度体系相融合。

（三）内化阶段

内化是态度形成的最后阶段，在这一阶段中，人的内心已真正发生了变化，接受了新观点、新情感和新打算，并将其纳入自己的价值体系之内，成为自己态度体系的有机组成部分，即彻底形成了新态度。当态度进入这个阶段以后，就比较稳固，不易再改变。这也告诉我们，我们要改变人的态度，最好在服从、同化这些不稳定的阶段进行，因为这时态度的组织结构未固定化，容易改变，而进入内化阶段再改变态度，困难就要大得多。

三、态度对行为的影响

态度属于行为的指导和动力系统，对人的行为有很直接、很重要的影响。其影响具体表现为以下几个方面：

（一）态度影响人的认知和判断

态度注入了人们强烈的感情因素，从而形成一种参照框架，在某种程度上影响了判断的客观性和准确性。认知对态度的形成有价值，态度一旦形成也会对认知产生反作用，有正面作用，也有负面作用。

（二）态度影响学习效率

态度本身有一定的过滤作用，直接影响学习效果。态度积极，能激发人的学习热情，学习效果就好；反之则反是。

（三）态度影响人对挫折的适应能力和忍耐能力

人的忍耐力的大小取决于多种条件，美国学者兰波特等人的大量实验证明：态度的确是个体忍耐力的决定性因素之一。坚定的态度，有助于忍耐力的提高。对单位认同感强的人，在单位出现问题或个人遭遇挫折时，不轻易离开；反之则反是。

（四）态度影响团体中的相容性和凝聚力

良好的态度有利于形成团体较强的凝聚力，也会使团体成员包容性增长，有利于团体的和谐，从而提高团体的归属感和竞争力。

（五）态度与工作效率之间的关系比较复杂

态度端正、积极，会引致较高的生产效率；态度消极，则有可能产生两种后果，即高生产率或低生产率。人的工作行为常常受到多种因素的影响，人们对工作不满意，但考虑到自身生存、社会规范和群体约束等因素，也可能会产生高生产率。

四、态度的测量

由于态度是一种内在的心理活动，不可能直接观察到，因而必须从人们的言语、行为以及其他方面加以测定。凡社会上的各种人物、角色、群体组织(家庭、学校、党派)及各种社会问题(战争、建设、生育、犯罪)都可成为人们的态度对象。为了了解和掌握人们持什么态度以及态度上是否有变化,就必须进行态度测定。态度测量的方法可以分 4 种:量表法、自由反应法、行为观察法和生理反应测量法。下面我们分别加以介绍。

(一)量表法

量表法的种类颇多,我们简要介绍几种。

1. 总加量表法

此表由学者李克特创立,故也称李克特量表。这个量表由 20 个以上的问题组成。它有一个前提,即构成态度的各个问题价值相等,每个问题的意义大小尚无本质差别。只需要被试对所提出的问题表示同意或者反对。其程度一般分为 3 等(同意、中立、反对)和 5 等(极同意、同意、中立、不同意、极不同意)。

2. 语义分析量表

语义分析量表为社会心理学家奥斯古德所创立。语义分析原用于分析词句或观念的意义。辞典上的解释是一个词句或观念的命名意义,所有人对这个意义的了解是相同的,隐含的意义则因人而异。一个人与该观念所代表的实际对象因过去的交往经验不同,现时产生特殊的意义。

3. 社会距离测量量表

此量表为社会心理学家博格达斯所设计,它主要用于测量人们愿意与其他群体的人保持什么样的社会距离,以此反映其态度。

4. 等距测量量表

这个量表为社会心理学家瑟斯顿所首创,它主要用于测量人们对教会的态度。

(二)自由反应法

自由反应法也是测定人们态度的一种重要方法。此法的特点是让被试作自由反应,它并不向被试提供任何可能的答案,而是提出一些开放式的问题,让人们回答。这种方法可以使人们充分地反映自己的态度。

自由反应法又可分为投射法和语句完成法两种。(1)投射法是指间接地了解人们对某个事物的态度,它是分析人们对某个刺激物所产生的联想来推测其态度。(2)语句完成法是指事先准备好几个有关某一事物的未完成的句子,让人们将其写全,从中反映他的态度。

(三)行为观察法

此法主要是通过观察人的行为表现来推断其态度。这种方法由于在使用时可以不让被观察者发觉,故可较准确地收集资料。

(四)生理反应测量法

生理反应测量法是以被试的生理变化(主要是皮肤电反应和瞳孔反应)来测定其态度。如当人紧张时,皮肤电反应会增高。

以上介绍了 4 种关于测定态度的方法。应当指出,到目前为止,还没有一种方法能够使人非常满意地、准确无误地测定一个人的态度,因此,我们在进行研究时,选择哪一种方法应当视具体情况而定。如果能将几种方法结合起来使用,其准确性可以更高。

五、态度的改变

（一）态度改变及其意义

个体态度的形成主要是由后天因素决定的，一般要经历一个比较长的过程才能形成，因此，态度一般是相对稳定的。相对稳定并非意味着不可改变，态度作为一种后天形成的个性倾向性，在内外因素的作用之下也必然会发生改变。

由于态度直接影响员工的学习和工作效率，改变态度是员工管理的应有之义。管理者的责任之一就是要不断了解员工工作的态度，采取措施，强化人们积极的态度，改变人们消极的态度。

（二）影响态度改变的因素

1. 态度本身的特性

态度本身的特性包括：(1)态度形成时间的长短、稳定性和持久性。(2)态度的协调性。心理学家费斯廷格认为，人们总是寻求认知和感情的一致性，保持态度与行为之间的协调。因此，当个体认知因素和感情因素不一致时，就能提供一个改变态度的良机。(3)态度形成中感情因素及其极端程度。

2. 个体的心理因素

如智力因素、气质因素、年龄与性别特点、自我防范心理的强弱等。

3. 与群体的关系

群体对人的行为有规范作用，既能起到维护自身利益的作用，又能为人的态度的改变施加压力与影响。

4. 切身利益的影响

物质和精神上的利益能在一定程度上诱发人们态度的改变。

（三）态度改变的基本方法

(1)改变客观事实。事实是人们认知因素形成的基础，也是态度改变的基础。

(2)参与和接触。参与能增进人们对工作的了解，消除偏见，促进人与人之间感情的交流。感情的转变在人的态度改变过程中起到关键作用。

(3)运用群体的规范。规范、制度、规章与说服教育相结合的方法，是态度改变的有效方法。

(4)角色易位。运用替换法，从正、反两个方面考虑和分析问题，有助于克服偏见和态度的极端性。

(5)宣传手段的正确运用。宣传是一种信息传递过程，宣传效果的好坏在人们态度改变过程中起着重要作用。整个宣传过程中，信息发布者、传递过程、传递手段以及信息接收者需要协调配合，才能取得好的效果。

任务二　情绪概述

一、情绪的概念和功能

（一）情绪的概念

情绪是个体对客观事物是否符合自身的需要而产生的心理体验，是以主体的需要、愿望等倾向为中介的一种心理现象。符合主体的需要和愿望，会引起积极的、肯定的情绪；相反就会引起消极的、否定的情绪。情绪具有独特的生理唤醒、主观体验和外部表现 3 种成分。

（二）情绪的功能

1. 适应功能

有机体在生存和发展的过程中，有多种适应方式。情绪是有机体适应生存和发展的一种重要方式。

2. 动机功能

情绪是动机的源泉之一，是动机系统的一个基本成分。它能激励人的活动，提高人的活动效率。适度的情绪兴奋，可以使身心处于活动的最佳状态，推动人们有效地完成任务。

3. 组织功能

情绪的组织作用是指情绪对其他心理过程的影响。情绪心理学家认为，情绪作为脑内的一个检测系统，对其他心理活动具有组织的作用。这种作用表现为积极情绪的协调作用和消极情绪的破坏、瓦解作用。情绪的组织功能还表现在人的行为上：当人处在积极、乐观的情绪状态时，易注意事物美好的一面，其行为比较开放，愿意接纳外界的事物；而当人处在消极的情绪状态时，容易失望、悲观，放弃自己的愿望，或者产生攻击性行为。

4. 社会功能

情绪在人与人之间的社交活动中具有广泛的功能。它可以作为社会的黏合剂，使人们接近某些人，也可以作为社会的阻隔剂，使人们远离某些人。如某人暴怒时，你可能会后退或碍于他的身份而压抑自己的消极情绪，不让它表露出来。由此可见，人所体验到的情绪，对其社会行为有重大影响。

二、情绪调节的概念和策略

情绪调节（Emotion Regulation）是个体管理和改变自己或他人情绪的过程，在这个过程中，通过一定的策略和机制，使情绪在生理活动、主观体验、表情行为等方面发生一定的变化。具体分析，情绪调节的策略有以下几个方面：

（一）回避和接近策略

回避和接近策略也叫情境选择策略，它是通过选择有利情境、回避不利情境来实现的。这是情绪调节的一种常用策略，如有研究指出，当儿童可以爬行或走路时，就采取接近或回避等方式调节情绪。

（二）控制和修正策略

控制和修正情绪是一种更为积极的策略，它是通过改变情境中各种不利的情绪事件来实现的，情绪调节者试图通过控制情境来控制情绪的过程或结果。

（三）注意转换策略

注意转换策略包括分心和专注两种策略。（1）分心是将注意力集中于与情绪无关的方面，或者将注意力从目前的情境中转移开；（2）专注是对情境中的某一个方面长时间地集中注意，这时个体可以创造一种自我维持的卓越状态。例如，6 个月左右婴儿就开始通过用注视母亲等方式来降低对陌生人的焦虑。

（四）认知重评策略

认知重评即认知改变，通过改变对情绪事件的理解和评价，进行情绪调节。认知重评试图以一种更加积极的方式理解使人产生挫折、生气、厌恶等消极情绪的事件。认知重评将产生积极的情感和社会互动结果，不需要耗费许多认知资源，是一种有益的情绪调节方式。

（五）表情抑制策略

抑制将要发生或正在发生的表情，调动自我控制能力，启动自我控制过程以抑制自己的情绪行为，是反应调节的一种策略。如婴儿通过抑制自己的表情，得到成人更多的爱护，密切亲子关系，就使用了表情抑制策略。

（六）合理表情策略

采用恰当的表情，是情绪调节最为关键的策略，它有利于个体幸福和团体密切。在人际交往中，情绪调节能力强的个体并不全是压抑自己的表情，而是能够在瞬间迅速改变自己的不利情绪，如把愤怒转换为微笑、把悲伤转换为动力等，这种策略因而也可以称为情绪转换策略。

此外，在实际生活中，一个成熟的个体还会选择更多的方式来调节自己的情绪，如改变生活方式、活动方式、体育锻炼方式、倾诉方式等。

三、情绪劳动

（一）情绪劳动的概念

情绪劳动的概念是由阿里·胡切斯乔德（Arlie R. Hochschild）在以 Delta 航空公司空服人员为对象进行深入个案研究的基础上首先提出的。20 世纪 80 年代末期到 90 年代初期，罗伯特·萨顿（Robert Sutton）针对不同职业进行了一系列质化研究之后，“情绪劳动”开始引起广大研究者的注意。

情绪劳动的概念可以从以下几个方面理解：(1)在情绪劳动过程中，情绪是以商品的形式出现的，员工会因为自己恰当的情绪表现而得到工资、物质或精神奖励。(2)从内部来看，情绪劳动是在对个人情绪有充分认知的基础上进行的，情绪劳动主体清楚地知道自己目前的情绪状态，如积极的或消极的、高兴的或悲伤的。(3)从外部来看，组织的情绪规则、岗位角色要求的情绪规则或特定社会文化传统下隐性的情绪规则是为人所知的，无论是领导、顾客还是员工自己都非常明白这些规则。(4)在情绪管理的过程中，是否付出了心智努力是区别情绪劳动与非情绪劳动的标志。因此，情绪劳动是指组织成员为了满足组织工作行为的需要而主动调整自己的感受或情绪表达的过程。

（二）情绪劳动的特征

布瑞纳等人认为，与智力性工作和体力性工作相比，情绪性工作具有 3 个相互联系的特征：(1)目的的间接性。在情绪性工作中，表达恰当情绪的目的是为了影响公众（如顾客、学生等）的情绪、态度和行为，以促进组织目标的实现、工作效率的提高。(2)调节的主动性。情绪性工作情境通常由职工与公众面对面的交互作用所构成，因此职工的情绪表达不仅影响公众的情绪反应，而且也受公众的情绪反应的影响。(3)要求的职业性。这是指职工在工作中表达和管理情绪的方式是否恰当，以及是否遵守了所属职业或组织的相应要求。

（三）情绪与劳动效率

情绪对劳动效率有着重要作用，这是已被公认的事实。但究竟情绪对劳动起什么作用，却是不易解决的问题。情绪的表现各种各样，对劳动所起的作用也不尽相同。因此，从情绪与劳动的关系角度，可以把情绪对劳动的作用分为积极的和消极的两个不同方面：(1)对劳动起消极作用的情绪。如紧张、焦虑、郁闷和忧愁等，这些情绪的出现，不同程度地对我们的劳动起着消极的阻碍作用。(2)对劳动起积极作用的情绪。主要有3种类型：一种是轻松愉快、悠然自在的情绪，另一种是有挑战性的情绪，还有一种是富有合作精神的情绪。这3种情绪虽然都对劳动起着积极的推动作用，但具体作用的形式却各有差异。

同步案例5－1　　管理情绪，找回失落的激情

背景与情境：李先生已打定主意停薪留职。他最近工作不起劲，早晨起床的时候一想到有一整天的工作要做，就感觉好像没睡似的疲乏，不只是身累，心也累。他力图改善目前工作困境，却始终未能如意，只好选择暂时出走……

张老师从事教师工作15年了，最近不知道为什么，本来最爱和学生们待在一起的她总是有意无意地避免与学生们近距离接触。学生们凑在一起说话，她听见就心情烦躁，总想躲得远远的。在办公室里，原本爱说爱笑的她也不愿主动和同事聊天了，每天只是坐在自己办公桌前，希望谁都不要来打扰自己……

杨小姐跳槽到了一家新的单位，专业对口，收入颇丰。工作伊始，杨小姐满怀热情地投入工作，可是一年过去了，她发现工作永远是那样井然有序，没有任何新鲜感，自己再也不像刚来的时候那样为了某个项目的完成而沾沾自喜了。尤其是当她看到办公室的种种争斗时，更感到厌倦万分。她的情绪开始低落，还怀疑自己根本就不适合做这份工作……

问题：

(1)李先生、张老师和杨小姐在工作中遭遇了什么问题？

(2)要帮助他们解决问题，你有何建议？

案例精析：

(1)李先生、张老师和杨小姐都存在情绪低落，对自己的工作感到厌倦，导致身心劳累的情况。

(2)可以帮助他们利用情绪劳动的特点，采用多种情绪劳动策略，提高自己的积极情绪，从而改变他们的工作态度，提高劳动效率。

任务三　压力概述

一、压力的概念

压力是由心理压力源和心理压力反应共同构成的一种认知和行为体验过程。通俗地说，就是当人们认识到有需要解决的重要问题，而又不确定自己是否有能力解决问题时，所体验到的一种挑战和恐惧的心理过程。大多数谈到的压力，通常是指我们所感受到的来自周围的压力。例如，学生谈到的压力可能是因为考试成绩太差，父母谈到的压力可能是因为养家糊口带来的经济负担，教师谈到的压力可能是因为教学和科研没有做好。

压力的具体含义包括以下几个方面：(1)压力是指那些使人感到紧张的事件或环境。(2)压力是一种主观反应，是一种心态，是人体内部出现的解释性的、感情性的、防御性的反应过程。(3)压力是对需要或伤害侵入的一种生理和行为上的反应。因此，压力是一种伴随着外部刺激而产生的身心状态，既包括生理反应，又包括心理反应，既有遗传的成分，也有习得的成分。

二、压力源与压力的产生机制

（一）压力源

导致压力反应的情境、刺激、活动等叫做压力源。压力来源于各个方面，主要有生物性压力源、精神性压力源和社会环境性压力源。概括来讲，包括来自外部环境（社会、政治、技术、文化环境等）的压力源、组织内部（工作场合、人际关系、群体环境等）的压力源和个体自身（个人健康、个性特征、家庭经济条件及生活等）的压力源等。

1. 生物性压力源

这是一组直接阻碍和破坏个体生存与种族延续的事件，包括躯体疾病创伤或饥饿、性剥夺、睡眠剥夺、噪声、气温变化等。

2. 精神性压力源

这是一组直接阻碍和破坏个体正常精神需求的内在事件和外在事件，包括错误的认知结构、个体不良经验、道德冲突及长期生活经历造成的不良个性心理特点等。

3. 社会环境性压力源

这是一组直接阻碍和破坏个体社会需求的事件，它分为两个方面：一方面是纯社会性的，如重大社会变革、重要人际关系破裂、家庭长期冲突、战争、被监禁等；另一方面是由自身状况造成的人际适应问题等。

（二）压力的产生机制

通常情况下，人们简单地认为压力的产生是由“刺激事件”引起的，见图5—1。这可以部分解释“坏事让人不舒服”的事实。然而，并不是所有的人都认为“坏事就是坏事”，而且事情“坏”的程度也往往因人而异，这些并非是上述模型所能解释的。同样面临就业的“压力”环境，有的人看到的是不公平、用人单位没有眼光、付出得不到回报等，体验到的是找不到工作的困难、挫败感等；而有的人看到的却是难得的挑战与更多更好的机会。显然，单纯用刺激事件来解释压力的产生以及压力的大小太片面了，也很容易让人在“困难”面前失去信心甚至希望。

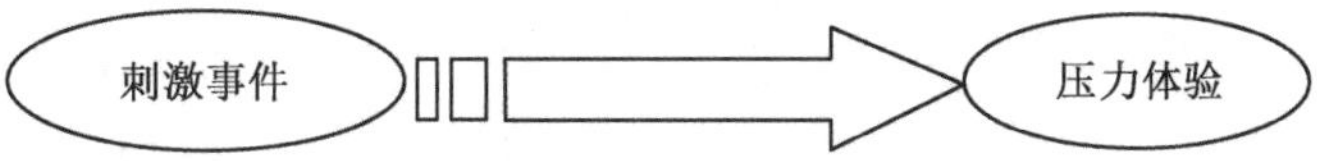

图5—1　压力的产生机制

图5—2不排除刺激事件（压力源）本身的影响，但更加注重的是当事人的主观评价，既包括对刺激事件的评价，也包括对资源的评价。对刺激事件的评价，同样的事情，有人认为是好事，也可能有人认为是坏事，即所谓“仁者见仁，智者见智”。对于压力源的刺激事件来说，积极的人不仅能够看到好事的“好”，还能看到坏事的“好”——消极事件背后的积极意义。所以，积极乐观的人即使身处逆境，仍然能够坦然面对并最终走出逆境，他们所体验到的压力似乎就小很多；相反，消极悲观者不仅认为坏事就是坏事，而且还会觉得好事远不够好，这样他们从“坏事”中所体验到的压力相对更大，从“好事”中所得到的快感与支持相对更少，总体的压力感自然就大很多。

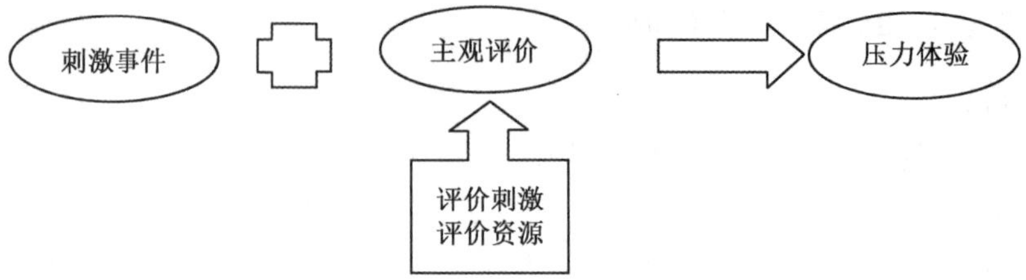

图 5—2 压力的产生机制

三、压力的后果

压力是当人们去适应由周围环境引起的刺激时，人们的身体或者精神上的生理反应。压力对个人和组织都会产生重要的影响，会产生积极的和消极的两种结果。组织行为学主要研究压力的消极影响方面。因压力过大造成的员工经常性旷工、心不在焉、创造力下降而导致的企业生产力损失，仅在美国每年就超过 1 500 亿美元。压力的消极作用集中表现在对个体身心健康的损害，以及对组织工作绩效所带来的负面影响。

（一）压力对个人的影响

压力对个人的影响主要表现在以下几个方面：

1. 生理方面

压力可引起各种疼症，如头疼、颈疼、胃疼及腰疼等；或各种不舒适症状，如头晕、心跳加速、呼吸不畅、肌肉紧张等；严重的更会出现胸闷呕吐、发冷发热或麻痹、针刺的感觉。

2. 认知方面

压力使人难以专心、错误百出、记忆力衰退、判断力下降、出现幻觉、思维混乱、反应速度减慢及组织能力退化等。

3. 情绪方面

在压力影响下，人会变得抑郁、激动、无助、绝望、情绪低落、坐立不安、焦虑、惊惶、困扰、烦躁、心神恍惚等。

4. 行为方面

压力会带来非常多的反常行为，如精神萎靡、举止古怪、无故旷工、敷衍问题、推卸责任、人际关系恶劣、语言问题增加、失眠或睡眠过多、食欲不振或过强，以及兴趣和情欲减弱等。

以中国高级经理人为例，根据《财富》（中文版）对中国 5 000 名高级经理人所进行的压力与健康专题问题调查结果显示，70％的高级经理人身心健康被压力困扰。当感受到压力存在时，通常会伴随出现诸如感觉“异常疲劳或体力透支”“呼吸急促或头晕”“饮食量或吸烟量比平时增加”等身体方面的不适症状。而在心理健康方面，容易出现心力衰竭的现象，即一种持续的身心疲惫不堪、厌倦沮丧、悲观失望、失去创造力和生命活力的感觉。当压力过大时，还会导致抑郁症、社交冷漠症，甚至“过劳死”。

（二）压力对组织的影响

压力对组织的影响主要表现在以下几个方面：

1. 工作满意度方面

工作压力太大或太小都会导致工作满意度的降低。研究表明，影响工作满意度的主要因素有工作性质、工资待遇及公平感、工作环境和工作中的人际关系等。当组织成员所受到的来自工作性质、工作中的人际关系等方面的工作压力过大或过小时，就会导致组织成员缺勤、辞职等，事故率增加，成员积极性下降，工作满意度也会降低。

2. 组织成本方面

工作压力可能严重影响组织成员的身心健康，一方面，身心的损害导致组织成员缺勤率上升，影响正常的生产活动，人力资源管理成本上升，即便是在工作也可能由于精力不集中，导致工作效率下降，出现差错，生产成本上升；另一方面，组织需要对成员进行压力管理，为成员的身心健康进行治疗保健，并承担较高的医疗保健费用，这些均会导致组织成本的上升。

3. 工作业绩方面

适当的工作压力可以刺激组织成员振奋精神，努力工作，提高工作绩效。但是压力过大会造成组织成员身心健康损害、工作冲突增加、人际关系紧张、工作满意度下降、工作效率下滑、企业成本上升，这些都会导致工作绩效的下降。因此，工作压力与工作绩效之间的关系呈倒 U 形，如图 5—3 所示。

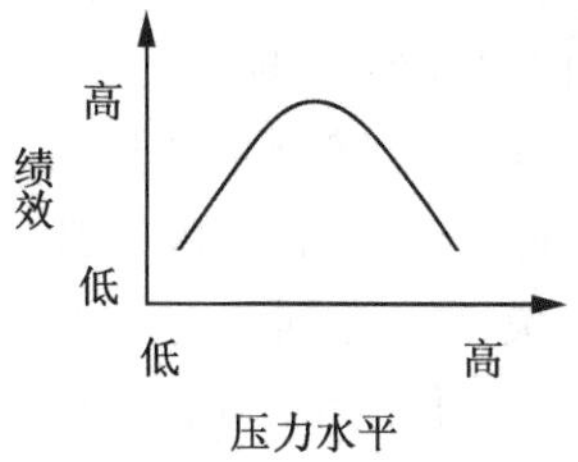

图 5—3　工作压力与工作绩效的关系

4. 经济损失方面

过度的压力也会导致巨额经济损失，尤其是在英国、荷兰等发达国家，每年因工作压力造成的损失占国民生产总值的 10%。据世界卫生组织统计，北美地区因压力所付出的代价每年超过 2 000 亿美元。根据美国压力协会的估计，美国的工作组中由于压力问题造成的员工缺勤、离职、旷工、劳动生产率下降等的医疗和经济索赔，以及人员替换等方面发生的费用，年均 2 000 亿—3 000 亿美元，这是为工作压力所付出的经济代价。这一数字超过了美国 500 家大公司税后利润的 5 倍。

任务四　态度、情绪和压力的应用

一、态度理论的应用

关于态度与管理关系的研究比较多，本书主要对几种新的态度理论观点与管理的关系进行分析、讨论，如员工的心理契约、满意度和组织承诺等。

(一)心理契约与管理

1. 心理契约的概念

最早使用“心理契约”这一术语的是 Argyris。他在所著的《理解组织行为》一书中用“心理契约”来刻画下属产生乐观情绪的表现，强调在员工与组织的相互关系中，除正式雇佣契约规定的内容外，还存在着隐含的、非正式的相互期望，它们同样是决定员工态度和行为的重要因素。随后，美国心理学家 Schein(1965)在前者的基础上对心理契约作进一步解释：在组织中，每个成员与管理者之间，任何时候都存在没有明文规定的一整套期望，这就是心理契约。

2. 心理契约的特性

(1)非正式性和隐含性：心理契约往往不是通过文字、书面的方式达成的，而是员工与组织之间对双方义务和责任的隐含的理解。

(2)主观性：对心理契约的理解本身是一个主观知觉的过程，不同员工对心理契约的认同和违背存在差异，具有主观倾向性。

(3)动态性：随着工作观念的变迁、组织的成长、员工需求的发展，心理契约处于不断变更和修订的状态中。

(4)激励性：心理契约的违背将导致对组织中更多契约的重新评价。

3. 员工心理契约的建立与管理

心理契约是隐含的，内容因人而异，但它是影响组织行为的重要因素，可以减少雇佣双方的不安全感，规范员工的行为，形成对组织的归属感和忠诚感。因此，在人力资源管理实践中，要有计划地对员工心理契约加以引导和管理。

(1)通过招聘传递企业真实的信息，是建立心理契约的基础。企业在招聘过程中，应当将企业文化、企业现状和发展以及工资待遇、工作环境等都如实介绍给应聘者，让员工对企业有全面真实的了解和认识，同时也让员工感觉到企业的诚信。这样可能会降低应聘者的接受率，却可以在一定程度上降低员工对工作的期望值，还能增进员工对工作的满意度和对企业的忠诚度。

(2)建立良好的企业规范。企业规范意味着企业对成员在一定的情境下行为方式的期望和潜在的约束。企业良好的规范使得企业对员工的承诺有了制度性的保证，让员工感觉到他为企业所做的贡献能够得到认可并得到相应的回报。因此，良好的企业规范是企业与员工之间心理契约实现的重要保障。

(3)企业要言而有信。企业虽有规范但不执行的话，那么规范将变得毫无意义。因此，企业只有做到有令必行、言而有信才能让员工真正相信企业，彼此之间才能建立相互的信任感，使得双方之间心理契约的达成有了可靠的保证。

(4)建立公平的报酬体系。报酬政策及其兑现情况是否公正、明确，是否与员工的愿望一致，是员工能否满意的重要保证因素。

(5)建立支持性的工作环境，保证心理契约的实现。员工对于工作环境的支持来自两个方面：一方面是软环境，即良好的人际关系；另一方面是硬环境，即舒适的工作条件。

(6)及时沟通，保证心理契约的动态调整。由于劳动契约在签约期内相对稳定，而企业与员工双方的心理契约则随环境变化而变化，轻则会影响员工的工作情绪，忠诚度和满意度下降，重则会造成心理契约的破裂，企业核心人才流失，因此，必须重视双方心理契约的动态调整。

(7)树立榜样式人物，增强心理契约的说服力。面对榜样，员工们首先会对企业的承诺充满期待，其次会对照、检查自己，做到自警自策、修身养德，期望通过自己的努力，也能有很好的职业发展；同时也使员工对企业更为信任，对自我更有信心，从而使企业与员工的心理契约具有很强的说服力和约束力。

(二)满意度与管理

1. 员工满意度的概念

员工满意度(Job Satisfaction)是指员工对自己工作或者工作经历进行评价后产生的一种愉快的、正向的情绪状态。

从社会整体立场和员工个体立场看,工作满意度是一种期望的结果。然而,从实际的管理和组织效应角度来说,了解与满意度相关的结果如何变化是非常重要的。例如,虽然工作满意度与生产率的关系不清晰,但是一般来说,低满意度的员工对其所从事的工作持消极态度,容易离职和缺勤;高满意度的员工基于观察和情绪体验,对其所从事的工作作出赞许的评价,较少造成工作事故,很少抱怨,需要较少的时间学习新的相关工作任务,压力较小。

2. 影响员工满意度的因素

员工满意度常受到许多因素的影响,主要包括:(1)工作本身,包括有趣的任务、学习的机会和接受责任的可能性。(2)薪水,即得到的经济报酬的量,以及得到的报酬与组织中其他成员相比被看作公正的程度。(3)晋升机会,即在组织中得到提升的可能性。(4)上级的管理,即上级提供技术帮助和行为支持的能力。(5)同事,即同事在技术上的精通和社会交往上的互相支持的程度。

3. 增强员工满意度的方法

(1)设置富有中度挑战性的工作。Christina 调查表明,一份让人满意的工作的最重要成分包括有趣和有挑战性。有挑战性的工作为员工提供机会施展才能和技术;相反,缺乏挑战性的工作易使人厌倦。但是,如果挑战性过强,则容易使员工产生挫折感。

(2)公平的报酬和晋升。组织的报酬、晋升制度是对员工工作的最直接、最明确的肯定方式,它既针对个体努力程度和绩效,也反映着组织内外横向的比较。因此,这些制度、政策是否公平,极大地影响着员工的满意度。

(3)良好的工作环境。工作环境的舒适性(适宜的温度、照明、低噪音)、从事工作的便利性(易操作的现代化设备和工具、不太远的工作地点),都是工作满意度的助长因素。

(4)建立融洽的同事关系。对于员工个体而言,友好的、合作的同事或者团队成员能带来一定的工作满意度;相反的情境对员工的工作满意度会产生一个负面作用。因为人们从事工作不仅仅为了挣钱和获得看得见的成就,对于大多数员工来说,工作还满足了他们社会交往的需要。

(5)注重人格与工作的匹配。霍兰德在其人格与工作匹配理论中曾得出这样的结论,即员工的人格与职业的高度匹配将给个体带来更多的满意感。他的逻辑是:当人们的人格特征与所选择的职业相一致时,他们会发现自己有合适的才能来适应工作的要求,并且在这些工作中更有可能获得成功;同时,由于这些成功,他们更有可能从工作中获得较高的满意度。

(三)组织承诺与管理

1. 组织承诺的概念

组织承诺(Organizational Commitment)是指员工对特定组织的情绪依恋、认同和投入。Meyer 和 Allen 认为,组织承诺包含以下 3 个成分:(1)情感承诺,是指员工对组织的情绪依恋、认同感和投入程度;(2)继续承诺,是指员工对离开组织所带来的损失的认知,是员工为了不失去多年投入所换来的待遇而不得不继续留在该组织内的一种承诺;(3)规范承诺,是指员工感到有责任留在组织中,因为他们应该留下,这就是他们要做的事情。

2. 提高员工组织承诺的方法

如何才能提高员工的组织承诺呢? Dessler(1999)提出了 5 个具体方法:(1)雇用合适类

型的管理者，实践员工第一的价值观。(2)明确任务并传达任务明确。(3)建立全面的投诉程序，提供广泛的双向沟通，确保组织公正。(4)重视互助作用和团队合作，营造一种社区感。(5)支持员工发展。

同步案例 5－2　　“华为辞职门”事件

背景与情境：“华为辞职门”事件曾成为互联网上的热点，坊间也议论纷纷。不仅仅因为华为是一个引人注目的企业，也不仅仅因为近万人“自愿”辞职，数量上规模庞大，情节上富于戏剧色彩，更因为当时新《劳动合同法》执行在即，而对此众多“很有才”的解读则让这一事件显得更加喧嚣而多元。由于身份和立场的不同，这些声音各显神通，观点迥异。支持华为者认为，这是企业反击对劳动者一边倒的新《劳动合同法》的第一枪；中立者认为，此事系企业内部事宜，只要不违法，劳资双方你情我愿，外界不该做过多的指责和猜测；而愤恨者则认为，华为此举不仅提前规避法律，而且丧失企业的道德良知，引发了不良的社会效应。孰是孰非，恐怕已经不是问题的关键所在，而这场风波所透露出来的信息，则不得不让人深思。

问题：

华为辞职老员工对于企业发展来说是否明智？

案例精析：

可以从以下几个方面来评价：

(1)辞职老员工对企业短期和长期经济发展会带来什么结果？

(2)辞职老员工对员工的心理契约、满意度和组织承诺会有什么影响？这些影响反过来对企业发展又会产生什么结果？

(3)辞职老员工对企业的社会道德和形象会产生什么影响？

二、情绪理论的应用

情绪不仅对一个人的心理成长和发展有着极大的影响，而且对劳动效率也起着重要作用。根据情绪理论，对员工的情绪管理可从以下几个方面进行：

(一)建设企业文化，理顺组织情绪

在现代企业管理中，企业文化已经逐渐成为新的组织规范。事实上，企业文化对员工不仅具有一种强有力的号召力和凝聚力，而且对员工的情绪调节起着重要作用。一般而言，员工从进入企业那一刻便开始寻求与企业之间的认同感，如果企业文化中有一个员工愿意为之奋斗的愿景使命，一种被员工认同的价值观和企业精神，那么这个企业就能够激励员工超越个人情感，以高度一致的情绪去达成企业的目标愿景。

(二)开放沟通渠道，引导员工情绪

积极的期望可以促使员工向好的方向发展，员工得到的信任与支持越多，也会将这种正向、良好的情绪带到工作中，并能将这种情绪感染给更多的人。企业管理者必须要营造良好的交流沟通渠道，让员工的情绪得到及时的交流与宣泄。在企业管理中，如果交流沟通渠道受阻，员工的情绪得不到及时引导，这种情绪会逐步蔓延，影响到整个团队的工作。

(三)匹配工作条件，杜绝消极情绪

工作环境等工作条件因素对员工的情绪会产生很大影响，在实际的工作中，企业管理者需要将工作条件与工作性质进行匹配，从而避免其消极情绪的产生。如 IT 行业的工作具有强烈的不确定性，非常强调员工的团队合作能力，因此，工作环境应设计成开放式结构，在办公用具的摆放、员工工作空间等方面可相对宽松，有利于团队成员间的交流。

（四）培训情绪知识，增强员工理解

Lzard 指出，情绪知识在决定人们的行为结果时可能起到调节作用。情绪知识是员工适应企业的关键因素，管理者可以通过针对性的"情绪知识"培训，增强员工对管理实践的理解能力，激发员工的工作动机以适应组织需要。

（五）营造情绪氛围，提升个体感受

每个企业都有一定的氛围，表现为组织情绪。这种组织情绪会影响员工的工作效率和心情，甚至会成为员工是否留在企业的原因。《老板》杂志表示，在企业管理中，整个组织的情绪氛围会影响和改变员工情绪，尽管员工和组织的情绪是相互影响的，但组织对个体的影响力要比个体对整个组织的影响力大。因此，从企业发展角度看，企业管理者必须要营造良好的情绪氛围。

三、压力理论的应用

适当的压力可以激发组织成员的工作热情和积极性，提高成员和组织的工作绩效，而压力过大又可能会产生消极影响。因此，个人和组织都要重视压力及其产生的后果。很多组织，尤其是企业开始关注成员的压力管理问题。压力管理逐渐在组织中得到重视、应用和推广，包括以下内容：

（一）压力预防和疏导

1. 压力的预防

考虑到压力的不可避免性及其对工作的消极影响，个人和组织就必须事先作出相应的安排，避免或降低压力发生的概率。根据压力的产生机制，采取相应的预防措施，防止产生过度的压力。在压力管理的所有环节中，压力预防效果最好，而且成本最低。

压力的预防途径主要有：树立正确的人生观和积极的态度；加强学习，提高能力；进行计划的有效安排和时间管理；养成良好的生活和行为习惯；保持生活与工作的平衡；建设支持性社会网络、良好的社会心理环境和组织文化；科学选择职业，确定工作负荷；建立有利于组织成员保持良好情绪状态的工作制度；等等。

2. 压力的疏导

在对压力进行具体管理时，应对不同成员和压力源作出全面而具体的分析。调控能力和适应压力强的员工，其心理承受能力强，他们能够很好地处理和缓解压力。心理调适能力弱的员工遇到压力时，可能无法及时调控压力，这时组织管理者需要更多地帮助关心此类员工。

进行压力管理可以分为宣泄、咨询、引导 3 种方式。

（1）宣泄作为一种压力释放方式，效果颇佳。宣泄可采取各种办法，如在没人的地方大叫、剧烈运动、唱歌等。有研究表明，体育运动、家务劳动等对减轻压力是非常有益的。

（2）咨询就是向专业心理人员或亲朋好友倾诉自己心中的郁闷紧张情绪。向自己的好友或父母倾诉，几乎是每个人都有过的经历。其实，不论被倾诉对象能否为自己排忧解难，倾诉本身就是一种很好的调整压力的方法。效果较好的当属与专业人员进行沟通的心理咨询。通过心理咨询，可以帮助员工在对待压力的看法、感觉、情绪等方面有所变化，解决其出现的心理问题，从而调整心态，正确面对和处理压力，保持身心健康，提高工作效率和生活质量。

（3）引导是管理者或他人帮助员工改变其心态和行为的一种方式，以使员工能正确对待压力，如重新确定发展目标、培养员工多种业余兴趣爱好等。员工树立正确适当的目标，通过自身努力达到此目标，相关压力自然也就消失了。而员工如果有丰富多彩的兴趣爱好活动，当其遇到压力时很容易转移注意力，投入兴趣爱好中，从而陶冶自己的情操、保护身心健康，心态也会平和，压力自然就会减轻。

（二）压力管理的具体措施

组织领导者和人力资源管理者应充分关心、调查、分析组织成员体会到的压力源及其类型，从组织层面上拟订并实施各种压力减轻计划，有效管理，减轻成员压力。

1. 改善组织的工作环境和条件

减轻或消除恶劣工作条件给员工带来的压力。首先，领导者或管理者力求创造高效率的工作环境并严格控制各种打扰，如在噪声、光线、舒适、整洁、装饰等方面，为员工提供一个赏心悦目的工作空间，有利于员工与工作环境的协调，提高员工的安全感和舒适感，减轻压力。其次，要确保员工拥有做好工作的良好的工具和设备。

2. 将尊重健康融入组织文化

从组织文化氛围上鼓励并帮助员工提高心理保健能力，学会缓解压力、自我放松。

组织向员工提供压力管理的信息和知识。组织可为成员订购有关保持心理健康与卫生的期刊，让员工免费阅读。这也能体现组织对员工成长与健康的真正关心，使员工感受到组织的关怀与尊重，从而也会成为一种有效的激励手段，激发员工提高绩效进而提高整个组织的绩效。

组织可开设宣传专栏，普及员工的心理健康知识，有条件的组织还可开设有关压力管理的课程或定期邀请专家作讲座、报告。可告知员工诸如压力的严重后果和代价、压力的早期预警信号、压力的自我调适方法……让员工筑起“心理免疫”的堤坝，增强心理“抗震”能力。

3. 向员工提供保健或健康项目

向员工提供保健或健康项目，鼓励员工养成良好的、健康的生活方式。如有些企业建立了专门的保健室，向员工提供各种锻炼、放松设备，并免费使用，还有一名专职的健康指导员去监督锻炼计划和活动，美国一些著名公司还为有健身习惯的人发放资金，鼓励健身。通过健身、运动不仅保持了员工的生理健康，还使员工的压力在很大程度上得到释放和宣泄。

4. 免费向承受压力的员工提供心理咨询

企业可聘请资深专业人士为心理咨询员，免费向承受压力的员工提供心理咨询。心理咨询在为员工提供精神支持、心理辅导，帮助其提高社会适应能力、缓解心理压力、保持心理健康方面是一种十分有效的科学方法。

5. 加强过程管理，从组织制度设计、组织管理程序上帮助员工减轻压力

从组织制度设计、组织管理程序上帮助员工减轻压力的具体途径有：

(1)在人力资源招聘时，注意识别人力资源的特点，选拔与工作要求相符合的人力资源，力求避免上岗后因无法胜任工作而产生巨大的心理压力现象。

(2)在人力资源配置时，力求人与事的最佳配置，并明确员工的角色、职责和任务，这可以减轻因角色模糊、角色冲突等引起的心理压力。

(3)在人力资源培训时，要做好3个方面的培训：第一，培训员工提高处理工作的技能，使之工作起来更得心应手，减少压力；第二，进行员工时间管理培训，消除时间压力源；第三，培训员工的沟通技巧等，消除人际关系压力源。

(4)在指导职业生涯规划时，帮助员工改善思维，抛弃不切实际的、期望值太高的目标，建

立现实客观的 SMART(S—specific,特定的;M—measurable,可衡量的;A—achievable,可实现的;R—realistic,实际的;T—time-based,基于时间的)式发展目标。

(5)在人力资源沟通中,要注意两点:第一,领导者或管理者应向员工提供组织的有关信息,及时反馈绩效评估的结果,并让员工参与同他们息息相关的一些决策等,使员工知道组织正在发生什么事情、他们的工作完成得如何等,从而增加其控制感,减轻由于不可控、不确定性带来的压力。第二,各级主管应与下属积极沟通,真正关心下属的生活,全方位了解下属在生活中遇到的困难,并尽可能地给予安慰、帮助,减轻各种生活压力源给员工带来的种种不利影响,并缩短与下属的心理距离。

(6)完善员工保障制度,向其提供社会保险及多种形式的商业保险,增强员工的安全感和较为稳定的就业心理,减轻其压力。

(7)向员工提供有竞争力的薪酬,并保持企业内部晋升渠道的畅通等,有利于减轻或消除社会压力源给员工带来的压力。

(三)压力管理的原则

在压力管理过程中,一定要坚持以下原则:

1. 适度原则

进行压力管理并不是不顾组织的经济效益而一味减轻员工压力,实现员工满意度最大化,而是要适度,在保持组织的经济效益与减轻员工压力之间找到一个平衡点。

2. 具体原则

由于压力在很大程度上是一个主观感觉,因此在进行压力管理时要因人而异,采取不同的策略,根据对象的不同特点做到具体问题具体分析,有针对性地实施压力管理工作。

3. 岗位原则

组织中不同部门、不同岗位的员工面临的工作压力不同。一般情况下,岗位级别越高、创新性越强、独立性越高的员工,承受的压力也就越大。比如,销售人员的压力一般比生产人员要大,因为生产人员面对的更多是可控因素,而销售人员业绩的好坏不仅取决于自己努力的程度,还与客户、市场大环境、竞争对手等有关系。

4. 引导原则

由于压力的产生是不可避免的,所以引导压力向积极的一面发展就显得很重要。对员工来说,有些外部因素是不可控的,比如面对强大的竞争对手,这时可以灵活地将压力变为动力,激发更多的工作热情。

5. 区别原则

在消除压力前,首先要找出压力的来源并区别对待。有些压力是可以避免的,比如由于员工之间不团结、人际关系复杂造成的工作压力,岗位职责不清、分工不合理造成的压力;而有些压力,比如来自工作本身的压力是不可避免的,只有通过提高员工自身的工作能力和心理承受能力来解决。

应知考核

一、单项选择题

1.(　　)是态度形成的核心。

A. 意志因素　　B. 认知因素　　C. 情感因素　　D. 个性因素

2. 态度是不能被直接观察的，只有通过人的外显动作、姿态、表情、语言及行为来进行间接的分析与推测，体现了态度的(　　)。

A. 社会性　　B. 针对性　　C. 稳定性　　D. 间接性

3. 它能激励人的活动，提高人的活动效率，是指情绪的(　　)功能。

A. 适应　　B. 动机　　C. 组织　　D. 社会

4. 通过选择有利情境、回避不利情境来实现的是(　　)。

A. 回避和接近策略　　B. 控制和修正策略

C. 注意转换策略　　D. 认知重评策略

5. 在压力影响下，人会变得抑郁、激动、无助、绝望、情绪低落、坐立不安、焦虑、惊惶、困扰、烦躁、心神恍惚等，是(　　)的表现。

A. 生理方面　　B. 认知方面　　C. 情绪方面　　D. 行为方面

二、多项选择题

1. 态度的测量方法包括(　　)。

A. 量表法　　B. 自由反应法　　C. 行为观察法　　D. 生理反应测量法

2. 影响态度改变的因素有(　　)。

A. 态度本身的特性　　B. 个体的心理因素

C. 与群体的关系　　D. 切身利益的影响

3. 对于情绪劳动的理解正确的有(　　)。

A. 情绪是以商品的形式出现的

B. 从内部来看，情绪劳动是在对个人情绪有充分认知的基础上进行的

C. 从外部来看，组织的情绪规则、岗位角色要求的情绪规则是为人所知的

D. 在情绪管理的过程中，是否付出了心智努力是区别情绪劳动与非情绪劳动的标志

4. 压力对组织的影响体现在(　　)。

A. 工作压力　　B. 组织成本　　C. 工作业绩　　D. 经济损失

5. 心理契约的特性包括(　　)。

A. 非正式性和隐含性　　B. 主观性

C. 动态性　　D. 激励性

三、判断题

1. 意志因素是态度形成的核心。　　(　　)

2. 内化是态度形成的最后阶段。　　(　　)

3. 良好的态度有利于形成团体较强的凝聚力。　　(　　)

4. 总加量表法主要用于测量人们对教会的态度。　　(　　)

5. 导致压力反应的情境、刺激、活动等叫做生物性压力源。　　(　　)

四、简述题

1. 简述态度的概念和特征。

2. 简述态度对行为的影响。

3. 简述态度改变的基本方法。
4. 简述情绪调节策略。
5. 简述压力对个人和对组织的影响。

应会考核

■ 观念应用

【背景资料】

刘科长的困惑

背景与情境：俗话说，四十不惑，可是对刘科长来说，近来却常常有很多困惑。刘科长在上大学时就是一个成绩突出、有自信和抱负的学生，他的老师和同学都对他日后的发展抱有很大的期望。工作后，他在工作上充满活力，富有开拓精神，而且无论是文笔还是计算机都非常在行。由于工作努力，又讲求方法、注重实效，在同事们心中的印象很好，也深得领导们的信赖。今年46岁的刘科长，在这个国有大企业里已经有22年的工龄了。刘科长本以为按资历可以向副厂长的职位努力一下，没想到上级的精神却是要年轻化、高学历，新提拔的副厂级以上干部年龄不得超过45岁，学历不得低于本科。刘科长倒是正规本科毕业，倒霉就倒在年龄问题上。最后，经过考察，另一位年轻的拥有硕士文凭并有5年工作经验的小张被上级看中并得到提拔。刘科长愤愤不平，认为自己的工作能力、工作经验都比小张强，凭什么他被领导选中？

然而，刘科长没有想到的是，更倒霉的事情还在后头。上级的年轻化精神要贯彻到底，科室负责人似乎也要年轻化，刘科长甚至还听到谣言，说他的这个科长是肯定要被别人取代了。刘科长有些坐不住了，连夜去找厂长，没想到厂长也不作正面回答，说厂里暂时不会调整人事，即使有调整也是微调。刘科长越想越觉得不对劲，微调不就是冲我来的吗？接下来一段时间，刘科长吃不好、睡不香，又过了些日子，他感到胸闷、气短，到医院一查，血压明显升高。

一个多月过去了，科室负责人仍没有更换，但此时刘科长的工作态度却发生了很大变化，经常挂在嘴边的“我们厂……”没有了，经常鼓励年轻人说“你们年轻要好好干，单位不会亏待你们”的话也听不见了，相反“管他们怎么怎么”的话倒逐渐增加了起来。

【考核要求】

1. 该案例涉及本项目的哪些知识点？
2. 依据这些知识点对刘科长的困惑进行分析。

■ 技能应用

尼康相机“黑斑门”

尼康D600数码单反相机率先在欧美上市后，就深陷“黑斑门”事件。2013年2月，尼康发表公告，承认一些用户指出使用尼康D600数码单反相机拍摄时，照片上会出现多个颗粒状影像。当时，尼康给出的解决办法是，让用户按照用户手册进行清洁，或用气吹手动清洁，或者到尼康售后服务中心进行清洁。

央视2014年3·15晚会报道称，全国多位消费者发现新买的尼康D600拍摄照片后出现黑点。用户到尼康维修点进行过四五次清洗，也无法解决问题。随后，尼康通过更换快门等方式也无法解决这个问题。按照规定，相机因质量问题返修两次之后，可以退换产品。不过尼康售后辩称清灰不算修理，但尼康官方规定清灰属于修理范围。

2014 年 2 月，尼康再度发表公告，表示将免费替所有出现进灰问题的全幅单反 D600 用户进行检查、清洁，并进行快门等相关零部件的更换。

据悉，尼康在处理 D600“黑斑门”事件时内外有别。据外媒报道，欧洲部分用户把机身内部进灰的 D600 相机送到服务站除尘后收到了全新的 D610 相机；在法国，进灰 D600 换全新 D610 的代价也仅需要支付很小一笔费用；但在中国，遭受 D600 进灰困扰的用户显然没能受到如此待遇，尼康在拖延一年之后给出的解决办法仅是免费清洁而已。

【技能要求】

1. 本案例中存在哪些道德伦理问题？

2. 试对上述问题作出你的道德研判。

■ 案例分析

【情境与背景】

伟严为何要跳槽？

伟严从大学时代起就是一个成绩突出、有自信和抱负的学生，他的老师和同学都对他日后的发展做了充分的估计，十分看好。他的专业是工程设计，但不知何故，毕业后被一家电器公司招为销售员。刚开始，他对这岗位挺满意，不仅工资高，而且尤其令他喜欢的是，这公司给销售员发的是固定工资，而不采用佣金制。好强的他担心自己没有这方面的实际工作经验，如果比不过别人，拿的佣金少了该多丢脸呀。

刚上岗位的头两年，伟严虽然工作兢兢业业，但工作成绩只属一般，可是随着他对业务的逐渐熟练，又跟那些客户们搞熟了，他的业务量终于渐渐上升。到第三年年底，他觉得自己已在全公司技术业务员中大概属于中等了，至少在全公司几十名销售员中不会是末尾。下一年，根据和同事们的接触，他估计自己当属业务员上等水平了。由于这公司的政策是不公布每人的销售额，也不鼓励互相比较，所以伟严对自己的成绩究竟如何没有多大把握。不过，这几年里，伟严日子过得很舒坦，同事们之间关系一团和气，大家拿一样的工资奖金，没有激烈的竞争，几个老员工还把自己的技术传授给他。

然而，这种一团和气的日子不多了，去年，公司实行改革，打破“大锅饭”，改固定工资为佣金制，再也不能干多干少一个样，还要实行末位淘汰制。公司制定的报酬制度使伟严的抱负与好胜心被激发出来，而且此时他在技术业务方面也已经老道成熟了，只要坐上了业务量的第一把交椅，就可以拿到最高的销售奖金。从去年开始，伟严干得特别出色。尽管定额比前年提高了 15%，可到 9 月初他就完成了全年定额。虽然他对同事们仍不露声色，不过根据公司的业绩公布，他发现没有谁接近完成自己的定额。10 月中旬时，公司刘经理特地召他去汇报工作。听完他做的汇报后，刘经理对他说：“咱公司要再有几个像你一样棒的销售业务明星就好了。”伟严只微微一笑，没说什么，不过他心中思忖，这不就意味着承认他在销售员队伍中出类拔萃、独占鳌头吗？果然，不久就风传他快要被提升为部门主管了。为此他一马当先，比过去干得更好。他觉得不能辜负公司领导对自己的信任。不过，近来他觉得自己心情不舒畅。部门经理经常要他干一些管理工作，过去他总是愉快地完成，可是现在销售奖和绩效挂钩，伟严觉得这些成了负担。最令他烦恼的是，大家之间的关系开始变味了。从过去的亲密无间，到现在的防范冷淡，大家工作干的情况都保密，不互相通报信息，特别是有一个过去关系不错的同事，对伟严更是虎视眈眈，没个笑脸，后悔不该把销售的高招和关系给他，现在倒成了竞争对手了，早知今日，何必当初。

随着销售额的提高，伟严的佣金在公司销售人员里已经是头一块牌子了。不过公司人员流动越来越大，除了被末位制淘汰下来的员工被辞掉以外，还有几个业务高手也酝酿着要跳槽，部门里人际关系挺紧张。5 天前，就在伟严要被提拔为部门主管时，他也离开了公司，因为另一家公司看中了他，许以更高的佣金把他给挖走了。

【分析要求】

1. 伟严为何要跳槽？

2. 绩效竞争与企业员工的满意度之间关系如何？

3. 你对伟严公司的绩效管理和绩效文化建设有何意见和建议？

项目实训

【实训内容】

企业用人德与才。

【实训目标】

让学生体会企业用人德与才的关系。

【实训组织】

以学习小组为单位，进行辩论赛，小组分为：

正方观点：企业用人才为先；

反方观点：企业用人德为先。

【实训成果】

1. 老师依据本背景设定对立的论题组织辩论赛，根据分组辩论成绩、班级讨论、书面报告等综合评定。

2. 评分采用学生和老师共同评价的方式，并完成实训报告。

<table>
<tr><th colspan="3">《企业用人德与才》实训报告</th></tr>
<tr><td>项目实训班级：</td><td>项目小组：</td><td>项目组成员：</td></tr>
<tr><td>实训时间：　　年　　月　　日</td><td>实训地点：</td><td>实训成绩：</td></tr>
<tr><td colspan="3">实训目的：</td></tr>
<tr><td colspan="3">实训步骤：</td></tr>
<tr><td colspan="3">实训结果：</td></tr>
<tr><td colspan="3">实训感言：</td></tr>
</table>

项目六

激　励

○ **知识目标：**

理解：激励的概念；激励过程的基本模式。

熟知：激励理论的类型；内容型激励理论、过程型激励理论、行为改造型激励理论、综合型激励理论的内容。

掌握：激励的应用。

○ **技能目标：**

能够理解激励的概念，并运用激励理论分析和解决管理的实际问题。

○ **素质目标：**

运用所学的激励知识研究相关事例，培养和提高学生在特定业务情境中分析问题与决策设计的能力；结合行业规范或标准，运用知识分析行为的善恶，强化学生的职业道德素质。

○ **项目引例：**

合理的激励

有一家家具企业，创立时有三个股东共同出资，公司注册资金100万元，老大出40万元占40%，老二出40万元占40%，老三出20万元占20%。老大和老二不参与公司的管理，这个公司由老三任总经理。

老三干了三年以后，把企业的产值做到上亿元，慢慢地，他的心理就不平衡了。他认为，老大、老二什么都没有管过，然而股份最多。老三找老大、老二谈这件事，要求增加自己的股份。

当时，老大、老二不同意，理由是当初创业时有契约，并说道："假如公司今天亏了上百万元，你会不会说两位老哥，我多亏一些，你们少亏一些呢？既然你承担了20%的责任，就分20%的红利，我们承担了80%的责任，就享受80%的分红。"

随后，老大、老二经过商量，决定一个月给老三涨1万元工资，年底再给老三奖金20万元。

老三没同意，心里不是滋味：多给我点股，我什么都有了，用得着施舍我吗？十分郁闷的老三，回家把前因后果跟妻子讲了一遍。妻子一番话让老三茅塞顿开："这还不简单吗？你干了这么多年是不是有经验了？是不是也有资源了？你跟我弟弟在旁边开个厂……"

刚开始老三没有同意，多年的兄弟感情，自己要走的话，大哥和二哥怎么办呢？后来，在妻子的软磨硬泡下，老三另起炉灶。结果，干了一年时间企业产值就做到了8 000万元：资源是原公司的，员工也是原公司的，原公司被掏空了。大哥和二哥又是气愤又是后悔……

引例感悟：这个案例说明，一个企业要实施股权激励，必须有核心股东，必须拥有明确、合理的合伙规则。然而即使做到这样，规则分明，还有一个重要的地方，即考虑人的需求以及需求的合理性和公平性；此外，还要考虑法制环境。否则，即使有制度，也可能形同虚设；如果打官司，则可能是多方皆输。

○ **知识精讲：**

任务一　激励概述

一、激励的概念

所谓激励，是指管理人员在了解、把握员工心理与行为活动规律的基础上，采取相应的合理、科学的管理措施，充分调动员工工作行为积极性的活动过程。即通过某种内部或外部创设的条件（或刺激）使人始终保持一种良好状态，从而调动起工作的积极性。

二、激励过程的基本模式

心理学家认为，人的一切行为都是由动机支配的，动机是由需要引起的，行为的方向是寻求目标、满足需要。激励是一个极其复杂的过程，从大的方面来看，激励过程主要有 3 个部分：需要、动机、行为。激励过程的基本模式如图 6—1 所示。

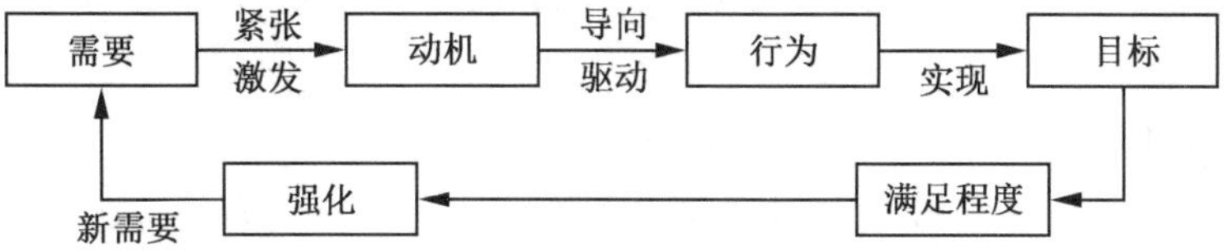

图 6—1　激励过程的基本模式

三、激励理论的类型

不同的研究者对激励的研究各有侧重点，根据研究侧重点的不同，可以将激励理论分为以下 4 种类型：

（一）内容型激励理论

该理论研究的侧重点是"需要"，把需要作为人的行为积极性的源泉。主要包括马斯洛的需要层次理论、赫茨伯格的双因素理论、奥尔德弗的 ERG 理论、麦克利兰的成就需要理论。

（二）过程型激励理论

该理论研究的侧重点是从动机产生到采取具体行动的心理过程，即由需要到目标实现过程中的一系列规律性问题，关键是要探讨如何通过目标的设置把人的内部积极性调动起来。主要包括弗鲁姆的期望理论、亚当斯的公平理论、洛克的目标设置理论。

（三）行为改造型激励理论

该理论以斯金纳的操作性条件反射为基础，侧重研究如何鼓励与组织目标一致的行为和如何改造与组织目标不一致的行为。主要包括强化理论、挫折理论、归因理论。

（四）综合型激励理论

综合型激励理论把需要、目标、行为 3 个因素合为一体进行研究。主要包括波特和劳勒的综合激励模型、迪尔的综合激励公式。

四、激励的方法

（一）形象激励

这里所说的形象，包括组织中领导者、模范人物的个人形象与优秀团队的集体形象等。无论哪一种形象，都能激发员工的荣誉感、成就感和自豪感，达到激励人的作用。为此，企业的领导者应把自己的学识水平、品德修养、工作能力、个性风格贯穿于日常工作之中，以自己良好的个人形象对被领导者的思想和行为进行激励。同时，对于在工作中表现突出、具有代表性的新人、优秀员工、劳动模范以及工作团队等，采用照片和资料张榜公布、开会表彰发放荣誉证书、在电视和互联网上宣传等精神奖励方式，深入宣传和展现其良好的形象，号召和引导员工模仿学习。

（二）感情激励

感情是人们对外界刺激所产生的喜怒哀乐等心理反应，包括情绪和情感两种类型。感情需要是人类最基本的需要，也是影响行为最直接的因素之一。人与人之间的感情联系蕴藏着无限的潜能，可以超越物质利益、精神理想和外部压力的影响，产生“士为知己者死”的激励力量。因此，现代领导者不仅要注意以理服人，更要强调以情感人。感情激励就是加强与员工的感情沟通，从员工思想、生活、工作等各方面给予诚挚的关怀，想人所想，急人所难，与员工建立平等、亲切的感情，让员工感受到领导的关心和企业的温暖，以此来激发其积极性、主动性和创造性。

（三）信心激励

期望理论告诉我们，一个人在工作中受到的激励程度与个人对完成工作的主观评价以及工作报酬对自己的吸引力等有很大关系。当个人认为自己无论付出多大的努力都不能完成工作时，其工作的积极性肯定很低。出现这种情况，有些时候是因为工作确实超出了个人的能力范围，但更多的时候是由于个人对自己缺乏信心所致。他们往往不能清楚地认识和评价自己，不清楚自己的优势和劣势所在，怀疑自己的能力，因而错误判断了实现目标的可能性大小。这时就需要管理者在相信自己的员工的基础上，及时进行心理疏导，让他们充分认识到自己的优点和潜力，给予充分的鼓励，让他们看到未来的机会和希望，帮助他们树立“我能做好”的信心。员工有了良好的心态、必胜的信念和动力，就能激发出巨大的创造力。正如一句广告词说的那样：“只要有激情，一切皆有可能。”

（四）目标激励

目标激励是指设置适当的目标来激发人的动机和行为，达到调动人的积极性的目的。目标激励要求以明确的组织目标为依据，对其进行纵向和横向的层层分解，形成各层次、各部门乃至每一位员工的具体目标，各层次、各部门及每一位员工都以目标为标准，在实施目标的过程中，实行自我激励和自我控制。

（五）绩效薪金制

这是一种最基本的激励方法，其要点就是将绩效与报酬相结合，完全根据个人绩效、部门绩效和组织绩效来决定各种工资、奖金、利润分红等的发放。实行绩效薪金制能够减少管理者的工作量，使员工自发地努力工作，不需要管理者的监督。现在许多企业对上至总经理下至普通员工的薪金报酬，采用底薪（月薪或年薪）加提成的方式，其结果既增加了营业额，也增加了个人收入，充分体现了绩效薪金制的优越性。

（六）肯定与赞美

心理学家、哲学家威廉·詹姆斯曾说过：“在人类所有的情绪中，最强烈的莫过于渴望被人重视。”哈佛大学康特教授进一步指出：“薪资报酬只是一种权利，只有肯定才是一个礼物。”松下幸之助相信，许多员工非常注意如何在工作中进步，并希望得到老板的承认。于是，他在带来访客人参观工厂时，会随便指着一位员工说，“这是我最好的主管之一”，从而使被指者倍感自豪。因此，员工最想从工作中得到的是和尊重自己的人一起工作、当工作表现好时能受到表扬，以及对所发生的情况感受到一种了解的满足。

（七）工作丰富化

日本著名的企业家稻山嘉宽在回答“工作的报酬是什么”时指出：“工作的报酬就是工作本身！”这句话深刻地指出了内在激励的无比重要性。与之相关的激励方式包括工作扩大化、工作轮换和工作丰富化。工作扩大化是指在横向水平上增加工作内容，但工作难度和复杂程度并不增加，以减少工作的枯燥单调感；工作轮换是指在同一层次和能力要求的工作之间进行调换，以培养员工多方面的能力；工作丰富化是指在纵向层次上赋予员工更复杂、更系列化的工作，让员工参与工作规则的制定、执行和评估，使员工获得更大的自由度和自主权，满足其成就需要。三种方式中，工作丰富化的激励作用最大。

（八）参与管理

参与管理就是让下级员工在一定的层次和程度上分享上级的决策权，以激发员工的主人翁精神，形成员工对企业的归属感、认同感，进一步满足员工自尊和自我实现的需要。参与管理的具体方式包括：作出一项牵涉面广的重大决策时，必须听取来自下级、基层和第一线的意见和建议；组建由各层次代表参加的质量监督小组，定期检查和讨论质量方面的难题，查找原因，提出解决方案，监督实施修正计划；授予下级、基层和第一线员工更大的现场决策权，让其有权迅速处理各种突发问题。

（九）教育培训

在知识经济时代，知识更新速度不断加快，社会对企业和员工提出了更高的要求，企业和员工必须不断学习才能跟上时代的步伐。教育培训作为一种重要的学习方式，不仅能提高员工的知识水平，适应企业的发展需要，更能使员工以最大的热情奉献企业，实现员工个人的全面发展。

任务二 激励理论

一、内容型激励理论

内容型激励理论是以动机的激发因素即需要为主要研究内容，需要是激励过程的起点，因而这一类型的理论主要是从人的需要出发，探讨工作动机激励的规律性问题。

（一）马斯洛的需要层次理论

1. 主要内容

马斯洛（A. Maslow，1908—1970）于 1943 年在《人类动机理论》一书中系统地论述了需要层次理论。他认为，人的需要从低到高分为 5 个不同层次，即生理与种族繁衍的需要、安全的需要、归属与爱的需要、尊重的需要、自我实现的需要。马斯洛需要的金字塔模型如图6—2所示。

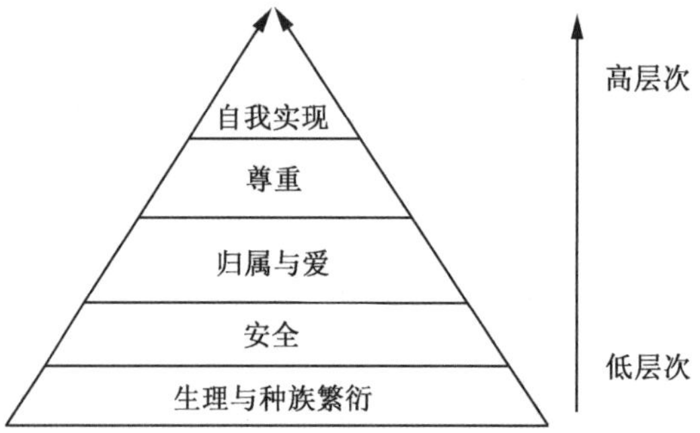

图6—2 马斯洛需要的金字塔模型

马斯洛的需要层次理论与激励措施见表6—1。

表6—1 马斯洛的需要层次理论与激励措施

需 要	需要的具体表现	组织激励措施举例
生理与种族繁衍的需要	空气、食物、住房、交通、性	工作环境和条件(照明和空调)、食堂(提供工作餐)、交通补贴、住房补贴、提供临时住所、劳保用品
安全的需要	工作保障、安全保障、稳定	终生雇用、职业安全、工伤保险、医疗保险、失业保险
归属与爱的需要	友谊、和谐的人际关系、对组织或群体的认同、相互关爱、爱情	提供沟通和交流的机会、互助金制度、娱乐制度、教育培训制度
尊重的需要	地位、名誉、认可、权力	公平的晋升制度、奖励和表彰制度、工作职称、头衔、与岗位配套的职权和待遇、责任、参与组织事务、组织劳资会议
自我实现的需要	晋升、成就感、有挑战性的工作、发明和创造	营造自我实现的工作条件、长期利润分配制度、提供挑战性工作的机会、个人影响力的扩大

2. 主要论点

(1)各需要层次呈阶梯式逐级上升。在高层次需要充分出现之前,低层次需要必须得到适当满足。低层次需要基本得到满足以后,它的激励作用就会降低,其优势地位将不再保持下去,高层次需要会取代它成为推动行为的主要原因。

(2)这5种需要不可能完全满足,越到上层,满足的可能性越小。

(3)需要的层次相互重叠。任何一种需要并不因为下一个高层次需要的发展而消失,各层次需要相互依赖与重叠,高层次需要发展后,低层次需要仍然存在,只是对行为影响的比重减轻而已。

(4)需要层次分高、低两级,生理与种族繁衍的需要、安全的需要、归属与爱的需要是低级需要,尊重的需要、自我实现的需要是高级需要。

(5)人的需要不一定是有意识的,也不一定是无意识的,但在一般人身上往往是无意识的。

（二）赫茨伯格的双因素理论

20 世纪 50 年代末期，赫茨伯格和他的助手们在美国匹兹堡地区对 203 个工程师、会计师进行了调查访问。结果发现：使员工感到不满的多是属于工作环境或工作关系方面的因素，使员工感到满意的多是属于工作本身或工作内容方面的因素。赫茨伯格经过总结，把前者命名为保健因素，后者命名为激励因素。

所谓保健因素，是指与工作环境条件相关的因素，就是那些造成员工不满的因素，它们的改善能够解除员工的不满，但不能使员工感到满意并激发起积极性，主要包括企业政策、行政管理、工资发放、劳动保护、工作监督以及各种人事关系处理等。由于它们具有预防性，起到维持工作现状的作用，也称为“维持因素”。

所谓激励因素，是指与工作内容紧密联系在一起的因素，就是那些使员工感到满意的因素，只有它们的改善才能让员工感到满意，给员工以较高的激励，调动积极性，提高劳动生产效率，主要包括工作表现机会、工作本身的乐趣、工作上的成就感、对未来发展的期望、职务上的责任感等。随后赫茨伯格又提出，传统的满意—不满意观念（即满意的对立面是不满意）是不确切的，满意的对立面是没有满意，不满意的对立面是没有不满意。双因素与满意感的关系如图 6—3 所示。

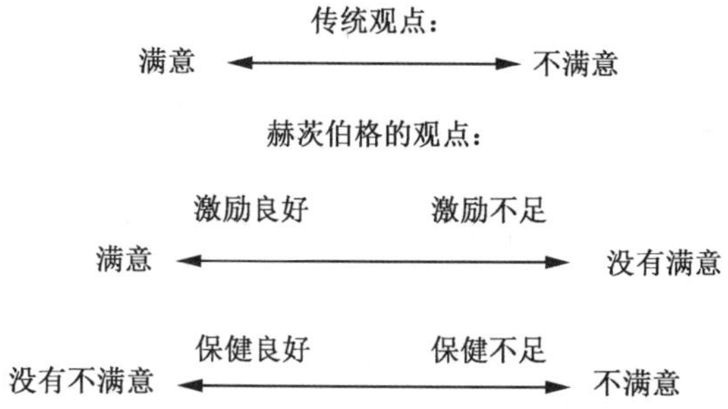

图 6—3　双因素与满意感的关系

同步案例 6—1　　李强的困惑

背景与情境：李强已经在智宏软件开发公司工作了 6 年。在这期间，他工作勤恳负责，技术能力强，多次受到公司的表扬，领导很赏识他，并赋予他更多的工作和责任。几年中，他从普通的程序员晋升到了资深的系统分析员。虽然他的工资不是很高，住房也不宽敞，但他对自己所在的公司还是比较满意的，并经常被工作中的创造性要求所激励。公司经理经常在外来的客人面前赞扬他：“李强是我们公司的技术骨干，是一个具有创新能力的人才……”

去年 7 月份，公司有申报职称指标，李强属于有条件申报之列，但名额却给了一个学历比他低、工作业绩平平的老同志。他想问领导，谁知领导却先来找他，说：“李强，你年轻，机会有的是。”最近，李强在和同事们的聊天中了解到，他所在的部门新聘用了一位刚从大学毕业的程序分析员，工资仅比他少 50 元。尽管李强平时是个不太计较的人，但对此还是感到迷惑不解，甚至很生气，他觉得这里可能有什么问题。在这之后的一天下午，李强找到了人力资源部宫主任，问他此事是不是真的。宫主任说：“李强，我们现在非常需要增加一名程序分析员，而程序分析员在人才市场上很紧俏，为使公司能吸引合格人才，我们不得不提供较高的起薪。为了公司的整体利益，请你理解。”李强问能否相应提高他的工资。宫主任回答：“你的工作表现很好，领导很赏识你，我相信到时会给你提薪的。”李强向宫主任说了声“知道了”，便离开了他的办公室，开始为自己在公司的前途感到忧虑。

问题：

(1)用双因素理论解释李强的忧虑、困惑。

(2)谈一谈企业应如何做才能更好地、有效地激励员工。

案例精析：

(1)导致李强忧虑、困惑的原因是企业激励工作存在一定的问题：①激励理论中的双因素理论将影响工作效率的因素分为两类：保健因素和激励因素。②保健因素是指人们对本组织的政策和管理、监督、工作条件、人际关系、薪金、地位、职业安定及个人生活所需等，如果得到满足的话，则可以消除员工对企业的不满情绪，如果得不到满足的话，则员工就会产生对企业的不满情绪。尽管保健因素不能起到激励作用，却是人们有效工作的必要条件，能防止员工产生不满情绪。该公司对李强忽略了保健因素而导致李强的忧虑。③激励因素，包括赏识(认可)、艰巨的工作、晋升和工作中成长、责任感等因素，如果得到则感到满意，得不到也不会引起太大的不满意，它能产生使员工满意的积极效果。但企业必须提供某些条件以满足保健因素的需要，才可以保持人们一定的工作积极性。该公司只注重了激励因素，而忽略了保健因素。

(2)要取得有效的激励效果，该公司主管人员必须做到：①坚持物质利益原则；②坚持按劳分配；③随机制宜，创造激励条件；④以身作则，发挥榜样的作用。

(三)奥尔德弗的ERG理论

美国耶鲁大学奥尔德弗(C. Alderfer)于1969年在《人类需要新理论的经验测试》一文中修正了马斯洛需要层次理论的论点，提出了ERG理论。E指生存(Existence)需要，与人们基本的物质生存需要有关，它包括马斯洛提出的生理和安全需要。R指关系(Relatedness)需要，指人们对于保持人与人之间的相互关系、相互联系的需要，它与马斯洛提出的部分安全需要、全部社会需要及尊重需要的外在部分相对应。G指成长(Growth)需要，指个人谋求发展的内在愿望，包括马斯洛的尊重需要中的内在部分和全部自我实现需要。

奥尔德弗并不只是用3种需要替代了5种需要，ERG理论还表明：人在同一时间可能有不止一种需要起作用，如果较高层次需要的满足受到抑制的话，那么人们对较低层次需要的渴望会变得更加强烈。需要层次理论建立在“满足—上升”的基础上，ERG理论不仅体现了“满足—上升”的方面，而且也提到了“挫折—倒退”这一方面。“挫折—倒退”说明较高的需要得不到满足时，人们就会把欲望放在较低的需要上。ERG理论认为，需要次序不仅可以越级，有时还可以有一个以上的需要。尽管对ERG理论的有效性还缺乏充分的研究予以验证，但当代大多数理论家认为这一理论比马斯洛和赫茨伯格的理论提供了更实用的激励方法。

(四)麦克利兰的成就需要理论

美国心理学家戴维·麦克利兰(D. C. McClelland)经过20多年的研究，归纳出三大类社会性需要：成就需要、交往需要(关系需要)和权力需要。他的理论观点主要体现在其代表作《渴求成就》和《权力的两面性》中。

成就需要是指渴求与重视成就、积极设定具有挑战性目标的欲望。成就需要高的人不仅重视成功本身，更重视取得成功的过程以及人们对成功的及时肯定和评价。但高成就需要的人很少能成为成功的领导者，原因在于他们习惯独自解决问题，不需要他人帮助，显得比较独断。一个高成就需要的人，自己能取得成就，但未必能领导组织取得成就，因为领导的任务是激励众人取得成功，而不是只顾自己的工作成就。关系需要是指寻求与别人建立友好团结的人际关系的欲望。关系需要强烈的人往往希望被别人喜欢、接纳，追求友谊，愿意与人合作，这样的人在组织中与他人形成了良好的人际关系，但由于易被别人影响，因而表现得优柔寡断，不能胜任管理者的角色，往往在组织中充当被管理者的角色。麦克利兰认为，在组织中许多出色的管理者的关系需要相对较弱，因为关系需要强的管理者虽然可以建立融洽的工作环境，能与员工真诚、愉快地工作，但在管理上过分强调良好关系的维持通常会干扰正常的工作程序。权力需要是指促使别人顺从自己意志的欲望。权力需要高的人喜欢支配、影响别人，喜欢对人"发号施令"，十分重视地位与影响力的扩大。研究表明，杰出的领导者往往有较高的权力欲望，而且一个人在组织中的地位越高，其权力需要也就越强烈，越希望得到更高的职位。高权力需要是高管理效能的一个条件，甚至是必要的条件。麦克利兰认为，权力具有两面性，即社会化权力和个人化权力。前者的出发点在于为他人着想，最终能够取得人们的拥护和爱戴；后者则以实现个人统治为核心，只会得到短暂的、肤浅的满足。

同步案例 6－2　　王强的思考

背景与情境：王强年富力强，有创新精神，是国内某名牌大学的博士毕业生，有国外留学和工作经历，在国内相关行业从业多年，工作经验丰富，现作为引进人才任某大型国有企业的技术部负责人。上任后的王强踌躇满志、信心十足，他想使技术部"百尺竿头，更进一步"。但是，他很快就发现自己原来的想法过于简单了。由于技术部一直是单位的关键部门，进入技术部的员工个个都是精兵强将，不是工作经验丰富就是学历层次高，不仅履历背景复杂，而且每个人手里都有技术绝活。王强负责技术部的时候，最年轻的员工也已经有 3 年工作经验了，这些员工喜欢独立思考，有自己的主见，不会轻易随波逐流或者人云亦云。特别是 10 个技术团队的负责人，每个人都曾为单位的技术革新作出过较大贡献，自信得都有些自负了。这 10 个人中，有 4 个人年龄在 40 岁以上，他们站在自己的角度思考问题，总是认为自己在单位的时间长、经验丰富，对王强的决策，符合自己团队利益的就执行，不符合的就不执行，也很少为技术部的发展进言献策。还有 6 个年龄在 30 岁以上的负责人都是年轻人中的佼佼者，学历高、能力强，作出过突出贡献，每个人都认为自己的技术团队最重要，互相不服气，虽然能执行王强的决策，但总是在有意无意中攻击或贬低其他团队。这 6 个人从各自角度出发，积极为技术部的发展提出建议，王强觉得他们的建议虽好，但不是过于长远就是本位主义太强。王强该怎么办呢？

问题：

(1)王强的处境如何？

(2)王强应该用何种方法破解面对的难题？

(3)针对不同的人，王强应采用何种激励方法？

案例精析：

(1)王强面临着如何调动工作人员积极性的困境。

(2)王强应该针对不同的员工采用不同的激励方法。

(3)王强要分析不同员工的需要特点，充分考虑内容型激励理论的主要内容，运用马斯洛的需要层次理论、赫茨伯格的双因素理论、奥尔德弗的 ERG 理论和麦克利兰的成就需要理论，对不同的工作人员采取不同的激励手段。

二、过程型激励理论

（一）期望理论

维克托·弗鲁姆（Victor H. Vroom）于1964年在《工作与激励》一书中提出期望理论（Expectancy Theory）。该理论的基础是：人之所以能够从事某项工作并达成组织目标，是因为这些工作和组织目标会帮助他们达成自己的目标。弗鲁姆认为，人们进行某项行动的动力或激励力量取决于其对行动结果的价值评价和对预期达成该结果可能性大小的估计。

1. 期望公式

期望理论的基本公式是：

$$F = E \cdot \sum VI$$

激励力量（F）＝期望值（E）×效价（V）与媒介性（I）之和（$\sum VI$）

式中：$\sum$是希腊大写字母，表示连加和。

整个期望理论公式用文字可作如下表述：一个工作目标或一项激励措施的激励力量（F），等于同工作绩效相联系的所有结果的效价（V）与媒介性（I）的和，乘以被激励者的期望值（E）。简言之，一个目标或措施的激励力量，等于效价与媒介性的和乘以期望值。

2. 期望模式

怎样使激发力量达到最佳值，弗鲁姆提出了人的期望模式：

个人努力→个人成绩（绩效）→组织奖励（报酬）→个人需要

这个期望模式中的4个因素，需要兼顾以下三方面的关系：

（1）努力与绩效关系。两者关系取决于个体对目标的期望值，而期望值又取决于目标是否适合个人认知、态度、信仰等个性倾向，以及个人社会地位、别人对他的期望等社会因素，也就是说，期望值由目标本身和个人的主、客观条件决定。

（2）绩效与奖励关系。人们总是期望在达到预期成绩后，能够得到适当的合理奖励，如奖金、晋升、表扬等。组织的目标，如果没有相应有效的物质和精神奖励来强化，时间一长，积极性就会消失。

（3）奖励与个人需要关系。奖励什么要适合各种人的不同需要，要考虑效价；要采取多种形式的奖励，满足各种需要，最大限度地挖掘人的潜力，最有效地提高工作效率。

（二）公平理论

公平理论又称社会比较理论，它是亚当斯（J. S. Adams）在《工人关于工资不公平的内心冲突同其生产率的关系》《工资不公平对工作质量的影响》《社会交换中的不公平》等论著中提出来的一种激励理论。该理论的基本要点是：人的工作积极性不仅与个人实际报酬多少有关，而且与人们对报酬的分配是否感到公平更为密切。人们总会自觉或不自觉地将自己付出的劳动代价及其所得到的报酬与他人进行比较，并对公平与否作出判断。公平感直接影响职工的工作动机和行为。因此，从某种意义上来讲，动机的激发过程实际上是人与人进行比较，作出公平与否的判断，并据此指导行为的过程。

1. 横向比较

对于公平的比较有两种类型。第一种是横向比较，即把自己获得的“报酬”（包括金钱、工作安排以及获得的赏识等）与自己的“投入”（包括教育程度，所作努力，用于工作的时间、精力

和其他无形损耗等)的比值同组织内其他人作比较,只有相等时,他才认为公平。其公式为:

$$O_P/I_P=O_C/I_C$$

其中:O_P 为自己对个人所获报酬的感觉,O_C 为自己对他人所获报酬的感觉,I_P 为自己对个人所作投入的感觉,I_C 为自己对他人所作投入的感觉。

当上式为不等式时,可能出现以下两种情况:

(1)负面不公平感:$O_P/I_P<O_C/I_C$。在这种情况下,他可能要求增加自己的收入或减少自己今后的努力程度,以便使左边增大,趋于相等;第二种办法是,他可能要求组织减少比较对象的收入或者让其今后增大努力程度,以便使右边减小,趋于相等。此外,他还可能另外找人作为比较对象,以便达到心理上的平衡。

(2)正面不公平感:$O_P/I_P>O_C/I_C$。在这种情况下,他可能要求减少自己的报酬或在开始时自觉多做些工作,但久而久之,他会重新估计自己的技术和工作情况,最后觉得他确实应当得到那么高的待遇,于是产量便又会回到过去的水平了。

2. 纵向比较

除横向比较外,人们也经常作纵向比较,即把自己目前获得的报酬与目前投入的努力的比值,同自己过去获得的报酬与过去投入的努力的比值进行比较。只有相等时,才认为公平。其公式为:

$$O_P/I_P=O_H/I_H$$

其中:O_P 为自己对现在所获报酬的感觉,O_H 为自己对过去所获报酬的感觉,I_P 为自己对个人现在投入的感觉,I_H 为自己对个人过去投入的感觉。

当上式为不等式时,也可能出现以下两种情况:

(1)负面不公平感:$O_P/I_P<O_H/I_H$。当出现这种情况时,人们也会有不公平的感觉,这可能导致工作积极性下降。

(2)正面不公平感:$O_P/I_P>O_H/I_H$。当出现这种情况时,人们不会因此产生不公平的感觉,但也不会觉得自己多拿了报酬,从而主动多做些工作。

同步案例 6—3　　　　张明的年终福利

背景与情境:张明出任强力公司总经理时,正逢金融危机,整个行业不景气,公司财务状况不如以前。时逢春节,往年经营状况好的时候,年底公司的福利和年终分红很多,员工们期待今年也会收益多多。但巧妇难为无米之炊,张明通过和好友联系,得知同行业的公司今年也基本上没有年终分红之类的福利后长出一口气,感到心中压力少了许多。但张明是个有想法、有抱负的人,他想把不利的环境变成对自己有利的条件。春节越来越近,强力公司的员工们却压力越来越大,因为公司传言,由于公司财务状况很差,为了明年更好地发展,公司要裁掉一半管理人员和基层员工。在压力和惴惴不安中,公司员工等到了张明总经理开全体员工大会,会上张明宣布,考虑到大家对公司的贡献,尽管公司很困难,但也希望和大家团结一致、克服眼前困难,不再裁员了。员工们击掌相庆,纷纷表示宁愿降薪也要留在公司。张明随后又说,考虑到在过去一年中大家的成绩和明年的工作任务,公司高层想方设法筹集资金,决定给大家发一些年终福利。员工们欢呼雀跃,纷纷表示要以更加努力的工作来回报公司、回报领导。公司办公室主任老方说:"前几年,公司效益好,发的钱多奖金多,但从没有见过他们如此高兴,张明真是个有办法的人。"

问题:

(1)张明用什么办法让员工满意?

(2)张明利用了公平理论中的哪些内容?

案例精析:

(1)张明采用让员工的心理预期进行纵向对比的方法让员工感到满意,员工对于公平的比较有两种类型:第一种是横向比较,第二种是纵向比较。

(2)人的工作积极性不仅与个人实际报酬多少有关,而且与人们对报酬的分配是否感到公平也有关。人们总会自觉或不自觉地将自己付出的劳动代价及其所得到的报酬与自己过去进行纵向比较或与他人进行横向比较,并对公平与否作出判断,只要感到公平就不会不满意。

(三)目标设置理论

洛克于1968年提出了目标设置理论。该理论认为,无论采取何种激励手段,都离不开目标设置,各种激励因素多半也是设置一定的目标。这是因为目标使人们知道他们要完成什么工作,以及必须付出多大努力才能完成。因此,研究激励问题最根本的就是要高度重视目标设置,并尽可能设置合适的目标。一般而言,目标具有以下作用:(1)产生积极心态;(2)使人产生动力;(3)使人把重点从过程转移到结果;(4)有助于分清轻重缓急,把握重点;(5)使人集中精力,提高激情。

三、行为改造型激励理论

(一)强化理论

斯金纳等人提出的强化理论认为,人或动物为了达到某种目的,会采取一定的行为作用于环境,当这种行为的后果对他有利时,这种行为得到正强化,就会在以后重复出现;不利时,这种行为得到负强化,就减弱或消失。所谓强化,从其最基本的形式来讲,指的是对一种行为的肯定或否定的后果(报酬或惩罚),它至少在一定程度上决定这种行为在今后是否会重复发生。

强化可以分为4种类型:(1)正强化,又称积极强化,指当采取某种行为时,能从那里得到某种令其感到愉快的结果,这种结果反过来又成为推进其趋向或重复此种行为的力量。(2)负强化,又称消极强化,指通过某种不符合要求的行为所引起的不愉快的后果,对该行为予以否定。(3)惩罚,惩罚是负强化的一种典型方式,即在消极行为发生后,以某种带有强制性、威慑性的手段(如批评、行政处分、经济处罚、辞退等)给人带来不愉快的结果,或者取消现有的令人愉快和满意的条件,以表示对某种不符合要求的行为的否定。(4)自然消退,又称衰减或淡化,指对原先可接受的某种行为强化的撤销。由于在一定时间内不予强化,此行为将自然下降并逐渐消退。正强化是用于加强所期望的个人行为;负强化、惩罚和自然消退的目的是为了减少和消除不期望发生的行为。

强化有连续强化和间断强化两种主要方式。连续强化是指每一次理想行为出现时,都给予强化。间断强化并不是对每一次理想行为都给予强化,不过,为了保证行为能够重复,强化的次数也是应该考虑的。强化的基本方式如图6—4所示。

- 强化
  - 连续强化
  - 间断强化
    - 固定式强化
      - 固定间隔强化
      - 固定比率强化
    - 可变式强化
      - 可变间隔强化
      - 可变比率强化

图6—4 强化的基本方式

强化理论只讨论外部因素或环境刺激对行为的影响,忽略人的内在因素和主观能动性,具有机械论的色彩。但是,强化理论有助于对人们行为的理解和引导。因此,强化理论已被广泛地应用在激励和人的行为的改造上。

(二)挫折理论

挫折理论是由美国的亚当斯提出的,挫折理论主要揭示人的动机行为受阻而未能满足需要时的心理状态,并由此而导致的行为表现。一般激励理论往往是从如何调动人的积极性入手的,挫折理论则是从阻碍人们发挥积极性的因素入手,研究积极性的维护问题,力求采取措施将消极性行为转化为积极性行为。

挫折指一个人按照预定的目标去活动,中途出现了难以克服的困难,使预定目标不能达到时而产生的内心体验。引起挫折的原因既有客观的,也有主观的。对于挫折,每个人的容忍力是不同的。所谓挫折容忍力,是指人受到挫折时免于行为失常的能力,也就是经得起挫折的能力,它在一定程度上反映了人对环境的适应能力。对于同一个人来说,对不同的挫折,其容忍力也不相同,如有的人能容忍生活上的挫折,却不能容忍工作中的挫折,有的人则恰恰相反。挫折容忍力与人的生理、社会经验、抱负水准、对目标的期望以及个性特征等有关。挫折具有两面性:一方面,挫折可以增加个体的心理承受能力,使人醒悟,汲取教训,改变目标或策略,从逆境中重新奋起;另一方面,挫折也可以使人处于不良的心理状态中,出现负向情绪反应,并采取消极的防卫方式来对付挫折情境,从而导致不安全的行为反应,如焦虑、攻击、偏执等。

四、综合型激励理论

(一)波特和劳勒的综合激励模型

美国心理学教授爱德华·劳勒和莱曼·波特在概括和总结内容型激励理论、过程型激励理论、行为改造型激励理论的基础上,于 1968 年在他们的著作《管理态度和成绩》中提出了综合激励模型,如图 6—5 所示。

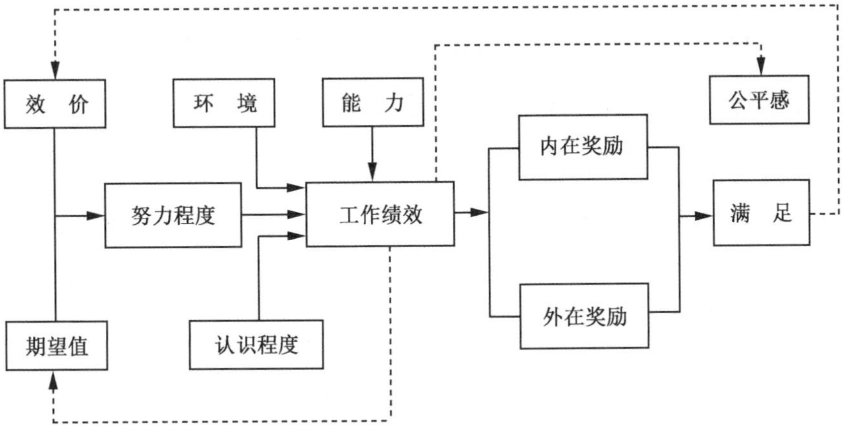

图 6—5 波特和劳勒的综合激励模型

波特和劳勒的综合激励模型认为,工作绩效主要受以下 5 个方面的影响:(1)个人努力程度;(2)个人的素质和能力;(3)个人对所需完成任务的理解程度;(4)外在工作条件和环境的限制;(5)对奖励公平性的感知。组织在设置了激励目标、采取了激励手段后,并不一定能获得所需的行动和努力，员工也并不一定满意。必须形成激励→努力→绩效→内外奖励→满足并从满足回馈努力这样的良性循环才能真正起到作用，这取决于奖励方式及内容、组织制度、目标设置、管理水平、绩效考核、领导作风及个人心理期望等多种综合性因素。

（二）迪尔的综合激励公式（模型）

美国组织行为学家迪尔提出了一个以期望理论为基础的综合激励模型。它融入了内在性奖酬和外在性奖酬分类的概念，采用数学方程式表达激励效果，更有利于从各个变量的不同角度来分析和研究激励。

迪尔在构建此模型时分析路线的出发点是：人的总激励水平（M）应该是其内在性激励（$M_{内}$）与外在性激励（$M_{外}$）之和，内在性激励本身又可以分为过程导向［即由任务活动本身所激发的激励（$M_{活}$）］和结果导向［即由任务完成时成就所激发的激励（$M_{成}$）］。数学表达式为：

$$M=M_{内}+M_{外}=(M_{活}+M_{成})+M_{外}$$

外在性激励包含一阶结果的期望（E_1）、二阶结果的期望（E_{2i}）和奖酬效价（V_i）这三类变量，其数学表达式为：

$$M_{外}=E_1\sum_{i=1}^{n}E_{2i}V_i$$

为了研究的方便，以期望与效价这两类变量来表现 $M_{活}$ 与 $M_{成}$ 这两种内在性激励。$M_{活}$ 中包含期望与效价成分，这种激励与外在性奖酬无关，所以不会含有代表绩效导致外在性奖酬的可能性估计的二阶结果期望值 E_{2i}；同时，它不涉及任务完成与否，所以也不含有代表努力导致绩效的可能性估计的一阶结果期望值 E_1。这样，它只含有单一效价变量，即代表任务活动本身的吸引力与价值的 $V_{活}$。$M_{成}$ 代表任务完成时所取得的成就的吸引力与价值的效价变量 $V_{成}$，但由于它涉及任务的完成，所以也含有一阶结果期望值 E_1。这样，其数学表达式为：

$$M=(M_{活}+M_{成})+M_{外}=(V_{活}+E_1V_{成})+E_1\sum_{i=1}^{n}E_{2i}V_i$$

加以整理后，迪尔综合激励模型的数学表达式为：

$$M=V_{活}+E_1\left(V_{成}+\sum_{i=1}^{n}E_{2i}V_i\right)$$

可见，总激励 M 中只包含三类效价变量 $V_{活}$、$V_{成}$ 和 V_i，以及两类期望变量 E_1 和 E_{2i}。因为它们之间的关系不是加就是乘，所以总激励 M 是这 5 种变量的增函数。这意味着要想提高总激励 M 的水平，应设法分别增大这些变量。

任务三　激励的应用

一、内容型激励理论的应用

内容型激励理论认为，需要是行为的根本动因，是一切激励的起点和基础，激励的根本目的就在于唤醒、引导和满足被管理者的需要。

（一）采用科学方法，了解员工的真正需要

了解员工的真正需要，看似简单，操作起来却相当困难。因此，一定要深入实际，采用科学的方法，而不能凭主观感觉和想象。常用的方法有：（1）问卷法，即管理者在专家的指导下，根据工作实际编制问卷，对员工的需要状况进行调查。（2）观察法，即管理者深入员工的工作生活中，有目的、有计划地观察员工的行为表现和需要状况。（3）谈话法，即管理者通过与员工面对面的谈话，在口头信息沟通过程中了解其需要状况。各种方法各有优缺点，要尽量采用多种方法进行调查，以获取员工真正的需要状况。

（二）认识需要因人因时而异，满足不同员工的不同需要

需要因人因时而异。如在同一个组织中，有的人会非常在意工作岗位的薪水，有的人却非常在意工作岗位是否体面、工作环境是否干净整洁。对于第一类人，在分配工作时，可以考虑到基层从事薪水较高的工作等；对于第二类人，在分配工作时，可以考虑到机关或总部从事薪水不高的职员工作等。对于同一个人在不同的年龄阶段，需要也是不一样的。年轻时，身上有闯劲，哪个岗位能实现自我价值，就去哪个岗位；年老时，就会考虑岗位是否稳定、薪水是否有保证、工作地点是否离家近等。对于第一种情况，在分配工作时，可以考虑到具有挑战性的营销、研发等岗位；对于第二种情况，在分配工作时，可以考虑到相对稳定的仓库管理、质量检测等岗位。对于管理者而言，认识需要因人因时而异非常重要，否则就是无的放矢，起不到任何激励作用。

（三）正确使用双因素，使激励效果最大化

在工作中，保健因素和激励因素运用得当，会使激励作用最大化。在我国的文化背景下，工资、奖金、福利等不仅能够起到保健作用，而且还具有一定强度的激励作用，毕竟工资和奖金的多少关系到个人的切身利益，所以会成为工作的主要动力。但保健因素并不能长期激发员工的工作积极性，所以更重要的是，要利用激励因素来激发员工的工作热情和工作效率。管理者要加强激励因素，就要从工作本身入手，注重“工作再设计”，在工作中推行工作扩大化、工作丰富化、工作轮换等方法。

（四）支持学习，激发和培养高层次需要

薪酬、福利等激励手段对调动员工工作积极性的作用是有限的。因此，对于管理者而言，最重要的是激发和培养员工高层次需要。麦克利兰指出，人的成就需要是可以通过后天培养的。实际上，包括成就需要在内的人的全部需要，特别是较高层次的需要，都可以在社会环境的影响下得到增强或减弱。组织中的微观社会环境对人的需要结构具有更为直接的影响。这就是说，人的高层次需要是完全可以通过支持不断学习、加强教育和培训得到激发和培养的。

二、过程型激励理论的应用

（一）提高员工对目标的期望值和效价，增强激励力量

由期望理论可知，目标效价和期望值都很高时，才会有较高的激励力量，因此管理者要想增强激励力量，必须同时提高员工的期望值和效价。

提高员工期望值的方法有：（1）提供学习和培训机会，增强员工的工作能力和技能，使其相信自己有能力完成目标。（2）从组织的角度提供支持和帮助，使其认为背后有组织支持，从而增加完成目标的主观能动性。（3）对目标进行分解，分析研究和制定各个分目标的实现对策，从而增加实现目标的把握。

管理者要引导员工正确地认识效价，不能在效价问题上只考虑个人得失或只以经济标准进行衡量，要明确目标实现后给组织和个人在物质上和精神上带来的利益，要认识到外部奖酬对提高目标效价固然重要，但是荣誉感、成就感以及自豪感等内在奖酬才是有效激励的根本。

（二）完善规章制度、正确引导员工，维护工作积极性

无论是公平感还是不公平感，都是人们在横向或纵向对比后产生的主观心理感受，这种主观心理感受可能是正确的，也可能是错误的，管理者可以从以下两个方面消除不公平感：

（1）完善规章制度，尽可能消除引起不公平感的因素。员工产生不公平感的原因很多，有些是由规章制度不完善等客观因素引起的，有些是由管理者素质不高或作风不正引起的。解决这些问题的关键是建立完善的规章制度，使其有章可依、有制度可循，以减少评判和奖惩的主观性和人为性。

（2）正确引导，消除错误认知引起的不公平感。不公平感是一种主观感受，在日常工作中，人们往往认为自己干得多、贡献大，尤其是个人主义较为严重的人，更容易过高地估价自己的成绩。要通过加强思想教育，提高认识水平，使员工对工作、对他人有一种正确认知。还可以通过交流、互相参观学习、工作轮换等方法让员工亲自体验，使他们重新衡量公平与否。

（三）设置合适目标、及时反馈结果，激发完成目标的主动性

目标具有激发维持动机、指导行为、增强工作积极性的作用，在设置目标时，要注意以下两个问题：

（1）员工参与目标设置，共同制定合适的目标。管理者和员工共同协商并民主地制定工作目标，不仅让员工了解组织的使命和目标的制定过程，而且由于其本人的参与也增加了对组织和目标的认可度、责任感和使命感。

（2）及时反馈结果，保证目标的完成。对各级目标的完成情况，要事先规定期限，定期进行检查和评价，并把结果反馈给员工。如未达成目标，要讨论其原因，把结果反馈后并施以必要的处罚；如达成了目标，则运用奖励手段，激发员工为完成更高的目标而努力。

三、行为改造型激励理论的应用

根据强化理论的核心观点，在管理工作中，正确地利用强化手段，对巩固和增强行为积极性具有重要的作用。在运用强化手段时，要注意以下方面：

（一）奖惩结合，以奖（正强化）为主

奖励和惩罚是管理实践中常用的手段和方法，其中，奖励起到正面引导作用，惩罚起到劝阻和警告作用。一般来说，在管理中应以奖为主，慎用惩罚。惩罚会使人产生挫折感、产生低落情绪，甚至会损伤人的自尊心和自信心。不当的惩罚还会使人形成抗拒心理，产生攻击行为。因此，在运用惩罚时，应尊重事实、讲究方式方法，这样才能尽量消除其副作用。

（二）及时强化，形式多样

强化的时间对强化的效果影响较大，如一个员工对自己的工作认真负责，这样的行为应得到及时的强化，以使其保持和再现；反之，如果管理者对此视而不见、不作任何表示，这些好的行为就难以保持下去。强化的方式并不一定是奖金等物质奖励，可以多种多样，甚至是“干得好”“继续努力”等鼓励性话语。

(三)巧用强化,注重差异

及时强化固然重要,但及时强化并不意味着随时都要进行强化。不定期的、非预料的间断性强化,往往可以取得更好的效果。因此,管理者应经常深入基层,了解员工的实际工作情况,及时或不定期地对一些积极的建设性行为给予适当的强化。由于人的个性特征及其需要不尽相同,不同的强化机制和强化物所产生的效应会因人而异,因此,强化方式也应多种多样、因人而异。

四、综合型激励理论的应用

波特和劳勒的综合激励模型告诉我们,要充分考虑激励的复杂性,多渠道入手增强激励效果。具体来说,要从以下5个方面同时入手:(1)物质激励。它是激励的主要形式,如发放奖金、涨薪水等。(2)工作激励。包括的内容很广泛,形式也多种多样,如充分授权、富有挑战性的工作目标等。工作激励的目的就是让员工在工作的同时感到快乐,感到工作就是体现自我价值的方式。(3)注重学习和培训。当个人的素质和能力达不到工作要求时,态度再端正、动机再强烈也不会有好的工作绩效,因此,组织要为员工提供学习和培训的机会,以提高员工的素质和能力。(4)双重发展途径激励。在组织中,有些员工希望通过努力工作在职务上得到晋升,有些员工则希望在专业技术上得到提升。因此,组织应采用双重发展途径的方法,来满足不同员工的需求。(5)创造让员工感到公平的环境氛围。组织要通过制度建设、提高管理人员素质等方法,消除不公平产生的诱因,创造让员工感到公平公正的环境。

同步案例6—4　　砸掉不合格冰箱

背景与情境:1985年,海尔在对库存冰箱进行检查时,发现有76台冰箱不合格。有人建议:把不合格冰箱作为福利处理给本厂的职工。但张瑞敏决定:开一个全体职工现场会,把76台冰箱当众全部砸掉!而且,由生产这些冰箱的员工亲自来砸!当时一台冰箱价值800多元,而职工每月平均工资只有40元,一台冰箱几乎等于一个工人两年的工资。这个决定不仅让干部和职工难以接受,甚至连海尔的上级主管部门都难以接受。张瑞敏对员工说:“如果便宜处理给你们,就等于告诉大家可以生产这种带缺陷的冰箱。今天是76台,明天就可能是760台、7 600台……因此,必须砸!”责任者流着眼泪亲手砸毁了自己生产的冰箱。与其说大锤砸在冰箱上,还不如说砸在人们的心里。从此,海尔人砸毁76台不合格冰箱的故事就传开了!至于那把著名的大锤,海尔人已把它摆在了展览厅里,让每一个新员工参观时都牢牢记住它。

问题:

(1)从背景与情境中判断海尔能否不砸冰箱?

(2)为什么让生产这些冰箱的员工亲自来砸?

(3)海尔的这种方法能起到激励作用吗?

案例精析:

(1)从短期和表面上看,海尔可以不砸冰箱,但从长远和实质上看,必须砸掉冰箱。

(2)只有让生产这些冰箱的员工亲自来砸,才能起到足够的强化作用。强化理论认为,人或动物为了达到某种目的,会采取一定的行为作用于环境,当这种行为的后果对他有利时,这种行为得到正强化,就会在以后重复出现;不利时,这种行为得到负强化,就减弱或消失。

(3)能起到很强的激励作用。斯金纳认为,在运用强化手段时,如果人们已经有了心理准备,已经对它作出了预期,这种强化就将失去作用。只有那种出乎人们意料的强化,才会产生明显的强化效果。

应知考核

一、单项选择题

1. 赫茨伯格的双因素理论中,双因素分别指保健因素和(　　)。

A. 物质因素　　B. 激励因素　　C. 成就因素　　D. 发展因素

2. 内容型激励理论认为,(　　)是行为的根本动因,是一切激励的起点和基础。

A. 需要　　B. 生理　　C. 刺激　　D. 目标

3. 期望理论的基本公式是:$F=E\cdot\sum VI$,其中 F 指(　　)。

A. 期望值　　B. 效价　　C. 激励力量　　D. 媒介性

4. 工作保障、安全保障、稳定属于(　　)。

A. 安全的需要　　B. 归属与爱的需要

C. 尊重的需要　　D. 自我实现的需要

5. 地位、名誉、认可、权力属于(　　)。

A. 安全的需要　　B. 归属与爱的需要

C. 尊重的需要　　D. 自我实现的需要

二、多项选择题

1. 不同的研究者对激励的研究各有侧重点,根据研究侧重点的不同,可以将激励理论分为(　　)。

A. 内容型　　B. 过程型　　C. 行为改造型　　D. 综合型

2. 强化可以分为(　　)。

A. 连续强化　　B. 负强化　　C. 惩罚　　D. 自然消退

3. 奥尔德弗的 ERG 理论涉及(　　)。

A. 成就需要　　B. 生存需要　　C. 归属需要　　D. 关系需要

4. 行为改造型激励理论在运用强化手段时,要注意(　　)。

A. 奖惩结合,以奖(正强化)为主　　B. 及时强化,形式多样

C. 巧用强化,注重差异　　D. 提高员工对目标的期望值和效价

5. 激励的方法有(　　)。

A. 形象激励　　B. 感情激励　　C. 目标激励　　D. 绩效薪金制

三、判断题

1. 激励过程主要有 3 个部分:需要、动机、行为。(　　)

2. 内容型激励理论主要包括强化理论、挫折理论、归因理论。(　　)

3.“只要有激情,一切皆有可能”,体现了感情激励。(　　)

4. 所谓激励因素,也称为“维持因素”。(　　)

5. 麦克利兰提出了成就需要理论。(　　)

四、简述题

1. 简述激励的概念、激励理论的类型、激励的方法。
2. 简述马斯洛的需要层次理论。
3. 简述赫茨伯格的双因素理论。
4. 简述奥尔德弗的 ERG 理论。
5. 简述麦克利兰的成就需要理论。

应会考核

■ 观念应用

【背景资料】

立达公司的激励制度

立达公司地处中关村地区，是高强博士在 1998 年创建的。目前，公司每年的销售额达 1.7 亿元人民币，并计划 10 年内达到 5 亿元人民币。面对外界激烈的竞争环境，高强在充分发挥自己管理天赋的基础上，创造了一套有效而独特的激励方法。多年来，人们一直认为该公司的管理是极为成功的。他为员工创造了极为良好的工作环境，公司总部设有网球场、游泳池，还有供员工休息的花园和宁静的散步小道。他规定每周五下午免费为员工提供咖啡，公司还定期举办酒会、宴会及各种体育比赛活动。除此之外，他还允许员工自由选择机动灵活的工作时间。他注意用经济手段来激励员工。例如，他每年都会拿出一部分公司股份用于奖励优秀员工。目前，部分员工已拥有公司股份的 30%，这极大地激发了员工为公司努力工作的热情。高强还特别注重强化员工的参与管理意识。他要求每个员工都要为公司长远发展提出自己的设想，以加强对公司的了解，进而提高他们对公司强烈的责任心和情感，自觉地关心公司的利益。高强本人又是一个极为随和、喜欢以非正式身份进行工作的有才能的管理者。由于他在公司内对管理人员、技术人员和员工都能平等地采取上述一系列措施，公司的绝大多数人员极为赞同他的做法。公司员工都把自己的成长与公司的发展联系起来，并为此感到满意和自豪。

当然，高强深知，要长期维持住这样一批忠实工作的群体确实不是件容易的事。随着公司的快速发展，它的增长速度自然会放慢，也会出现一个更为正式而庞大的管理机构。在这种情况下，该如何更有效地激励员工呢？这自然是人们所关心的问题。

【考核要求】

1. 立达公司采取了哪些激励方法？
2. 结合管理理论分析这些激励方法为什么能起作用？

■ 技能应用

对“富士康高薪”激励的思考

富士康在招聘时宣传的薪酬待遇为：(1)工资：试用期内基本工资 1 800 元，综合工资 3 000—3 500 元；考核期过后基本工资 2 000 元，综合工资 3 500—4 000 元。(2)进厂后，企业与员工签订劳动合同，并缴纳保险。(3)集团提供食宿。伙食：一日三餐，两荤一素，晚餐有水果，周一、周四有牛奶。住宿：集团宿舍皆配备有空调、洗澡间、自动饮水机、电视房等设备供员工使用。(4)过春节有年终奖，五一有绩效奖。(5)员工进厂免费提供工衣两套及免费洗衣服务。(6)每天工作 8 小时，周一至周五加班 1.5 倍工资，周六、周日加班 2 倍工资，法定节假日加班以3倍工资发放，每月至少休息4天，春节休假。(7)小病园区医务室免费治疗，大病在指定医院凭发票报销80%。(8)公司每半年进行薪资调整，表现优秀的员工，公司予以晋升为基础技术、管理干部，每年根据员工表现及公司营运业绩，发放年终奖金与持续服务奖金。(9)有完善的培训体系，开设各类课程协助员工提升知识与技能，免费为员工提供职前、在职培训机会。

从上述可看出，富士康的薪酬待遇比一般制造商要优厚许多。然而，富士康集团也承认："包括富士康在内的所有制造企业都面临如何处理员工加班问题的困扰。一方面，员工希望能够通过加班，最大限度地提高自己的收入水平；另一方面，企业又要确保员工加班符合国家法律法规的规定，维护员工的合法权益。"富士康集团还表示："我们还远没有做到完美，但是我们一直在努力。"

【技能要求】

1. 本案例中存在哪些道德伦理问题？

2. 试对上述问题作出你的善恶研判。

3. 说明你所作善恶研判的依据。

4. 请从行业规范与道德研判角度对富士康的高薪激励作出评价。

■ 案例分析

【情境与背景】

沃尔玛在激励员工方面遇到问题

世界上最大的零售商沃尔玛公司，目前正面临着如何激励员工的问题。多年来，这家公司都使用一种相对宽松和直接的方式来激励员工，以保持他们的忠诚度。公司主要是通过给员工股权来激励他们，而员工的正常薪水并不高。为了说明沃尔玛公司历史上股权激励制度曾经起过的作用，我们来举个例子。比如，一名员工在1970年公司股票上市时，用1 650美元买了100股，到1993年时，他拥有股票的价值就是350万美元。

20世纪70年代后期到80年代这段时间里，沃尔玛的股票每年都上涨不少。公司通过利润分享计划建立了养老基金，基金中大部分钱投资购买公司的股票。这样，养老基金也会随着公司股票价格上涨而产生很大的激励。山姆·沃尔顿是公司的创立者，他本人也促使了这种忠诚度和工作动机的形成。他平易近人的处事方式和公司的良好运作，使公司拥有了零售业界最忠诚、最积极献身的员工。公司一直被员工和业界认为具有非常优越的工作环境。

然而到了20世纪90年代，情况开始发生变化。虽然公司仍然利润相当高，但公司的发展减缓，收入和利润已经没有太大的增长，从而导致沃尔玛股票价格的下跌。1993年，公司股票每股的价格是30多美元，到1995年底，就只有20美元左右了。股票价格的下跌大大削减了养老基金和员工的个人股票价值。结果，公司长期拥有的员工忠诚度开始下降，工作动机开始减弱。

1992年山姆·沃尔顿去世以后，公司文化也开始发生一些微妙的变化，这使问题更加严重。公司新的管理层试图保持原有的经营方式以及与员工之间的关系，但不少主管人员缺乏领导魅力，也不能坚持山姆·沃尔顿过去倡导的与员工个人接触的管理方式。另外，新来的员工当然不可能有机会见到公司的创立者山姆·沃尔顿本人，因而也无法从老一辈公司领导那里受到教育和感染。

除了忠诚度和工作动机方面的问题以外，沃尔玛还面临因经济危机引发的其他问题。比如说，在避免工会组织不利于公司的集会方面，以前沃尔玛做得很好，但现在由于对养老金和其他激励越来越不满，工会组织各种集会并取得胜利的机会越来越多。自 1991 年至 1993 年，整个公司只出现过三次工人集会，而 1994 年一年就出现四次。

等待着沃尔玛的将是什么呢？每个人都在猜测。虽然沃尔玛作为一个雇主的形象受到了负面的影响，但大多数专家从一个雇员的角度来看，仍然认为它是该行业最好的公司之一。而且，公司现在还是在赢利，管理层也坚信股票价格会再次上升。因此，他们相信员工还是会对公司满意的，也会为公司继续做贡献。但也有人认为，出现的问题对公司已经造成损害，沃尔玛将不会再度拥有它曾代表过的优越工作环境的形象。

【分析要求】

1. 用什么激励理论能最恰当地解释沃尔玛发生的问题？

2. 如果在当前的困难情况下，由你来管理沃尔玛，你将如何激励员工？

3. 对于一个组织来说，提供太多的奖励和正强化可能吗？如果可能的话，它会对组织产生什么样的影响？

项目实训

【实训内容】

再撑一百步。

【实训目标】

掌握自我激励。

【实训组织】

1. 游戏规则和程序

(1)让学员们坐好，尽量采用让他们舒服和放松的姿势。

(2)演讲学员给学员们讲述如下的故事：美国华盛顿山区的一块岩石上，立下了一个标牌，告诉后来的登山者，那里曾经是一个女登山者躺下死去的地方。她当时正在寻觅的庇护所——“登山小屋”——只距她一百步而已，如果她能多撑一百步，就能活下去。

(3)讲完故事后，让学员们就此故事展开讨论，让他们讲讲听完这个故事后得到了什么启发。

2. 相关讨论

(1)你觉得这个故事怎么样？

(2)从这个故事中，你得到什么启发？

(3)你对“激励”有什么新认识？

【实训成果】

1. 根据学生的参与程度以及得出的结论或观点评定活动的成效，并评定成绩。

2. 评分采用学生和老师共同评价的方式，并完成实训报告。

《再撑一百步》实训报告		
项目实训班级：	项目小组：	项目组成员：
实训时间： 年 月 日	实训地点：	实训成绩：
实训目的：		
实训步骤：		
实训结果：		
实训感言：		

项目七

群　体

○ **知识目标：**

理解：群体的概念和特征。

熟知：群体的分类、群体的发展阶段。

掌握：群体行为分析；群体的应用。

○ **技能目标：**

能够结合群体的相关理论，对群体行为进行分析，能够进行群体规范、群体凝聚力、群体压力的调整。

○ **素质目标：**

运用所学的群体知识研究相关事例，培养和提高学生在特定业务情境中分析问题与决策设计的能力；结合行业规范或标准，运用知识分析行为的善恶，强化学生的职业道德素质。

○ **项目引例：**

湖人队为何败于活塞队

2004 年 6 月，拥有 NBA 历史上最豪华阵容的湖人队在总决赛中的对手是 14 年来第一次闯入总决赛的东部球队活塞队。赛前，很少有人会相信活塞队能够坚持到第七场。从球队的人员结构来看，科比、奥尼尔、马龙、佩顿，湖人队是一个由巨星组成的“超级团队”，每一个位置上的队员几乎都是全联盟最优秀的，再加上由传奇教练菲尔·杰克逊对其的整合，堪称 20 年来 NBA 历史上最强大的一支球队；而活塞队则是由卡洛斯、罗纳德、阿米尔等年轻新进球员组成的，完全没有明星球员。在许多人看来，湖人队要在总决赛中战胜对手夺得桂冠理论上存在着相当大的可能性，更何况对手是一支缺乏大牌明星的平民球队。

然而，最终的结果却出乎所有人的意料，湖人队几乎没有做多少抵抗便以 1∶4 败下阵来。湖人队的失败有其理由：OK 组合相互“争风吃醋”，都觉得自己才是球队的领袖，在比赛中单打独斗，全然没有配合；而马龙和佩顿只是冲着总冠军戒指而来的，根本就无法融入整个团队，也无法完全发挥其作用，缺乏凝聚力的团队如同一盘散沙，其战斗力自然也就会大打折扣。

引例感悟：明星员工的内耗和冲突往往会使整个团队变得平庸，在这种情况下，1+1 不仅不会大于或等于 2，甚至还会小于 2。在工作团队的组建过程中，管理层往往竭力在每一个工作岗位上都安排最优秀的员工，期望能够通过团队的整合，使其实现个人能力简单叠加所无法达到的成就。然而，在实际的操作过程中，众多的精英分子共处一个团队之中反而会产生太多的冲突和内耗，最终的效果还不如个人的单打独斗。

○ **知识精讲：**

任务一 群体概述

一、群体的概念和特征

（一）群体的概念

群体（Group）是相对于个体而言的，它是指由相互作用、相互影响，具有自身特性的两个及两个以上的个体，经特定关系组成的，具有特定层次、结构和功能，并与环境保持联系的特殊人群，是涌现出个体不具有的新特质的有机整体。

（二）群体的特征

偶然在大街上一起看热闹的一群人是群体吗？答案是否定的，但是当这一群人最后形成有机整体时，那么就可以说这一群人是一个群体。因此，群体具有其自身独有的特征：（1）群体中存在着明确的成员关系。（2）成员间有持续的互动关系。（3）群体成员具有共同行动的能力。（4）群体成员有着一致的群体意识。（5）群体成员有大致相同的目标、宗旨和共同遵循的行为规范。

二、群体的分类

群体按照不同的标准有不同的分类。

（一）按照程序正式与否，群体可分为正式群体与非正式群体

正式群体是指由上级文件明文规定的群体，其成员有固定的编制、明确的职责分工和规定的权利义务。

非正式群体是指没有上级明文规定，主要是通过成员之间感情互动而形成的群体。

根据巴纳德的非正式群体思想，非正式群体是正式群体必不可少的一部分，它对正式群体起着重要的作用，主要表现在：第一，作为沟通的基础；第二，通过贡献的意愿和权威的稳定性来产生凝聚力；第三，保持人格的完整和个性自尊。

（二）按照规模和群体成员间有无直接联系或接触，群体可分为小群体与大群体

小群体的成员数目，没有确切的规定，但它的一个重要特征是，成员之间能够直接地相互交流和沟通信息。由于小群体中成员能直接交流，因此心理因素在小群体中的体现要大于在大群体中。

大群体的成员关系比较松散，接触较少，成员之间以间接的方式通过组织机构、组织共同目标等发生联系。由于成员关系是间接的，因此相对于小群体来说，社会因素比心理因素的作用大。

（三）按照实际存在与否，群体可分为实属群体与参照群体

实属群体（Membership Group）是个体实际归属的群体。

参照群体（Reference Group）则是个体在心理上“向往”的群体。个体把它的规范、标准、价值观作为自己行动的参照和学习模式。这一群体有可能不是真实存在的。

（四）按照成员间联系的紧密程度，群体可分为松散群体、联合群体和紧密群体

松散群体成员间的相互关系不是以共同的目标和利益为基础的，比如病房室友。

联合群体是前者的进一步发展，其成员有共同目标，群体活动成败与个人利益直接相关，成员之间通过实质的群体活动相互联系在一起,如国家足球队。

紧密群体则是联合群体的进一步发展,是同时兼顾个人、群体、组织利益的集体。

三、群体的发展阶段

群体的发展就如同个人一般,无论是自发的还是有意形成的,也无论群体的类型为何,群体都会经历不同的发展阶段。领导者应了解群体的需要,并及时采取有助于群体走向成熟高效的行动。

根据群体所经历的时间和成熟程度两个维度,可以将群体发展分为5个阶段:形成阶段、震荡阶段、规范化阶段、运行阶段、解散阶段。

(一)形成阶段(Forming Stage)

群体成员开始聚在一起,带有个性化特征。在这一阶段,群体的目的、组织结构、成员组成及领导体制都不确定,每个人都小心谨慎地进入该群体,开始摸索群体的行为规范,在行动中通常使用测试或者探索的方式来掌握组织的状况。他们需要被告知该做什么,群体通常要阐明群体目标、确定每个人的角色任务及权限责任范围。当群体成员认同此群体并开始把自己当成是群体的一员时,此阶段就结束了。

(二)震荡阶段(Storming Stage)

这是群体的冲击阶段。虽然在形成阶段群体成员已把自己当成是群体的一员,但是这并不代表他们已经接受新群体加在他们身上的约束和限制性规范。在震荡阶段,成员之间没有形成一个凝聚体,大多还是作为个体来思考问题并作出决定。同时,对于成功机会的态度动荡不定,对于谁可以控制这个群体还存在争执。此时,成员会表现出一些具有竞争性和戒备性的行为。如果此阶段处理得不好,群体将处于混乱甚至分崩离析的状态。当群体中领导权确定以后,此阶段结束。

(三)规范化阶段(Norming Stage)

此阶段中,群体成员的个性化特征已经不那么明显,他们更多的是关注群体目标。成员间的冲突性和戒备性行为已经减少,群体中有了更多的协作和互动。内部成员间形成亲密的关系,成员开始接受并认可自己与他人的角色,感受到强烈的群体归属感和认同度。当群体的结构稳固,而群体成员也熟知相互的角色行为和角色期望,并明确什么是正确的成员行为时,此阶段结束。

(四)运行阶段(Performing Stage)

此阶段群体已经是一个具有高度凝聚力的整体,群体成员对相互间的群体角色和他人的优缺点都十分熟悉,并能高度协作和互动。这一阶段的主要特点是,群体成员从相互理解和认同转向群体目标的达成,群体的结构已成为达成群体目标的一种机制。

(五)解散阶段(Adjourning Stage)

当群体完成了其特定的任务而无存在的价值时,该群体就面临解散。在这个阶段,注意力要放在收尾工作上,群体内成员的反应差异很大,解散阶段要对成员作适当的安排,要合理评估群体的工作绩效和出现的问题,客观、公正地总结经验和教训,避免虎头蛇尾的局面。

值得说明的是,群体发展的5个阶段是按照时间维度来划分的,这种划分在一般意义上是可能成立的,但是由于实际情况的复杂性,每个群体的实际发展过程会存在很大的差异。不是每个阶段都会花费同样的时间,也不是每个群体都会从一个阶段自然过渡到下一个阶段，而是可能存在几个阶段反复出现或者几个阶段同步进行的情况。

任务二 群体行为分析

一、群体行为的概念和特征

（一）群体行为的概念

群体行为是指群体在受到内外刺激的作用下，通过成员间互动沟通作出的反应，这种反应应该是与组织目标相联系的。群体行为受多种因素影响，如下式所示：

$$群体行为=f(M,T,O,L,\cdots,E)$$

其中：M 代表成员的态度、知识、技能和能力等；T 代表群体所担负的主要任务的各种特征；O 代表群体的层次结构和功能；L 代表群体领导人的能力和特征；E 代表群体与其他群体和外界的关系。

（二）群体行为的特征

群体行为一般具有以下特征：

(1)群体压力与从众性。当一个人在群体中与多数人的意见相左时，就会感受到一种无形的精神压力，即群体压力。群体从众性特指成员受到群体压力，在知觉、判断、行为上与群体中多数成员趋于一致的倾向。

(2)相近相悦性。群体成员空间相近，彼此间更加相互接纳。

(3)相似相辅性。个性相似者易发生人际关系，但在组建群体时，更要追求差异协同，即相辅互补。

二、群体规范

（一）群体规范的概念

大家都知道在夜深人静的时候，同居一室的成员不能大声喧哗。这是为什么呢？原因就在于大家都在遵守规范。

每个群体都会有自己的规范，即群体规范。群体规范是群体所确立的、对其所有成员起着约束作用的行为准则或行为标准。它可以是成文的，如法律、规章、制度等，也可以是不成文的，如风俗、舆论、文化等。无论是成文的还是不成文的群体规范，都是真实存在的。

为什么属于某个群体的个体往往会尽力做到符合其所在群体的规范？因为不符合其规范的代价也许是受到群体成员的排斥、嘲弄或“冷处理”，而人类的天性是不愿意成为被嘲弄的对象，也不愿意被别人遗忘或忽视。

（二）群体规范的形成

美国心理学家谢里夫(M. Sherif，1905)用“暗室光点”实验证明了群体规范的形成过程。实验在暗室内进行，一个被试坐在暗室里，面前的一段距离内出现一个光点，光点出现几分钟后就熄灭。然后让被试判断光点移动了没有、向哪个方向移动、移动了多远，但实际上光点根本没有移动。这是心理学中典型的视错觉实验，大家都感到光点似乎移动了。这样的实验反复进行了多次，结果被试都很快建立了各自的反应模式，即建立了个人的反应标准。有的认为光点向上移动，有的认为向下移动，还有的认为向左或向右移动等。随后，谢里夫又多次让所有被试同时在暗室里观看光点，过一段时间后，所有被试的反应标准逐次趋于一致，最后形成了共同的反应标准，这就是群体规范的形成。这一实验说明，群体规范取代了个人的反应标准或模式，而这种规范的形成显然是受了模仿、暗示等心理机能的影响。

实验继续进行，出现了一个有趣的现象，即当谢里夫又把这些人分开单独实验时，结果所有被试都没有回到自己原来的反应模式上，仍然一致地保持着群体的反应标准。这说明已经形成的群体规范具有一种无形的压力，约束着人们的行为，甚至这种约束力并没有被人们所意识到。因此，群体规范一旦形成，就会成为群体成员的行为准则，自觉地或被迫地遵守它。

三、群体凝聚力

（一）群体凝聚力的概念

群体凝聚力是指群体成员维持在群体内的合力。也可以表述为，成员对群体的向心力或群体对成员的吸引力。它可以指群体成员受到相互的吸引并且愿意成为群体中的一员的强烈程度，是一种使群体成员对某些人比对另一些人感到更亲近、更有好感的情感，它可以被认为是群体的确定性特征。

心理学家多伊奇曾提出一个计算群体凝聚力的公式：

群体凝聚力＝成员之间相互选择的数量/成员之间可能相互选择的数量

影响凝聚力的因素有：(1)成员间相处的时间；(2)加入群体的难度；(3)外在的威胁；(4)群体的地位；(5)群体规模的大小；(6)目标达成情况的好坏；(7)信息是否有效沟通；(8)领导的要求与压力；(9)成员目标与群体、组织目标的符合程度。

（二）凝聚力与生产率的关系

群体凝聚力的高低影响了群体内成员的士气、满意度等，这就会对生产率产生重要影响。但是否凝聚力越高，生产率也越高呢？答案是否定的。凝聚力的高低不是影响生产率的唯一因素，生产率的大小还取决于领导方式、管理模式、群体目标与组织目标的一致性等诸多因素，因此，群体凝聚力与生产率的关系是复杂的。群体凝聚力与生产率之间并不存在正相关关系。凝聚力高，可能提高生产率，也可能降低生产率。如当群体的目标与组织目标不一致甚至出现相悖时，那么凝聚力越高，生产率却越低；反之，群体目标与组织目标一致，则两者正相关，如图7—1所示。

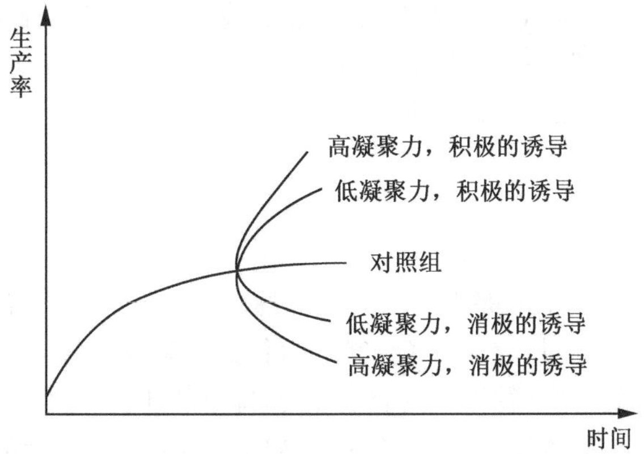

图7—1　群体凝聚力与生产率的关系

社会心理学家沙赫特通过实验研究了群体凝聚力对生产率的影响情况。沙赫特在有严格控制条件的情况下，检验了群体凝聚力和对群体成员的诱导对生产率的影响。实验中的自变量是凝聚力和诱导，因变量是生产率。设1个对照组、4个实验组，分别给予4种不同的条件，即高、低凝聚力和积极、消极的诱导4种不同的组合。

这个实验表明：(1)无论凝聚力高低，积极的诱导都提高了生产率，而且凝聚力高的群体生产率更高；消极的诱导明显地降低了生产率，而且凝聚力最高的群体生产率最低。(2)凝聚力高的群体，若群体规范规定的生产标准很低，则会降低生产率。(3)对群体的教育和引导是关键的一环，不能只靠加强成员间的感情联系来提高群体的凝聚力。因此，管理者必须在提高群体凝聚力的同时，提高群体生产指标的规范水平，加强对群体成员的思想教育和指导，克服群体中的消极因素，以使群体的凝聚力真正成为促进生产力发展的因素。

由上述实验可以得到以下两个结论：第一，群体凝聚力与生产率的关系很复杂；第二，诱导是比群体凝聚力更为重要的影响生产率的因素。

同步案例 7－1　　　　"苹果6"骗了谁？

背景与情境：小刘爆料称，他所在的公司由于销售不是很理想，老板为了鼓舞士气，在一次晨会要结束时承诺，如果本月他们能达到30万元的销售目标，则给他们每人赠送1个"苹果6"。

到了20日，小刘团队提前完成了这个月的目标。第二天晨会，小刘团队兴奋地等待老板给他们发奖品，结果老板居然带着6个苹果来到公司，每个苹果上写着一个红艳艳的"六"字。老板称，这是喜庆，也是进财的好兆头，以后大家还要多为公司创收。

问题：

(1)小刘的老板是否构成违约？能否追责？

(2)请结合本案例，谈谈其中存在的道德问题。

案例精析：

(1)老板口头答应的奖励属于口头约定，口头约定与书面协议一样有效，只是口头协议通常很难证明约定的存在以及约定的内容。小刘等人作为利益的相关者，如果没有其他无利害关系者的证言，仅凭他们的一面之词很难被采信。因此，从法律角度，无法追究老板的违约责任。

(2)老板借苹果手机iPhone 6上市之机，利用谐音，让员工误会自己的想法而去努力工作，这就是"失信"，是"欺骗"，违反了诚实守信这一人类社会千百年传承下来的道德传统。诚信即诚实守信，是社会主义道德建设的重点内容，它强调诚实劳动、信守承诺、诚恳待人。

四、群体压力

(一)群体压力的概念

群体压力(Group Pressure)，是群体对其成员的一种影响力。当群体成员的思想或行为与群体意见或规范发生冲突时，成员为了保持与群体的关系或者为了不偏离群体而需要遵守群体意见或规范，从而感受到一种无形的心理压力，即群体压力，它使成员倾向于作出为群体所接受的或认可的反应。群体压力，它既不是群体由上而下明文规定的，也不是群体强制地改变个人的思想和行为，而是群体通过大多数成员的意见从而形成一种压力去影响个人的行为。尽管群体压力不具有强制性，但是它对个体却产生了一种不可抗拒的力量。当个体的意见或行为与群体不一致甚至是相反的时候，个体心中会有一种恐惧感，他们害怕受到群体的冷落、排挤甚至偏离群体，这时个体就会违背个人的意愿而做出完全相反的行为，这就是群体压力。所以，当群体中的一个人不想处于孤立无助的局面时，他就会屈服于这种群体压力，顺从大多数人的意见，即所谓的从众。

（二）群体压力的产生

上面提到了，当个体的思想或行为与群体大多数人不一致时，个体往往会屈服于群体压力与群体保持一致，那么这种群体压力是怎样形成的呢？

社会心理学家阿希在20世纪五六十年代一直致力于从众问题的研究。1956年，阿希报告了一个有关群体压力的经典实验——"线段实验"，考察了影响从众的各种因素。他原先假定，聪明人在可以顺利看到事情真相时不会从众。但事实证明问题不这么简单，聪明人也会说"白谎"，表面上保持与群体或他人的一致。

阿希将被试组成7人小组，请他们参加所谓的知觉判断实验。实验的真正目的是考察群体压力对从众行为的影响。7名被试中，只有编号为第七的被试为真被试，其他均为实验助手。被试与其他群体成员都围着桌子坐下后，实验者依次呈现50套两张一组的卡片。两张卡片中，一张画有一条标准直线，另一张画有三条直线，其中一条与标准直线一样长。被试的任务是在每呈现一套卡片时，判断三条编号依次为A、B、C的比较线中，哪一条和标准直线一样长，如图7—2所示。

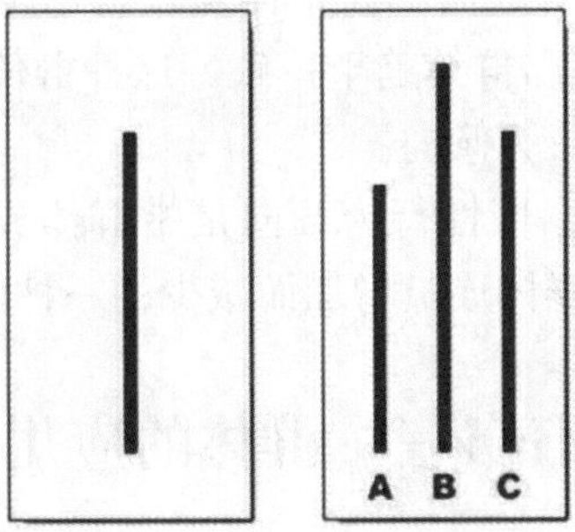

图7—2　阿希实验使用的卡片

实验开始后，前两次比较平静无事，群体的每一个成员都选用同一条比较线。作为第七号（第七个进行判断）的真被试开始觉得知觉判断很容易、很快。在第三组比较时，实验助手们开始按照实验安排故意作出错误的判断。被试听着这些判断，困惑越来越大。因为他要等到第七个才能说自己的看法，先必须听前6个人的判断。结果，他面临一个"是相信自己的判断，还是跟随大家一起做错误判断"的两难问题。实验结果表明，数十名自己独自判断时正确率超过99%的被试，跟随大家一起作出错误判断的反应占全部反应的37%。75%的被试至少有一次屈从了群体压力，作了从众的判断。

五、群体的作用和功能

群体是两个及两个以上的个人通过一定的关系组成的有机整体，它产生了"1+1>2"的效果，那么群体到底具有什么样的作用和功能呢？

（一）群体对组织的作用

（1）承担、执行和完成组织所赋予的基本任务，以保证组织目标的实现。

(2)协助组织整合个体力量,并提高其合力。

(3)协助组织协调成员之间的人际关系。

(二)群体对个体的作用

群体对个体的作用:一是表现在对群体成员心理的影响上;二是表现在对个体行为的影响上。

1. 对群体成员心理的影响

对群体成员心理的影响体现在:群体可以满足员工的安全、归属、尊重、理解、审美、自我实现、超越性等心理需要,从而在很大程度上影响并改变员工的心理与行为。

2. 对个体行为的影响

对个体行为的影响主要体现在以下几个方面:

(1)社会助长作用和社会抑制作用。所谓社会助长作用,是指个人对别人的意识,包括别人在场时或与别人一起活动时所带来的行为效率的提高。社会抑制作用指的也是个人对别人的意识,包括别人在场时或与别人一起活动时所带来的行为效率的降低。

(2)社会标准化倾向。社会标准化倾向是指在群体规范的制约和影响下,群体成员行为的差异性变小,趋向于相似或相同的行为表现、意见和看法。

(3)社会顾虑化倾向。所谓社会顾虑化倾向,指个人在人群面前表现不自然,有顾虑,是行为表现异常的一种社会心理现象,如有的同学在公众面前不能自然讲话等。

(4)基于群体压力的从众行为倾向。当个体发现自己的行为或意见与群体不一致的时候,通常会感到心理紧张,促使其与群体趋于一致。这种群体成员企求与群体中的多数人行为相一致的现象,称为社会从众行为倾向。

(5)社会惰情行为倾向。社会惰性行为倾向是指群体成员在完成一个共同目标的过程中,努力程度和平均贡献率随着群体成员增加而减少的一种倾向。

任务三　群体的应用

一、基于群体活动内在机制的组织活动

(一)基于群体冲突、竞争与合作的组织活动

在群体活动中,冲突过多或过少都对组织的发展不利,冲突应该维持在一个合适的水平。面对组织内的冲突,应该遵循一个总的原则:当冲突太多时,设法减少冲突;当冲突太少时,应采取些办法激发冲突,增强组织活力。具体管理策略有:倡导建设性冲突,避免破坏性冲突,把冲突控制在适度的水平;实施全面的冲突干预,而不局限于事后的冲突控制和解决问题;不走极端,以和为贵来处理冲突;具体问题具体分析,采取适宜的机制处理冲突。

在群体活动中,竞争与合作同活动效率的关系通过两种形式表现出来:一是群体内成员之间的竞争与合作对活动效率的影响;二是群体之间的竞争与合作对活动效率的影响。

同步案例 7-2　　该不该鼓励竞争?

背景与情境:张校长上任后,大张旗鼓地强调竞争。他说没有竞争就没有活力,学校就不能前进。于是,在管理活动中开展各种名目的竞争。一开始,学校人心振奋,但时间一长,问题也就出来了。许多教师为提高教学成效,争占学生的时间;一部分教师热情减退,甚至还有

少部分教师为争先进，扯皮揭短。该校的王老师是一位优秀教师，自提倡竞争以来，积极性很高，所教学生的本学科分数上升很快。但其他教师都来找张校长，不愿与王老师同教一个班。以上问题使张校长陷入了思考：该不该鼓励竞争呢？

问题：

(1)教师竞争中会产生哪些积极作用与消极影响？

(2)如何采取有效管理措施解决存在的问题？

案例精析：

(1)竞争有积极作用：激励作用能广泛调动教师的积极性，发现人才、选拔骨干，有利于教师素质的提高。但竞争不当也会产生消极影响：导致专业知识和技能保守封闭，导致人际关系紧张、矛盾加剧、个人发展停滞，产生不正确的教育观点和态度。

(2)应根据任务性质和教师状况，确定教师工作的目标结构（竞争、合作与独立）；在竞争的同时，提倡教师之间的合作，适当交替采取合作与竞争的方式。

（二）基于群体规则和压力的组织活动

群体规则对群体效率和行为有着显著影响。什么样的规则就会造就什么样的群体，或者说，什么样的规则就会引导人们表现出什么样的行为。下面我们用两个生动的例子来说明群体规则的巨大作用。

例子一：18世纪，澳大利亚曾经是英国流放犯人的地方，而把犯人从英国转移到澳大利亚则需要船来运输。一开始，英国政府按照上船人数来付给船主费用。收了钱的船主想尽办法缩减开支，于是，船主们虐待犯人以达到牟取暴利的目的，船上生存环境恶劣，船员对犯人健康不闻不问，导致犯人的死亡率居高不下。后来，英国政府改变了规则，不是预先支付费用，而改成在澳大利亚以到岸犯人的人头数来结算运输费用，就因为这个小小的变动，船主们开始想尽办法让犯人们活着，还配上了医生。结果，犯人在路途上的死亡率大大下降。

例子二：第二次世界大战中，有家降落伞制造商因为质量问题与美国军方常常发生纠纷。经过努力，合格率达到99.9%。但军方要求必须达到100%。制造商认为，这是天方夜谭，是不可能实现的。99.9%的合格率的确很高了，但军方认为，99.9%将意味着每千名伞兵中，会有一名因为降落伞质量问题而丧命。于是，军方改变了质检的方法，决定从每批次降落伞中随机挑出一个，给制造商的人员穿上，让其亲自从飞机上跳下试验。结果奇迹出现了，不合格率立即变为了零。

由此可以看出，规则对约束和引导人的行为是多么重要，群体的管理者要建立一套既有利于任务完成，又适合人性发展的规则来约束群体成员的行为。

在一般情况下，个人与群体的关系会有两种形式：一种是屈服于群体的压力而被迫放弃自己的主张，与众人相一致；另一种是抗拒群体的压力，坚持己见，与众人疏远。因此，群体压力往往被认为是对个人的限制，而把坚持己见的人称为“有个性”，这实际上是不正确的。从群体动力学观点看，为了完成某项任务，必须依靠群体中的全部成员密切配合，在有限时间内做许多复杂的工作。如果没有群体压力，对个人欲望一味迁就，就会在无形中削弱群体力量。

（三）基于群体决策的组织活动

1. 群体决策

群体决策已经被现代各种组织和领导所接受，但群体决策是否总是比个体决策更有效呢？答案受诸多因素影响。首先，我们来看看群体决策的优缺点。

群体决策的优点：由于群体成员都参与了决策过程，群体决策能收集更加完整的信息，大家集思广益，产生“1＋1＞2”的效果。群体决策也更能体现民主，易于被群体成员接受，不会出现决策失误时成员对群体失去信心的情况。群体决策使得参与决策者责任分散、风险共担，即使决策失败也不会由一个人单独承担。

群体决策的缺点：群体决策由成员一起作出决策，非常消耗时间，效率低，缺乏创造力和创新思维。群体决策很少出现真正的民主，大多数时候是被少数人控制。决策失败易出现权责不清甚至是互相推诿现象，所以群体决策不如个体决策谨慎，具有更大的风险性。

2. 群体决策与个体决策

分析群体决策和个体决策，目的在于分析两者产生的效果，以便为组织带来效益最大化。群体决策和个体决策由于自身具有的特点，各有利弊，从不同的角度来理解效率和效果会产生不一样的选择。

从决策的速度来看，群体决策不如个体决策快；从民主角度来看效果，个体决策不如群体决策；从创造力角度来衡量效果和效率，群体决策又不如个体决策；从决策满意度来看，个体决策却不如群体决策。

因此，一个组织或者群体想要达到一个最优决策，在作决策之前，先要弄清楚本组织或者群体想要达到的是一种什么样的效果，然后再决定采取何种方式决策，又或是结合两种决策方式。

群体决策并不是自然而然地发挥积极作用的。要使群体决策更有成效，避免决策失误，必须进行深入的研究，使用科学的方法和技术进行有效决策。目前，群体决策技术主要有两种发展模式：一种是使用数学模型进行决策，还有一种是使用行为模型进行决策。在这里，我们只对若干行为决策技术进行介绍。

(1)德尔菲法

德尔菲法又称专家意见法，或专家调查法。它是在20世纪40年代由赫尔姆和达尔克首创，经过T. J. 戈尔登和兰德公司进一步发展而成的。德尔菲法采用通信方式，分别将所需解决的问题单独发送到各个专家手中，征询意见，然后回收汇总全部专家的意见，并整理出综合意见。随后将该综合意见和预测问题再分别反馈给专家，再次征询意见，各专家依据综合意见修改自己原有的意见，然后再汇总。这样多次反复，将逐步取得比较一致的预测结果。德尔菲法采用匿名的方式发表意见，即专家之间不得互相讨论，不发生横向联系，只能与调查人员沟通。通过多轮调查，专家对问卷所提出问题的看法，经过反复征询、归纳、修改，最后汇总成专家基本一致的看法，作为决策的结果。其程序如下：首先，按决策内容所需的知识范围选出专家，组成专家小组；其次，明确需要解决的问题，向专家寄出设计好的问卷，要求提出方案；再次，专家之间互不联系，要求采用匿名的方式独立完成；又次，主持人归纳问卷，发出本轮结果，进一步提出方案；最后，反复以上步骤，直到得到满意方案为止。

(2)头脑风暴法

头脑风暴法是指针对某一个问题，把有关人员集中在一起，自由思考，以产生解决问题方案的群体决策方法。为使与会者畅所欲言，互相启发和激励，达到较高效率，必须严格遵守下列原则：①禁止批评和评论，也不要自谦。②目标集中，追求设想数量，越多越好。③鼓励巧妙地利用和改善他人的设想。④与会人员一律平等，各种设想全部记录下来。⑤主张独立思考，不允许私下交谈，以免干扰别人思维。⑥提倡自由发言，畅所欲言，任意思考。⑦不强调个人的成绩，应以小组的整体利益为重，注意和理解别人的贡献，人人创造民主环境，不以多数人的意见阻碍个人新的观点的产生，激发个人追求更多更好的主意。

头脑风暴法是产生群体决策方案的良好方法，但也存在一定的使用范围。通常来讲，它适用于如下问题情境：①准备研究的问题是具体的，而不是抽象的；②只探求多种解决方案，而无须立即作出决断；③寻求问题的多种方案。

目前，随着计算机技术的广泛应用，在群体决策的过程中，出现了电子头脑风暴法，指的是群体成员运用计算机进行互动和观点的交流，成员将自己的观点或想法及时地输入计算机，同时将其发送给其他成员，并在参考他人观点的基础上提出新的观点。

(3)名义小组法

名义小组法是指采用书面表达与口头交流相结合的方式，通过成员面对面讨论，逐步形成群体意见的方法。该方法主要包括 6 个基本步骤：①组织者宣布需决策的问题，之后成员独自写下对这一问题的关键性意见；②组织者逐条听取各成员的意见，不做任何评论，并逐条记录意见；③集体逐条讨论；④尝试性集结个人判断；⑤讨论初步投票结果；⑥重新投票，形成群体的最终决策。该方法由于集中成员意见较为复杂，规模一般不应太大，以 5—9 人为宜。

在群体决策中，由于群体成员心理相互作用影响，易屈于权威或大多数人意见，形成所谓的“群体思维”。群体思维削弱了群体的批判精神和创造力，损害了决策的质量。为了保证群体决策的创造性，提高决策质量，人们在管理实践中发展了一系列改善群体决策的方法。以上是三种较为典型的方法，更多的方法还需要我们在实践中掌握、使用和发展。

二、基于群体活动效率影响因素的组织活动

(一)基于群体规模的组织活动

在组织行为学中，我们主要是研究各类组织中的工作群体，尤其是小型工作群体。因此，一个小型工作群体的规模应该有多大，是我们要研究的问题，主要包括以下两个方面：群体规模的上限和下限。

对于小群体规模的研究，往往在实验室条件下进行，通过比较不同规模的群体在完成一些实验任务时的工作效率，确立小群体人数的下限和上限问题，即最少应为几个人和最多应为几个人的问题。研究表明，在多数情况下，小群体的人数为 2—7 人，这是小群体模型的最佳人数。一些学者认为，小群体的下限应为 3 人，2 人不能算是一个群体，因为 2 人之间是纯感情关系，当 2 人之间发生意见分歧或冲突时，不可能自行解决，必须有第三者参加才能进行裁决。对于小群体的上限为多少人，意见则更加分歧。多数研究者认为以 7 人为最佳，但也有不少人主张 20 人、30 人甚至 40 人。此外，还有人提出，小群体最佳人数应为 7±2 人，即最多 9 人，最少 5 人。

对管理实践而言，有关群体组成人员的奇数、偶数问题争论虽有一定的参考意义，但由于它们都是抽象地对群体规模进行研究，因此不能作为工作组织中组建各种群体的具体指导原则。但是，这一现象也应引起我们的重视，特别是对于中国组织而言，人们似乎偏爱群体以奇数形式构成。

同步案例 7—3　奇数还是偶数——关于公司治理的一个思考

背景与情境：中国公司董事会人数绝大多数是奇数，表面看来，这个现象很好理解，奇数结构的董事会，在投票表决时较容易实现“以多数通过”的结果。然而，在研究国外公司董事

会的人数安排时却发现，很多公司董事会的人数是偶数，如加拿大丰业银行(Scotiabank)就是由16人组成董事会，不仅如此，其董事会下“人力资源委员会”也是由6人组成的。一般来说，西方公司是不会特意安排偶数数目的董事会人数的，因为不少西方公司的董事会人数是奇数，如美国资产排名第四大的美联公司(Wachovia Corporation)。而中国公司安排奇数数目的董事会人数应该是有意识的。

对于这种安排，一位外国教授坦诚地说自己没有留意过这个问题，不过在他看来，偶数数目组成的董事会根本不是什么问题，在表决时，可以以9∶7或者4∶2的形式达成多数通过的决议。而且在他看来，这种形式的多数通过，才是真正的多数通过。

问题：

(1)群体组成人员是奇数好还是偶数好？

(2)以简单多数通过表决有利于问题解决吗？

(3)中国公司董事会人数以奇数居多对董事会决策有何影响？该如何应对？

案例精析：

(1)当群体成员发生分歧时，奇数群体可以采取投票表决方式使问题得到迅速解决，不会无休止地争论下去；当意见分歧的双方势均力敌时，偶数群体可以进一步协商，这样既可在深入讨论的基础上使问题得到解决，又可避免群体中人员之间的关系紧张。

(2)简单多数表决是与绝对多数表决相对应的，以简单多数通过表决虽然解决了问题，但掩饰了表决双方的分歧，其结果说服力很差。在实践中，许多组织对其重大事项，要求以绝对多数通过表决才能够决议(例如要过总人数的2/3)。

(3)中国公司董事会人数以奇数居多，表面上看，在投票表决时较容易实现“以多数通过”的结果，但这种“多数通过”会倾向于以“简单多数”的形式通过，其决议很难有说服力。如果由偶数数目的人员对问题进行表决，为了达成多数通过的决议，就需要双方花费更多的时间进行劝说和辩论，对被表决问题进行充分分析和研究，从而改变某些人的观点。这样可能降低了决策效率，但是由于问题得以更深入讨论和研究，决策失误概率大大降低，也更有信服力。

(二)基于群体构成的组织活动

群体成员的构成对群体的工作效率有很大影响。群体成员搭配得当，会使群体协调一致、紧密团结，提高工作效率；群体成员搭配不当，会使群体涣散，成员之间相互扯皮，经常发生冲突，降低工作效率。因此，管理人员必须树立群体构成的观念，合理安排群体构成，这样才能促进群体工作效率的提高。一般来说，实现群体构成优化的途径主要有两个：一是采取组织措施，也就是适当调整，以重新选拔或招聘群体成员的方法，改变群体构成；二是发挥群体中每个成员的内因作用，改善各自的素质状况，使构成不断优化。

(三)基于群体凝聚力的组织活动

群体凝聚力的高低直接对组织活动产生影响。一般来说，凝聚力高，活动效率高；凝聚力低，活动效率就低。因为群体凝聚力的高低直接影响到职工的士气、满足感和群体的一致性。但是，凝聚力并不是影响活动效率的唯一条件，凝聚力与活动效率的关系不仅取决于管理者的诱导方向，还取决于群体的态度及其与组织目标的一致程度。就群体与组织目标的一致程度而言，决定凝聚力与活动效率的关系有如下几种情况：

(1)低凝聚力，高一致性。这就是说，群体的态度对组织目标是支持的，在这种情况下，即使凝聚力低，活动效率也能提高。

(2)低凝聚力，低一致性。这就是说，群体的态度与组织目标不一致，群体的凝聚力也低，则群体的活动效率与凝聚力的关系不明显。

(3)高凝聚力，低一致性。这就是说，群体的态度不支持组织目标，在这种情况下，凝聚力越高，活动效率越低。这带有“南辕北辙”的味道。

(4)高凝聚力，高一致性。这就是说，群体的态度与组织目标保持高度一致，在这种情况下，群体的凝聚力越高，则活动效率越高。

由此看来，高凝聚力、高一致性的群体才是管理实践中所追求的群体，群体只有在这种情况下，才能进行富有成效的创造性工作。

(四)基于群体士气的组织活动

心理学家克雷奇认为，一个士气高昂的群体，应具有以下特征：群体成员团结的动力来自群体内部的凝聚力，而不是来自外部的压力；群体中的成员之间没有分裂为互相敌对的小群体倾向；群体本身具有对外部变化的应变力和处理内部冲突的能力；每个群体成员都具有群体意识；每个成员都明确群体的目标；群体成员对其目标和管理者持支持的态度；群体成员承认群体的存在价值，并有维护群体继续存在的意向。如果一个群体具备了以上这些要素，就是一个健康积极、士气旺盛的群体，就可提高活动效率。

三、基于群体发展阶段的组织活动

组建一个好的群体，是管理者的重要任务。一般来说，建设和发展一个优秀和有效的群体，往往会对以后的工作起到事半功倍的效果。群体发展五阶段模型为管理者如何管理群体提供了有益的见解。

在群体的形成阶段，管理者应该担负起群体发起人的角色，他应该向团队的每个成员阐述清楚团队的目标，如果可能，他也应该向每个成员阐明他们各自的角色和职责，以及群体的绩效将怎样被评价、报酬将怎样被支付。

在群体的震荡阶段，管理者的角色主要是调停者，主要任务是协调群体成员之间的矛盾和冲突。由于群体成员之间相互不了解，以及初次共事中存在的不信任或办事风格的不适应，成员之间的冲突是经常性的。一个高明的管理者应该尽可能地缩短这一过程，通过创造一种相互了解和增进友谊的环境，比如，可以在工作时间之外把全体群体成员召集起来吃饭、娱乐或开展其他群体性活动，从而提高群体凝聚力。这样，震荡阶段就会很快过渡到规范化阶段。

在规范化阶段，管理者主要充当促进者的角色，主要任务是促进群体规范的出现，并将群体规范导向群体目标。

在执行任务(运行)阶段，管理者仍然充当促进者的角色，主要任务是鼓励团队成员克服困难，并提供人际关系方面的支持和指导。因为在这个阶段，各种有关问题的不同观点和意见会被提出，这时人际关系上可能出现小的波动。

最后，随着任务的完成，群体走到了尽头。在修整(解散)阶段，管理者充当善后者的角色，主要任务是完成群体的解散和对任务完成情况的评估。管理者宣布解散群体，并通过口头和宴会等形式向全体成员表示感谢。他们评估群体和个人的绩效，并根据绩效给予报酬。

四、正式群体与非正式群体的协调

自20世纪二三十年代梅奥在“霍桑实验”中提出“非正式群体”的概念后，研究者对工厂、企业、学校等正式群体中的非正式群体进行了大量的研究。相关研究表明，组织中非正式群体是客观存在的，对组织管理具有重大影响，要正确处理好正式群体与非正式群体之间的关系。

（一）非正式群体产生原因的分析

非正式群体之所以产生，主要有以下因素的作用：(1)工作环境的接近。群体成员工作时距离相近，工种或工作的地位相同，有较多的接触时间和机会，引致感情上相融合而结成活动的伙伴。(2)心理特征的相似。群体成员必须有相似的个性特征，如兴趣、爱好、性格、气质等，才有可能形成非正式群体。(3)地缘关系。群体成员相邻而居、上下班同路或同乡等。(4)血缘关系。群体成员有亲戚关系，以血脉相连。(5)历史因素。群体成员有相同的经历和社会历史背景等。(6)人事因素。群体中必须有自然核心人物存在，并以他为核心，聚集趣味相投的同类人。

（二）非正式群体的特性和功能

非正式群体与正式群体相比，具有以下几个明显的特性：

(1)非正式群体是自发形成物。非正式群体的形成，不是由官方规定的，而是以相近的个性特征和共同的心理需求为基础自发形成的，在这种情况下形成的群体，规模都不大。

(2)非正式群体以感情为维系的纽带。在非正式群体中，成员之间的相互联系不受正式命令的制约，群体活动的私人色彩浓厚，主要以感情上的交流为联络的纽带。

(3)非正式群体中有自然形成的领袖人物。非正式群体中的领袖人物，虽然不是通过某种形式选举产生的，但威信很高、影响力很大，他们所讲的，大家都乐意听，他们所做的，大家都乐意支持。

(4)非正式群体中有强烈的群体意识。其成员有很强的从众行为倾向，甚至出现群体行为的统一模式化。

(5)非正式群体中信息传递的渠道非常畅通。这种迅速传递的信息，又进一步加强了成员之间密切的关系，使群体具有明显的排他性和自卫性，同时本身也具有很强的应变性。

非正式群体作为一种自然的组合体，其本身的功能相对于组织而言，具有两重性：其一是对组织有积极作用；其二是对组织有消极作用。

（三）非正式群体对其成员和组织的积极与消极作用

1. 非正式群体对其成员和组织的积极作用

非正式群体对其成员和组织的积极作用表现在如下方面：

(1)控制功能。在非正式群体中有一种巨大的控制力，这种控制力表现在群体行为的规模上。群体中的每一个人，都必须遵守这些不成文的规范，都必须与群体保持一致，连领袖人物也不例外。

(2)改造功能。非正式群体的这种功能，是指通过群体的压力和规范，来使某个个体同群体保持一致，这个过程并没有多大的起伏，但效果却很明显。这种功能如使用得好，对组织的工作是一大支持。

(3)活动功能。因为非正式群体有着强烈的群体意识，所以在非正式群体中，每个成员都不甘落后，有着强大的活动力。

(4)对客观组织目标的影响。由于非正式群体中的成员活动具有一致性，所以，如果利用好了，他们的行为有利于实现组织目标；否则，就会成为实现组织目标的障碍。

2. 非正式群体对其成员和组织的消极作用

非正式群体的功能除了具有积极的一面外，还有消极的一面，了解到这一方面，就可以采取有效的预防和改进措施。其消极作用主要表现在以下方面：

(1)对正式群体的心理反感和抵触情绪。非正式群体是自然形成的，成员间有一种独特的凝聚力，容易产生一种"抗官方心理"。因此，他们对正式群体举办的活动不愿参加，而对他们自己的活动却积极参加。有时，本来是非正式群体自发组织的一些有益活动，但一经组织肯定和提倡，他们会很快降低对这些活动的热情。这样就影响了整体的凝聚力，无形地减弱了组织的活力。

(2)散布谣言，传递"小道消息"。调查表明，大量的"小道消息"都是经过非正式渠道传出去的。由于非正式群体成员间的关系密切，信息沟通时，层次少、速度快，再加上人们的"逆反心理"和"猎奇心理"，谣言和"小道消息"得以迅速传播，有时对群体目标的实现有很大危害。

(四)协调正式群体与非正式群体之间关系的原则和方法

1. 协调正式群体与非正式群体之间关系的原则

(1)合理地利用非正式群体为正式群体的组织目标服务

在实现组织目标时，领导人可以利用非正式群体的某些特点完成正式群体所做不到的事。

①利用非正式群体成员之间感情密切的特点，引导他们互相取长补短，提高成员的能力水平。

②利用非正式群体成员间关系密切、容易沟通的特点，引导他们开展批评和自我批评，克服缺点，不断完善自身。

③利用非正式群体信息传递快的特点，及时收集其成员对组织的意见和要求，使领导工作有的放矢。

④利用其凝聚力强，且能较好满足成员的社会心理需求的特点，让他们从事组织不易做的群众工作，促进组织内团结。

⑤利用其内部压力大、成员从众行为显著的特点，在确定劳动定额时，标准可适当提高，以提高活动效益。

⑥利用其领袖人物说话灵、威信高、能力强、影响力大的特点，在可能的情况下，授予其相应的权力，从而把非正式群体纳入正式轨道，使正式和非正式合二为一，提高群体内的凝聚力，使群体更具活力。

(2)区别对待不同类型的非正式群体

①对积极型非正式群体，应当支持和保护。

②对消极型非正式群体，要加以积极的引导和改造。

③对破坏型非正式群体，要采取果断措施，坚决加以取缔。

(3)注重非正式群体的核心人物

非正式群体的核心人物，对其群体的目标和规范有决定性的影响。因此，做好他们的工作，会带动一批人。这就要求在选择基层干部，如组长、工段长、车间主任等时，应充分考虑非正式群体的因素，尽可能委派在非正式群体中享有威信而又作风正派的干部，这样可以增强群体的凝聚力。

(4)合理组织正式群体，丰富正式群体的活动

非正式群体之所以形成，原因很多，但与正式群体的组织不合理和活动单调也不无关系。针对这些，要想削弱非正式群体或改造非正式群体，就要建立合理的正式群体，并举行丰富多彩的活动，使成员都感到在群体中自己是舒适的、需要是可以得到满足的。如此，非正式群体也就不易形成了。

2. 不同类型非正式群体的改造方法

(1)兴趣迁移法。从组织的目标出发，对某些爱好型群体需要加以改造，如把养鸟兴趣改变成钻研业务的兴趣等。

(2)感情联络法。非正式群体的维系是以感情为纽带的，为了改造他们，管理人员就要同他们密切联系、消除隔阂、增进感情，使他们同正式群体在目标上保持一致。

(3)环境设置法。这是利用客观环境和心理环境的重新设置，来使非正式群体中的成员发生变化。如进行工作的调动，或让他们和趣味相似的正式群体中的成员分在一起工作。

(4)角色强化法。非正式群体中的成员都具有双重角色(正式和非正式群体成员)，有些人之所以把非正式群体中的角色作为首要，是因为这一角色具有较大的吸引力，如加强他们在正式群体中的角色，就会把他们转到正式群体中来。对非正式群体中的领袖人物，如通过巧妙的方式让其担任正式群体中的负责人，他就会认真负起责任来。而他手下的“哥们儿”也会回到正式群体中来，这就会增强正式群体的力量。

(5)目标导向法。这种方法是使每个成员的活动目标都与组织的目标导向一致，使组织目标对成员具有吸引力，让他们真正认识到要想满足自己的需求，就必须借助于群体目标的实现，否则个人需求永远也得不到满足。这样，群体中的成员心往一处想、劲往一处使，无形中也就提高了群体的凝聚力。

总之，通过对非正式群体进行调节，使之与正式群体保持一致，使群体具有更强的凝聚力和更高的活动效率，可以顺利完成组织的目标和任务。

应知考核

一、单项选择题

1. (　　)是指严格按组织的规定建设、有固定的成员编制、有规定的权利和义务、职责分工明确的群体。

A. 非正式群体　　B. 正式群体　　C. 假设群体　　D. 参照群体

2. (　　)是指群体成员共同参与对备选方案作出抉择的过程。

A. 群体决策　　B. 群体极化　　C. 群体思维　　D. 群体士气

3. (　　)是由群体规定的、要求其成员共同遵守的行为准则。

A. 群体规范　　B. 群体压力　　C. 群体规则　　D. 群体凝聚力

4. 如把养鸟兴趣改变成钻研业务的兴趣等，体现了(　　)。

A. 兴趣迁移法　　B. 感情联络法　　C. 角色强化法　　D. 目标导向法

5. 在(　　)情况下，凝聚力越高，活动效率越低。

A. 高凝聚力、高一致性　　B. 低凝聚力、高一致性

C. 低凝聚力、低一致性　　D. 高凝聚力、低一致性

二、多项选择题

1. 群体具有的特征包括(　　)。

A. 群体中存在着明确的成员关系　　B. 成员间有持续的互动关系

C. 群体成员具有共同行动的能力　　D. 群体成员有着一致的群体意识

2. 按照程序正式与否,群体可分为(　　)。

A. 正式群体　　B. 非正式群体　　C. 实属群体　　D. 参照群体

3. 按照规模和群体成员间有无直接联系或接触,群体可分为(　　)。

A. 大群体　　B. 小群体　　C. 实属群体　　D. 参照群体

4. 按照成员间联系的紧密程度,群体可分为(　　)。

A. 松散群体　　B. 联合群体　　C. 紧密群体　　D. 正式群体

5. 影响群体行为的因素包括(　　)。

A. 成员的态度、知识、技能和能力　　B. 群体所担负的主要任务的各种特征

C. 群体的层次结构和功能　　D. 群体领导人的能力和特征

三、判断题

1. 正式群体主要是通过成员之间感情互动形成的。　(　　)

2. 联合群体是同时兼顾个人、群体、组织利益的集体。　(　　)

3. 群体凝聚力是指群体成员维持在群体内的合力。　(　　)

4. 群体压力是群体对其成员的一种影响力。　(　　)

5. 凝聚力产生了“1+1>2”的效果。　(　　)

四、简述题

1. 简述群体的概念和特点。

2. 简述群体行为的概念和特征。

3. 简述群体凝聚力。

4. 简述群体压力。

5. 简述群体的作用和功能。

应会考核

■ 观念应用

【背景资料】

举报人是“叛徒”吗?

“一名工作人员伏案而睡,其身旁办公桌上堆积着一捆崭新的百元人民币和数十个红包,而红包下面压着一份向各上级单位干部送礼的‘送礼清单’,送礼对象则从局长、副局长、科长,到镇村干部……”这是某企业职工A向媒体曝出的该企业某地项目部“送礼清单”照片画面之一。记者在采访此事时,A却被项目部同事骂作“叛徒”。

任何不惮于向潜规则抗争的行为,都值得尊敬。或许在有些人看来,A的举报更像是一

种"报复",是与所在单位发生劳动纠纷后,因需求得不到满足而引起的"双输"选择,更可能是一种想做利益同盟而不得之后的"破罐子破摔"。这也正是那名斥责A的同事之所以愤愤不平的原因:"你了解过这个人没有?他是我们单位的职工,又是这件事的参与者,他为什么要举报?这个人是否有问题?这就是品德败坏,过去讲就叫叛徒!"

对于被曝光"送礼清单",被曝企业相关领导接受媒体采访时表示,这是企业在经济活动中基于感情联络、取得信任的一种方式。"就像过节走亲戚一样,送点购物卡等礼物,只要不超标,我觉得很正常。"

"我们知道上面管得紧,但不送礼怕断了关系。"采访中,一些民营企业老板向记者坦言,这好不容易建立起的"关系",总得"维护维护",每到过节的时候"打点打点""沟通沟通"。而且也不送什么贵重的东西,就送一些土特产"意思意思"。

一位外资企业公关部经理认为,中国是礼仪之邦,过节时送礼是一种感情表达,这种"公关维护"费用不能省,也省不得。另一家大型国企办公室主任则表示,"你不送,别人也会送的",现在送礼风气已经好很多了,但逢年过节的"联络联络"感情,一起吃个饭、聊聊天,也是"人之常情"。

试想,如果A没有与领导产生矛盾和意见,面对"送礼清单",他是否还会作出同样的选择?这是要打一个问号的。

但另外,无论是真"叛徒"还是假"叛徒",却都已经在事实上遭遇到了无情的逆淘汰。就连A本人都清楚:"我揭开了行业的潜规则,在这个圈子里已经很难立足了。"这种劣币驱逐良币的逆淘汰只能让很多潜在的"叛徒"望而却步,对于不良风气和腐败文化,选择沉默、妥协甚至是同流合污。而这才是"叛徒"A的"出卖"让我们需要追问和反思的地方。

【考核要求】

1. 本案例中存在哪些道德伦理问题?

2. 试对上述问题作出你的道德研判。

■ 技能应用

办公室里来的年轻人

小张于1998年至2002年在某重点大学学习行政管理专业。2002年,小张参加了某市公务员考试并顺利通过,被该市政府法制办录用。

进入了公务员系统,小张暗自下定决心:要好好干出一番事业。于是,每天小张早早地来到办公室,扫地打水,上班期间更是积极主动地承担各种工作任务,回家还钻研办公室业务。

法制办原有五个人,包括主任甲、副主任乙,以及三位年纪较大的办事员A、B、C。几位老同志听说办公室要来一个年轻人,顾虑重重,但令他们没有想到的是,这个年轻人热情开朗、待人谦虚,很容易相处。更重要的是,小张专业对口,再加上勤快又聪明好学,让几位老同志一下子减轻了许多压力。几位老同志渐渐喜欢上了这个年轻人,主任、副主任也经常在办公室会议上表扬小张。

可是小张逐渐发现,随着领导表扬的次数增多,几位老同志对自己越来越冷淡。有一次,忙着赶材料,B居然冷冷地对他说:"就你积极!"小张一时间丈二和尚摸不着头脑。一年很快就过去了,小张顺利转正。

市政府年终考核,法制办工作出色,被评为"优秀科室",并且在制订下一年度(2004年)计划时,又增加了法制办的工作量。法制办的几位老同志本来因为小张的到来轻松了许多,这下又忙起来了。而且他们发现，虽然繁忙依旧，但是“名”却给夺走了，每次得到表扬的总是小张。小张更加被排斥了。随着2004年小张被评为法制办第一季度“先进个人”，A、B、C对小张的反感达到了顶点。从此，几位老同志再也不邀请小张参加任何一次集体活动，还在背后称小张是“工作狂”和“神经病”，“都这么大了还不谈恋爱，是不是身体有毛病”。话传到小张耳朵里，小张很伤心。有一次，小张把自己的遭遇同另外一个部门的老王讲了。老王叹了口气：“枪打出头鸟，你还年轻，要学的还很多啊！”小张恍然大悟，正是自己的积极破坏了办公室原有的某些东西，让几位老同志倍感压力，才招来如今的境遇。

从此，小张学“乖”了，领导不布置的任务，再也不过问了，一天能干完的事情至少要拖上两天甚至三天。办公室又恢复了平静与和谐，“先进个人”大家开始轮流坐庄，几位老同志见到小张的时候又客气起来了，集体活动也乐意邀请他。小张觉得，这样很轻闲，与大家的关系也好多了，心理压力骤减，生活也重新有了快乐。

【技能要求】

1. 该案例涉及本项目的哪些知识点？

2. 试从上述知识点对“办公室里来的年轻人”进行分析。

3. 如何对非正式群体加以正确引导和管理？请提出具体的建议或方案。

■ 案例分析

【情境与背景】

群体与个人

还记得霍桑实验吗？在其中的一个绕线室实验中，对14名男工试行一种特殊的工资制度：工资是计件的，却不是按个人的产量计酬，而是按集体总产量计酬；报酬由厂方直接发放给个人，而不是交由小组进行分配。这样，工人的工作量不但决定着自己的工资，而且直接影响着一同劳动的其他同事的收入。那么在这种制度下，工人们会怎么做？怎样配合？产量会有什么变化吗？答案会是什么呢？

经过连续半年隐蔽观察发现，每个工人日产出都低于管理层的规定标准，但又不会低太多，不至于引起监工不满，也不会损害其他同事的利益。这个日产出标准是在工作实践中自发形成的，工人们认为这个标准是“公平的工作量”，都会遵守这个标准。因为他们认为，如果产出太多，迟早会引发管理当局的政策变化，不是导致工资率的削减，就是提高官方产量标准。假如有人表现出“越轨”的迹象，就会遭到大家的嘲笑，以示警告，以惩罚他对集体规范的违反。因此，工人们暗地里采取各种方法来维持自己非正式的集体成员资格。

【分析要求】

请分析群体和成员之间如何进行有效管理。

项目实训

【实训内容】

个人利益与群体利益。

【实训目标】

让学生体会个人利益与群体利益的关系。

【实训组织】

以学习小组为单位，进行辩论赛，小组分为：

正方观点：个人利益和群体利益可以两全；

反方观点：个人利益和群体利益不可以两全。

【实训成果】

1. 老师依据本背景设定对立的论题组织辩论赛，根据分组辩论成绩、班级讨论、书面报告等综合评定。

2. 评分采用学生和老师共同评价的方式，并完成实训报告。

<table>
<tr><th colspan="3">《个人利益与群体利益》实训报告</th></tr>
<tr><td>项目实训班级：</td><td>项目小组：</td><td>项目组成员：</td></tr>
<tr><td>实训时间：　　年　　月　　日</td><td>实训地点：</td><td>实训成绩：</td></tr>
<tr><td colspan="3">实训目的：</td></tr>
<tr><td colspan="3">实训步骤：</td></tr>
<tr><td colspan="3">实训结果：</td></tr>
<tr><td colspan="3">实训感言：</td></tr>
</table>

项目八

人际关系

○ **知识目标：**

理解：沟通与人际沟通的概念；人际沟通的特点；有效沟通的概念和特点。

熟知：人际沟通过程；电子沟通；有效沟通的障碍；影响人际关系的因素；工作中的人际影响策略。

掌握：人际沟通过程分析；人际沟通的方式和网络；促进有效沟通的对策；人际关系的应用。

○ **技能目标：**

能够结合人际关系理论，分析进行人际沟通的过程及其促进有效沟通的对策。

○ **素质目标：**

运用所学的人际关系知识研究相关事例，培养和提高学生在特定业务情境中分析问题与决策设计的能力；结合行业规范或标准，运用知识分析行为的善恶，强化学生的职业道德素质。

○ **项目引例：**

星海公司年终奖一波三折

星海公司是一家从事电信运营的企业，临近年底，公司总经理在盘点公司全年的盈利水平时发现，由于行业竞争的加剧，公司今年的盈利水平比去年下降了10%，也就是说，年终员工奖励与分红必然比去年要减少。

由于公司所处行业是竞争非常激烈的行业，所以一旦激励不到位，必然造成人才的离职和流失。同时，在过去一年中，员工们都非常努力地工作，他们对年终激励也有较高的预期。如果员工们知道今年的年终奖励比去年更少，必然会非常不满，很多骨干人才很快就会流失，军心涣散的局面将一发而不可收拾。但是，星海公司不将公司实际运营情况告知员工的话，又如何稳住军心呢？所以，如何进行年终激励成为星海公司左右为难的事情。

在总经理的“暗示”下，就在离预定发放年终工资与年终奖金的3个星期前，公司财务总监有意无意地向个别员工透露：今年由于行业竞争激烈，公司业务发展受到不少影响，公司账面几乎没有盈余，所以今年所有员工没有年终奖，而且员工最后一个月工资要推迟发放，并可能实施裁员计划。消息一传出，公司员工几乎炸开了锅，每个人都心情沉重，在私下里议论纷纷，士气几乎降到了最低点。

第二个星期，当所有员工都觉得发展无望时，财务总监又“无意”向外透露：由于上次计算错误，公司的盈余还不是很糟糕，员工最后一个月的工资还可以准时发放，虽然没有年终奖，裁员计划可能被推迟实施。这个消息一传出，许多原本失望到极点的员工又燃起了一丝希望，员工的士气恢复了不少，许多人在心存庆幸的同时，开始接受这个现实。

到了发放工资和年终奖金的那天，财务总监正式宣布：虽然公司去年现金盈利不算好，但公司在全体员工的共同努力下，取得了不少发展，特别是公司的知名度与市场占有率正在不断提高，预期一年内将会取得更加迅速的发展。企业基于全体员工在过去一年的努力工作，不仅会准时发放工资，而且还将发放年终奖励（总数比去年少10%），同时决定取消裁员计划，与所有员工共同渡过目前的难关，迎接胜利的明天。

这个消息一公布，员工全部欢呼起来，对星海公司与总经理的“慷慨”感恩戴德，士气前所未有地高涨起来，同时也化解了潜在的人才流动危机。

引例感悟：沟通是人与人心灵的对话，每个被沟通者是有心理诉求的，管理者如何根据员工的心理诉求状态，给予一定的沟通干预，从而达到沟通的目的，的确有很多技巧和学问。纵然“朝三暮四、朝四暮三”总的付出一样，但可能感受不同。沟通就是要让被沟通者接受沟通者的想法，把自己的想法放在他人的脑子里的过程。

○ **知识精讲**：

任务一　人际沟通概述

一、人际沟通的概念、特点和作用

人际沟通是信息领域中最为重要的部分，其主要作用在于建立和维持人际关系。沟通将许多独立的个人、群体联系起来，形成一个整体。它像人体的神经系统一样不可缺少，正如美国管理学家斯通纳所言：“沟通对于管理人员是非常重要的。因为在贯穿管理的全过程中，这一活动是不可缺少的。计划、组织、领导、决策、监督、协调、考核的成功完成，都必须以有效的沟通为前提。”

（一）沟通与人际沟通

1. 沟通

“Communication”是一个多义词，其含义达数百种之多。中译文中主要有沟通、通信、交通等意思，组织行为学家选译为“沟通”。“沟通”一词在汉语中的本意是开沟使两水相通，其引申含义为彼此相通。作为专业术语，是指相互之间信息的传递和交流。

沟通是指信息通过一定的方式在传送者与接收者之间进行交换的过程。信息交换不是沟通的最终目的，它只是作为沟通的媒介，沟通要达到的终极目标是意思的理解，即通过信息所要传达的内容，传送者的意思要被接收者理解并反馈给传送者。因此，沟通包括意思的传达和理解。

2. 人际沟通

人际沟通即人与人之间的沟通。广义的人际沟通，可以发生在个体与个体之间、个体与群体之间、个体与组织之间、群体与群体之间、群体与组织之间，以及组织与组织之间。狭义的人际沟通，一般特指群体中个体与个体之间的沟通。

（二）人际沟通的特点

1. 人际沟通的社会性

人际沟通均发生在一定的社会环境中，必然会表现出有利于集体、组织和社会发展的特性，是人际沟通不能脱离社会而孤立生存的属性。

2. 人际沟通的选择性

人际沟通的选择性是指信息的发出者与接收者均会根据自己的认知结构有所选择，会根据自身的需要去选择或者不选择、接受或者不接受与他人之间的沟通。

3. 人际沟通的主动性

人际沟通的主动性表现在它不同于两套设备简单的“信息传输”，其中每一个个体都是积极的主体。也就是说，人际沟通中的每一个参加者都要求自己的沟通对象具有积极性，不能把沟通伙伴看成是某种客体。

4. 人际沟通的互动性

人际沟通的互动性是指人际沟通都是通过信息传送者和接收者双方一起完成的，沟通双方为了达到沟通的目的，要改变彼此的心理与行为。

5. 人际沟通的干扰性

人际沟通都是通过一定的方式和渠道进行的，但又客观存在着很多障碍，对沟通进行干扰，如经验、知识、个性等。

6. 人际沟通的符号性

人际沟通的符号性是指人际沟通主要通过一定的媒介（如语言、表情、穿着等）进行，它们在沟通中代表一定意思的符号，因此人际沟通具有符号性。

（三）人际沟通的作用

石油大王洛克菲勒说：“假如人际沟通能力也是同糖或咖啡一样的商品的话，我愿意付出比太阳底下任何东西都珍贵的价格购买这种能力。”由此可见人际沟通的重要性。既然人际沟通这么重要，那它到底有什么样的作用呢？

1. 表达情感

这是沟通的重要功能。各种各样的情感及其表达方式伴随着人类历史而存在着，但仅仅知道这些是不够的，当人们通过一定的方式将这些感情表达出来，人们之间的情感会变得不同，沟通就是这些方式中的一种。

2. 信息传递

信息传递是人际沟通的主要作用，人与人之间的沟通就是通过他们之间信息的传递来表达双方的观点和意见，这里的信息可以是声音、文字或图像等。

3. 控制和改变行为

沟通包括信息的传达和意思的理解，但这不是沟通的最终目的，沟通的最终目的是控制和改变对方的行为。

二、人际沟通过程

（一）人际沟通过程概述

人与人之间进行沟通首先需要一个目的，即信息发出者（沟通一方）对信息接收者（沟通另一方）发出的信息。信息发出者对自己想要发出的信息进行编码（将其转化成一种象征性符号），然后通过一定的媒介或通道传达给信息接收者，接收者收到象征性符号之后将其翻译为自己理解的消息，最后也是最关键的一步是，信息接收者要将自己接收信息的情况反馈给信息发出者，形成一个回路。

图 8－1 是整个沟通过程（Communication Process）。该过程有以下几个关键点：发出者、信息、编码、通道或媒介、译码、接收者、反馈。

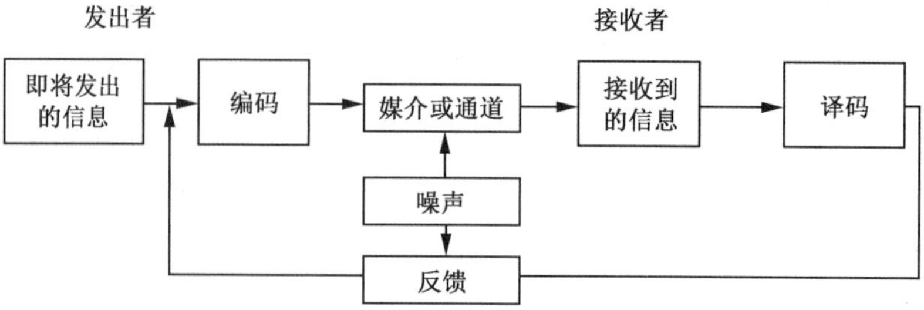

图 8—1 沟通过程

（二）人际沟通过程分析

根据社会心理学分析，人际沟通过程主要由心理过程和动作过程两大部分组成。

1. 心理过程

人际沟通的双方即主体和客体都是人，人具有心理活动，因此，人际沟通的心理过程主要表现为沟通动机、信息的选择和理解。

（1）沟通动机。人际沟通的第一步是从信息发出者发出信息的那一刻开始，沟通动机指的就是信息发出者为什么发出信息和向谁发出信息的问题。人际沟通一般是在以下两种情况下进行的：第一，沟通双方态度相近，为了更加了解或增强经验而沟通。第二，沟通双方态度相反，为了达成一致进行沟通。

（2）信息的选择和理解。对于信息发出者发出的信息，信息接收者不会照单全收，他们通常会因为个人偏好、个性心理、知识结构、阅历等因素而进行有选择的接收和理解。人们选择信息的心理是极其复杂的。通常，影响人们作出信息选择的因素有以下几个方面：一是信息的易得性；二是信息发出者的倾向性；三是有用性、可信性和趣味性等信息本身具有的特性。影响一个人理解信息的主要因素有个人的知识、经验和个性心理特征等。

2. 动作过程

人际沟通往往要借助于沟通者的动作来实现，如手势、表情等肢体语言，因而许多社会心理学家十分重视研究人际沟通动作。

在这方面，美国学者贝尔斯的研究尤为突出。贝尔斯通过在实验条件下对一个由 5 人构成的团体进行观察，发现团体内各成员间的沟通动作可以分为两大类：一类是以满足对方的交往需要和情感需要为目标；另一类是以提供信息、方向或指示为目标。在此基础上，贝尔斯把人际沟通的动作分为以下 12 种：

（1）追求团结一致，提高对方的地位，或表示支持对方的意见。

（2）镇静，与所有人都容易相处并表现出毫无拘束，常面带笑容，显示满意的表情。

（3）表示同意、默认。

（4）给予指示，或发指示，但表现得彬彬有礼。

（5）提供意见，批评并分析意见，表示意图和感情。

（6）提供信息，介绍情况，解释清楚。

（7）需求信息，请求重复问题（采取强硬的办法或温和的态度）。

（8）询问意见，要求得到评价与分析，求得对方的明确表示，尤其关注对自身行动的评价。

（9）请求告诉各种可能的行动方式。

（10）消极地拒绝意见，不予帮助，表示不同意。

（11）显露紧张及不满情绪（受压抑、情绪不安、受挫折）。

（12）表现出攻击行为，贬低对方的地位，肯定自己。

贝尔斯所分析的人际沟通动作在现实生活中确实是客观存在的，他的分析也较细致，对我们探索人际沟通过程有一定的参考意义。

同步案例 8－1　　卖梳子

背景与情境：有一个单位招聘业务员，由于公司待遇很好，所以很多人前来面试。经理为了考验大家就出了一个题目：让他们用一天的时间去向和尚推销梳子。很多人说这是不可能的，和尚是没有头发的，怎么可能向他们推销？于是，很多人就放弃了这个机会。但有三个人愿意试试。第三天，他们回来了。

第一个人卖了 1 把梳子。他对经理说："我看到一个小和尚，头很痒，在那里用手抓。我就骗他说用梳子梳头好处多，于是就卖出了 1 把。"

第二个人卖了 10 把梳子。他对经理说："我找到庙里的住持，对他说如果上山礼佛的人头发乱糟糟，会对佛不尊敬，如能在每个佛像前摆一把梳子，游客来了梳完头再拜佛就更加尊敬佛祖！于是我卖了 10 把梳子。"

第三个人卖了 3 000 把梳子！他对经理说："我到了最大的寺庙里，直接跟方丈讲，你想不想增加收入？方丈说，想。我就告诉他，在寺庙最繁华的地方贴上标语'捐钱送礼物'。什么礼物呢？一把功德梳。这个梳子有个特点，一定要在人多的地方梳头，这样就能梳去晦气、梳来运气。于是，很多人捐钱后就梳头，又使很多人去捐钱，一下子就卖出了 3 000 把。"

问题：

（1）从三个人的推销结果来看，你认为沟通在推销中有什么作用？

（2）你认为如何沟通才能有利于成功推销？

案例精析：

（1）良好的沟通有助于推销成功。

（2）要想利用沟通促进成功、有效地推销，那么在沟通时就需要注意：首先，要找准沟通对象；其次，要找准沟通的切入点，找到对方的需求并给予解决；最后，要注意认知、个性品质、语言和地位对沟通的影响。

任务二　人际沟通的方式和网络

一、人际沟通的方式

人际沟通的方式很多，这里为了方便大家理解，我们按照不同的标准来进行划分。

（一）按照沟通是否通过明文规定的渠道进行，可分为正式沟通和非正式沟通

正式沟通（Formal Communication），是指组织或群体中，按照明文规定的渠道进行的与工作相关的信息的传递和交流，例如组织内部上级命令的下发和下级情况的上报、组织内部的文件传达、召开会议、发通知、报告等。正式沟通通常与组织或者群体的机构和层级有关。

正式沟通有它自身的优点：具有较强的约束力，比较严肃，保密性很好，让沟通有章可循，能使沟通具有一定的权威性。但是，通过组织明文规定的正式沟通也存在诸多缺点：沟通速度慢、刻板不灵活等。因此,组织或群体还得考虑用非正式沟通来弥补正式沟通的不足。

非正式沟通(Informal Communication),是指组织或群体中,除正式沟通外一切信息的传递和交流。非正式沟通与组织结构和层级没有关系,它以社会关系为基础,不受组织的影响,是正式沟通的有力补充。

非正式沟通的优点是:范围广,弹性大,直接明了,速度快,方式灵活,能获得正式沟通无法获得的信息,真实反映员工的思想、态度、动机。它的重要作用主要表现在:第一,满足成员情感需要;第二,弥补正式沟通的不足;第三,了解成员真实情况;第四,密切上下级联系。同时,非正式沟通也具有一些缺点:非正式沟通是自发形成的,因此信息遭受歪曲或发生错误的可能性很大,真实性值得怀疑;非正式沟通一般与成员个人密切相关,易造成"谣言"和形成"小道消息";非正式沟通以社会关系为基础,易形成小集体,当它们与组织目标不符时,对组织或群体会造成威胁。

小道消息是伴随着非正式沟通过程而产生的,具有良好的贴近性和高失真度,是组织信息的重要组成部分。小道消息得以存在的原因有情况对人们具有重要性、现实情况令人"丈二和尚摸不着头脑"、现实情况令人焦虑。

小道消息具有以下特点:第一,小道消息不一定都不可靠;第二,小道消息失真度高;第三,小道消息传播速度非常快;第四,小道消息具有良好的贴近性;第五,小道消息的根源无从查实;第六,小道消息是正式组织信息的有力补充。小道消息在组织沟通中扮演着重要角色,因此,管理者必须予以高度重视。

(二)按照沟通双方的地位是否变换或改变(即是否进行反馈),可分为单向沟通和双向沟通

单向沟通(Unilateral Communication),是指组织或群体成员在进行沟通时,一方发出信息,另一方接收信息,接收者不再向发出者反馈信息,如通知、报告、演讲、命令等。

双向沟通(Bilateral Communication),是指组织或群体成员在进行沟通时,信息发送者与接收者两者之间的位置不断交换,信息接收者收到发出者的信息之后对其进行反馈,反馈可以是多次,直到双方理解和满意为止,如协商、谈判、交谈等。

单向沟通和双向沟通各有利弊:首先,单向沟通比双向沟通快;其次,双向沟通在信息理解的准确度上比单向沟通高;再次,双向沟通比单向沟通满意度高;最后,双向沟通较单向沟通噪声大。

(三)按照信息的流向,可分为上行沟通、下行沟通和平行沟通

上行沟通(Upward Communication),是指信息从组织或群体低级流向组织高级的沟通。它往往用于下级对上级报告情况和存在的问题,或者下级对上级反馈情况。上行沟通的目的就是要有一条让上级管理者听取下级意见、想法和建议的通路。同时,上行沟通又可以达到管理控制的目的。

下行沟通(Downward Communication),是指信息从组织或群体上级流向组织下级的沟通。它往往用于上级对下级发号施令、布置工作、下达指示、宣读组织或群体政策等。下行沟通的目的是为了控制、指示、激励及评估。

平行沟通(Horizontal Communication),是指信息在组织或群体的同级之间、相同层级的群体与群体之间、相同管理层级之间的流动和传播的沟通,如员工间的沟通、管理者之间的沟通。平行沟通可以促进成员之间的感情团结,可以克服本位主义和本部门主义的产生,可以满足成员感情需要等。但是,平行沟通信息量太大、头绪乱,同时也是小道消息传播的一条途径。

(四)按照沟通的媒介,可分为言语沟通和非言语沟通

言语沟通(Verbal Communication),是指使用正式语言符号进行的沟通。言语沟通又可分为口头沟通和书面沟通。口头沟通是指借助语言进行的信息传递与交流,如访谈、讨论会、电话、广播、对话等。书面沟通是指借助文字进行的信息传递与交流,如通知、文件、手册、备忘录、书面总结等。

非言语沟通(Non-verbal Communication),是指通过身体动作、体态、表情、衣着打扮、语气语调、空间距离等方式进行的沟通。美国心理学家艾伯特·梅瑞宾认为,一条信息的表达=7%的语言+38%的声音+55%的人体动作。

二、人际沟通的网络

(一)正式的人际沟通网络

正式沟通网络是指通过正式的信息沟通渠道建立起来的联系,它在组织中最为常见,在信息沟通中发挥主渠道作用。最常见的正式沟通网络有链式沟通、环式沟通、Y 式沟通、轮式沟通、全通道式沟通,如图 8—2 所示。

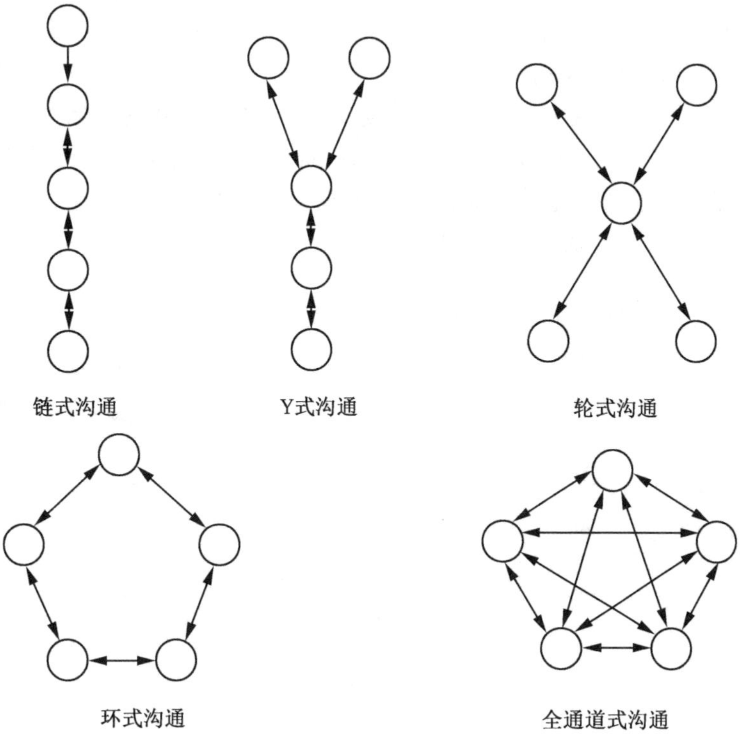

图 8—2　正式沟通网络

1. 链式沟通

链式沟通又称直线式沟通,是指有若干个沟通者,信息从最初的发出者到最后的接收者,环环衔接,形成信息沟通的链条。群体成员形成无形的层级体系。链式沟通遵循严格的命令,简单、速度较快、有明确的领导人、适合等级结构、满意度低、失真度高。

2. 环式沟通

环式沟通与链式沟通很相似，但环式沟通链的首尾相连，从而形成一个封闭的信息沟通环。群体成员只与两位成员联系和沟通，在环式沟通链中，所有成员的满足感相同，成员士气相当。但是解决问题速度慢，没有明显的优秀人物出现。

3. Y 式沟通

Y 式沟通是指链式沟通的途中变换为环式沟通，是链式沟通与环式沟通的结合。Y 式沟通中群体成员形成一定的结构体系，处于中心的成员满足感高，解决问题的速度快，有明显的领袖人物出现。

4. 轮式沟通

轮式沟通是指信息的发出者直接将信息一起发送到最终接收者。轮式沟通过程中有一个明显的主导者，所有信息的传送与反馈都需经过这个主导者，成员也得通过此主导者才能相互沟通。它是一个有秩序的群体，群体领导者的满足感很强，但其他成员的满足感很低，轮式沟通在解决问题时具有时效性。

5. 全通道式沟通

全通道式沟通是指所有沟通参与者穷尽所有沟通渠道的全方位沟通。群体成员能与其他任何成员直接沟通，这是一种非等级式沟通，满意度非常高、失真度低，但这种沟通速度慢、决策缓慢，没有明显的领袖出现。

（二）非正式的人际沟通网络

在一个组织或群体中，除了正式的人际沟通外，还存在非正式的人际沟通，它不是按组织中正式的沟通渠道进行信息的传递和人员的沟通，而是通过非正式沟通渠道建立起联系。通常所说的“小道消息”，主要就是经由非正式沟通网络传播的。

小道消息的传播模式一般有 4 种，如图 8—3 所示。

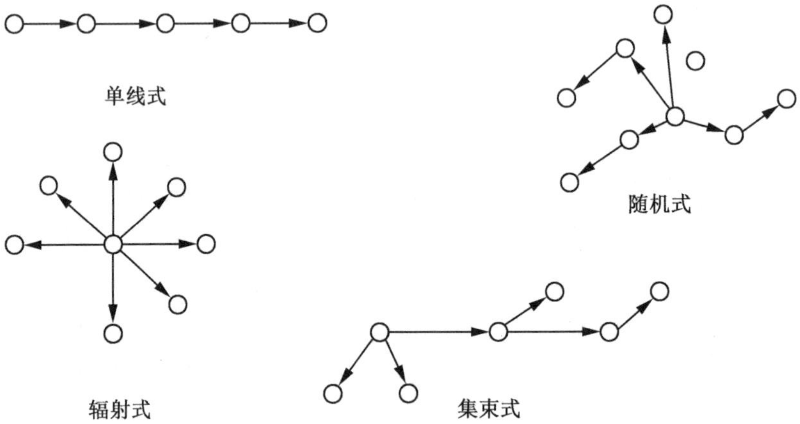

图 8—3　非正式沟通网络

1. 单线式

“一人传一人”，是指信息发出者通过一连串的人把信息传送给最终的接收者。

2. 辐射式

“一人传多人”，是指由一个人主动地、统一地把信息传送给其他人。

3. 随机式

“一人偶然传”，是指由于一个或多个偶然的机会，小道消息被传播开，由一个人把消息传给另外一个人,另外一个人再传给其他人。

4. 集束式

“葡萄藤式”(“一人成串传”),是指一个人在传播小道消息时,有意识、有选择地传给自己的亲戚、朋友、同事或与其有关的人。此模式是传播小道消息最普遍的形式。

三、电子沟通

随着电子信息技术的兴起,一种新型沟通形式逐渐发展起来了,它就是电子沟通。电子沟通(E-communication)又称为E沟通,是以计算机技术与电子通信技术组合而产生的信息交流技术为基础的沟通。它包括电子邮件、传真、即时通信和短信、闭路电视、计算机网络、微博、微信、钉钉等。

与传统的沟通模式相比,电子沟通具有以下6个特点:

(1)从表现方式来看,电子沟通主要采用视频会议、电子报纸、互联网及组织内部网等进行沟通,它使组织内的电子化书面沟通形式多于口头沟通形式。

(2)从信息传递速度来看,电子沟通加强了企业即时输出和即时回收信息的能力,实现了书面信息能以与面对面或电话式的口头信息一样快捷的速度传递。同时,电子沟通的即时反馈功能弥补了传统书面沟通反馈的局限。

(3)从沟通的范围来看,电子沟通实现了远距离、跨地域的即时沟通,方便跨国公司、集团公司的沟通运作,并大大降低了成本。

(4)从沟通的网络来看,电子沟通使员工在组织内可以跨越纵向层级工作,从而实现在组织内全通道开放式的沟通网络,模糊了组织内的地位等级界限,对中层管理人员的地位造成挑战。

(5)从沟通造成的影响来看,电子沟通使员工可以在家里或其他地方工作,并使员工可以方便地与其他组织的员工交流。

(6)从企业的传统口头沟通来看,由网络技术与视频技术结合出现的视频会议将代替传统的会议,从而实现了随时随地进行跨地域空间的“口头”沟通的可能。

电子沟通对组织沟通产生了巨大影响,除了具备传统书面沟通的优势以外,还具有传递快捷、信息容量大、成本低和效率高等优点。但与此同时,电子沟通也存在一些弊端。电子沟通以技术作为中介,其沟通过程依赖技术本身,它的高效必须建立在技术状态合适和人员对技术使用的熟练上,一旦某一环节出错,其效率就会受到很大的影响。此外,有些电子沟通看不到沟通对方的表情,在网络上的某些交流中,甚至搞不清对方的真实身份。

任务三　有效沟通

如何进行有效沟通,是研究沟通问题的主要目的之一,但有效沟通可能会存在很多曲折和障碍。

一、有效沟通的概念和特点

(一)有效沟通的概念

所谓有效沟通,是指通过听、说、读、写等思维的载体,通过演讲、会见、对话、讨论、信件等方式准确、恰当地表达出来，以促使对方接受。有效沟通主要指组织内人员的沟通，尤其是管理者与被管理者之间的沟通。

达成有效沟通必须具备两个必要条件：首先，信息发送者要清晰地表达信息的概念，以便信息接收者能确切理解；其次，信息发送者要重视信息接收者的反应，并根据其反应及时修正信息的传递，免除不必要的误解。两者缺一不可。有效沟通能否成立，关键在于信息的有效性。信息的有效程度决定了沟通的有效程度。

信息的有效程度主要取决于以下两个方面：一是信息的透明程度。当一则信息应该作为公共信息时就不应该导致信息的不对称性，信息必须是公开的。公开的信息并不意味着简单的信息传递，而是要确保信息接收者能理解信息的概念。如果以一种模棱两可的、含糊不清的文字语言传递一种不清晰的、难以使人理解的信息，对于信息接收者而言没有任何意义。另外，信息接收者也有权获得与自身利益相关的信息概念，否则有可能导致信息接收者对信息发送者的行为动机产生怀疑。二是信息的反馈程度。有效沟通是一种动态的双向行为，而双向沟通对信息发送者来说应得到充分的反馈。只有沟通的主、客体双方都充分表达了对某一问题的看法，才真正具备有效沟通的意义。

（二）有效沟通的特点

1. 沟通及时

沟通及时包括传送及时、反馈及时和利用及时 3 个部分。及时就是不得提前或延后。传送及时是指信息发出者要及时把信息发给信息接收者。反馈及时是指信息接收者在收到信息发出者发出的信息之后，要及时把情况告知信息发出者。再好的信息，如果没有被及时利用就没有价值。利用及时是指信息接收者在收到并反馈信息之后，及时地利用了信息。

2. 信息充分

充分就是足够、尽量的意思。信息充分要求信息发出者在发出信息时要全面、适量，发出的信息既不能以偏概全，也不能过量，要做到恰到好处。以偏概全容易曲解信息的含义，一叶障目；过量的信息又会造成信息拥挤，难以找到有用信息。这就对信息发出者在选择拟发出的信息时提出了较高的要求。

3. 信息不失真

信息失真是指信息失去本意或本来面貌，跟原来的有出入。信息是否失真，是评价一个信息系统的工作质量与可靠程度的重要标准。只有不失真的信息，才能充分反映发送者的意愿，接收者才能正确理解信息，也才能取得行动的预期效果。

同步案例 8－2　　找他人会谈

背景与情境：陈振辉是某制造机器工具集团的新任总经理。一天，他去手下的一个分公司，安排了与郭翔兴的会谈。郭翔兴是向他负责的分公司经理。

陈振辉（以下简称陈）：小郭，在看了你的业绩报告后，我安排了这次会谈。我知道我们从未面对面谈过，但是我想我们该谈谈你在做些什么了，只是我担心我要说的事情可能不太受欢迎。

郭翔兴（以下简称郭）：陈总，不要客气，我想我会听的。在这之前，我与那些初来乍到并自认为懂得这儿一切的人已经谈过几次了。

陈：小郭，我希望今天的谈话是一种双向沟通。我不是来给你下判决，也不是来听你汇报的，我只想知道哪些方面需要改进。

郭：好吧，这我从前也听到过，您就直说吧，屈尊了。

陈：我不认为是屈尊。但这儿有几件事你应听一听。一件是我在这次调研中发现的，你与一些女员工太亲密了。

郭：噢，你以前没来过这儿，并不知道这里非正式的融洽关系。办公室人员与楼下的女职员经常会听到一些开玩笑的恭维话。

陈：也许是这样，但你该注意些。我还注意到厂里的另一件事。你该明白，在我们公司，整洁的厂房多么重要，但今天早上我路过时，发现这里没有我希望见到的那么整洁有序，东西放得杂乱无章。

郭：在整洁方面，我的厂将打败我们集团中的任何对手，你也许发现一些工具不在原位，那是有人在用它们，但我们还是以整洁而自豪。我不明白你为什么说一切杂乱无章，你在这儿没经验，下什么判决呢？

陈：我非常高兴你能关注整洁问题。我要说的也就是你该注意一下，不再说整洁了。我发现你穿得不像一个分公司经理。我想你在创造一种不系领带的标准形象，但便装可能会成为员工穿着随意的借口，那可不好。

郭：我不希望在经理与员工之间有距离。我认为穿得像车间中的员工，能帮我们减少许多障碍。另外，我也没有那么多钱去买那些衣服，它们每天都可能被油弄脏。这似乎对我太挑剔了。

陈：小郭，我不是在挑剔，而是这些事对我感触太深了。然而，还有其他一些事需要改进。一个就是你交到总部的报告，有太多错误，拼写错误，我猜想还有数字的错误。我想知道你是否对这些报告很上心，看来你只是敷衍了事。

郭：我们这儿做得最多的事就是报告。我要花 3/4 的时间用于填写这些表格为总部汇总。你们为什么不取消这些工作，给我们一些时间去干工作呢？

陈：你的想法与我一样，我们的确应多控制一下我们的生产率、质量与成本，但你也应该更加关注工作职责的那一部分。

郭：我不想再争论这个问题了，对我来说，每次提到这个问题，我总是失败者。你为什么不去找其他人了解一下情况呢？我要回去工作了。

问题：

陈总经理如何做才能有助于与郭经理成功沟通？

案例精析：

(1)要想实现有效沟通，陈总经理首先应该明确沟通的目的。因为任何有计划的沟通活动都要清晰地确定沟通的目的。

(2)不但需要考虑通过沟通想解决什么问题，还必须考虑与被沟通者之间的关系如何处理。

(3)还应注意采取策略性的沟通技巧。如根据被访问者的特点组织语言，与下属进行沟通要先肯定后再提意见和建议等。

(4)在问题设计上，可采用开放式问题与封闭式问题并用的方式，以获取各具特点的信息。

(5)应尽量采用建设性沟通。

二、有效沟通的障碍

（一）信息过滤

信息过滤是指信息发出者有意操纵信息，从而达到信息对发出者有利的目的。这是最常见的有效沟通的障碍。如一位下级只把上级喜欢听的信息告诉上级，或者只选择把对自己有利的信息传达给上级，而对自己无利甚至有害的信息则故意隐瞒。

影响信息过滤的因素有很多，一方面主要与信息发出者的态度有关，发出者态度越不端正，信息越不真实；另一方面与整个组织的层级有关，组织层级越多，信息被过滤的可能性越大，有效沟通的效果越小。

（二）选择性知觉

与信息过滤恰好相反，选择性知觉是指信息接收者会根据知觉的需要、动机、经验和其他特征有选择性地接收信息。拥有不同背景、经历、身份、社会地位和认知的人会形成不同的知觉模式，从而使他们对事物作出不同的选择和认定。甚至在解码时，信息接收者还会将自己的兴趣爱好加入信息沟通过程中。

（三）情绪

心理学认为，情绪是身体对行为成功的可能性乃至必然性在生理反应上的评价和体验。在接收信息时，接收者的感觉也会影响其对信息的解释。处于不同情绪状态中的人，对外界的感悟是不一样的，处于狂喜和压抑等极端情绪状态下的人是很难进行有效沟通的。

（四）语言障碍

语言是人类最重要的交际工具，是人们进行沟通交流的各种表达符号。语言是通过人的思维反映客观事物的符号，与客观事物之间存在间接的关系，由于语言的多样性和人的意识的多变性，对相同对象会产生不同的意思和理解。由于人们的年龄、教育背景和文化程度、种族、民族等不同，对同一信息的理解会产生很大的差异。

（五）信息超载

信息超载是指沟通者所面对的信息超出了他的应对能力。随着电子沟通等新形式沟通方式的发展，沟通的速度大大超过了从前，同时也带来了过量的信息。而个人处理数据的能力是有限的，这些过量的信息会导致人们不知所措。在这种情况下，人们倾向于筛选、忽略、遗忘某些信息。所以，信息超载也会成为有效沟通的障碍。

（六）沟通技能欠佳

这是指沟通双方在沟通的技能方面存在不足，最终影响到沟通的效果。人们在沟通过程中是需要技能的，但是由于个人受专业训练和教育水平较低，可能会缺乏必要的沟通技能。

（七）组织结构不合理

这主要是指有的组织由于机构庞大、层级过多而导致信息失真，影响了信息传递的效率。如果这种情况同组织中信息过滤现象结合起来，就会产生乘数效应。因此，组织结构不合理、机构臃肿，再加上各组织部门职责不清、分工不明等，就会给沟通双方造成压力，影响有效沟通。

（八）忽视反馈

反馈是指信息接收者收到信息之后作出的反应，将收到信息的事实及对信息的理解程度告知信息发出者。反馈的目的是交流和证实，反馈是沟通过程中十分必要又不可缺少的环节，有了它，沟通过程才会形成一个完整的回路。

三、促进有效沟通的对策

（一）发讯者应做好准备

沟通者应有系统地把沟通的内容予以充分考虑，为了防止概念不清，应先澄清概念，沟通内容必须事先妥善计划，并明确沟通的目的。要先了解沟通的另一方，选择恰当的时机、环境，使用适量的沟通信息，选择恰当的信息传输通道、适当的言辞、适当的方式等。

（二）明确地沟通

一般而言，一件事情，对人有利者，易被记忆。所以，一方面，管理人员如希望下级能记住自己的信息，则表达时的措辞应尽量考虑到对方的利益和需要；另一方面，沟通双方应当选择适当的方式、准确的言辞，将自己的想法明确地表达出来，不能让对方产生歧义。

（三）及时反馈与跟踪

反馈是沟通的重要环节，良好的反馈能使沟通过程更加完整，还可以通过不断印证双方观点从而改善沟通效果。因此，信息发出者要注意通过反馈与追踪，了解接收者对信息的理解和执行情况，以确保沟通的有效性。要注意反馈具有针对性，要及时反馈等。

（四）上级人员应言行一致

通常，下级人员对管理人员的行为极为注意，一个管理者如果口头上说的是一回事，行动上又是另外一回事，那他就是推翻自己的指令，信息接收者会对他的指令打上相应的折扣。因此，上级管理人员在与下级进行沟通时，要做到语言与行为上的一致性，让下级对上级心悦诚服，这样上、下级之间才能进行有效沟通。

（五）改善组织结构

组织中层级过多会导致信息在传递过程中出现信息过滤或信息失真的情况，其负面后果甚至会出现乘数效应。应减少管理层次和精简部门，加强部门之间的联系，使组织结构扁平化，为组织中信息的畅通创造良好的条件。

（六）考虑文化因素对沟通的影响

随着社会经济的发展，不同文化背景中的人们之间也存在信息的传递和情感的交流，这就是所谓的跨文化沟通。不同文化之间存在的差异使沟通面临着重重阻碍，可以通过制定拟派海外管理人员的选拔标准、跨文化培训和海外管理人员本土化策略来促进跨文化沟通。

（七）创造支持性的沟通氛围

组织中如果存在一种支持性的沟通氛围，那么组织成员便会感到被接受、有价值、受重视、受支持等，同时能确保对信息的阐述和理解；反之，组织若存在一种不支持的沟通氛围，成员之间就会感受到沟通困难、不被支持、不被重视，便不能实现有效沟通。

（八）采用断言型的沟通风格

沟通有 3 种风格：一是断言型风格，态度不卑不亢，诚恳坦率，直截了当，一针见血；二是非断言型风格，犹豫畏缩，缺乏自信，欲言又止；三是侵犯型风格，盛气凌人，粗暴武断，语言讥讽或斥骂，这种沟通往往只有消极作用。在沟通过程中，沟通双方采用断言型的沟通风格，更能达到有效沟通。

（九）改进倾听技巧，充分利用主动倾听

倾听与交谈同样重要，一位智者说过，上帝给了我们每人两只耳朵和一个嘴巴，就是要我

们多听少说。沟通不良大多来自误解，而许多误解源于信息接收者没有主动倾听，主动倾听可以大大降低不良沟通的发生。

主动倾听是相对于被动倾听的。被动倾听只用“耳”不用“心”，主动倾听不仅用“耳”，更重要的是用“心”。两者的对比强调了信息接收者对信息的积极性。

（十）发挥非言语沟通的作用

我们每一次传达信息时，同时也会传达非言语信息。我们可以认为所有肢体活动都是有意义的，非言语沟通往往使一般的言语沟通变得更加复杂。注意这些非言语沟通并积极找出言语沟通之外的非言语信息和线索，最终利用它能有效促进沟通的效果。

（十一）保持双向沟通

双向沟通是有效沟通的必要条件。单向沟通只能说是指示或报告，容易造成对方的反感。鼓励反馈是达成双向沟通的关键环节，鼓励上下自由沟通，光有自上而下的沟通不会产生好的效果，有效的沟通应该是自上而下与自下而上沟通之间的平衡。

（十二）加强沟通技能训练，增强沟通技巧

沟通双方缺乏沟通技巧会导致沟通不畅，加强沟通技能训练、增强沟通技巧就变得十分重要。如何改善沟通的方法，国外有许多专家提出不同的准则，美国的管理学家提出一整套建议，通常称为良好的沟通十戒：一戒沟通前概念不清；二戒沟通目的不明；三戒忽视沟通环境；四戒沟通内容不完整；五戒沟通手段不适当；六戒沟通信息繁杂无用；七戒沟通后不跟踪、不督促；八戒沟通后不注意后果；九戒言行不一致；十戒我行我素。这十条应该是改善沟通的有效办法。

任务四　人际策略

生活在社会中的每一个人都会同他人发生各种各样的关系，这种关系经常受到各自职务以及心理特征的影响和制约，并伴随一定的心理体验和反应，这种交往和联系的状态就是人际关系。什么是人际关系、人际关系在工作中起着怎样的作用、如何改善工作中的人际关系策略等是我们探讨的主要内容。

一、人际关系策略

（一）人际关系的概念

人际关系是指人们在物质和精神交往过程中发生、发展和建立起来的人与人之间的心理关系。人际关系的实质就是社会关系、生产关系和经济关系的具体体现，它由人际交往、人际知觉和人际反应 3 个部分构成。工作中的人际关系就是指人们在工作中的人际交往过程，由于相互认识、相互沟通、相互体验、相互协作而形成的心理关系。

人际关系具有很多特点。从头到尾保持良好人际关系的是极少数，它会随着情境的不断变化而变化；群体中富有吸引力的人难以保持始终；由于成员的需求会发生变化，因此人际关系的结构会随时间的变化而日趋复杂；群体中总有少数的孤独者。

正确处理工作中的人际关系非常重要，它可以缓解工作中的紧张情绪，可以提高人们的工作效率，可以增强成员的士气和凝聚力，有利于人的身心健康，良好的人际关系也是社会和谐的重要指标之一。

（二）影响人际关系的因素

影响人际关系的因素很多，管理者必须找到正确的影响因素，对症下药，以改善群体内的人际关系和群际关系。

1. 客观因素

（1）距离远近。俗话说得好，“远亲不如近邻，近邻不如近门”，这充分说明了地理位置对人际关系的重要性。在人际关系原有格局良好的条件下，地理位置越近，越容易使人形成亲密的关系；距离越远，越容易使人关系疏远。

（2）交往频率。虽然比邻而居，但是老死不相往来，也无法形成彼此间亲密的关系。因此，人与人之间的交往频率是影响人际关系的重要因素。再亲密的关系，由于交往频率的降低也会变得疏远起来。

（3）群体的社会地位和社会影响。一般来说，在一个拥有较高社会地位和社会影响的群体中，群体成员会为了取得更好的成绩，得到社会的认可，做到集体利益与个人利益的有机结合，建立良好的人际关系。而在社会地位和社会影响较低的群体中，成员彼此间会因为个人私利而不顾集体利益，当然不会产生良好的人际关系。

2. 主观因素

（1）主观印象和第一印象。正所谓“情人眼里出西施”，不管在别人看来这个人怎么样，但只要自己对他的印象好，自然愿意与之亲近，从而建立起良好的人际关系。当代最成功的投资大师巴菲特说过，“第一印象，永久的印象”。任何人都没有第二次机会重塑留给对方的第一印象。管理好留给对方的印象等于开启了成功人际关系的大门，因为人人都愿意接近让自己有好感的人。

（2）能力和特长。能力和特长对人际关系具有一定的影响。一个人的能力强，有某一方面的特长，自然会得到一些人的拥护和爱戴，在交往过程中更能建立相互信任的心理关系，最终形成良好的人际关系。

（3）气质和性格。人的气质和性格对人际关系更加具有长远的影响力。多血质的人性格开朗大方，活泼，敏捷好动，善于交际，容易接受新鲜事物，而性格温和的人让人更能接近。因此，气质和性格是人际关系重要的影响因素。

3. 彼此吸引的因素

（1）个性倾向的相似或互补。物以类聚，人以群分。个性相似的人容易形成亲密关系，如信徒；相反，虽朝夕相处，也难以形成亲密关系。个性具有互补的人之间可以“取人之长，补己之短”，从而形成亲密关系。

（2）利益的一致或互补。利益一致的人之间容易形成亲密关系已是常态。而大量的研究表明，当交往双方的利益、需要和满足的途径正好互补时，双方之间的喜欢程度也会增加。

（3）工作中的人际关系策略。美国总统罗斯福说过，成功的第一要素是懂得如何搞好人际关系。卡耐基也说过，专业知识的作用只占15%，而其余的85%则取决于人际关系。处理好工作中的人际关系是组织成员的共同需要，更为重要的是，如果处理不好工作中各种各样的人际关系，还会影响到员工们的身心健康。因此，在工作中采取一定的策略来保持良好的人际关系是必要的。

（三）工作中的人际关系策略

1. 领导者、管理者的人际关系策略

作为群体的领导者和管理者，要想保持与下属、被领导者的良好人际关系氛围，在与之交往时应该努力做到：

(1)不要总是以上级身份去处理与下级的关系，平等与下属相处，会拉近彼此的距离。

(2)努力使自己的人格得到下属的认可。研究表明，只有当上级的人格被认可、接受了，下属才能认可其思想、观点，并真心与之交往。

(3)要善于并勇于向下属表露自己的意图和情感，有时情感的交流会大大促进和改善人际关系，应知道“感人心者莫先于情”。

(4)关心下属的工作、生活和学习状况，了解下属的意向和需求，努力为下属谋利益、办实事。

(5)信任下属，把工作交给下属并委以责任、授予权力。

(6)明确告诉下属，任何人都会犯错误，注意帮助下属卸掉“犯了错误怕影响前途”的心理包袱，接受教训，积累经验，轻装上阵。

2. 下属、被领导者的人际关系策略

作为下属、被领导者，在与领导者、管理者交往时应该努力做到：

(1)要有悟性，要明确意识到领导者或管理者对自己的期望，在不违背原则的前提下，努力依照其期望去行动。

(2)应表现出对工作的热情、需要和忠诚，必须使自己的工作态度得到上级认可。

(3)要显示并保持良好的工作绩效，上级对你的工作表现出赞许时，就意味着对你的接受。

(4)必须尊重上级的权力和威信，否则上级有可能会认为你不尊重他的人格。

(5)不要过分指责、批评上级，要学会寻求上级的支持、帮助和指导。

(6)与上级保持适度接触，但不宜太频繁。

(7)下级不要让上级总是听到你的抱怨声，必须努力将自己的抱怨减少到最低限度。

3. 同级之间的人际关系策略

在工作中，除了上级和下级要处理好人际关系之外，同级之间相处的时间更长，也应该注意处理好彼此之间的人际关系。同级交往要做到：

(1)努力使自己保持积极、乐观的心态，秉持平常心、平等心、平安心。

(2)努力使自己成为群体中的一员，并显示出对群体目标、规范的认同以及愿与其他成员共事的意向。

(3)在他人需要帮助时，及时予以帮助；在他人取得良好绩效时，及时予以真诚赞扬。

(4)一定要承认他人的价值，在行为上不能轻视别人或不尊重别人。

(5)要“常见自己过，莫道他人非”，避免过多地指责和攻击别人。

(6)努力使自己成为一位好的倾听者，并表现出对他人的真诚欣赏。

(7)要努力表现出对他人工作、学习的兴趣和关心，这是赢得他人尊重的策略之一。

(8)始终保持对人的忠心和坦诚。

二、工作中的人际影响策略

(一)人际影响概述

群体中的人际影响是指群体成员相互影响并彼此改变心理与行为的活动现象。社会心理学实验研究表明：第一，单是他人在场就可以影响一个人的心理和行为，如每次离家远行时目送我们离开的父母。第二，许多个体作为群体成员共同活动时，便会显示出个人独处时不同的行为特征。对于个人来讲，存在着私人和公共两种空间状态。在私人空间里，个人会比较放松，会展现出纯粹的个性；而在公共空间里，个人作为群体成员时，必然要与他人或其他组织发生一定的社会联系，个人为了取得预期效果或者留下良好印象，在活动时会显得更加谨慎、小心。

（二）人际影响策略

1. 强硬式影响策略

强硬式人际影响策略是指强有力的、不作出任何让步的人际影响策略。它包括两个部分：一个是惩罚提示，即向对方明确提出，如果他从事或停止某一行为，就会予以直接惩罚。惩罚提示不常用，但最为有效。另一个是承诺奖赏，即直接向对方明确提出，如果他从事或继续从事某一行为，将会得到精神或者物质上的嘉奖，以激励其行为。承诺奖赏常用，但效果不及惩罚提示明显。惩罚提示和承诺奖赏具有激励与控制双重功能，两者相辅相成，最好是结合使用，并以承诺奖赏为主。

2. 温和式影响策略

温和式人际影响策略是指不严厉、不粗暴且使人感到亲切的人际影响策略。它也包括两个部分：一个是建议，即向对方预言，如果他遵从或不遵从某种劝告的话，将会有奖罚发生，管理者常用此法影响员工；另一个是警告，即预言被影响者的行为与惩罚之间的可能联系。温和式影响策略的效果不如强硬式影响策略好，但是由于这种方式不动用权力，领导者、管理者多喜欢采用这种方式来影响下属。

3. 间接控制式影响策略

间接控制式影响策略包括环境控制、迂回控制以及线索控制 3 个部分。环境控制是指改变或建立某种环境，以产生所期望的行为效果的一种控制方式。迂回控制是指借助第三方力量的介入来影响他人，使他人并不知道是你在影响他的一种控制方式。线索控制是指在了解被影响者的经历或个性的基础上，攻其所忌、投其所好，以达到所期望的行为效果的一种控制方式。

4. 有影响意图、有影响力的其他影响策略

除了上述影响策略以外，有影响意图、有影响力的影响策略还有复述和自我泄露。复述包括重复和重新解释两种方式，无论是重复还是重新解释，都会影响对方的心理和行为。其中，重新解释是利用了人际交往的轮流原则，通过重新解释深化彼此的交流，加深彼此的影响。自我泄露，即把自己的私事作自我泄露，由此就可以诱导对方作出对等泄露，自我泄露采用了人际交往的对等原则。

5. 无影响意图却有影响力的行为

在群体中，并非人的所有行为都具有影响他人的意图，比如陈述观点、回答提问、分析论证等。根据西方心理学家的相关研究发现，在人际交往行为中，无影响意图却有影响力的行为占 27%—64%。因此，我们一定要牢记：在群体中，并非人的所有行为都有影响他人的意图，不要以为别人的行为对自己总是带有某种意图或企图。或者说，我们在人际交往时，一定要防止两个极端：一是对他人与自己的交往行为麻木；二是对他人与自己的交往行为敏感。

任务五 人际关系的应用

一、人际关系测量

(一)人际关系矩阵

人际关系矩阵是根据总人数(n)而制定的“n×n”的行列表,表内数字标记为各成员的选择关系,也可记为各成员的排斥关系。例如,自己最喜欢的人给3分,其次给2分,第三位的给1分。同样,根据不喜欢的程度由强到弱依次给−3分、−2分、−1分。这样,一一填入表内,然后就可以一目了然地知道群体内的人际结构与人际关系,谁选择谁、谁反对谁、谁的威信最高、谁最受排斥,以及选择的方向是单向还是双向等,从中我们可看到这个群体的社会心理气氛如何。

(二)人际关系图

人际关系图,就是在群体中,把成员彼此之间喜欢和不喜欢的关系用图形的方式表示出来。人际关系图比人际关系矩阵更加具有直观性,它可以使人们十分清楚地看出每个成员在群体中所占有的地位。

例如,莫瑞诺曾在一个8人群体中做了如下实验,即他根据成员彼此之间的好恶情况,提出了以下问题:(1)你愿意和谁在一起工作、学习和研究问题?假如你剩余了一点做家具的木料,你打算让给谁?(2)你最不愿意和谁一起工作?你最不愿意和谁交往?

根据回答,他将群体成员的关系按照“吸引”“排斥”和“漠不关心”分为三类,并据此给出群体成员的人际关系图,从而来说明8个成员之间关系的全面情况,如图8−4所示。由图8−4可知,A、B、C是这8个人组成的群体中的非正式群体,B是这8个人中的实际领袖,因为A、C、D、G都倾向于他。E、F虽相互接近,但其他成员并不喜欢他们。H是这个群体中最受孤立的,因为他与中心人物B没有直接关系。E和D、F和D彼此互不关心。

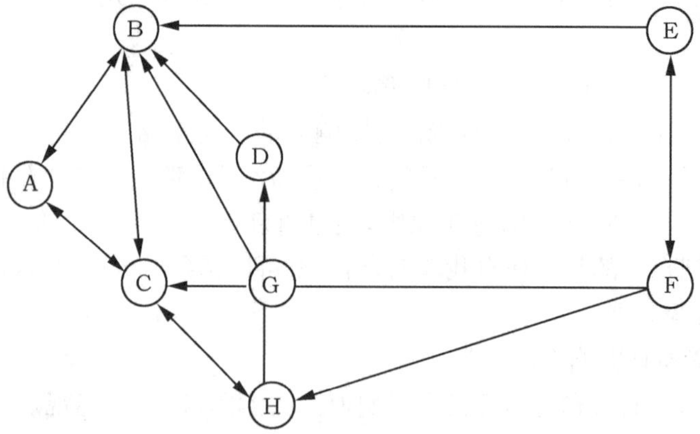

图8−4 人际关系图

因此,借助这种人际关系图,不仅可在短时间内了解到个体在群体中的社会地位、影响力及成员彼此间的吸引或排斥,同时也有助于了解群体中的各种特性,这种方法对于研究小群体的人际关系而言是一种有效的工具。目前,这种方法已普遍为各国所接受,有人还对此方法进行改进以适用于较大的群体。

（三）人际关系指数法

这是一种从质和量上把握我们同他人人际关系的历史和现状、评价自己与他人人际关系质量的方法。具体办法是，将影响人际关系的诸因素数量化，作为衡量人际关系质量的变量，并结合人际关系建立与发展的不同阶段，编制出评价某一具体人际关系的“人际关系指数表”，见表8－1。

表8－1　人际关系指数表

因素	相似性			需要满足			交往频率			情感相悦			阶段		
指数	高	中	低	高	中	低	高	中	低	高	中	低	高	中	低
	1	0	－1	1	0	－1	1	0	－1	1	0	－1	1	0	－1
Ⅰ．选择定向阶段															
Ⅱ．深入交往阶段															
Ⅲ．关系建立阶段															
Ⅳ．关系持续阶段															
因素指数和															

在人际关系指数表中，从左到右排列的是影响人际关系的诸因素，对于其中的每一因素都根据其实际存在的三种可能性规定了相应指数：－1、0、＋1。从上到下排列的是人际关系发展的四个阶段：第一，选择定向阶段。这是人们在众多的交往对象中，选择某一特定的交往对象、确定交往方向的阶段。第二，深入交往阶段。在这一阶段，彼此经过选择定向后开始进行深入交往，双方不断从表面接触深入对方的内心世界和生活的诸多方面，探索建立深层次关系的可能性。第三，关系建立阶段。在这一阶段，双方思想、情感和行为方式都有相当程度的渗透。第四，关系持续阶段。即彼此关系确立后的相互交往时期。

根据自己的实际情况，参照各因素的指数标准，在表中填入相应的指数，就形成了衡量人际关系质量和发展情况的人际关系指数系统。

二、良好人际关系的建立

人们在社会中生活，为了使活动顺利地进行，就会形成某种人际关系，这种人际关系在不同条件下、不同的人身上会有不同的表现。有的人在群体中形单影只，有的人在群体中剑拔弩张，有的人在群体中如鱼得水。这说明人际关系的建立受多种因素的影响，那么如何才能建立良好的人际关系呢？

（一）注意良好的外观

在初次交往时，人的仪表、衣着、言谈等外观因素起重要作用。由初次交往形成的第一印象会对人际关系的形成有重要影响。因此，在实际生活中，初次与人会面，就要十分注重自己的仪表，穿戴要与自己的身份相应，言谈举止恰到好处，以增加自己的魅力，实现交往的继续深入和良好人际关系的建立。

（二）利用相似性

相似性是导致人际吸引、结成良好人际关系的直接因素。俗话说：“物以类聚，人以群分。”人们在生活中的交往，并不是无目的地进行，而是具有严格的选择性，只有当两者在某些方面具有相似点时，交往才有可能进行。这些相似点主要包括年龄相似、社会经历相似、态度与价值观相似等。

（三）发挥情感的相悦性

情感是人进行活动的心理动力源泉，情感的相悦可以增进人际吸引。人与人之间若要建立良好的人际关系，就必须以情感作为媒介，在情感深化的基础上，建立比较稳定的、良好的人际关系。

（四）塑造自己的性格和气质

这两种因素属于个性中的成分，它往往影响人际交往的数量和质量。在群体中，一个性情宽厚、能体谅他人的人，易为其他成员所欢迎，成为众人结交的对象，因而也很容易同其他人建立良好的人际关系；相反，一个性格孤傲、态度冷漠的人，很难与人形成和谐的人际关系。就气质而言，一个热情奔放、活泼好动、善言辞、乐社交的人，往往易与他人建立关系；而一个古板、迟钝、多愁善感、刁钻古怪的人，则会使人望而却步。

（五）重视空间距离的作用

在社会生活中，人们在地理位置上越接近，彼此接触的机会越多，就越容易形成良好的人际关系。因此，同一班的学生之间、同一车间的工人之间等在一般情况下都易于结成良好的人际关系。当然，空间距离对于人际关系的形成并不起决定作用，但在其他条件相同的情况下，的确是一个有利条件。

（六）利用群体的社会地位和社会影响

一个群体在整个社会中所处的地位如何、所起的影响怎样，也是影响人际关系形成的客观因素。一个群体的成就大，在社会上影响大，就容易使成员在相互交往时产生心理相容和感情共鸣，结成良好的人际关系，产生集体荣誉感；相反，一个失败的群体，在社会上没有什么地位，名声又很坏，群体中的成员就会搞分裂，形成各种不同的非正式群体，使群体缺乏统一的气氛，这就很难建立良好的人际关系。

三、人际冲突管理

人际冲突是指一种对立的状态，表现为两个或两个以上相互关联的主体之间的紧张、不和谐、敌视，甚至争斗关系。冲突管理是人们采取一定的行为来应对、处理冲突。

（一）两维法

在处理冲突时，存在明显的个体差异，不同的人对于冲突有不同的习惯性反应。Cupach等（1997）研究认为，人们管理冲突的方法可以从两个维度上来分析：一个是合作性，即关注他人需求、愿意满足他人需求的程度；另一个是坚持性，即关注自己需求、坚持满足自己需求的程度。根据人们在这两个维度上的表现，可以区分5种比较典型的冲突管理方式：（1）强制模式。冲突一方以满足自身利益为出发点，不考虑给对方所造成的任何后果和影响，甚至不惜损人利己。这是在其他方式都无法解决时的首选措施。（2）回避模式。在冲突发生时，采取漠不关心的态度或回避双方争执。这是一种不合作也不维护自身利益的处理方法。该法只能维持暂时的平衡，不能从根本上解决问题。（3）迁就模式。冲突一方将维持双方合作关系放在第一位，作出一定程度的自我牺牲，以保持和谐关系。迁就模式一般适用于问题的争端对自己无大碍但对对方却至关重要的情况，或冲突持续发展会影响整体目标实现、以大局为重的情况。(4)妥协模式。双方都有所坚持,也有所退让,没有绝对的赢家,也没有绝对的输家。(5)合作模式。冲突各方都愿意在满足对方利益的共同前提下,通过协商寻求双赢的解决方案。

一般来说,前三种处理冲突的方式效果不佳,它们可能进一步加剧冲突,使人感到不舒服,或者使问题得不到解决。后两种管理冲突的方法就比较有效,但是并不见得适用于所有情境。一些研究发现,冲突处理的模式存在文化差异。例如,美国文化更注重竞争,在冲突管理中更倾向于采用强制的方式;中国文化比较强调“和为贵”,推崇合作。

(二)谈判法

由冲突双方各派代表通过谈判协商方式解决冲突。谈判时,应以试图改善双方关系和增强双方合作能力为基本前提,使双方从建设的角度处理冲突,因为从长远观点看,保持在小组内有效合作的工作关系比满足个人短期需要更重要。其结果是双赢策略,而不是一赢一输或两败俱伤的结局。

(三)仲裁法

当双方经过直接协商无法解决冲突时,就需要通过中间人作出仲裁来解决冲突。研究发现,采用中间人的仲裁有助于冲突的解决,这可能是因为在相持阶段,冲突双方很难作出让步,而且任何让步都将被看成“软弱”,所以中间人要使协商者在不失面子的情况下作出让步,从而促进谈判的进行。一般来说,中间人的选择必须要具有一定影响力、权威性,而且是由彼此双方信任或合法的局外第三者或较高层次的主管人员来充当,否则可能无效。

(四)行政干预法

当事态发展严重,冲突的双方通过协商不能解决冲突,而且也不服从调解者的仲裁时,可由上级领导运用其正式权力的权威,按规章制度提出相关处理办法,通过发出强制性行政命令,强制命令冲突双方执行。行政干预法是用强制手段解决冲突,虽然这种方法往往不能消除引起冲突的原因,不能真正解决问题,但是可以阻断冲突进一步升级。因此,在有些场合,特别是在时间紧迫、需要当机立断时,行政干预法还是必要的。

四、人际沟通障碍调整

在管理活动中,信息沟通并不总是畅通无阻的,常常因沟通要素不够、沟通形式不当而形成沟通障碍,对这些障碍如不排除,就会使沟通难以进行。

(一)认知偏见障碍调整

认知偏见障碍主要表现在以下方面:(1)社会知觉偏见障碍。社会知觉偏见障碍种类较多,如首因效应、光环效应、晕轮效应等,其特点是以偏概全。这种认知障碍不仅会使正常的信息沟通出现麻烦,也会影响人们之间的认识和了解。(2)知觉选择偏见障碍。人们在接收信息时,总是根据自己的兴趣、需要、价值观等对信息进行选择。这种知觉选择性偏差也容易形成沟通障碍。

要想排除认知偏见障碍,需要注意两个方面:一是在进行人际沟通时,无论是什么方式的沟通,都要做到既不漫不经心,又不贬低他人、伤害对方的自尊心;二是要客观地对待对方传递的信息,不要过早地对信息作出评论。

(二)个性品质障碍调整

人际沟通既受沟通方式、技巧的影响,又受个人个性品质的制约。一般来说,个性品质有以下成分者容易造成沟通障碍：(1)为人虚伪；(2)自私自利；(3)不尊重别人；(4)报复心强；(5)妒忌心强；(6)猜疑心重；(7)苛求别人；(8)过分自卑；(9)骄傲自满；(10)固执己见等。

具有上述个性品质的人，要想进行良好的人际沟通，必须努力使个性品质朝以下方面转化：(1)待人热情；(2)光明磊落；(3)正直宽厚；(4)善于体谅、理解他人；(5)思维灵活；(6)谦虚；(7)乐群；(8)活泼、开放；(9)讲话诙谐、幽默等。

(三)语言障碍调整

语言障碍对沟通的不良影响主要从两个方面表现出来：(1)信息发出者的语言障碍。语言是人际沟通的主要工具，如信息发出者吐字不清、声音不大、方言土语多、逻辑混乱，就会使接收者产生反感和抗拒心理，使沟通无法进行。(2)语言接收者的心理趋向障碍。在人际沟通中，接收者的心理状态不同，理解和接收信息的程度也不一样。

因此，为了进行良好的沟通，一是要做到向别人发出信息时，表达清楚、规范，声音适度，逻辑严密，使对方能准确地接收；二是在接收和理解信息时，要保持客观冷静的心态，准确把握别人发出的信息。

(四)地位障碍调整

在人际沟通中，地位上的障碍有时也使得沟通难以进行。所谓地位上的障碍，是指由职务、职位等方面的差异而引起的障碍。例如，下级向上级反映情况往往有打埋伏的现象，报喜不报忧、夸大成绩等。再如，上级向下级传达指示，下级往往不是如实地理解这些指示，而是要猜测这些指示的“言外之意”“弦外之音”等，以便“上有政策，下有对策”。

要消除这种障碍，管理者应注意两个方面：(1)既要对下级平易近人，又要在组织内倡导民主气氛，培养员工的民主意识；(2)管理者在做决策之前，要广泛地征求员工的意见，使他们充分发表自己的见解，并采纳其中的合理建议。

五、人际关系能力培养

(一)人际关系能力培养的途径

人际关系能力培养的途径是多种多样的，但概括起来，主要有两条途径：一是通过实际的人际交往进行培养。社会是一个大课堂，作为一个人，要想在社会中生存，就必须通过自身的生活实践来获得协调各种关系的能力。二是通过人际关系知识系统的传授来培养。如果说，通过自身的生活实践提高人际关系能力是感性知识的积累和艰苦探索的话，那么，人际关系知识的系统传授则是给人们以理论的指导和向人们提供一条提高人际关系能力的捷径。向人们传授人际关系方面的知识，被视为禁区，因为有人觉得这样做会使社会上的不正之风更加盛行。这是完全错误的理解。关系学是一门科学，它不是为了助长不正确的人际关系，而是引导人们去建立健康的、积极的人际关系。通过对这门科学知识的掌握，可以使人选择最佳的培养人际关系能力的途径，并使用最恰当的方法和合适的技巧，同周围的人结成良好的人际关系。

(二)人际关系能力培养的方法

1. 敏感性训练(Sensitivity Training)

敏感性训练，也叫感受性训练或 T 组训练(T-group Training)，这是在美国被广泛采用的一种培养领导者和管理人员人际关系能力的方法。

敏感性训练的目的主要是使受训练者：(1)增强对别人需要、动机、情感及其表达方式的敏感性；(2)通过观察别人的反应和体验自己的情感变化，提高洞察自己行为的后果，并从中吸取教训的能力；(3)提高使自己的行为符合自己的价值观念、行动目标和与外在环境相吻合的能力；(4)提高活动技能，使意图、行为和行为结果更加一致(即提高协调处理人际关系的能力)。

敏感性训练的基本设想是：(1)人们可以从分析自己"此时此地"的心理经验中学到很多东西；(2)最主要的学习是洞察别人的感情、反应及观感；(3)设计良好的训练实验室(或别的场所)，能减少阻挠人与人交往互补作用的障碍，使受训练者能更直接、有效地学习体会别人；(4)在这项训练中，必须克服的阻碍是人们在其社会文化环境中习得的既有态度。

2. 角色扮演

在人际交往中，如果每一个人都能站在别人的立场上，多替别人着想，就可以避免许多误会的产生，而使人际关系保持和谐。角色扮演法就是模拟某些现实的问题情境，让一个人扮演各种不同的角色，站在不同的立场处理事务，以期了解别人的要求与感受，从而改善待人的态度。

同步案例 8－3　　　　女秘书事件

背景与情境：瑞贝卡(Rebecca)无论如何也没有想到，她对老板一封指责邮件的回复，会引起如此轩然大波，并使她一夜成名，被网民封为"史上最牛女秘书"。事件的起因源自一把钥匙。

4 月 20 日晚，EMC 大中华区总裁陆纯初回办公室取东西，到门口发现自己忘记带钥匙。而此时他的秘书瑞贝卡已下班。陆试图联系未果，非常恼怒。次日凌晨，陆通过内部电邮系统用英文发了一封措辞严厉的"指责邮件"，告诫她下次要在确保其服务的主管无事后，方能离开。陆同时将这封邮件抄送给了公司的其他几位高管。

面对上司的责备，瑞贝卡在两天之后，以中文对陆的邮件做了正式答复，并反过来指责陆忘记带钥匙而迁怒她是推卸责任，同时认为陆无权干涉和控制其八小时外的私生活。更超乎常规的是，她将其答复转给了"EMC(北京)、EMC(成都)、EMC(广州)、EMC(上海)"。她的这份答复邮件，又从 EMC 内部流出，并在短短的一周内，迅速传遍了几乎中国所有的知名外企。4 月 25 日，北京某平面媒体对此事做了报道。该报道立即被全国各媒体转载和各门户网站转帖，并成为各个论坛热议的头条。有网友戏称该事件为"邮件门"。

问题：

(1)瑞贝卡与陆纯初之间为什么会产生沟通冲突？

(2)如何才能减少人际交往冲突？

(3)如何才能创建良好的企业伦理型文化？

案例精析：

(1)由于瑞贝卡与陆纯初双方在沟通目标、规范、信仰和价值观等方面的不同，导致对于同一事物的伦理道德判断不一样，因此，在沟通过程中就会出现伦理道德上的冲突。

(2)减少人际交往冲突的办法可从个体和组织两个方面着手。从个人角度来讲，遇事要进行换位思考；从组织角度来讲，要创建和完善伦理型组织文化。

(3)良好的企业伦理型文化的创建需要每个员工的努力：①高层管理者必须身体力行；②组织中各层面的成员都必须具有良好的伦理行为；③所有层面的管理者必须具有学识和能力，以做好日常伦理决策；④每个员工都应避免由于自己的行为而引起对他人的伤害；⑤每个员工应互相尊重别人的权利。

应知考核

一、单项选择题

1. 狭义的人际沟通，一般特指（　　）。

A. 个体与个体　　B. 个体与群体　　C. 个体与组织　　D. 群体与群体

2. 人际沟通主要是通过一定的媒介，如语言、表情、穿着等，体现了人际沟通的（　　）。

A. 社会性　　B. 选择性　　C. 干扰性　　D. 符号性

3. 人际沟通往往要借助于沟通者的动作来实现，如手势、表情等肢体语言，是（　　）。

A. 心理过程　　B. 动作过程　　C. 气质过程　　D. 个性过程

4. 协商、谈判、交谈等方式体现了（　　）。

A. 正式沟通　　B. 非正式沟通　　C. 单向沟通　　D. 双向沟通

5.（　　）是指由一个人主动地、统一地把信息传送给其他人。

A. 单线式　　B. 辐射式　　C. 随机式　　D. 集束式

二、多项选择题

1. 人际沟通的心理过程主要表现在（　　）。

A. 沟通动机　　B. 信息的选择和理解

C. 镇静　　D. 显露紧张及不满情绪

2. 按照沟通是否通过明文规定的渠道进行，可分为（　　）。

A. 正式沟通　　B. 非正式沟通　　C. 单向沟通　　D. 双向沟通

3. 按照沟通的媒介，可分为（　　）。

A. 单向沟通　　B. 双向沟通　　C. 言语沟通　　D. 非言语沟通

4. 最常见的正式沟通网络有（　　）。

A. 链式沟通　　B. 环式沟通　　C. Y 式沟通　　D. 轮式沟通

5. 人际冲突管理的方法有（　　）。

A. 两维法　　B. 谈判法　　C. 仲裁法　　D. 行政干预法

三、判断题

1. 人际沟通即人与人之间的沟通。（　　）

2. 人际沟通中特殊的障碍包括经验、知识、个性等，体现了人际沟通的符号性。（　　）

3. 正式沟通是以社会关系为基础，不受组织的影响。（　　）

4. 影响一个人理解信息的主要因素有个人的知识、经验和个性心理特征等。（　　）

5. 上行沟通的目的是为了控制、指示、激励及评估。（　　）

四、简述题

1. 简述人际沟通的概念、特点和作用。

2. 简述电子沟通的特点。

3. 简述有效沟通的概念和特点。

4. 简述促进有效沟通的对策。

5. 简述影响人际关系的因素。

应会考核

■ 观念应用

【背景资料】

LE集团的沟通障碍

LE集团公司东北分公司最近从华南分公司调来一位广东籍的总经理陈某。陈某在广东一带是很有名气的经理人,他有个特点:发言从来不用讲稿,经常即兴发言,广东话风趣幽默,常常博得满堂喝彩。但他讲不好普通话,到东北分公司就任后,他召开全体员工大会阐述经营理念和战略,与下属积极沟通,以了解情况。开始下属很愿意找他汇报工作,但他经常打断下属的汇报,提出评价意见。员工渐渐地不愿意向他汇报工作了;同时,陈某也发现,他在大会上的即席讲话也没有得到员工们的响应,不能引起共鸣。

【考核要求】

从进行有效沟通的角度,帮助陈某分析原因并提出相应的对策。

■ 技能应用

惠普的敞开式办公室

美国惠普公司创造了一种独特的"周游式管理办法",鼓励部门负责人深入基层,直接接触广大职工。

为此目的,惠普公司的办公室布局采用美国少见的"敞开式大房间",即全体人员都在一间敞厅中办公,各部门之间只有矮屏分隔,除少量会议室、会客室外,无论哪级领导都不设单独的办公室,同时不称头衔,即使对董事长也直呼其名。这样有利于上下左右通气,创造无拘束和合作的气氛。

单打独斗、个人英雄的闭门造车工作方式在现今社会是越来越不可取了,反而团队的分工合作方式正逐渐被各企业认同。管理中打破各级各部门之间无形的隔阂,促进相互之间融洽、协作的工作氛围是提高工作效率的"良方"。

不要在工作中人为地设置屏障分隔,敞开办公室的门,制造平等的气氛,同时也敞开了彼此合作与心灵沟通的门。对于一个企业而言,最重要的一点是营造一个快乐、进步的环境:在管理的架构和同事之间,可以上下公开、自由自在、诚实地沟通。

【技能要求】

分析这种沟通方法的特点。这种方法是否可以在国内企业中使用?如不行,如何改进?

■ 案例分析

【情境与背景】

张经理的沟通经验

某公司张经理在实践中深深体会到,只有运用各种现代科学的管理手段,充分与员工沟通,才能调动员工的积极性,才能使企业充满活力,在竞争中处于不败之地。

首先,张经理直接与员工沟通,避免中间环节。他告诉员工自己的电子信箱,要求员工尤其是外地员工大胆反映实际问题,积极参与企业管理,多提意见和建议。经理本人则每天上班先认真阅读来信,并进行处理。

其次，为了建立与员工的沟通体制，公司又建立了经理公开见面会制度，定期召开，也可因重大事情临时召开，参加会议的员工是特邀代表和自愿参加的员工代表。每次会议前，员工代表都广泛征求群众意见，提交经理后在公开见面会上解答。1998 年 12 月，调资晋级和分房两项工作刚开始时，员工中议论较多。公司及时召开了会议，张经理就调资和分房的原则、方法和步骤等做了解答，使部分员工的疑虑得以消除，保证了这两项工作的顺利进行。

【分析要求】

分析张经理与员工在沟通方式上所做的选择，这些方式有何特点？沟通的主要内容是什么？从这个沟通案例中，分析管理者在沟通中所起的作用。

项目实训

【实训内容】

初次见面。

【实训目标】

1. 团队沟通；
2. 集体活动前的熟悉和沟通；
3. 教师开场白，帮助教师与大家进行沟通和交流。

【实训组织】

见面 3 分钟时是你留给他人第一印象的最重要时刻。同样，在一个会议或培训的刚开始，如何让大家更加活络起来，是关系其能否成功的关键。下面的小游戏就可以用于消除大家的陌生感。

1. 游戏程序和规则

第一步：(1)给每一个人都做一个姓名牌。(2)让每位成员在进入培训室之前，先在名册上核对一下他的姓名，然后给他一个别人的姓名牌。(3)等所有人到齐之后，要求所有人在 3 分钟内找到姓名牌上的人，同时向其他人作自我介绍。

第二步：(1)主持人作自我介绍，然后告诉与会人员："很高兴来到这儿！"(2)快速绕培训室走一圈，问："如果你今天不在这里，你会做什么不情愿做的事情呢？"(3)注意让问答保持在一个轻松、活泼的氛围内。

2. 相关讨论

(1)当你在寻找你的姓名牌上的人的时候，你是不是也同时认识了很多其他人？经过这个游戏，你是不是感觉大家的距离近了好多？

(2)在第二步中，当你们谈到可以不用做自己不愿意做的一些事情时，你会不会发现坐在这里听课是一件比较惬意的事情？

3. 总结

(1)在开始的培训中，主持人一定要注意保持一个积极、幽默的态度，以便让大家迅速地消除腼腆等情绪，然后让大家好好地熟悉起来，同时有助于大家积极地发言。

(2)如果没有调动起情绪，学员没有积极举手回答的话，教师可以有意识地点名，让学员回答，以调动气氛。

4. 游戏准备

参与人数：集体参与

时间:20 分钟

道具:姓名牌

【实训成果】

1. 根据学生的参与程度和表现看游戏的效果,并评定成绩。

2. 评分采用学生和老师共同评价的方式,并完成实训报告。

《初次见面》实训报告		
项目实训班级:	项目小组:	项目组成员:
实训时间:　　年　　月　　日	实训地点:	实训成绩:
实训目的:		
实训步骤:		
实训结果:		
实训感言:		

项目九

团　队

○ **知识目标：**

理解：团队的构成要素；团队的类型。

熟知：团队与群体的区别。

掌握：团队的应用；创建高绩效团队的具体措施。

○ **技能目标：**

能够运用团队理论，分析团队的建设以及如何创建一个高绩效团队的具体措施。

○ **素质目标：**

运用所学的团队知识研究相关事例，培养和提高学生在特定业务情境中分析问题与决策设计的能力；结合行业规范或标准，运用知识分析行为的善恶，强化学生的职业道德素质。

○ **项目引例：**

“东方之星”沉船打捞的团队协作

2015 年 6 月 1 日晚 9 时，隶属于重庆东方轮船公司的“东方之星”号在从南京驶往重庆途中突遇龙卷风沉没，造成船上 442 名乘客不幸遇难。事件发生后，我国交通运输部门、解放军、武警部队和公安干警、沿江各省市调集动员了大批救援人员，组成空中巡航团队、水面搜救团队、水下搜救团队、进舱搜救团队和全流域搜救团队等，各团队密切配合，在事发地及下游水域开展全方位、立体式、拉网式搜寻乘客的工作。在这紧急的时刻，各救援队内部的团队合作和各救援队之间的团队协调成为非常重要的问题。甚至各省市的领导同志也要学习如何成为团队的一员，协调团队内部和团队间的关系，保证团队工作任务的顺利完成。这场灾难告诉我们工作团队存在的必要性，并且团队内部和团队之间的协调工作也具有很强的挑战性。

引例感悟：团队是组织行为学中重要的基本内容之一。目前，在组织管理中，团队是非常盛行的概念，很多组织的很多工作采用了团队的管理和运作方式。那么，如何正确且全面地理解团队、如何设置目标、如何建立成员间的互信、如何建设高绩效的团队等，这些成为组织团队管理与建设中最为关心的问题。本项目从团队和高绩效团队这两个方面对上述问题进行阐释。

○ **知识精讲：**

任务一　团队概述

20 年前，当“团队”被刚刚引入生产过程时，几乎是名噪一时的新闻。而现在，越来越多的企业把“团队”引入生产过程中，通过“团队”进行组织重构。实践证明，团队可以提高多种技能、经验和判断的工作效率,并且有利于充分发挥人员才能,对员工产生较好的激励作用,促进员工参与决策。

一、团队的构成要素和类型

团队(Team)是由员工和管理层组成的一个共同体,通过合理利用每一个成员的知识和技能产生积极协同作用,使团队绩效水平大于个体成员绩效的总和。

(一)团队的构成要素

1. 目标

团队有一个共同的既定目标,为团队成员导航,知道要向何处去。没有共同目标,这个团队就没有存在的价值。团队的目标必须与组织的目标一致,此外,还应该把大目标分成小目标并具体分到各个团队成员身上,大家合力实现这个共同的目标。

2. 成员

目标是通过成员具体实现的,所以人员的选择是团队中非常重要的一部分。不同的人通过分工来共同完成团队的目标,在人员选择方面,要考虑人员的能力如何、经验如何、技能是否互补。

3. 团队定位

团队定位包含两层意思:(1)团队自身的定位。团队在企业中处于什么位置?由谁选择和决定团队的成员?团队最终应对谁负责?团队采取什么方式激励下属?(2)团队个体的定位。作为成员在团队中扮演什么角色?是制订计划,还是具体实施或评估?

4. 权限

团队中领导人的权力大小与团队的发展阶段相关,一般来说,团队越成熟,团队的领导者所拥有的权力相应越小,领导权越分散。在团队发展的初期阶段,领导权是相对比较集中的。

决定团队在组织中权力大小的两个方面是:(1)整个团队在组织中拥有的决定权;(2)组织的基本特征,如组织的规模和类型、组织对团队的授权等。

5. 计划

实现目标需要一系列具体的行动方案,可以把计划理解成实现目标的具体工作程序。只有在计划的指导下,团队才会贴近目标,从而最终实现目标。

(二)团队的类型

罗宾斯将团队类型分为4类:问题解决型团队、自我管理型团队、交叉功能型团队和虚拟团队。

1. 问题解决型团队

这是早期的团队形式。这些团队一般由来自同一个部门的5—12名计时工组成,他们每周花费几个小时一起讨论如何提高产品质量、生产效率和改善工作环境等。这种团队称为问题解决型团队。如早期的质量管理小组,成员就如何改进工作程序和工作方法互相交换看法或提供建议,但是他们几乎没有权力根据这些建议单方面采取行动。

20世纪80年代,应用最广的一种问题解决型团队是质量圈。这种工作团队由职责范围部分重叠的员工及主管人员组成,人数一般在8—10人。他们定期相聚来讨论他们面临的质量问题、查找问题的原因、提出解决问题的建议,并采取有效的行动。

2. 自我管理型团队

由于问题解决型团队只能提出建议，不参与后期的实施，所以无法很好地调动员工参与决策的积极性。企业着力于新型团队建设，新型团队不仅注意问题的解决，而且执行解决问题的方案，并对工作结果承担全部责任。

自我管理型团队通常由 10—15 人组成，他们承担着以前自己上司所承担的一些责任，包括控制工作节奏、决定工作任务的分配、安排工间休息。彻底的自我管理型团队甚至可以挑选自己的成员，并让成员相互进行绩效评估。这样，主管人员的重要性就下降了，甚至可以被取消。现在，美国大约 1/5 的公司采用了这种团队形式。

但是，对自我管理型工作团队效果的总体研究表明，实行这种团队形式并不一定能带来积极效果。比如，在这种团队中，员工的满意度的确有所提高，但是缺勤率和流动率也偏高。这些发现的具体原因尚不清楚，需要深入研究。

3. 交叉功能型团队

该类型团队是指跨部门和工作领域的横向团队，即多功能团队，通过加强信息交换，激发所有成员的新观点、新思维，解决新问题。如日本丰田和本田、美国波音公司均普遍存在这种团队。这种团队由来自同一等级、不同工作领域的员工组成，团队目标是完成一项任务。许多组织采用跨越横向部门界限的形式已有多年，但多功能团队的兴盛是在 20 世纪 80 年代末，当时所有主要的汽车制造公司都采用了多功能团队来协调完成复杂的项目。

总之，多功能团队能使组织内(甚至组织之间)不同领域的员工之间交换信息、激发出新的观点、解决面临的问题、协调复杂的项目。但是，在其形成的早期阶段往往要消耗大量的时间。这是因为团队成员需要学会处理复杂多样的工作任务，在成员之间建立起信任并能真正地合作也需要一定时间。

4. 虚拟团队

虚拟团队由一些跨地区、跨组织，通过通信与信息技术的连接试图完成组织共同任务的成员组成。

虚拟团队与传统组织形式相比较，具有明显优势：(1)人才优势。利用现代通信与信息技术，组织可以动态地集聚和利用世界各地的人才资源，也减少了关键人才的流失。(2)信息优势。虚拟团队成员来源广泛，能够充分获取各类信息资源，也可以采集各地顾客的相应信息，建立起良好的顾客关系。(3)竞争优势。虚拟团队成员在各自的领域内都具有知识结构优势，通过信息技术手段可以实现优势互补和有效合作，也可以使众多零散知识迅速整合为系统的集体智慧，转化为更强的竞争力。(4)效率优势。虚拟团队的数字网络可以使团队成员之间及时地进行信息交流，缩短信息沟通和交流所用的时间，确保及时作出相对正确的决策。(5)成本优势。虚拟团队可以大力精简机构、重新设计组织构架，并减少成员的办公费用、差旅费用、重新安置员工费用等，从而降低管理成本。

二、团队与群体的区别

群体是有共同心理特征的人的共同体，是两个或两个以上互相联系、互相依赖的个体的集合。它的特征是，群体成员有共同目标，有共同规范，有一定的结构。团队和群体经常容易被混为一谈，但它们之间有根本性的区别：

(一)协作性方面

在群体中不存在积极协同作用。但团队通过成员的共同努力，能够产生积极协同作用，团队成员齐心协力共同努力，可以使团队总体绩效大于个体绩效之和。

（二）工作责任方面

群体的领导者承担着群体绩效的重大责任，成员只为自己的工作绩效承担责任。而团队中除了领导者要为团队绩效负责之外，每一个团队的成员也要承担团体绩效的责任。

（三）成员技能方面

群体成员的技能是随机的。而团队成员的技能是相互补充的，通过角色互补，从而达到整个团队的有效组合。

（四）工作绩效方面

群体的绩效是每一个个体的绩效相加之和，每个成员承担自己的责任。团队的绩效由大家一起负责，团队的绩效大于个体绩效之和。

（五）成员关系方面

群体的成员之间相对独立，成员关系是有限信任。团队成员之间关系更紧密，成员关系是充分信任的。

团队与群体的区别如表 9－1 所示。

表 9－1　　群体与团队的区别

比较项目	群　体	团　队
协作性	中性甚至消极	积极的促进作用
工作责任	领导承担	成员共同承担
成员技能	技能随机	技能互补
工作绩效	个人绩效	集体绩效
成员关系	有限信任	互相充分信任

三、团队理论

有关团队的理论并不是太多，主要集中在团队发展阶段和团队角色方面。

（一）团队发展阶段的间断平衡模型理论

间断平衡模型是盖尔西克在 1988 年研究了 18 个项目团队后得到的有明确截止日期的临时群体所适用的理论。但现在更多的学者认为，该理论在展现团队发展阶段上更为理想。该理论认为，团队的发展顺序可能并不完全相同，但是总会经历 4 个阶段：首先是形成阶段，团队成员的第一次会议往往决定了团队的发展方向；当第一阶段结束时，团队将发生一次大的转变，这个时间恰恰是团队生命周期的中间阶段；此后，团队便进入下一阶段的发展，团队工作绩效更高，发展趋于稳定；最后，按照规定的时间顺利完成团队的工作任务。

（二）贝尔宾的团队角色理论

贝尔宾教授和他的同事们通过对澳大利亚和英国的研究，提出了著名的贝尔宾团队角色理论。他们认为，成员在团队中都有两个角色：一个是成员在职能部门中的角色，由岗位头衔决定；另一个是成员在团队中天然倾向的角色。结构合理的团队应该由 9 种角色的成员组成。这 9 种团队角色分别为智多星、协调者、推进者、监督员、外交家、凝聚者、实干家、完美主义者以及专家。这些团队角色可以通过贝尔宾的团队角色问卷确认，这套问卷有 7 个问题，每个问题有 8 个选项，每个选项以符合自己行为的程度按 1—10 计分，以此来帮助团队成员了解其在团队中的角色。

该理论告诉我们，一个好的团队应该是各种角色的综合平衡，应该认识并接纳成员之间的个体差异，很好地利用这种差异实现技能互补。团队应该培养成员的灵活性，增加团队弹性，当某种角色的成员缺乏时，其他成员有意识地弥补或承担这种角色的工作。

任务二　团队的应用

高绩效团队是指成员之间能力互补性强、沟通顺畅、信任度高、角色分配合理、团队意识强，并表现出活动高效、成员满意度高，且被高层管理者给予高度评价的团队。

一、高绩效团队的特征

一个高绩效的团队是由一群相互独立却有着共同目标的人组成的，并且他们都认同只有通过共同努力，才能实现目标。高绩效团队具有以下特征：

（一）适当的规模

最好的工作团队规模一般比较小，以 12 人为宜。团队成员太多，就难以形成凝聚力、忠诚感和相互信赖感。

（二）清晰的目标

高绩效团队对所要实现的目标有清楚的了解，团队成员都能接受这个目标，并坚信这个目标的实现具有重大的意义和价值。这个目标激励着团队成员把个人目标与组织目标相结合。高绩效团队中的成员愿意为目标作出承诺，他们知道该做什么，以及怎样共同工作来实现这个目标。最后，他们还愿意为目标的实现承担相应的责任。

（三）互补的技能

高绩效团队的成员是来自组织中同一层级不同领域的人，他们都是各自领域的佼佼者，具备完成团队目标所需的知识和技能，而且能够很好地与别人沟通和合作。高绩效团队成员的技能具有互补性，让每个成员在团队中都体现自己的价值。他们对目标的实现都有一致的看法，认为只有共同努力才能完成目标，因此具有高度的协同性。

（四）相互的信任

信任（Trust）是高绩效团队的一个显著特征。在一个高绩效团队中，每个成员对其他成员的能力和品行都确信不疑，他们清楚每个人在团队中的地位都是平等的，团队的目标也要通过大家的共同努力来完成。信任是人际关系的基石，只有信任他人，才能获得他人的信任，信任一经破坏是很难再建立起来的，所以团队中成员间的相互信任应该引起管理者的高度重视。

（五）有效的沟通

有效的沟通是高绩效团队必不可少的特点之一。有效的沟通有赖于团队成员之间的相互信任和依赖，这些都是需要长时间来培养的。有效的沟通可以帮助团队成员消除误解、达成一致，成员还能够通过有效的沟通迅速而准确地获得信息，交流想法和情感。团队成员间的沟通包括言语沟通和非言语沟通、正式沟通和非正式沟通。

（六）足够的资源

足够的资源是高绩效团队的必要条件。任何一个团队或组织要高效地运转，都离不开足够的资源来维持，高绩效团队也不例外，资源的稀缺会直接影响到团队及成员工作的有效性。高绩效团队一个最重要的特征就是得到组织很大程度的支持，这种支持包括内部支持和外部支持。内部支持包括适当的培训、合理的绩效考评系统、公平的奖惩制度、完善的人力资源系统等，外部支持包括适当的设备、恰当的人员安排、充足的财力等。

（七）高效的领导

一个好的领导者对高绩效团队来说至关重要，因为他们知道什么该管、什么不该管、应该怎么管。有效的领导者能够让团队跟随自己共同度过最艰难的时期，他能为团队指明前途，他能增强团队成员的自信心，他能激发团队成员的潜能，他能阐明变革的可能性。团队不像群体，团队成员在一定程度上能自己管理好自己，因此，优秀的团队领导者往往担任教练而非划桨者的角色。

（八）适当的分权

高绩效团队中，每个成员都对团队目标的完成负责，每个成员都要进行自我管理，这不仅存在于自我管理型团队中，同样也适用于任务小组、多功能型团队。

二、高绩效团队的角色分配要求

根据前述贝尔宾的团队角色理论，团队成员在团队中往往扮演着各种角色中的一种或几种，高绩效团队角色更为复杂和灵活。高绩效团队的角色分配指的是根据个人风格确定成员的工作任务，从而使成员的角色分配更加合理。

高绩效团队中应有的各种角色、分配要求及其在团队中的作用如下：

（一）创造与革新者：产生创新思想

这种角色的人要善于提出新观点或新概念，有较强的独立性，并按照自己的方式、节奏进行工作。他们会为新的工作任务提供方案、建议和新的看法，他们就像组织中的智多星一样产生创新的思想。

（二）探索与倡导者：倡导和拥护所产生的新思想

这种角色的人要乐意接受和支持新观念，善于利用新创意，并找到资源支持新创意。当然，他们不一定总是有耐心和控制才能来使别人追随新创意。他们帮助组织引入外部信息，并善于接触那些持有新思想的人，将他们的新思想进行分析，通过磋商找到支持的资源。

（三）评价与开发者：分析决策方案

这种角色的人要有很高的分析技能，通过实践经验和分析技能，能够在组织进行决策前评估、分析几种不同方案的优劣。他们会为团队分析哪些方案是可行的，并且通过整理这些决策建议，使之与已经确定的方案和已有的系统良好地整合在一起。

（四）推动与组织者：提供结构

这种角色的人要喜欢并擅长制定操作程序，使新创意成为现实。他们要能够设定目标、制订计划、组织人力、建立制度，以保证按时完成任务。他们主要发现团队中各种可能的方案，然后使团队任务形成明确的目标，并设定计划，组织各种资源，建立相关保障制度和规则，使组织朝向决策行动。

（五）总结与生产者：提供指导并坚持到底

这种角色的人着眼点主要在于：关注活动成果，必须按时完成任务。他们引以为荣的事情是：自己生产的产品合乎标准。他们强调任务的目标要求和工作时间表，能够在方案中找到错误、遗漏和被忽视的内容，并且认真、细致地工作以确保组织目标的实现。

（六）控制与核查者：检查具体细节

这种角色的人应非常理智、谨慎，他们判断能力强并讲求实际，将规章制度的建立和贯彻执行视为己任。他们要善于核查细节，避免出现任何差错。他们能够对各种繁杂的资料和信息予以清晰简化，并对他人的工作和组织细节给予适当的判断评价，以此确保组织工作有序进行。

（七）支持与维护者：处理外部冲突和矛盾

这种角色的人沉着自信，具有控制局面的能力，有很强的团队和全局观念，在处理外部冲突和矛盾方面才能卓著。他们对内要支持团队成员的各种需要，对外要积极保护整个团队不受外来者的侵害。

（八）汇报与建议者：寻求全面的信息

这种角色的人往往是一个好听众，对各种有价值的意见不带偏见地兼收并蓄、客观分析，不把自己的观点强加于人。在团队中，他们能够在作出决策之前得到更多的信息而不是盲目快速决策。

（九）联络者：合作与综合

最后一种角色与其他角色有重叠，上述 8 种角色中的任何一种都可以扮演这种角色。联络者应善于了解所有人的看法，是以上各种角色的协调者和调查研究者。他们擅长与人交往，个性温和，对别人的情绪有很敏感的反应。他们促进所有团队成员之间建立起紧密的合作关系，给予他人支持，采取行动消除成员之间存在的分歧。

同步案例 9－1　　阿里巴巴的团队合作

背景与情境：1999 年，马云与另外 18 人在中国杭州市创办了阿里巴巴网站。2014 年 9 月，阿里巴巴在美国挂牌交易。马云曾经说他搞销售、搞技术都不行，但他有一支优秀的团队。阿里巴巴非常注重团队，团队合作被归于公司的核心价值观。具体包括：积极融入团队，乐意接受同事的帮助，配合团队完成工作；决策前积极发表建设性意见，充分参与团队讨论，决策后，无论个人是否有异议，必须从言行上完全予以支持；积极主动分享业务知识和经验；主动给予同事必要的帮助；善于利用团队的力量解决问题和困难；善于与不同类型的同事合作，不将个人喜好带入工作，充分体现“对事不对人”的原则；等等。

问题：

从马云的例子中可以看出，团队优秀的领导者应该具备什么样的素质？

案例精析：

一个领导者应具备的素质和能力可以说见仁见智，每个人心中都有不同的答案。从领导者的才能、魅力、领导力等角度分析。

三、培养互信的团队文化

成员之间的高度信任是高绩效团队的一个重要特征。建立高绩效团队，必须培养团队成员互相信任的团队文化。

（一）培养互信是建立高绩效团队的必要条件

要建立高绩效团队，必须有共同的目标，通过成员之间良好合作来保证绩效目标的顺利实现。那么，团队成员怎样才能良好合作呢？其首要条件就是互相信任。互相信任有助于形成良好的互助氛围，提高成员抛弃过去的实践并赞同新的方法的可能性，遵从同一目标并互相支持。从这种意义上说，互信是一种资源，它以团队共同资产的形式存在，运用得当则可获得巨大竞争优势。

（二）信任的维度

最近的研究为信任区分了5个维度：(1)正直：诚实、可信赖。(2)能力：具有技术技能与人际关系方面的知识。(3)一贯：可靠，行为可以预测；在处理问题时，具有较强的判断力。(4)忠实：愿意为别人维护和保全面子。(5)开放：愿意与别人自由地分享观点和信息。

就团队成员之间的信任关系而言，研究发现，这5个维度的重要程度是相对稳定的，通常其顺序是：正直＞能力＞忠实＞一贯＞开放。而且，正直程度和能力水平是一个人判断另一个人是否值得信赖的两个最关键的特征。

（三）培养信任感的方法

管理者和团队领导对团队的信任气氛具有重大影响。下面总结了可以用来培养信任感的方法：

(1)表明你既是在为自己的利益而工作，又是在为别人的利益而工作。

(2)成为团队的一员，用言语和行动来支持你的工作团队。

(3)开诚布公。让人们充分了解信息，解释你作出某项决策的原因，对于现存问题则坦诚相告，并充分地展示与之相关的信息，这样将获得信任。

(4)公平。在进行决策或采取行动之前，先想想别人对决策或行动的客观性与公平性会有什么看法。

(5)说出你的感受。领导者说出自己的感受，员工会认为你是真诚的，他们会借此了解你的为人，并更加尊敬你。

(6)表明指导团队进行决策的基本价值观是一贯的。花一定的时间确定团队价值观和信念，并让它们在决策过程中一贯地起到指引作用，一贯性能够赢得信任。

(7)保密。别人告诉你一些秘密，是确信你不会同其他人谈论这些秘密，帮助保守秘密可以赢得信任。

(8)表现出你的才能。表现出你的技术和专业才能以及良好的商业意识，能引起别人的仰慕和尊敬。

四、创建高绩效团队

（一）创建高绩效团队的步骤

(1)准备工作。只有具有清晰的工作任务、目标和使命，才可能创建高绩效团队。

(2)创造条件。高绩效团队包括各方面的条件，如组织环境、资源环境、工作环境等，还包括内外部的支持。

(3)形成团队。首先是团队成员的选择，其次是团队的规章制度和使命目标，最后是团队职责和权力，确保团队的自主管理。

(4)提供持续支持。团队需要获得内外部的持续支持，需要各种条件的配合。

（二）创建高绩效团队的具体措施

如今，人们普遍认为，团队是管理的最佳组织形式，它能够有效地把创造力与凝聚力结合起来，避免了竞争或一团和气带来的不利影响，而且可以成为现代企业和组织管理的基础。

既然团队这么重要，那到底该怎么建设一个高绩效的团队呢？我们主要从以下两个方面来讲：

1. 从个人来说

团队是由来自不同领域的人组成的，建设高绩效团队可以从人入手，把好“入口关”。

(1)选用具有团队精神的人。一些人本来具有团队精神、相应的高效工作能力，且拥有与人合作共事的人际关系技巧，这样的人对团队来说是最好的。当团队在选拔聘用团队成员时，一定要确保该人具有团队精神，具有团队所需的技能并且能胜任团队角色。那怎样确定一个人是否具有团队精神呢？可以让他做一些检测团队精神的心理测试题，也可以让他做一些能体现团队精神的模拟案例或情景测试等来进行判断。

(2)通过培训打造团队精神。虽然团队在选拔成员时已经尽量选择具有团队精神的人，但这是否能做到一劳永逸呢？答案是否定的。根据管理学分析，当集体中的个体都具有某种技能时，并不代表整个集体都具有这种技能。因此，当团队成员选拔完毕之后，还应当对他们进行团队精神的培训。团队会请专门的培训专家来进行培训，培训的结果就是让团队成员感受到团队工作能使他们满足，这样他们就能自觉地进行团队工作。

(3)设置合理的奖惩制度。这里的奖惩制度主要指的是针对是否具有团队精神的人进行的奖励和惩罚制度。根据经济人假设，人就是以完全追求物质利益为目的而进行经济活动的主体，人都希望以尽可能少的付出，获得最大限度的收获，并为此可不择手段。对于团队成员来说也不例外，因此，就要设置一个外在的奖惩制度来对其进行鼓励或约束。团队的奖惩制度必须是经过重新设计以鼓励合作而不是竞争的制度，如对晋升、加薪、出国培训等形式的认可。

2. 从团队来说

对于整个团队来说，影响高绩效团队的因素很多，前面已经主要谈了团队构成这一大的方面，下面就影响高绩效团队建设的其他两个方面进行阐述。

(1)团队的情境。情境对高绩效团队的建设具有非常大的影响，其中最显著的情境要素包括足够的资源、高效的领导、互信的环境、绩效评估和奖惩制度。这些情境要素在前面高绩效团队的特征中已讲到过，因此，要建设高绩效团队就必须做好这 4 个方面的安排和工作。

(2)团队过程。团队过程是影响团队效能的一个过程变量。团队与群体一样，有一个发展阶段，从团队形成初期到最终解散，是一个团队成员不断接受团队宗旨、设定团队目标、接受团队目标、实现团队目标的过程。在这个过程中，团队成员把个人目标与团队目标甚至组织目标融合在一起，展现出极大的协同性。因此，在团队过程这一变量中，要不断地克服团队成员出现的一些心理情绪，合理解决团队中的冲突，减少因无法识别个人贡献而出现的磨洋工现象(或称为社会惰性)。

应知考核

一、单项选择题

1. 早期的团队形式是(　　)。

A. 自我管理型　　B. 问题解决型　　C. 交叉功能型　　D. 虚拟型

2. 团队中的工作责任(　　)。

A. 由领导承担　　B. 由下属承担　　C. 由成员共同承担　　D. 视具体情况而定

3. 团队发展的间断平衡模型理论告诉我们，第一阶段结束时，团队将发生一次大的转变，这个时间恰是(　　)。

A. 中间阶段　　B. 第一次会议阶段

C. 收尾阶段　　D. 决定团队方向阶段

4.(　　)由来自同一等级、不同工作领域的员工组成，团队目标是完成一项任务。

A. 问题解决型团队　　B. 自我管理型团队

C. 交叉功能型团队　　D. 虚拟团队

5. 由一些跨地区、跨组织，通过通信与信息技术的连接试图完成组织共同任务的成员组成的团队是指(　　)。

A. 问题解决型团队　　B. 自我管理型团队

C. 交叉功能型团队　　D. 虚拟团队

二、多项选择题

1. 团队和群体的区别可以从(　　)方面分析。

A. 协作　　B. 责任　　C. 技能　　D. 绩效

2. 高绩效团队的特征有(　　)。

A. 团队规模适当　　B. 成员能力互补　　C. 角色分配合理　　D. 共同目标

3. 信任的维度有(　　)。

A. 正直　　B. 能力　　C. 一贯　　D. 忠实

4. 与团队绩效有最显著影响的情境要素包括(　　)。

A. 足够的资源　　B. 高效的领导

C. 互信的环境　　D. 绩效评估和奖惩制度

5. 团队的定位包括(　　)。

A. 团队自身的定位　　B. 团队个体的定位　　C. 团队群体的定位　　D. 团队集体的定位

三、判断题

1. 自我管理型团队是早期的团队形式。　(　　)

2. 自我管理型团队通常由15—20人组成。　(　　)

3. 团队的绩效大于个体绩效之和。　(　　)

4. 信任是高绩效团队的一个显著特征。　(　　)

5. 人力资源是高绩效团队的必要条件。　(　　)

四、简述题

1. 简述团队的构成要素和类型。

2. 简述团队与群体的区别。

3. 简述高绩效团队的特征。

4. 简述创建高绩效团队的步骤。

5. 简述创建高绩效团队的具体措施。

应会考核

■ 观念应用

【背景资料】

玫瑰与青蛙

漂亮的红玫瑰成了花园里最美丽的花,它为此感到骄傲。它发现人们只是站在远处欣赏它而从不靠近。后来,发现人们不靠近是因为在它旁边一直蹲着一只又大又难看的青蛙。红玫瑰非常生气,命令青蛙立即从它身边走开。青蛙顺从地离开了。

没过多久,青蛙经过红玫瑰身边,惊讶地发现它已经凋谢,叶子和花瓣都掉光了。青蛙说:“你看起来很不好,发生了什么事情?”红玫瑰答道:“自从你走后,虫子每天都在啃食我,我再也无法恢复往日的美丽了。”青蛙说:“当然了,我在这里的时候帮你把它们都吃掉,你才成了花园里最漂亮的花。”

【考核要求】

请学生结合背景,分析故事蕴含的哲理。

■ 技能应用

你想加入团队吗?

回想近期你所加入的一个团队,根据你在团队生活中的感觉回答以下 20 个小题,1—9 分表示从“同意”到“不同意”。

(1)我想继续成为这个小组的成员。

(2)我喜欢我们这个小组。

(3)我盼望到这个小组中来。

(4)我不在乎这个小组发生什么事情。

(5)我感到自己参与了小组的一切活动。

(6)如果现在可以退出这个小组,我就会退出。

(7)我害怕到这个小组中。

(8)我希望这个小组现在就解散。

(9)我对这个小组不满意。

(10)如果现在可以转入其他小组,我就会这样做。

(11)我觉得自己真正参与到小组活动中了。

(12)尽管存在个体差异,我们这个小组还是很团结的。

(13)与我所了解的其他小组相比,我觉得我们这个小组比大多数小组好。

(14)我觉得自己不属于小组活动的一分子。

(15)我觉得如果我不在这里,小组就会是另外一个样子。

(16)如果有人告诉我,小组成员今天不碰面,我会很难过。

(17)我觉得自己与小组其他成员有一定的距离。

(18)这个小组的活动对我来说很重要。

(19)我觉得自己的缺席对小组没有多大影响。

(20)如果漏掉一次小组会议,我不会感到难过。

【技能要求】

测试你对团队的情感强烈程度。

注意:(1)累加4、6、7、8、9、10、14、17、19、20项的得分。(2)对其他各项用10减去你所得的分数,得到一个校正后的分数。比如说,如果你的第一项得3分,那么你的校正分数就是7分(10－3)。(3)把上述10个直接得分和10个校正后的分数累加起来。分值越高,说明你对集体的感情就越强烈。

■ 案例分析

【情境与背景】

丈夫也会唠叨

妻子正在厨房炒菜。丈夫在她旁边一直唠叨不停:“慢些……小心! ……火太大了……赶快把鱼翻过来……快把鱼铲起来……油放太多了……把豆腐整平一下!”妻子脱口而出:“我懂得怎么炒菜!”“你当然懂,太太。”丈夫平静地回答道,“我只想让你知道,我在开车而你在旁边喋喋不休时我的感受。”

【分析要求】

体会团队合作中换位思考的技巧,分析情境与背景的故事哲理。

项目实训

【实训内容】

真情告白。

【实训目标】

了解团队成员中每个人都会有优点和缺点,在游戏过程中正确认识自我和他人。

【实训组织】

1. 游戏程序

(1)培训师要让每个参与者都知道他们将有机会对团队中的每一个人的优点、缺点进行反馈,也就是说,你喜欢或不喜欢某人的哪一方面。

(2)告知每个人这是一项保密的活动,没有人被告知是谁写了他的优点与缺点。

(3)给每个人一张“优点与缺点”表,并告诉他们,每人为其他人至少写出一条喜欢或不喜欢的理由。

(4)收集每张答卷,混合在一起并对每个人念出写给他们的意见,培训师首先要从自己的名字念起。

(5)分享讨论:所有的意见是否都正确?有没有互相矛盾的意见?现在是否有人不愿意别人和自己同在一组?

2. 游戏准备

所需物品:“优点与缺点”表格和每人一支笔。

3. 注意事项

此游戏要求每个参与者在无任何威胁的情况下,写出其他人的优点及缺点,特别适用于同一组或一同工作的,或者团队中互相了解的成员。

4. 补充环节:让学员做题

假设我们要从三个候选人中选择一位来造福全世界,你会选择哪一位?

A. 有两个情妇,有多年的吸烟史,嗜好马提尼酒。

B. 曾经两次被赶出办公室,每天中午才肯起床,每晚大约要喝1升的白兰地。

C. 曾是国家的战斗英雄，保持着素食的习惯，从不吸烟，偶尔喝点啤酒，年轻时没有做过什么违法的事。

【实训成果】

1. 根据学生的参与程度和表现看游戏的效果，并评定成绩。

2. 评分采用学生和老师共同评价的方式，并完成实训报告。

<table>
<tr><th colspan="3">《真情告白》实训报告</th></tr>
<tr><td>项目实训班级：</td><td>项目小组：</td><td>项目组成员：</td></tr>
<tr><td>实训时间：　　年　　月　　日</td><td>实训地点：</td><td>实训成绩：</td></tr>
<tr><td colspan="3">实训目的：</td></tr>
<tr><td colspan="3">实训步骤：</td></tr>
<tr><td colspan="3">实训结果：</td></tr>
<tr><td colspan="3">实训感言：</td></tr>
</table>

项目十

领　导

○ **知识目标：**

理解：领导的概念及领导过程的特点；领导影响力的来源。

熟知：领导与管理的区别；领导效能；领导的作用。

掌握：经典领导理论和新型领导理论的内容；领导的应用。

○ **技能目标：**

能够具备在领导过程中运用领导艺术解决实际问题的能力，形成良好的合作精神和团队意识。

○ **素质目标：**

运用所学的领导知识研究相关事例，培养和提高学生在特定业务情境中分析问题与决策设计的能力；结合行业规范或标准，运用知识分析行为的善恶，强化学生的职业道德素质。

○ **项目引例：**

管理心得

阿莱格拉是一位年仅 19 岁的计算机天才，他 9 岁就开始自学编程代码，“黑”过好几家知名网站。他开发的代码可以让苹果手机用户随心所欲地安装软件，这种俗称“越狱”的行为一度让乔布斯头疼不已。2011 年 7 月，阿莱格拉发布了新的破解代码。8 月 19 日，阿莱格拉将苹果的系统漏洞捅得更大，有超过 300 万名用户同时“越狱”。乔布斯终于向这位“敌人”投降了，他带着自己的接班人库克找到阿莱格拉，和他谈人生、谈事业。乔布斯说：“我知道，你所做的一切只是因为兴趣，但你更需要一份正式的工作！”随后，乔布斯表示欢迎阿莱格拉到苹果公司上班，他饱含真诚的话打动了阿莱格拉。阿莱格拉答应乔布斯再也不“调皮捣蛋”。

引例感悟：尽管研究者对领导的含义见仁见智，但大多数学者认为，“领导是指引和影响个人或组织，并在一定条件下实现某种目标的行动过程”。领导者是在领导过程中起主导作用的人。研究领导既要研究领导者的心理活动，也要研究被领导者的心理活动，更重要的是探讨在变化着的环境中如何有效地提高领导活动的效率。领导活动的效率可以概括为：领导活动的效率$=f$(领导者，被领导者，环境)。

由于领导本身的复杂性和多变性，随着领导研究的不断深入，各种理论派别相继出现。

○ **知识精讲：**

任务一 领导概述

一、什么是领导

领导(Lead,Leadership),顾名思义,就是率领、带领、引导、指挥的意思。

我们认为,作为管理职能的领导,由领导者和领导行为构成。

所谓领导,就是指挥、带领、引导和鼓励部下为实现组织目标而努力的过程,实施并完成领导职能的主体是领导者。

二、领导过程的特点

(一)领导的本质就是群体或组织成员的追随与服从

正是由于群体或组织成员的追随与服从,才确立了领导者在群体或组织中的地位,才使领导过程成为可能。而组织成员追随与服从领导者的原因就在于,领导者能够满足其愿望和需求,能将个人愿望和需求的满足与群体或组织目标的实现结合起来。

(二)领导是一种特殊的"投入"与"产出"

领导过程是实施影响的过程。领导者需付出大量的脑力与体力劳动,即"投入"很多。但其"产出"却反映在被领导者的工作效率和效果上,而不是反映在领导行为本身。所以,领导过程是一个将领导者的意愿、作风转化为被领导者的意愿和作风的过程。

(三)领导是领导者、被领导者及环境的函数

现代组织是开放的社会技术系统,其生产经营活动必然会受到内外环境的影响,领导过程也不例外。因此,领导过程实际上是由领导者、被领导者和他们所处的环境所组成的复合函数。用公式表示如下:领导$=f$(领导者,被领导者,环境)。即领导过程的效果既取决于领导者自身的能力与素质、被领导者的素质与接受领导的程度和环境条件这三个因素,又取决于这三个因素的内在联系,如领导者与被领导者的关系、领导者对环境的适应与应变能力等。

三、领导影响力的来源

(一)领导权力的概念

领导者要实施领导工作就需要具有一定的权力。领导的权力是指领导者有目的地影响下属心理与行为的能力。领导过程中,影响他人的基础是权力。

从广义上来说,如果某人能够提供或剥夺别人想要却又无法从其他途径获得之物,此人就拥有高于别人的权力。

(二)权力、影响与职权之间的异同

所谓权力,是指个人所具有的并施加于别人的控制力。

所谓影响,是人们自觉或不自觉地运用权力对别人施加作用的过程和结果。

所谓职权,是企业组织中某一职位所赋有的权力。

三者之间具有密切的内在联系,但并不绝对相关。例如,非正式群体的领导者经常不具有某种正式职权,但依然在群体中享有大量权力,并能因此对群体成员产生影响。

(三)权力的类型

领导是一种影响力,影响力来源于权力。

在组织中，权力可分为两大类七种，如图 10－1 所示。

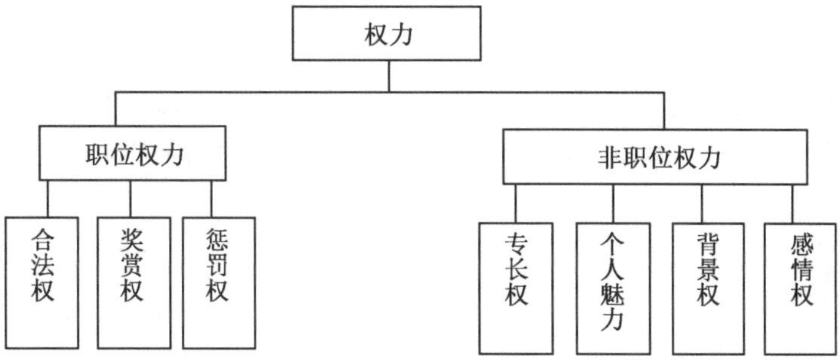

图 10－1 权力的类型

1. 职位权力

职位权力是因为在组织中担任一定的职务而获得的权力。

(1)合法权，就是组织中等级制度所规定的正式权力。

(2)奖赏权，就是决定是提供还是取消奖励、报酬的权力。

(3)惩罚权，就是指通过精神、感情或物质上的威胁，强迫下属服从的一种权力。

以上三种权力都与组织中的职位联系在一起，是从职位中派生出来的权力，因此统称为职位权力。

2. 非职位权力

非职位权力是指与组织职位无关的权力，主要有：

(1)专长权，这种权力源于信息和专业特长。

(2)个人魅力，是一种无形的、很难用语言来描述或概括的权力。

(3)背景权，是指个体由于以往的经历而获得的权力。

(4)感情权，是指个体由于和被影响者感情较融洽而获得的权力。

四、领导与管理

(一)领导与管理的区别

1. 领导只是管理的一项职能

领导工作不等于管理。管理活动包括计划、组织、领导、控制等职能，领导只是其中的一项职能。领导更着重于研究在目标既定的条件下，如何影响一个组织或群体成员去实现目标。

2. 领导与管理其他职能的区别表现在与人相联系的特征上

领导过程中，领导者具体承担着带领下属实现目标的任务。在开始阶段，他需要给下属下达指令，布置任务，配置资源；在完成任务的过程中，领导者还需要协调关系、解决困难、处理冲突，更需要关注下属的工作情绪与积极性，注重对下属的激励。上述所有的工作都是在与人打交道。

(二)领导者与管理者的区别

领导者不一定是管理者，管理者也并不一定是领导者。

管理者拥有正式的职位权力，他们主要靠这种权威性的职位权力来影响下属，下属也往往因为期望得到奖励或害怕受到惩罚而服从。管理者是在正式组织的组织结构中出现的部门负责人，他们都是组织正式任命的，在既定的权限范围内履行相应的职责。领导者主要通过非职位权力——个人影响力——发挥作用。如果有的管理者只能运用职权迫使人们去从事某一件工作，但不能影响他人去工作，他只是一名管理者而不是领导者；如果有的人并没有正式职权，却能以个人的影响力与魅力去影响他人，他不是一名管理者却是一位领导者；当然，有的管理者不仅有正式的职位权力影响力，还具备良好的个人影响力，那么，他既是管理者又是领导者。

五、领导效能

领导效能是指领导者影响下属实现目标的实际效果。

实际效果包括两层含义：一是看目标是否实现；二是看目标是怎样实现的。领导效能的两层含义表达了两种效果：第一层含义代表的是实现目标的物化效果；第二层含义代表的是实现目标的心理效果。因此，评价领导效能的标准必须包括目标的实现程度、员工的激励水平两类指标。

六、领导的作用

（一）指挥作用

在组织活动中，需要头脑清晰、胸怀全局、高瞻远瞩、运筹帷幄的领导者帮助组织成员认清所处的环境和形势，指明组织目标和达到目标的途径。领导者只有站在群众的前面，用自己的行动带领组织成员为实现组织目标而努力，才能真正起到指挥作用。

（二）协调作用

在许多人协同工作的组织活动中，即使有了明确的组织目标，但因组织成员的才能、理解能力、工作态度、进取精神、性格、作风、地位的不同，加上外部各种因素的干扰，在思想上容易发生各种分歧，所以，在行动上出现偏离目标的情况是不可能避免的。因此，就需要领导者来协调人们之间的关系和活动，把组织成员团结起来，朝着共同的组织目标前进。

（三）激励作用

在组织活动中，尽管大多数人员具有积极工作的愿望和热情，但是这种愿望并不能自然地变成现实的行动，这种热情也未必能自动地长久保持下去。如果一个人的学习、工作和生活遇到困难、挫折或不幸，某种物质的或精神的需要得不到满足，就必然会影响工作的热情。在复杂的社会生活中，组织的每一个人员都有各自不同的经历和遭遇，怎样才能使每一个成员都保持旺盛的工作热情，并最大限度地调动他们的工作积极性呢？这就需要有通情达理、关心群众的领导者来为他们排忧解难，激发和鼓舞他们的斗志，发掘、充实和加强他们积极进取的动力。

（四）控制作用

在组织活动过程中，领导者能够及时获取较为全面的信息，通过对活动效果与组织目标的比较，迅速发现组织问题之所在，保证组织活动按照组织目标的要求实施。领导者的控制主要包括制度控制和创新控制。制度控制要求领导者在准确把握组织目标的基础上，制定并运用相应的标准体系进行组织活动的过程控制。创新控制要求领导者培育良好的组织文化，准确把握持续变化的组织内部和外部环境，通过引导有效的组织学习和变革来更好地实现组织目标。

任务二　领导理论

一、经典领导理论

（一）领导特质理论

特质理论以领导者为中心，探讨领导者不同于其他人的特质。该理论继承了 20 世纪初出现的“伟人论”的许多传统，心理学方法的使用使其超越了“伟人论”，成为领导研究中的一个重要研究领域。特质理论大致经历了两个时期：

1. 传统（早期）的特质理论

早期特质理论把研究重点放在了领导者个人的性格或特性上，认为领导者的特性是“天赋”的，是否具有良好的天赋特性，是一个人成为领导者的根本因素。吉普（Gibb）认为，领导者应当具备 7 种特质，包括善言辞、外貌英俊潇洒、智力过人、有自信心、心理健康、善于控制、外向而敏感。斯托格狄尔（R. Stogdill）认为，领导者应当具备 16 种特质，包括有良心、可靠、勇敢、责任心强、有胆略、力求革新进步、直率、自律、有理想、良好的人际关系、风度优雅、乐于接受任务、身体健康、智力过人、有组织能力、有判断能力。吉赛利（E. E. Ghiselli）认为，领导者应当具备 13 种特质，其中，很重要的特质为个人性格、督察能力、职业成就、才智、自我实现、自信 6 种，次重要的特质为决断性、缺乏对工作稳定性的需求、亲近职工、主动性、缺乏对优厚奖金的需求、成熟度 6 种，不太重要的特质为性别。

由于传统的特质理论认为领导者的特质是天赋的，具有宿命论的观点，不利于发挥人的主观能动性，因此其注定被更先进的理论所替代。

2. 现代的特质理论

从 20 世纪 70 年代开始，进入了现代特质理论阶段。该理论认为，领导者的特质是在后天实践中形成的，是可以培养和塑造的。比较有代表性的是日本学者和美国学者的观点。日本企业界要求领导者应具备 10 项品德和 10 种能力。10 项品德分别为使命感、责任感、信赖感、积极性、忠诚老实、进取心、忍耐性、公平、热情、勇气，10 种能力分别为思维决策能力、判断能力、创造能力、洞察能力、劝说能力、理解别人的能力、解决问题的能力、培养下级的能力、计划能力、调动积极性的能力。美国普林斯顿大学的鲍莫尔（W. J. Banmal）认为，一个企业家应具备以下 10 种特质：合作精神、决策才能、善于授权、组织能力、善于应变、勇于负责、敢于求新、敢担风险、尊重他人、品德高尚。

领导特质理论的研究揭示，具备某种特质确实能够提高领导者成功的可能性。

（二）领导风格理论

领导风格理论认为，不同的领导者由于认知风格、个性倾向性、人格特征、所处情境等方面的差异，会在日常的领导活动中形成不同的领导风格，而不同的领导风格将产生不同的领导效果。

1. 勒温的领导作风理论

美国社会心理学家勒温（Lewin）是领导作风理论的创始人，他以权力定位为基本变量，把领导者表现出来的极端工作作风分为 3 种类型：(1)专制作风，权力在领导者个人手中；(2)民主作风，权力定位于群众手中；(3)放任自流作风，权力定位于每个职工手中。勒温认为，在实际工作中，3 种极端的工作作风并不常见，大多数领导是介于专制、民主和放任自流之间的混合型。研究结果表明，放任自流型领导者所领导的群体工作效率最低；专制型领导者所领导的群体在短期内工作效率较高，但群体的工作满意度较低；民主型领导者所领导的群体的工作效率与工作满意度都更高。

2. 利克特的领导风格四类型

美国密歇根大学社会研究中心的利克特(Likert)通过长期研究，把领导风格总结为 4 种：(1)剥削式的集权领导。权力控制在最高层，下级没有任何发言权，领导是冷冰冰的、硬性的管理模式，上下级之间缺少交往。(2)仁慈式的集权领导。权力仍控制在最高一级，但授予中层部分权力。管理方式上奖惩并用，上下级有些沟通，但是表面的、肤浅的，下级对上级怀有畏惧的心理。(3)协商式的民主领导。领导对下级有一定程度的信任，但重要任务的决定权仍然在最高一级，中下级对次要问题有决定权。(4)参与式的民主领导。上下级关系平等，有问题集体参与讨论解决，领导最后决策。利克特认为，参与式的民主领导是最为理想的领导风格。他建议领导者要看到员工中所蕴藏的智慧和创造力，要真心诚意地让员工参与管理，积极调动员工的工作主动性，充分挖掘员工的潜力。

3. 坦南鲍姆的"连续统一体"模型

美国管理学家坦南鲍姆(R. Tanenbaum)和施密特(W. H. Schmidt)于 1958 年提出"连续统一体"模型(如图 10—2 所示)。他们认为，专制的领导行为和民主的领导行为位于一个连续统一体的两个极端，在这两个极端之间，领导风格应随着领导者拥有的权威和下属享有的自由度的变化而不断变化，存在着 7 种领导风格。

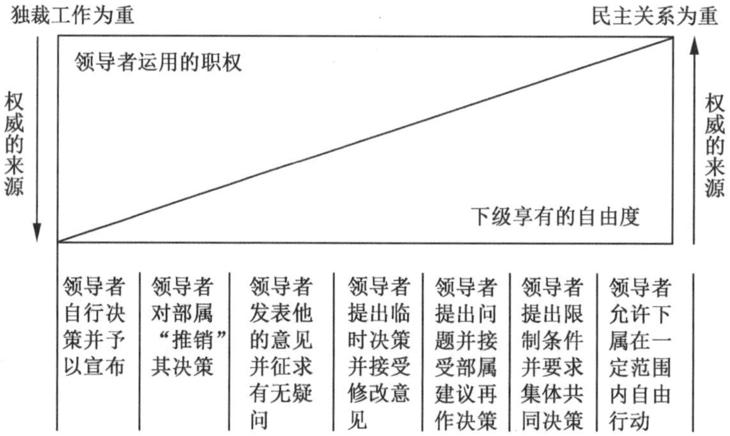

图 10—2 坦南鲍姆的"连续统一体"模型

图 10—2 的左端是独裁的领导行为，右端是民主的领导行为。之所以形成这两个极端，首先，基于领导者对权力的来源和人性的看法不同，独裁型领导者认为权力来自职位，人生来懒惰而没有潜力，因而一切决策均由领导者作出；而民主型领导者则认为，权力来自群体的授予和承认，人受到激励能自觉、自治并发挥创造力，因此决策可以公开讨论，集体决策。其次，独裁型领导者比较重视工作，并运用权力，支配影响下级，下级的自由度较小；而民主型领导者重视群体关系，给予下属以较大的自由度。领导行为连续统一体从左至右，领导者运用职权逐渐减少，下属的自由度逐渐加大，从以工作为重逐渐变为以关系为重。图 10—2 的下方

依据领导者把权力授予下属的程度不同,以及决策的方式不同,形成了一系列领导方式。因此,可供选择的领导方式不是民主与独裁两种,而是多种。

坦南鲍姆与施密特认为,说不上哪种领导方式是正确的、哪种方式是错误的,领导应当根据具体情况,考虑各种因素,选择图10—2中某种领导行为。在这个意义上,领导行为连续统一体也是一种情境理论。何种领导作风合适,这取决于领导者、被领导者和情境。影响领导者选择领导作风的因素有:(1)在主管的个性中起作用的一些因素,诸如他的价值观念体系、对下属的信赖、对一些领导作风的爱好以及在不确定情境中持有的安全感等;(2)下属会影响主管人员行为的因素,诸如乐意承担责任的程度、下属的知识和经验、他们对模棱两可的容忍以及其他等;(3)情境因素,诸如组织的价值准则和传统、下属人员作为整体如何有效地工作、问题的性质和是否能把处理问题的权限稳妥地授予下级,以及时间的压力等。

领导行为连续统一体理论从权力的来源和应用、部属参与决策的程度来划分多种领导行为,这对我们研究领导方式是有益的。但是,在图10—2中把独裁与以工作为重、把民主与以关系为重联系在一起并且等同起来,将以工作为重与以关系为重、将领导的职权与下属的自由度互相对立起来,而且仅从领导的决策过程、群众的参与程度来划分领导方式,这是不全面的。

(三)领导行为理论

领导行为理论研究领导者在领导过程中所采取的领导行为,以及不同领导行为对下属所产生的影响。

1. 领导行为四分图理论

领导行为四分图理论将领导行为的内容归结为关心人和关心组织两个方面。

关心人是指领导者注重建立他与被领导者之间的友谊、尊重和信任的关系。这包括尊重下属的意见,给下属以较多的工作自主权,体察他们的思想感情,注意满足下属的需要,平易近人,关心群众,作风民主。

关心组织是指领导者注重规定他与工作群体的关系,建立明确的组织模式、意见交流渠道和工作程序。这包括设计组织结构,明确职责、权力、相互关系和沟通办法,确定工作目标和要求,制定工作程序、工作方法和制度。

关心人和关心组织可以用两个坐标的平面组合来表示,从而形成四种类型的领导行为,这就是所谓的领导行为四分图(如图10—3所示)。研究者认为,关心人和关心组织,这两种领导方式不应是相互矛盾、相互排斥的,而应是相互联系的。一个领导者只有把这两者相互结合起来,才能进行有效的领导。

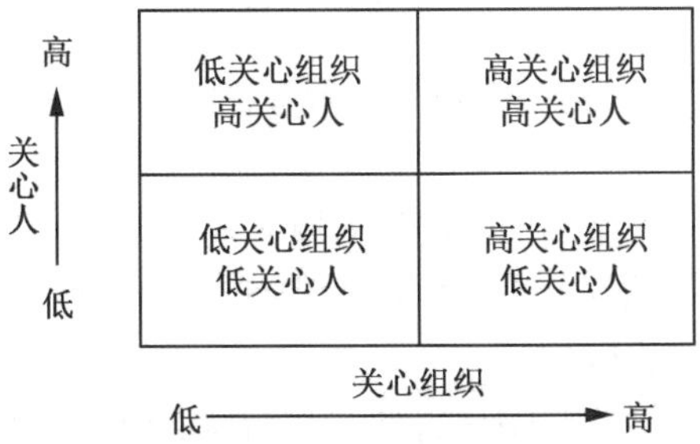

图10—3　领导行为四分图

图 10—3 为领导行为研究指出了一个途径,从图中可以看出 4 种结果:

(1)高关心组织、低关心人的领导者,最关心的是工作任务。

(2)低关心组织、低关心人的领导者,对组织和人都不关心,一般来说,这种领导方式效果较差。

(3)低关心组织、高关心人的领导者,大多数较为注重领导者与下级之间的合作,重视互相信任和相互尊重的气氛。

(4)高关心组织、高关心人的领导者,对工作和人都比较关心,一般来说,这种领导方式的工作效率和有效性较高。

到底哪种领导行为效果好,结论是不肯定的。例如,有人认为在生产部门中,效率与"关心组织"之间的关系成正比,与"关心人"之间的关系成反比;而在非生产部门中,情况恰恰相反。一般来说,"高关心组织"与"低关心人"带来更多的旷工、事故、怨言和跳槽。许多其他的研究也证实了上述的一般结论,但也有人提出了相反的证据。这是因为他们在进行分析时,没有考虑到领导所面临的环境。

2. 管理方格理论

布莱克(R. R. Blake)和莫顿(J. S. Mouton)的管理方格理论在领导行为四分图的基础上,把领导者的行为分为"对人的关心"和"对生产的关心"两个维度。每个维度各划分为 9 个等分,形成 81 个方格,从而将领导者的领导行为划分成许多不同的类型。在评价领导者的领导行为时,按照他们这两方面的行为寻找交叉点,这个交叉点就是其领导行为类型(如图 10—4 所示)。纵轴上的积分越高,表示他越重视人的因素;横轴上的积分越高,表示他越重视生产因素。

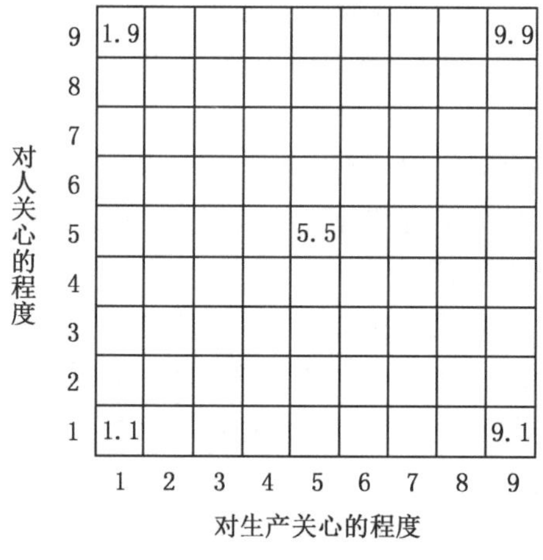

图 10—4 管理方格

从图 10—4 可知,5 种典型的领导行为类型如下:

(1)(1.1)为贫乏型管理,领导者希望以最低限度的努力来完成组织的目标,对下属和生产均不关心,这是一种不称职的管理。

(2)(1.9)为乡村俱乐部型管理,领导者注重搞好人际关系,以创造一个友好的组织气氛和工作环境,而不太注重工作效率,这是一种轻松的领导方式。

(3)(9.1)为任务型管理,领导者全神贯注于任务的完成,很少关心下属的成长和士气。

在安排工作时，尽力把人的因素的干扰减少到最低限度，以求提高效率，只关心生产而不关心人。

(4)(9.9)为团队型管理，领导者既重视人的因素，又十分关心生产，努力协调各项活动，使它们一体化，从而提高士气、促进生产。

(5)(5.5)为中庸之道型管理，领导者对人和生产都有适度的关心，保持完成任务与满足人们需要之间的平衡，既有正常的效率完成工作任务，又保持一定的士气，都过得去但又不突出。

在5种典型的领导方式中，哪一种最好呢？布莱克和莫顿认为，(9.9)型最佳，其次是(9.1)型，再次是(5.5)型，(1.9)型较差，(1.1)型最差。

管理方格在识别和区分管理作风方面是一个有用的工具，但它没有告诉我们，为什么一名主管会落在方格图上的这一部位或那一部位。为了找出这方面的原因，我们必须考虑一些根本因素，诸如领导者和追随者的个性、主管人员的才干和得到的培训、组织环境，以及其他对领导者与被领导者都有影响的情境因素。

3. PM领导行为理论

日本大阪大学的三隅二不二教授在前人有关领导行为理论研究的基础上，于1958年提出PM理论(见图10—5)。以这套量表对许多工业企业的领导行为进行测定，结果他发现，领导类型与生产量、职工的反应存在如下的关系(见表10—1)。该理论认为，领导的行为方式分为两种：一种注重实现群体的绩效(Performance，用P表示)，即以执行任务为主的领导方式；另一种注重群体自身的关系改善和维持(Maintain，用M表示)，即以维持群体关系为主的领导方式。PM理论认为，领导者的行为往往同时包括两种领导方式。即不论M方式多么强，也总包含着某种程度的P方式；同样的道理，不管P方式多么强，也总包括M方式。

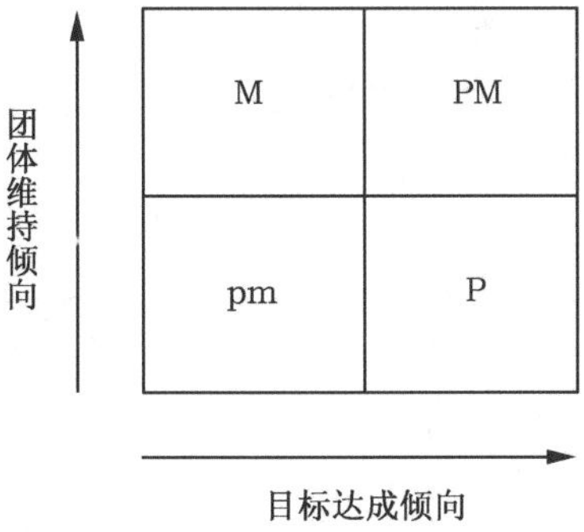

图10—5 PM领导类型图

表10—1 领导类型与生产量、职工的反应的关系

领导类型	生产量	对公司、工会的依赖度	团结力
PM型	最高	最高	最高
P型	中间	第二位	第三位
M型	中间	第三位	第二位
pm型	最低	最低	最低

目前，日本、美国、英国、中国香港等都有人利用PM量表进行领导行为的研究，成为一种跨文化比较管理研究的方法。中国科学院心理研究所于1980年自日本引进三隅二不二教授的这套分析方法，并结合我国国情做了修订，做了大量调查研究，取得了显著的成效。

（四）领导权变理论

领导权变理论认为，领导效果是诸多因素相互作用、相互影响的过程。因此，在领导过程中不能追求不变的、最佳的领导行为或风格，要随着时间、地点、条件的变化而采取相应的领导方式和行为。

1. 费德勒权变模型

费德勒提出的领导权变模型认为，有效的领导不仅在于他的个性，而且在于各种不同的情境因素和领导者同群体之间的交互作用。他将影响领导有效性的情境因素具体分为3个方面：

（1）领导者与被领导者的相互关系，指领导者受下属信任、爱戴、尊敬以及下属情愿追随、忠诚于领导者的程度。

（2）领导者的职位权力强弱，指领导者所处的职位具有的权力和权威的大小以及被上级与组织支持的程度。

（3）任务结构是否明确，指工作任务的明确程度或工作任务是常规的、惯例的还是非常规的。任务清楚明确，工作的质量就比较容易控制，也更容易为组织成员规定明确的工作职责。

费德勒认为，以上3个方面可以组成8种搭配，这样领导者所处的情境就被明确地表述出来。这8种情境在3个方面条件齐备时是最有利的，若3个条件都缺乏，是最不利的。根据情境的不同，领导者应采取“工作取向（关心工作）”或“关系取向（关心人）”等相对有效的领导风格。费德勒的权变领导理论如图10－6所示。

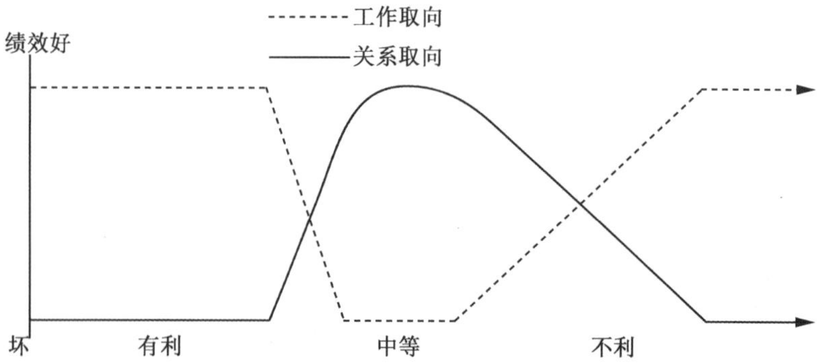

类别	Ⅰ	Ⅱ	Ⅲ	Ⅳ	Ⅴ	Ⅵ	Ⅶ	Ⅷ
领导者与成员关系	好	好	好	好	坏	坏	坏	坏
工作结构	高	高	低	低	高	高	低	低
职位权力	弱	弱	弱	弱	弱	弱	弱	弱

图10－6 费德勒的权变领导理论关系示意图

2.“路径—目标”理论

加拿大多伦多大学的豪斯（R. J. House）教授创造了“路径—目标”理论。他认为，领导者的主要职责就是为下属设置目标，为其排除走向目标的障碍，使其顺利达到群体目标，并在此过程中能够满足下属多种多样的需要。

他通过研究认为，高工作和高关系的组合不一定是最有效的领导方式，还应该补充考虑环境因素和下属因素。如当工作任务不明确或压力过大时，指令型领导会带来更高的工作满意度；当工作任务明确或高度结构化时，支持型领导会使下属更满意等。豪斯提出了 4 种领导方式，供领导者在不同环境下使用：

(1)指令型方式。领导者发布指令，决策时没有下属参与。

(2)参与型方式。领导者对下属友善关心，从各方面予以支持。

(3)支持型方式。领导者决策时，征求并采纳下属的建议。

(4)成就型方式。领导者给下属提出挑战性目标，并相信他们能达到目标。

3. 卡曼的领导生命周期理论

美国俄亥俄州立大学的卡曼于 1966 年提出领导生命周期理论。该理论认为，领导者的行为要与被领导者的成熟度相适应，随着被领导者的成熟度逐步提高，领导的方式也要作出相应的改变，工作行为、关系行为与成熟度之间存在着非线性关系。成熟度主要是指心理的成熟度，而非生理的成熟度。成熟度被概念化为有成就感、有负责任的意愿和能力，受过一定的教育并有相关工作经验等。

领导生命周期理论认为，“高关系、高工作”的领导风格不一定经常有效，“低关系、低工作”的领导风格也不一定经常无效，随着下属由不成熟走向成熟，领导风格也应不断改变。领导生命周期理论具体如图 10—7 所示。

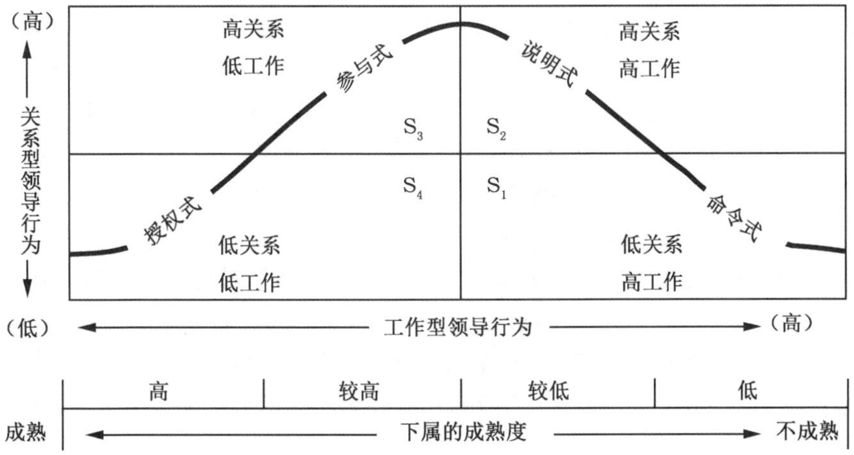

图 10—7　领导生命周期理论示意图

图 10—7 是在俄亥俄州立大学领导行为四分图基础上发展起来的。在此图的基础上，加上成熟度因素，就可以推定在什么阶段应采用何种领导方式。

同步案例 10—1　任正非的感言

背景与情境：在华为成立之初，我是听任各地“游击队长”们自由发挥的。其实，我也领导不了他们。前十年几乎没有开过办公会类似的会议，总是飞到各地去，听取他们的汇报，他们说怎么办就怎么办，理解他们、支持他们。也许是我无能，才如此放权，使各路诸侯的聪明才智得到发挥，成就了华为。我那时被称为甩手掌柜，不是我甩手，而是我真不知道如何管。2002年，公司差点崩溃了，如果不是公司的骨干们在茫茫黑暗中点燃自己的心来照亮前进的路程，现在公司早已没有了。我不知道我们的路能走多远，这需要全体员工的拥护，以及客户和合作伙伴的理解与支持。我相信由于我的不聪明，引出了集体奋斗与集体智慧，若能为公司的强大、为祖国作出一点贡献，二十多年的辛苦就值得了。我的知识底蕴不够，也不够聪明，但我容得了优秀的员工与我一起工作，与他们在一起，我也被熏陶得优秀了。

问题：

(1)华为成立初期，任正非采用了何种领导方式？

(2)在华为困难的情况下，任正非采用何种领导方法解决了问题？

(3)任正非是否像他自己说的那样“不够聪明”？

案例精析：

(1)解答第一个问题，可以根据费德勒提出的领导权变理论从三个方面来分析：领导者与被领导者的相互关系、领导者的职位权力强弱、任务结构是否明了。

(2)解答第二个问题，可以根据“路径—目标”理论，如下属愿意承担责任、有能力完成工作任务，则最好在参与型方式、支持型方式、成就型方式中选择一种。

(3)解答第三个问题，可以根据领导生命周期理论，领导者的行为要与被领导者的成熟度相适应，随着被领导者的成熟度逐步提高，领导的方式也要作出相应的改变。

二、新型领导理论

(一)魅力型领导理论

从20世纪80年代起，魅力型领导的研究日益受到重视。“魅力”这个概念是20世纪初德国的韦伯提出来的，意思是领导者对下属的一种天然的吸引力、感染力和影响力，它不是建立在传统的或职位的权威基础之上，而是下属认为这种领导者具有某种超凡的品质。魅力型领导者被认为会对下属的心灵、思想和情感产生深刻的影响，下属不仅把他当作上级看待，而且把他当作一个史诗般的英雄或楷模式的人物。

House(1977)、Conger & Kanungo(1998)等人认为，魅力型领导具有一些共同的个性和行为特征，这些特征表现在以下5个方面：(1)果断自信。他们对自己的判断力和能力充满信心，从而感染下属。(2)远见卓识。他们有远大的目标，认为未来更加美好，并且善于捕捉环境变化，能够提前做好准备。(3)高度热情、精力充沛、表达力强。他们精神饱满、精力充沛，善于表达自己的思想，擅长运用各种语言和非语言的表达技巧。(4)不循规蹈矩。他们的行为是创新的、反传统的、反规范的。(5)作为变革的代言人出现。对世界上一些有名的魅力型领导者的研究表明，他们被认为是激进变革的代言人，而不是传统现状的卫道士，他们往往出现在社会的转型时期。

同步案例10—2　　马丁·路德·金的魅力

背景与情境：马丁·路德·金是著名的美国民权运动领袖，因采用非暴力推动美国的民权进步而举世瞩目，其后，他将目标重新设定在结束贫困和终止越南战争上。1963年8月，在林肯纪念馆的台阶上，他发表了《我有一个梦想》的著名演讲。他的声望随着1963年成为《时代周刊》的年度风云人物和1964年获得诺贝尔和平奖而持续上升。1968年，他在孟菲斯被白人优越主义者刺杀身亡。尽管他不幸遇刺，但仍在1977年和2004年被追授总统自由勋章和国会金质奖章。1983年，美国设立马丁·路德·金纪念日并定为联邦法定假日。在美国在线于2005年举办的票选活动“最伟大的美国人”中，他排名第三。

问题：

(1)马丁·路德·金的魅力来自何处？

(2)马丁·路德·金的演讲能力如何？

案例精析：

(1)魅力型领导具有一些共同的个性和行为特征，比如崇高的价值观、敢于变革创新、有魅力的演讲等。

(2)马丁·路德·金演讲能力出色，出色的演讲能力为展示个人魅力提供了重要条件。

(二)变革型领导理论

伯恩斯认为，传统的领导可以被称为一种交易型领导，即在一定的体制和制度框架内，以领导者的资源奖励和被领导者对领导者的服从作为交易条件，双方在一种“默契契约”的约束下完成领导过程。交易型领导鼓励追随者追求他们的自我利益，但是交易的过程以追随者对领导者的顺从为前提，并没有在追随者内心产生一种积极的热情，其工作的内在动力也是有限的。大多数领导模式属于交易型领导，它强调领导者与追随者之间的交易。变革型领导是领导者通过让下属意识到所承担任务的重要意义，激发下属的高层次需要和愿望，使下属为团队、组织和更大的政治利益而超越个人利益。与交易型领导相比，变革型领导指的是一种过程，在这一过程中，个体相互融合，并建立一种联系去提高领导者和追随者的各种热情和道德意识。

一般认为，变革型领导者具有以下4个方面的特征：(1)理想化影响力。理想化影响力是指能使他人产生信任、崇拜、跟随等行为。这些领导者被公认为具有较高的伦理道德标准和很强的个人魅力，深受下属的爱戴和信任，是下属行为的典范。(2)鼓舞性激励。领导者向下属表达对他们的高期望值，激励他们加入团队，并和他们共享团队愿景。在实践中，领导者往往运用团队精神和情感诉求来凝聚下属的努力，以实现团队目标。(3)智力激发。这是指领导者鼓励下属挑战并超越自我，在工作中不断创新，包括向下属灌输新观念、启发下属发表新见解，以及鼓励下属用新手段解决工作中遇到的问题。(4)个性化关怀。这是指领导者关心每一个下属，重视个人的需要、能力和愿望，耐心、细致地倾听，以及根据每一个下属的不同情况和需要区别性地培养和指导。这时变革型领导者就像教练和顾问，帮助下属在应付挑战的过程中成长。

(三)领导—成员交换理论

领导—成员交换理论由格瑞恩(Grean)等首先提出。他们认为，由于资源与时间的有限性，领导者只能针对组织中的小部分下属建立相对特殊的关系，形成了一个特殊的“圈子”。“圈内”(In-group)成员受到领导者的特殊关注，领导者对他们给予更多的信任、尊重及与工作相关的利益。而作为交换，领导者也将得到下属的信任、尊重及更加努力的工作予以回报。“圈外”(Out-group)成员与领导者的关系只维持在组织的正常规则之内，很少得到领导者更多的注意，下属接受领导者的领导以换取应得的工资报酬，这是一种没有私人友谊在内的交换关系。相对“圈内”下属而言，“圈外”下属的工作绩效和工作满意度较低而离职率较高。批评者认为，该理论无法说明下属如何成为“圈内”人，以及领导者与下属之间的相互作用关系是如何运作的。但在现实中，领导者对待下属的方式的确存在差异，“圈内”人和“圈外”人现象也的确大量存在。领导者与“圈内”和“圈外”成员的关系如图 10—8 所示。

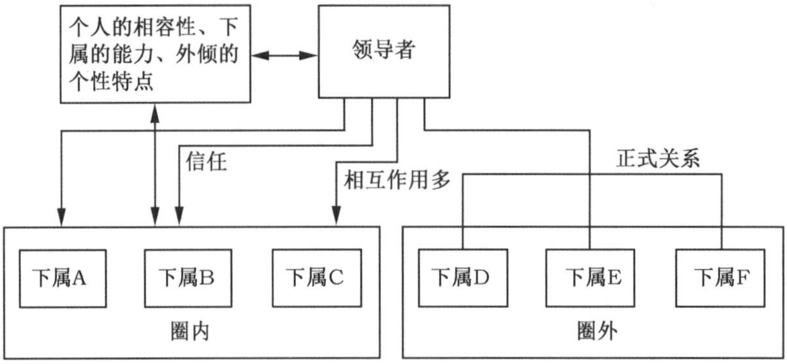

图 10—8　领导者与“圈内”和“圈外”成员的关系

（四）领导理论研究的新动向

1. 以价值观为本的领导理论

20 世纪 90 年代中期，美国宾夕法尼亚沃顿商学院的豪斯教授及其同事提出了以价值观为本的领导理论。以价值观为本的领导理论认为，领导者通过和下属共同承担一种强烈的、明确的组织愿景规划，向组织和工作注入自己的价值观，以唤醒下属对组织和组织愿景规划的强烈认同，从而激励组织所有成员发挥最大效能，以提升组织成员的自我价值和完成组织目标。各种文化的价值观所公认的核心领导特征有健康的人格、自信心、影响力、领袖魅力等。组织成员在对领导者和组织所信奉的价值观强烈认同从而内化为自身价值观后，将会产生强烈而持久的激励效果。以价值观为本的领导的最大优势是，通过对组织核心价值观的构建，为组织建立了一个长效的发展机制，使组织能够避免因领导者的更迭而出现大的兴衰变化。

2. 愿景型领导理论

20 世纪 80 年代，由战略思想与领导理论相结合产生了愿景型领导理论。该理论认为，愿景型领导者能够建立起为全体成员所认同的愿景，明确组织的核心理念、使命和目标并付诸实际行动，他们在组织结构、文化和管理上实施变革，起到了指引方向和统一思想的作用。愿景型领导理论强调，组织转型和发展的动力更多来自内部因素，组织通过建立美好愿景，促使组织成员自觉投入组织发展之中，从而形成组织发展的强大动力。愿景型领导过程由三个阶段构成：领导对未来组织状态的合理规划；领导精准描述愿景并传递给下属；授权使下属有效地实现愿景。

3. 道德领导

无论是在领导者进行决策过程中，还是在领导者与下属的相互作用过程中，都会越来越多地涉及道德问题。这些问题包括：领导者在制定组织目标时，是否考虑了社会道德规范？领导者是否公正地对待每一个下属？领导者与下属在沟通过程中是否诚实？领导者有没有关注下属需要、有没有为下属服务的意识？领导者在带领组织实现目标的过程中，是否承担了社会责任？……1992 年，美国教育学者萨乔万尼（T. J. Sergiovanni）首次提出了“道德领导”概念。道德领导是指领导者以道德伦理为核心，以高尚的品德和操守为准则，通过自身行为影响和激励下属去实现组织目标的过程。其具体表现为诚实正直、牺牲私利、严于律己、包容大度、对下属一视同仁等。

4. 虚拟领导

虚拟领导又称在线领导(E-Leadership)，是指领导者通过电脑等现代电子科技，影响与自己处于不同地理位置的下属从而实现组织目标的过程。今天的领导者与下属越来越多地通过网络进行联系，这在带来方便的同时，也带来了一系列问题。例如，在虚拟领导过程中，因为缺失了表情、姿态等非语言成分，领导者应该如何通过书面表达和情绪图标等方式与下属进行准确的沟通，以实现组织的目标？再如，不同的领导风格在虚拟领导中是否仍然存在差异，以及虚拟领导和传统领导对领导技能的要求是否有所不同？有些研究者根据自己的经验提出虚拟领导的方法，总结起来如下：积极主动地与下属沟通；组织目标清晰明了且重点突出；采取各种方法提高下属的信心；对下属个人的成长和发展保持关注；建立被组织成员共同认可的规章制度等。

任务三　领导的应用

一、经典领导理论的应用

(一)了解领导特质，通过学习和实践培养领导特质

领导特质理论研究的重点是，具备什么样特质的人才适合当领导，其实特质只是为成为领导者提供了某种可能，只有通过后天的学习和实践锻炼才有可能真正成为领导者。成为一名有效的领导者应具有何种特质呢？美国管理学家斯蒂芬·罗宾斯认为，进取心、领导意愿、正直与诚实、自信、智慧和具备与工作相关的知识对成为领导者很重要。管理学大师德鲁克认为，一个有效的领导者必须具有以下 5 种特质：善于利用时间，注重贡献、确定自己的努力方向，善于发现和用人之所长，分清主次、集中精力，作有效的决策。我们认为，在中国的文化背景下，成为一名有效的领导者应具有下列特质：品德高尚、勇于负责、远见卓识、能力突出、积极进取。

(二)认识不同领导风格，形成民主的领导作风

领导者在日常工作和生活中，逐步形成了自己独特的领导风格，绝大多数下属愿意自己的领导是民主型领导风格。如何成为民主型领导者呢？(1)要充分信任员工的工作责任心和工作能力，关心并满足员工的需要，在组织中营造一种民主与平等的氛围。(2)组织的工作目标和工作方针要尽量公之于众，征求大家的意见并尽量获得大家的赞同，一切重要决策都会经过充分协商讨论后作出。(3)分配工作时，尽量照顾到个人的能力、兴趣和爱好，使个人有较多的工作自由、较多的选择性和灵活性。(4)对员工的工作多鼓励、多肯定，谈话时多使用商量、建议的口气，使员工感到心理距离较近。

(三)双管齐下，既要关心工作任务，也要关心员工

无论是领导行为四分图模型还是管理方格理论，抑或是 PM 领导行为理论，都把领导行为集中在关心工作任务和关心员工两个方面。

关心工作任务要注意下列方面：(1)建章立制，注重制度建设。即建立健全岗位责任、人事管理、财务管理等一系列管理制度，并在实施中不断完善，用制度约束人。(2)量化管理，工作具体明确。将工作任务分解量化后落实到各个具体岗位，将完成工作的具体时间、数量、质

量要求等明确告诉员工。(3)决策果断,遇事敢于担当。领导者对看准了的事情,要敢于决策并充满信心地坚持下去,遇到困难不退缩,敢于担当。

关心员工要注意下列方面:(1)在谈话中减少心理距离。领导者通过谈话不仅可以了解下属的真实想法,还可以肯定成绩、指出不足,在无形中拉近心理距离。(2)尊重下属的工作方法。有的领导者往往把下属不符合自己意愿、习惯的做法看成是错误的,其实,对完成一项工作而言,要允许并鼓励下属采取多种形式去完成自己的工作。(3)公平公正地对待每个下属。领导者在处理与下属的关系时,要避免所谓的"圈子",公平公正地对待每个人。

(四)熟知权变理论,根据不同情况采用不同的领导方法

权变理论认为,领导绩效取决于领导者、被领导者、情境三个因素之间相互作用的结果。因此,要成为有效的领导者,应注意下列方面:

1. 领导者要合理选择有效的权变模式

选取何种领导方式不仅会受到领导者自身素质和领导者本人风格的制约,更重要的是会受到领导者与下属的关系、领导者的职位权力强弱、任务结构是否明确等情境因素的制约。因此,不存在一种固定的、理想的模式。在领导者与下属的关系中,究竟是工作取向好一些还是关系取向好一些,取决于多种相关因素,因而要采取随机制宜的权变态度。

2. 领导方式并不是一成不变的

从"路径—目标"理论和领导生命周期理论可知,作为领导者应根据下属的不同成熟度,采取不同的领导方式。对不会干又不愿干的人,要用命令式的领导方式;对不会干但愿干的人,要用说服式的领导方式;对会干但不愿干的人,应该用参与式的领导方式;对会干又愿干的人,则要用授权式的领导方式。在这里,下属的成熟度是决定领导方式的权变因素,领导者应根据被领导者的不同成就感、责任心和能力等条件,采取不同的领导行为。

3. 领导者要在领导活动中锻炼权变能力

权变行为是一种具体的领导实践活动,纸上谈兵是行不通的,想一蹴而就也只会欲速则不达。权变艺术只有经过较长时期的实践锻炼,才可能被掌握并逐步提高其运用水平。

同步案例10—3　　冒顿的统治力

背景与情境:冒顿是匈奴单于头曼的长子。头曼有了小儿子后,欲废除冒顿而立小儿子为太子。冒顿为了取得单于的位置,加紧训练部队。他制成了鸣镝(一种响箭),下令说:"鸣镝所射而不悉射者,斩之。"在围猎鸟兽时,冒顿常发鸣镝,凡不按他指示的目标射箭者,立刻问斩。为了考验士兵对自己的号令是否听从,有一次冒顿突然以鸣镝射向自己的宝马。冒顿的士兵中有些人知道这匹马深受冒顿喜爱,不敢随他射箭。冒顿为严格军令,竟杀死了那些不敢射的士兵。后来,他又安排了一次考验。他把鸣镝射向自己的爱妻,士兵见目标是首领爱妻,结果又有人不敢放箭。冒顿没有宽恕这些士兵,下令把他们处决。经过这样严格而非人道的训练,冒顿的部下终于明白,鸣镝便是冒顿号令诸军的信号,而鸣镝所指则是冒顿必杀的目标,无论是谁都不例外。任何人只要敢于怀疑鸣镝所指目标是否正确,便被视为违背军令,引来杀身之祸。一次冒顿随其父头曼单于狩猎,用鸣镝射向头曼,他的士兵也都随着鸣镝射向头曼单于。头曼死后,冒顿诛杀了他的后母、弟弟和不听从他的众臣,自己做了单于。

问题:

(1)冒顿是如何改变领导情境因素的?

(2)冒顿获取最高领导地位的方法可取吗?

案例精析：

(1)选取何种领导方式，不仅会受到领导者自身素质和领导者本人风格的制约，更注重的是受到领导者与下属的关系、领导者的职位权力强弱、任务结构是否明确等情境因素的制约。

(2)在领导活动中并不存在一种普遍适用的“最好的”或“不好的”领导方式，任何领导方式都可能是有效的，也可能是无效的，关键要看它与情境是否适应。

(3)在领导活动中要考虑道德因素。冒顿虽然用其手段获得了上位，但弑父夺位的做法有违人伦之道。

二、新型领导理论的应用

随着经济社会的发展，20 世纪 80 年代后期各种新的领导理论不断出现，这些领导理论从各个方面给予了我们新启示。

(一)发挥个人魅力

魅力产生的基础十分广泛，它建立在被领导者对领导者的尊敬、依赖、钦佩、崇拜的基础上，被追随者自觉自愿、心悦诚服地接受，不具有任何强制色彩和驱使感。个人魅力表面上并没有合法权力和明显的约束性，但在实际效能上，常常发挥制度权力所不能发挥的约束作用。虽然建立在赏罚基础上的强制权力仍是影响领导权威的重要因素，但领导者应更强调个人魅力与远见，着重于从精神、观念和道德层面获得部属的景仰和认同，激发部属超越交易的现实关系，共同追求人格的成长，并有效完成组织使命。

(二)积极践行道德领导

领导者应在工作中努力将追随者的道德责任推向一个更高的水平。领导者在要求下属提高道德责任时，其本人应首先起到表率作用。在工作中要注意严于律己，善于做下属的楷模，遵循内心的正义和道德法则，平衡追随者、组织乃至社会各方的利益，甚至在利益无法兼顾之时，要有自我牺牲的道德勇气。

(三)激发下属的高层次需要和动机

领导者要激发追随者的高层次需要，提升追随者的期望，并帮助追随者形成各种价值观念，由此挖掘追随者的潜能。因此，领导过程是改变个体的过程，领导者要关心追随者的需要和动机，并尽力帮助他们发挥潜能；领导者要将积极释放下属的潜能置于首位，着眼于如何激励追随者为了集体或者组织的利益而超越个人利益。

(四)创建并沟通共同的愿景

愿景是在道德领导及激发追随者的高层次需要和动机的基础上发展起来的，领导者在构建愿景时，必须考虑追随者的需要，使追随者、领导者和组织的共同价值内化于愿景。领导者在构建愿景时，要清楚知道他所在的组织的机遇和挑战是什么，然后把愿景用精练的语言描述清楚，并以一种充满激情的方式展示给下属，从而激发下属对愿景目标的向往和渴望。当领导者向下属描绘出愿景的吸引力之后，他要用可以观察到的行为表明，他自己正身体力行地朝着这一目标前进，从而通过行为激发追随者去为实现愿景而奋斗。

三、领导行为有效性技术

(一)时间管理

领导者每天都要面对各种各样的事务，如何在繁忙的工作中抓住重点、以点带面，从而促进相关工作的开展和完成，时间管理具有重要的作用。时间管理(Time Management)就是使用各种方法和技术对所拥有的时间加以管理，从而更有效地实现目标的过程。时间管理的目的：(1)更有效地运用时间；(2)决定哪些事情应该做、哪些事情不该做；(3)保证永远有时间做最重要的事；(4)掌握正确的时间管理方法。

1. 帕累托原则在时间管理中的运用

帕累托原则的核心内容是，生活中 80%的结果几乎源于 20%的活动。因此，要把注意力放在 20%的关键事情上。在时间管理中，运用帕累托原则有助于应付众多的待完成工作。将一大堆需要完成的工作列出优先次序，把最应优先完成的工作作为重中之重，集中时间和精力把它们完成。

2. ABC 法在时间管理中的运用

ABC 法是以工作的重要程度为依据，将待办的工作按照重要性的顺序划分为 A、B、C 三个等级，然后按照工作的重要等级依次完成工作的方法。如果工作太多，可以将各个级别进一步划分，比如把 A 分为 A_1、A_2、A_3，把 B 分为 B_1、B_2、B_3。ABC 时间管理法的优点在于，它剔除了领导者对每项任务附带的个人情绪，可以让领导者理清思路，知道优先做什么、重点在哪里。

3. 坐标法在时间管理中的运用

以“轻—重”为横坐标、“缓—急”为纵坐标，建立一个时间管理坐标体系，把各项工作放入这个坐标体系(如图 10—9 所示)，大致可以分为 4 个类别：重要且紧急、重要不紧急、紧急不重要、不重要也不紧急。

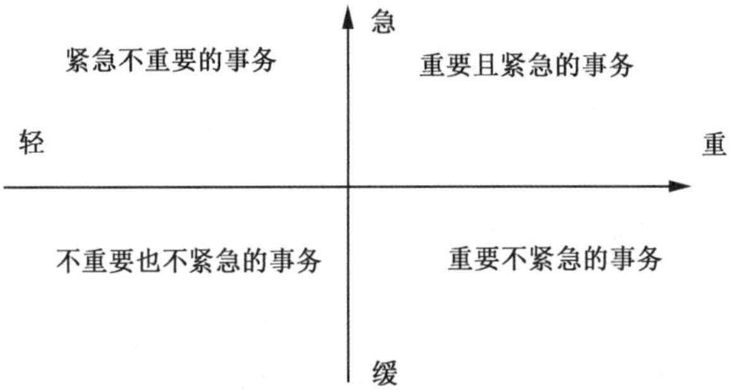

图 10—9　时间管理坐标体系

领导者首先要做的是“重要且紧急”的工作，其次是“紧急不重要”的工作，再次是“重要不紧急”的工作，最后做“不重要也不紧急”的工作。

(二)会议管理

会议不仅是各级组织实行集体领导的基本方法之一，也是进行民主决策和处理日常工作的一种重要方式，还是统一思想、提高认识、交流经验、布置工作、统筹协调、解决问题的重要手段。会议管理(Conference Management)是为了保证会议正常进行，通过各种管理方法，控制会议规模，使会议在人、财、物、时间等方面的投入趋于合理，并促进会议质量和会议效率的提高，以取得最佳的会议效果的组织活动。会议管理的目的是减少会议的盲目性，提高会议的效能。会议管理的功能为：(1)促进会议效益的提高；(2)增强会议的目的性和针对性；(3)避免遗漏会议有关事项；(4)便于会议资料的归档保存。

(三)压力管理

压力是指在人们的日常生活或工作中,面对那些自认为无法应付的情况时所产生的生理上和心理上的异常反应。心理学研究表明,压力是一种中性的客观存在,本身并不会对人产生危害,伤害人的是对压力的认知和态度。因此,压力是把"双刃剑",有消极的一面,也有积极的一面。正确看待压力可以让我们对周围的环境更加警觉,帮助我们加深对自我的认识,设立更现实的目标。压力管理(Stress Management)是指当个体面对压力时,主动采用合理的方法减缓或消除压力。压力管理的作用表现在:一是有助于身体健康;二是有助于心理健康;三是有助于提高工作绩效;四是有助于个人正确决策。压力管理的方法与措施包括:(1)正确认识压力。压力产生的原因是多方面的,压力的存在也是不可避免的,要认识到压力的积极性和消极性,要认识到没有任何压力的工作和生活环境是不存在的。(2)合理分解压力。当压力比较大时,要采取合适的方法分解压力,如充分考虑自己和下属的压力承受能力,合理适度地传递压力,让下属成为自己减压的资源。(3)建立良好的支持系统。个人的支持系统是对抗压力的良方,领导、同事、朋友、家人都是支持系统中的重要成员,有效建立自己的支持系统,赢得直接上级和家人的支持,对减压具有非常重要的作用。

应知考核

一、单项选择题

1. 领导行为四分图理论将领导行为的内容归结为关心人和(　　)两个方面。

A. 关心物质奖励　　B. 关心组织　　C. 关心发展　　D. 关心未来

2. 费德勒提出的领导权变模型认为,影响领导有效性的情境因素有3个方面,分别是领导者与被领导者的相互关系、领导者的职位权力强弱和(　　)。

A. 任务结构是否明确　　B. 工作的难易程度

C. 领导者的权威　　D. 下属的支持程度

3. 领导生命周期理论指出,领导者的行为要与被领导者的(　　)相适应。

A. 能力　　B. 薪水　　C. 工作愿望　　D. 成熟度

4. (　　)是指领导者以道德伦理为核心,以高尚的品德和操守为准则,通过自身行为影响和激励下属去实现组织目标的过程。

A. 以价值观为本的领导理论　　B. 愿景型领导理论

C. 道德领导　　D. 虚拟领导

5. (　　)是指能使他人产生信任、崇拜、跟随等行为。

A. 理想化影响力　　B. 鼓舞性激励

C. 智力激发　　D. 个性化关怀

二、多项选择题

1. 管理方格理论中,5种典型的领导行为分别是(　　)。

A. 贫乏型管理　　B. 乡村俱乐部型管理

C. 任务型管理　　D. 团队型管理

2. 一般认为,变革型领导者具有的特征包括(　　)。

A. 工作认真负责　　B. 能力突出

C. 理想化影响力　　D. 鼓舞性激励

3. 压力管理的作用表现在(　　)。

A. 有助于身体健康　　B. 有助于心理健康

C. 有助于提高工作绩效　　D. 有助于个人正确决策

4. 会议管理的功能为(　　)。

A. 促进会议效益的提高　　B. 增强会议的目的性和针对性

C. 避免遗漏会议有关事项　　D. 便于会议资料的归档保存

5. 关心工作任务要注意(　　)。

A. 建章立制，注重制度建设　　B. 量化管理，工作具体明确

C. 在谈话中减少心理距离　　D. 尊重下属的工作方法

三、判断题

1. 领导就是率领、带领、引导、指挥的意思。(　　)

2. 领导过程是实施影响的过程。(　　)

3. 权力是企业组织中某一职位所赋有的权力。(　　)

4. 领导工作等于管理。(　　)

5. 领导风格理论的研究揭示，具备某种特质确实能够提高领导者成功的可能性。(　　)

四、简述题

1. 简述什么是领导、领导过程的特点。

2. 简述权力、影响与职权之间的异同。

3. 简述领导与管理。

4. 简述领导特质理论和领导行为理论。

5. 简述新型领导理论。

应会考核

■ 观念应用

【背景资料】

生闷气的老板

两年前，一位记者朋友去一家乡镇企业采访，那位在当地小有名气的企业家、该企业董事长正坐在办公室生闷气。原来，上午在董事会上，他再次提出了上果汁生产项目，又被否决了。

聊起企业的管理问题，他连连抱怨现在的企业越来越难管理了。他说：“企业刚创立的时候，虽然规模小，员工文化素质也不高，但干什么都比较顺心，我指东，没有人敢往西。现在倒好，规模上去了，效益也翻了几番，又招进了大批高学历的人才，按说，工作应该更得心应手了，可实际上呢？我的话现在不灵了！常常有人唱反调。就说生产果汁这件事吧，你知道，一瓶汇源或是茹梦，饭店能卖十几、二十元。咱这个地方有的是果子，要是上了果汁生产线，你想想那利润！可几个副总愣是不同意，说果汁眼下走俏，但从长远来看却……”

两年后，这位董事长在北京参加全国劳模表彰会，又与记者朋友见面了。闲聊时，记者朋

友问他那个果汁加工项目后来是否上了，他长吁一口气，说："幸亏当初没上，如果上了的话，现在可就背包袱了。邻县上了一家，老本都搭进去了。"

他感慨地说："看来企业里有人说'不'，并不见得是坏事。"

【考核要求】

通过上述背景资料，分析故事蕴含的哲理。

■ 技能应用

自我评估练习

请阅读下列各句，对于(a)句，若最能形容你，请打√；对于(b)句，若对你来说不正确，请打×。请你务必认真作答，以便求得更正确的分值。

1. (a)你是个大多数人会向你求助的人。
   (b)你很激进，而且最注意自己的利益。
2. (a)你很能干，且比大多数人更能激发他人。
   (b)你会努力去争取一项职位，因为你可以对大多数人和所有的财务掌握更大的职权。
3. (a)你会试着努力去影响所有事件的结果。
   (b)你会急着扫除所有达成目标的障碍。
4. (a)很少有人像你那么自信。
   (b)当你想取得世上有关你想要的任何东西时，你不会有疑惧。
5. (a)你有能力激发他人去跟随你的领导。
   (b)你喜欢有人依你的命令行动；若必要的话，你不反对使用威胁的手段。
6. (a)你会尽力去影响所有事件的结果。
   (b)你会做全部重要的决策，并期望别人去实现它。
7. (a)你有吸引人的特殊魅力。
   (b)你喜欢处理必须面对的各种情况。
8. (a)你会喜欢面对公司管理人咨询复杂的问题。
   (b)你会喜欢计划、指挥和控制一个部门的人员，以确保最佳的福利。
9. (a)你会向企业群体和公司咨询，以改进效率。
   (b)你会对他人的生活和财务作决策。
10. (a)你会干涉官僚的拖拉作风并施压，以改善其绩效。
    (b)你会在金钱和福利重于人情利益的地方工作。
11. (a)你每天在太阳升起前就开始了一天的工作，一直到夜晚6:00。
    (b)为了达成所建立的目标，你会定期而权宜地解雇无生产力的员工。
12. (a)你会对他人的工作绩效负责，也就是说，你会判断他们的绩效，而不是你们的绩效。
    (b)为求成功，你有废寝忘食的习性。
13. (a)你是一位真正自我开创的人，对所做的每件事都充满热忱。
    (b)无论做什么，你都会做得比别人好。
14. (a)无论做什么，你都会努力求最好、最高和第一。
    (b)你具有积极性的人格和奋斗精神，并能坚定地求得有价值的任何事情。
15. (a)你总是参与各项竞争活动，包括运动，并因有突出的表现而获得多项奖牌。

(b)赢取和成功对你来说比参与的享受更重要。

16.(a)假如你能及时有所收获,你会更加坚持。

(b)你对所从事的事业会很快厌倦。

17.(a)本质上,你都依内在驱动力而行事,并以实现从未做过的事为傲。

(b)作为一个自我要求的完美主义者,你常强迫自己有限地去实现理想。

18.(a)你实际中的目标感和方向感远大于自己的设想。

(b)追求工作上的成功对你来说是最重要的。

19.(a)你会喜欢需要努力和快速决策的职位。

(b)你是坚守利润、成长和扩展概念的人。

20.(a)在工作上,你比较喜欢独立和自由,远甚于高薪和职位安全。

(b)你是安于控制、权威和有强烈影响的职位上的人。

21.(a)你坚信凡是自身分内的事,最能冒险的人赢得金钱上的最大报酬。

(b)有少数人判断你应比你本身更有自信。

22.(a)你被公认为是有勇气的、朝气蓬勃的乐观主义者。

(b)作为一个有志向的人,你能很快地把握住机会。

23.(a)你善于赞美他人,而且若是合宜的,你会准备加以信赖。

(b)你喜欢他人,但对他们以正确的方法行事的能力很少有信心。

24.(a)你通常宁可给人不明确的利益,也不愿与他人公开争辩。

(b)当你面对"说出那像什么时",你的作风是间接的。

25.(a)假如他人偏离正道,由于你是正直的,因而你会无情地纠正。

(b)你是在强调适者生存的环境中长大的,故常自我设限。

【技能要求】

你的得分:计算一下你√(a)的数目,然后乘以4,就是你领导特质的百分比;同样地,(b)所得的分数就是你管理特质的百分比。

领导人[(a)的总数]×4=　　%

管理者[(b)的总数]×4=　　%

■ 案例分析

【情境与背景】

蚁群中的"懒蚂蚁"

科学家发现:在蚂蚁世界里,不管一个蚁群中有多少只蚂蚁,在辛勤忙碌的蚂蚁背后,总有一批固定比例的懒蚂蚁无所事事,到处闲逛。于是,科学家将这些懒蚂蚁全部逮住并将它们与蚁群分开,蚁群中只剩下了勤蚂蚁。然而,奇怪的事情发生了:蚁群的效率与公正竟然下降了!不久,勤蚂蚁中又分化出了原有比例的懒蚂蚁。

对于这种怪现象,科学家经过无数次研究,终于找到了答案:一旦整个蚂蚁王国遭遇危机,这些懒蚂蚁就会挺身而出,带领全体蚂蚁寻找出路,渡过难关。原来,这些懒蚂蚁之所以四处闲逛,并不是真的什么都不干,它们是为了搜集生存信息,以便指挥其他勤蚂蚁更快捷而准确地寻求生机。

【分析要求】

请分析情境与背景的案例哲理,体会领导的职责。

项目实训

【实训内容】

团队领导测评。

【实训目标】

测试你的团队领导能力。

【实训组织】

团队的领导工作有很多反方面，就像下列自测题中所展示的那样。如果你正领导这一支团队，它将测试你领导方式的质量和管理队员的能力。如果你是团队的队员，自测一下你自己的领导潜力。要尽可能实事求是：如果你的答案是“从不”，选(1)；如果是“总是”，选(4)；等等。有关测评结果，我们会在培训中分析讨论和共享。

选项：(1)从不　(2)有时　(3)经常　(4)总是

1. 与其他队员在一起分享领导角色。

(1)　(2)　(3)　(4)

2. 激励队员诚实地设定他们自己的任务范围。

(1)　(2)　(3)　(4)

3. 与公司内部及外部的客户碰头，以保证满足他们的需要。

(1)　(2)　(3)　(4)

4. 为建立团队精神和队员们社交，并非正式地交换意见。

(1)　(2)　(3)　(4)

5. 当信任是必要时，给予信任；但如果需要，则毫不犹豫地给予批评。

(1)　(2)　(3)　(4)

6. 在团队内有一个代表小组，向他们了解团队情况。

(1)　(2)　(3)　(4)

7. 给团队和队员明确的目标，并清楚地与他们沟通。

(1)　(2)　(3)　(4)

8. 与团队发起人保持联系，以保证团队外部联系的畅通。

(1)　(2)　(3)　(4)

9. 努力让队员们明白对他们绝对信任。

(1)　(2)　(3)　(4)

10. 向队员解释，如在解决问题时，必须否决一位队员的意见。

(1)　(2)　(3)　(4)

11. 将整个任务移交给团队执行，如果队员们认为合适。

(1)　(2)　(3)　(4)

12. 允许队员对有关团队的任何决定发言。

(1)　(2)　(3)　(4)

13. 向队员询问他们对于当前团队工作方式的看法。

(1)　(2)　(3)　(4)

14. 探寻任何可能导致问题产生的潜在因素。

(1)　(2)　(3)　(4)

15. 有意识地变换管理方式，以适应变化的情况。

(1) (2) (3) (4)

16. 鼓励队员有问题就问。

(1) (2) (3) (4)

17. 在开会之前认真筹备并提供议程。

(1) (2) (3) (4)

18. 采用任何可用的方式与队员交流。

(1) (2) (3) (4)

19. 将所有得到的信息传达给队员，只要它不是保密材料。

(1) (2) (3) (4)

20. 努力消除不必要的团队级别。

(1) (2) (3) (4)

21. 向发起人及其他能给予帮助的人咨询，使团队工作能够顺利进行。

(1) (2) (3) (4)

22. 鼓励队员以创新的方法思考。

(1) (2) (3) (4)

23. 召开集体讨论会，在团队中开发新想法。

(1) (2) (3) (4)

24. 经常关心团队的精神状态和队员的士气状态。

(1) (2) (3) (4)

25. 将解决问题看作一个持续发展的机会。

(1) (2) (3) (4)

26. 消除因团队角色重叠而引起的冲突。

(1) (2) (3) (4)

27. 通过坚定地站在最前面领导的方式来鼓励团队。

(1) (2) (3) (4)

28. 一旦产生个人问题，立刻在团队内解决。

(1) (2) (3) (4)

29. 用一本日志记录各种可用来改进工作的方法。

(1) (2) (3) (4)

30. 在处理事情时，对事不对人。

(1) (2) (3) (4)

31. 跟踪队员个人正在从事的项目。

(1) (2) (3) (4)

32. 寻找一切可长期改进工作方法的机会。

(1) (2) (3) (4)

现在你已完成了自我评估，将所有选项对应的分数加起来，并根据下面相应的评语衡量自己的表现。不管你最终获得了哪个层次的成功，或是有潜力获得，总还有提高的余地。确定你的薄弱环节，然后仔细听本次培训，你可以找到有用的建议和提示，帮助你建立和提高团队的领导技巧。

【实训成果】

1. 评语：

32—63分：你跟不上变化的脚步，需要努力更新你的领导技巧。

64—95分：你的某些领导技巧不错，但还需要注意和提高薄弱环节。

96—128分：你是优秀的领导人，但你不能自我陶醉、安于现状，而应努力提高自己。

2. 评分采用学生和老师共同评价的方式，并完成实训报告。

《团队领导测评》实训报告		
项目实训班级：	项目小组：	项目组成员：
实训时间： 年 月 日	实训地点：	实训成绩：
实训目的：		
实训步骤：		
实训结果：		
实训感言：		

项目十一

组 织

○ **知识目标：**

理解：组织的概念和特征；组织结构的概念；组织变革的概念；组织发展的概念和特点。

熟知：组织的形式；组织的职能；组织结构的形式；组织变革的动因和阻力。

掌握：组织理论；组织变革的理论模型；组织发展理论；组织的应用。

○ **技能目标：**

能够掌握组织的常见形式，并在此基础上如何进行组织发展和变革。

○ **素质目标：**

运用所学的组织知识研究相关事例，培养和提高学生在特定业务情境中分析问题与决策设计的能力；结合行业规范或标准，运用知识分析行为的善恶，强化学生的职业道德素质。

○ **项目引例：**

管理心得

20世纪80年代，改革之风吹来，村民杨利平丢了锄头，办起了“杨家店”。由于生意兴隆，他很快把分店开到了县城乃至省城去了。1987年，他在本村办起了利平糯米美食厂，开始生产“老饕”牌袋装和罐装系列糯米食品。由于其风味独特和品质优良，牌子很快打响，市场中出现供不应求之势。

奇怪的是，杨利平似乎并未利用这个大好形势去开拓市场。原因是杨利平坚持要保持产品的独特风味与优良品质，他认为，质量就是企业的生命，绝不允许采取任何措施危及产品质量。因此，如果服务达不到规定标准，职工培训未达到应有水平，他宁可不扩大规模。

不久前，杨利平的表哥汤正龙回村探亲。20世纪80年代初便只身南去深圳闯天下的汤正龙来访表弟杨利平，对美食厂的发展称赞一番，还表示想投资入伙。但他指出，杨利平观点太迂腐保守，不敢开拓，认为牌子已创出，不必僵守原有标准，应当大力扩充品种与产量，向省外甚至海外扩展。他还指出，厂子目前这种职能型结构太僵化，只适合常规化生产，为定型的、稳定的顾客服务，适应不了变化与发展，各职能部门眼光只限在本领域内，看不到整体和长远，彼此沟通和协调不够。他建议杨利平彻底改组本厂结构，按不同产品系列来划分部门，才好适应大发展的新形势，千万别错失良机。但杨利平对发表的建议听不进去，反生反感。他说他在基本原则上绝不动摇。两人话不投机，言辞越来越激烈。最后，汤正龙说杨利平是“土包子”，“眼看着大财不会赚”。杨利平反唇相讥：“有大财你去赚得了，我并不想发大财，要损害质量和名声的事坚决不做。你走你的阳关道，我过我的独木桥！”

引例感悟：面对上述情境，我们不禁会思考，企业真的一定要做大吗？当一个企业进行发展的时候，应该从哪些方面进行变革呢？今天的企业应该根据自身的情况向什么方向发展呢？这就是本项目内容所要解决的问题。

○ **知识精讲：**

任务一　组织概述

一、组织的概念和特征

（一）组织的概念

组织可以从不同角度去解释和理解。从实体角度看，组织是为实现某一共同目标而由若干个人组合形成的一个系统。公司、企业、学校、医院及政府机构等都是组织。在管理过程中，组织又是管理的一项基本职能，是指为达到某一目标而协调人群活动的一切工作的总称。两者具有不同的含义。

（二）组织的特征

组织是为实现某一共同目标，经由分工与合作及不同层次的权力和责任制度而构成的人的集合。实体组织有 3 个特征：

1. 组织必须具有共同目标

任何组织都是为实现某些特定目标而存在的，不论这种目标是明确的还是隐含的，目标是组织存在的前提和基础。大学的目标是传授知识，培养高级人才；而一些非正式组织，它们隐含的目的就是使组织成员受到保护，满足成员在某些方面的特殊要求。

2. 组织内必须有明确的分工与协作

分工与协作关系是由组织目标限定的。企业为了达到经营目标，要有采购、生产、销售、财务和人事等许多部门，这是一种分工，每个部门都专门从事一种特定的工作。各个部门又要相互配合，采购要根据生产的需要进行，生产要“以销定产”，这就是一种合作。只有把分工与合作结合起来，才能提高效率。电影院的观众具有相同的目的，但他们彼此没有分工与合作，不能称其为组织，而电影院的全体工作人员则在工作中相互配合，构成了一个实体组织。

3. 组织要有不同层次的权力与责任制度

这是由于分工之后，就要赋予各部门及每个人相应的权力，以便于实现目标。但同时必须明确各部门或各人员的责任，只有权力而不负责任，可能导致滥用职权，同样影响组织目标的实现。所以，职权和责任是达成组织目标的必要保证。

二、组织职能及其体现

（一）组织职能

组织职能是指为了有效地实现共同目标和任务，合理地确定组织成员、任务及各项活动之间的关系，并对组织资源进行合理配置的过程，即组织工作的全过程。组织职能的主要内容包括：

1. 组织结构的设计

它包括组织内横向管理部门的设置和纵向管理层次的划分。当组织目标确定以后，管理者首先应对为实现组织目标的各种杂乱无章的工作内容进行划分和归类，把性质相近或联系紧密的工作进行归并，成立相应的职能部门进行专业化管理，并根据适当的管理幅度来确定组织的纵向管理层次，最后形成一个完整的系统。

2. 适度分权和正确授权

在确定了组织结构的形式后，要进行适度的分权和正确的授权。分权表示组织内管理的权力由高层管理者委派给各层次和各部门的程度，分权要讲求适度；授权则体现职权被委任给各个管理层和各个部门的过程。分权适度、授权成功，有利于组织内各层次、各部门为实现组织目标而协同工作。

3. 组织内各职务人员的选择和配备

它包括人员的招聘和定岗、训练和考核、奖惩制度，以及对人的行为的激励等。

4. 组织文化的培育和建设

它是指为创造良好的组织气氛而进行团体精神的培育和组织文化的建设。

5. 组织运作和组织变革

组织运作是指管理者怎样使已设计好的组织系统围绕目标有效地运转起来。这包括制定和落实各种规章制度以及建立组织内部的信息沟通模式。组织变革是指为不断适应实现目标的需要，对组织工作进行必要的调整、改革与再设计。

6. 组织与外部环境的关系

组织存在于特定的社会环境中，组织的形态、功能、结构、管理活动都受环境影响，如何使组织行为与外部环境保持一致是组织职能的重要内容。

(二)组织职能的体现

系统理论揭示了“整体大于部分之和”。这就是说，整体具有其组成部分在孤立状态下所没有的新质，如新的特性、新的功能、新的行为或新的结构等。然而，具体就某一系统而言，整体既可能大于部分之和，也可能小于部分之和。其中，组织是否合理对增加系统的整体功能具有决定性的作用。组织职能主要体现为：

1. 有效配置各种资源

任何组织的资源都是有限的。实现同样的目标，不同的组织消耗的资源数量会有所不同。组织结构合理、组织工作有序就可以合理有效地配置资源，从而以最少的资源消耗实现组织的既定目标。

2. 相互协作发挥整体功能

组织职能具有相互协作发挥整体功能的作用。分工可取得专业化的好处，也是明确责任的前提，但分工效应必须依靠协作取得。兼顾分工与协作，要求在观念上有整体的目标和共同奋斗的意识，在制度上应明确分工责任和协作任务，在组织形式上应将分工与协作结合起来，这些都只有通过组织职能来实现。

3. 合理使用各类人员

现代管理的主要任务是促使人的积极性、主动性和创造性得到充分发挥。从组织职能方面来看，就要通过合理分派任务，做到人尽其才、各得其所；合理分配权力，做到权责一致；合理给予报酬，做到责、权、利相统一；等等。

三、组织的形式

从全社会来说，根据组织的目标性质以及由其所决定的基本任务，可以把组织划分为政治组织、经济组织、军事组织、学术组织、教育组织、宗教组织等不同的种类。从组织的形式上来说，主要有以下几种：

（一）**正式组织与非正式组织**

1. 正式组织

它是为了有效实现组织目标，经过人为的筹划和设计，并且具有明确而具体的规范、规则和制度的组织。特点：专业分工性，明确的科层，法定的权威，统一的规范，相对的稳定，职位的可替代性，物质的交换性。

2. 非正式组织

它是指组织成员为了满足特定的心理或情感需要，而在其实际活动和共同相处的过程中自发和自然形成的团体。特点：基于特定的需要，没有明确的目标，自发形成，没有明确的成文制度和规则，具有两面性（双刃剑）。

（二）**机械式组织与有机式组织**

1. 机械式组织

它又称为官僚式组织，最突出的特点是有严格的层级关系，每个职位都有固定的职责，坚持统一指挥原则并产生一条正式的职权层级链，每个人只受一个上级领导，形成一种典型的、规范化的结构；成员之间按照正式的渠道进行沟通，组织的权力最后集中在组织的金字塔顶层。

2. 有机式组织

它又称为适应式组织，是一种低复杂性、低正规化和分权化的组织。与机械式组织不同的是，它强调灵活、适应和变化。在有机式组织中，员工大多是职业化的，具有熟练的技巧，并且在经过训练之后能够处理多种多样的问题，所以工作不需要多少正式的规则和监督。这种组织的特点是员工之间存在高度的合作、非正式的沟通、分权、职位与职务的变化调整。

一般来说，创业阶段的企业近似于有机式组织，成长到一定的规模之后就会演化为机械式组织，而向优秀的企业发展之后又会成为有机式组织。

四、组织理论

组织理论（Organization Theory）是研究组织结构、职能和运转以及组织中管理主体的行为，并揭示其规律性的逻辑知识体系，它是管理理论的核心内容。组织理论的历史演进与社会存在和管理实践的需要有密切的关系，其发展历史是一个不断扬弃的过程，也是辩证的否定过程。20 世纪 30 年代以后，管理学界把组织理论作为一门社会科学的学科并开始对其进行系统的研究。根据组织理论的形成和发展，可以分为 3 个阶段（如表 11－1 所示）：一是古典组织理论阶段；二是行为科学时期的组织理论阶段；三是现代组织理论阶段。

表 11－1　不同阶段的组织理论

	古典组织理论	行为科学时期的组织理论	现代组织理论
时代	手工业时代 （工业革命前时代）	机器生产时代 （工业革命时代）	系统时代 （现代化大工业生产时代）
组织理论	经济人	社会人	决策人
组织特点	独断	从小到大的分解	从个体转向整体
主要理论	泰勒的组织理论 法约尔的组织理论 韦伯的组织理论	社会系统学派的组织理论 行为科学学派的组织理论	经验主义学派的组织理论 系统管理学派的组织理论 权变理论学派的组织理论 新组织结构学派的组织理论

（一）古典组织理论

古典组织理论又称为“传统的组织理论”。19 世纪末期和 20 世纪初期正是古典组织理论的正式产生和盛行时期。古典组织理论的特点在于，它把人看作机器的附属品，比较侧重强调等级、命令和服从，并且用一种封闭的观点来对待组织，从而忽视了人的因素和环境的作用。古典组织理论的代表人物主要有泰勒、法约尔和韦伯等。

1. 泰勒的组织理论

美国的泰勒被誉为“科学管理之父”。为寻找提高工厂工人劳动生产率的方法，泰勒开展了一系列著名的科学实验，以找出影响工人劳动生产率的因素，并于 1911 年在总结上述实验的基础上，发表了《科学管理原理》这一著作。泰勒对组织理论所作的主要贡献如下：

（1）根据劳动分工的原理，提出单独设置职能机构，并主张把计划职能（即现在的管理职能）同执行职能（即工人的生产操作）分开。

（2）主张实行职能管理制。实行专业化、标准化的职能管理，使所有职能人员只承担 12 种管理职能，从而使较多的管理者（工长）对同一个工人发号施令。这种职能管理制未能得到推广。

（3）提出“例外原则”。即上级把日常例外事务授权给下级处理，使自己能集中精力考虑较重大的问题。这为后来的分权化和事业部制等组织原则提供了理论基础。

2. 法约尔的组织理论

法国的亨利·法约尔被称为“管理理论之父”，他在 1916 年发表的著作《工业管理与一般管理》中，较为完整地形成了古典组织理论的基本内容：

（1）提出了管理过程的 5 个职能，即计划、组织、指挥、协调和控制，同时指明了组织职能在整个企业管理中的地位和重要性。

（2）提出 14 条组织管理原则，即劳动分工、权力与责任、纪律、统一指挥、统一领导、个别利益服从整体利益、合理的报酬、集权化、等级制、建立秩序、公平、保持人员稳定、主动性、集体精神。

（3）提出“法约尔桥”。为了克服由于贯彻命令统一性原则而产生的信息传递的迟缓，法约尔设计了一种“跳板”（又称法约尔桥）。利用这种跳板，可以跳跃指挥链而直接联系。

（4）改进了管理机构的组织形式，提出直线职能制。

3. 韦伯的组织理论

马克斯·韦伯是德国著名的社会学家，有“组织理论之父”之称的他在管理方面的主要贡献是提出了“理想的行政组织体系”，与此相关的主要著作有《社会和经济组织理论》等。

韦伯的行政组织体系包含以下主要内容：

（1）组织内的各种服务和岗位要按照职权等级来组织，形成一个逐级分层的指挥系统，各人的责权要明文规定。

（2）组织成员的任用，应通过正式考试或培训，使人员胜任职务的要求，而不是凭世袭地位或人事关系担任职务。

（3）组织内每人都必须严格遵守规章和纪律，没有例外。

（4）提出行政组织的基础是合法规定的权力，包括理性和法律的权力、传统式的权力和个人崇拜式的权力。

（5）行政组织体系的结构主要分为 3 层：第一层是主要负责人，其主要职能是进行决策；

第二层是行政官员，其主要职能是贯彻主要负责人所作出的决策；第三层是一般工作人员，其主要职能是从事实际的业务工作。

（二）行为科学时期的组织理论

行为科学是运用社会学、心理学和人类学等学科的理论和方法来研究工作环境中的人和群体行为的一门综合性和交叉性的学科。行为科学时期的主要理论流派有社会系统学派、行为科学学派等。

1. 社会系统学派的组织理论

美国的巴纳德是社会系统学派的代表人物。其代表作《经理人员的职能》是组织理论的经典著作之一，这本书集中反映了他的组织理论观点。巴纳德善于用社会学的观点对管理理论进行研究。其组织理论主要观点如下：

（1）组织是人与人的合作系统。这种观点突破了把组织单纯看成一个权责结构的框框，从而把组织结构特性与人类行为特性结合起来分析组织的一些问题。

（2）权力接受理论。权力不是来自自上而下的行政授予，而是看下级是否接受，只有当行政命令为下级所理解，并相信它符合组织目标和个人利益时，才会被接受，这时权力才能成立。

（3）诱因和贡献平衡论。巴纳德的观点认为，组织是由每个人组成的，并且组织中的每个人都要求其个人的一些需要得到满足，如果要求成员对组织作出贡献，那么组织必须对他们提供适当的刺激以满足其个人的需要。他把这种诱发个人对组织作出贡献的因素称为“诱因”。要想让组织目标得以实现，就要使这种诱因与贡献取得某种程度的平衡，从而使组织成员产生必需的合作意愿。

（4）信息交流原则。构成组织的基本要求是合作的意愿、共同的目标和信息的交流，而信息的交流是实现前两个要求的条件和基础。巴纳德在强调信息交流在管理部门中的作用的同时，还提出了“非正式群体”可以作为信息沟通的另一种途径。

2. 行为科学学派的组织理论

20 世纪 50 年代时期，行为科学学派开始出现在管理学领域，它偏向研究管理过程中人的行为。行为科学学派在组织理论方面的观念与贡献，除了上述同巴纳德相类似的观点以外，主要还有以下 3 个方面：

（1）不主张分工过细。对于劳动分工的原则问题，行为科学学派先是肯定了分工在提高劳动率方面的重要作用，但也重点分析了分工过细所带来的不良后果。

（2）提出了职工参与管理和更好地进行信息交流以解决内部组织结构冲突的措施等。以上都是在充分考虑了人的行为因素后对古典组织理论所作的补充和修正。

（3）组织结构的设计，必须考虑工作者的需要和特点，以充分发挥他们的才能和知识，获得更好的工作绩效。比如，在考虑员工的兴趣和爱好的基础上给他们分配合适的工作等。

（三）现代组织理论

现代组织理论是 20 世纪 60 年代以来逐步发展起来的。其代表人物有德鲁克、西蒙、钱德勒、劳伦斯等。下面介绍几种代表性的现代组织理论：

1. 经验主义学派的组织理论

经验主义学派是以总结企业管理的实践经验为主要任务，从中概括出组织理论和原则，或者给从事实际管理工作的人以某些有用的建议。代表人物有德鲁克、戴尔、斯隆等。以下是他们在组织理论方面的主要观点：

(1)经验主义学派的任务就在于根据企业的实际经验，致力于统一古典管理学派和人际关系学派两方面的研究成果。

(2)归纳出企业组织结构的基本类型：集权的职能型结构、分权的“联邦式”结构、模拟性分权结构、矩阵结构、系统结构。

(3)倡导目标管理。目标管理方法最早是德鲁克于1956年在其所著的《管理的实践》中提出来的。它的主要精神是，为了充分调动组织成员对工作的积极性、主动性和创造性，就要把以工作任务为中心与以人为中心的管理方法相结合，从而使各成员能从工作中满足其自我实现的需要，并最终促进组织目标的实现。

2. 系统管理学派的组织理论

将贝塔朗菲的“一般系统理论”应用于管理学领域，从而形成了系统管理学派。其组织理论方面的主要观点有：

(1)组织是一个人造的开放系统。组织不是单独存在的，为了求得生存和发展，组织必然要与外界环境相互作用与相互影响。即组织在不断输入人力、物力、财力和信息等环境资源的同时，也在向环境输出各种产品和服务等组织资源。与此同时，组织也在这种输入与输出的过程中不断地进行自我调节，以适应时刻变化的内外部环境。

(2)组织是由各个子系统有机联系而成的一个系统。组织的优化一定要把重点放在整个系统的优化上，而不仅仅是各个子系统的优化这么简单。

3. 权变理论学派的组织理论

20世纪60年代末70年代初在美国经验主义学派基础上进一步发展起来的权变理论学派认为，没有什么是一成不变的，组织在管理中要根据其所处的内外部环境和条件的变化随机应变。权变管理就是依托环境因素与管理思想及管理技术因素之间的变数关系来确定的一种最有效的管理方式。

(1)没有一成不变的所谓“最好”的组织设计，不同的企业以及同一企业在不同的发展阶段，都应当根据当时的具体环境和条件来设计与之相适应的组织结构。

(2)强调外部环境对组织结构设计的影响。企业组织设计应当是开放式的，要求组织结构既要有稳定性，又要有适应性，才能保证企业在万般变化的环境中求得生存和发展。

4. 新组织结构学派的组织理论

自20世纪90年代以来，随着经济全球化与信息化的迅猛发展，世界上开始掀起新一轮管理变革的浪潮，随之而来的是许多传统的管理模式和管理理念越来越不合时宜，许多组织无法适应当前快速变化的国际市场环境，无法适应顾客的需求。在这种情况下，许多组织学家提出了自己的见解。因此出现了一些新的组织理论，即形成了新组织结构学派的一些组织理论。

该学派的基本特点是，借鉴关于组织结构的理论与观点，全面地对组织结构进行综合研究。新组织结构学派的主要理论观点有：

(1)加拿大著名组织学家亨利·明茨伯格提出了组织结构的5种协调机制：相互协调、直接监督、工作过程标准化、成果标准化、技能标准化。

(2)提出了组织结构的5个基本构成部分：工作核心层、战略高层、直线中层、技术专家结构、辅助人员。

(3)提出了组织结构的5种流程系统:正式的权力系统、规章制度的流程系统、非正式的流程系统、工作群体流程系统、特殊决策流程系统。

(4)提出了组织结构的5种类型:简单结构、机械型科层结构、专业型科层结构、事业部结构和特别小组。

任务二　组织结构

一、组织结构的概念

组织结构是指组织中相对稳定的关系和方面。当今,组织结构的类型很多,常见的组织结构大体上有围绕"4个中心"(任务中心、成果中心、关系中心和决策中心)组织起来的5种形式——直线制、职能制、直线职能制、矩阵制和事业部制。

二、组织结构的形式

(一)直线制组织形式(Straight-line Organization Type)

它的主要特点是,组织中各种位置按垂直线路排列,每一个下层单位只接受一个上级领导者的指挥,每一位下级也只向一个上级请示汇报。这是组织结构中一种最简单的形式。以企业为例,图11－1就是这种组织结构。

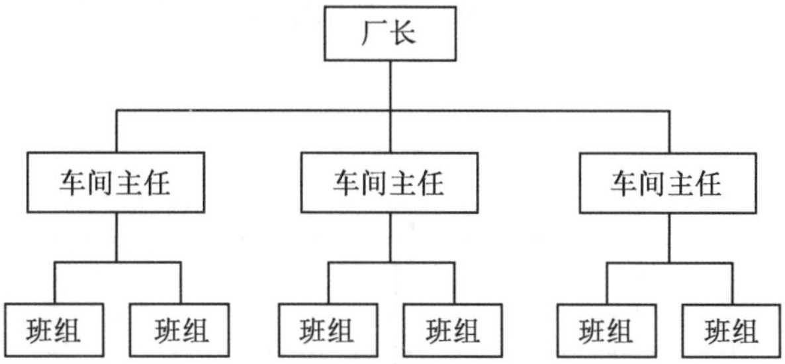

图11－1　直线制组织形式

这种组织形式的主要优点是:结构简单,责任明确,指挥统一。这种组织形式的主要缺点是:领导负担重,指挥路线长,横向联系困难。一般来说,这种组织形式只适用于生产经营简单的小型企业。

(二)职能制组织形式(Functional Organization Type)

它的主要特点是,按职能实行专业分工来分担主管人员的某些职能,每一个专业职能管理人员都有权在自己的职责范围内向相应的下级单位发出命令。下级领导者或执行者既要服从上级领导者的指挥,又要服从上级各职能部门的指挥。以企业为例,图11－2表明了这种组织结构。

这种组织形式的主要优点是:能够适应现代化工业生产技术较为复杂和管理分工较为精细的特点,发挥管理人员的专长,提高专业化领导水平。这种组织形式的主要缺点是:妨碍了组织的集中统一指挥,形成多头领导,忽视了组织的整体效应,不利于培养通才式的管理者。

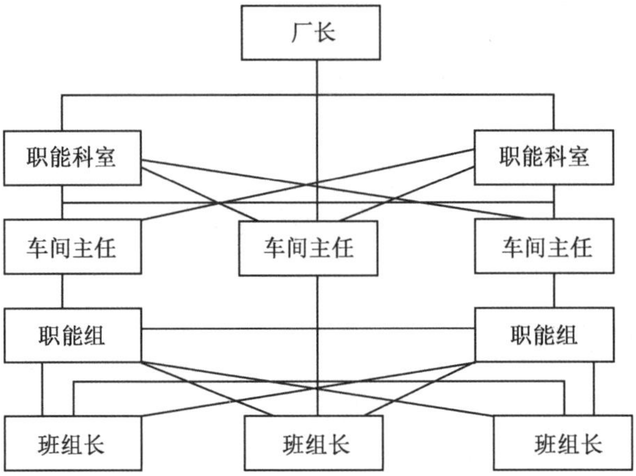

图 11—2　职能制组织形式

（三）直线职能制组织形式（Straight-line Functional Organization Type）

它是以直线制为基础，在各级管理者之下设置相应的职能部门，分别从事专业管理，作为该级管理者的参谋部门。它的主要特点是，职能部门拟订的计划、方案、指令由生产行政领导批准下达，职能部门对下级管理者和下属职能部门无权直接下达命令或进行指挥。职能部门除对直线管理者提供咨询和建议起参谋和助手作用外，还可以在业务上向下级直线组织提出要求，指导开展工作，但不属于行政下达的命令。图 11—3 为一个企业的直线职能制组织形式。

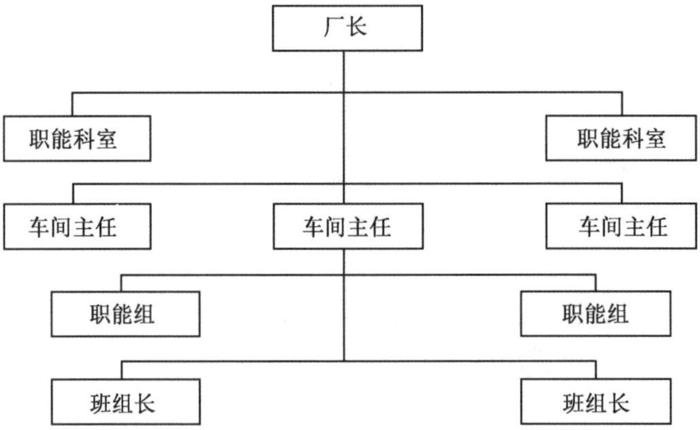

图 11—3　直线职能制组织形式

这种组织形式把直线指挥统一化原理与职能分工专业化原理有机地结合起来，它既保留了直线制与职能制的长处，又舍弃了两者的短处，是组织形式的一种明显进步。这种组织形式的主要优点是：有利于合理安排各种资源，有利于提高各职能部门办事的效率，有利于对组织的重大问题进行有效控制，有利于组织结构的稳定。其最大缺点是：下级缺乏积极性，协调困难，适应性较差。

直线职能制组织形式被大多数国家所采用，而且持续时间较长，尤其在我国，大多数组织仍采用这种组织形式。一般来说，直线职能制在企业规模较小或产品品种单一、工艺比较稳定、市场销售情况比较容易掌握的情况下，能够显示其优点，但随着组织规模的扩大，特别是大型组织提供的产品品种越来越多、业务越来越复杂，以及经营机制转变后，这种组织形式的缺点就日益突出。

直线制、职能制和直线职能制组织形式统称为传统的组织结构。下面要介绍的两种组织结构——矩阵制和事业部制——属于现代组织结构。

（四）矩阵制组织形式（Matrix Organization Type）

它是将按职能划分的部门与按产品（或工程项目或服务项目）划分的小组结合起来组成一个矩阵，使同一名专业人员或管理人员，既同原职能部门保持业务上的联系，又加入产品或项目小组的工作。它最大的特点是，打破了传统的“一个员工只有一个岗位或领导”的体制，使一个员工从属于两个以上的部门或领导。图 11－4 就是这种组织形式。

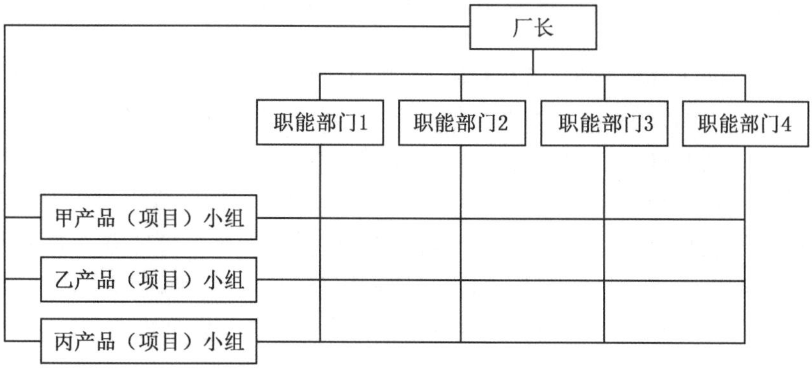

图 11－4　矩阵制组织形式

这种组织形式的主要优点是：(1)打破了传统的“一个专业管理人员只接受一个部门领导”的管理原则，加强了管理中的纵向与横向联系；(2)把不同部门的专业人员有机地结合起来，有利于调动和激发人们的积极性和创造性；(3)将完成某项任务所需的各种专业知识和经验集中在一起，有利于开发新技术和试制新产品，推广现代科学方法；(4)具有较强的适应性。

它的主要缺点是：(1)每个小组成员同时接受双重领导；(2)不利于统一指挥，尤其是当两个部门领导的意见不一致时，就会使小组成员无所适从，职能部门管理困难；(3)组织成员缺乏稳定感。

20 世纪 50 年代末，美国洛克希德飞机公司、休斯飞机公司等率先采用了这种矩阵形式，取得了显著的成效，以后逐步推广到其他行业，目前在建筑业中广为流行。这种组织形式适用于某些产品品种单一且需要集中各方面专业人员参加完成的项目或业务，以及一些设计、研制等创新性的工作。

（五）事业部制组织形式（Institutional Organization Type）

它是在组织的最高领导层下按地区或产品类别设多个事业部，事业部是一个相对独立的生产经营单位，实行独立核算，设有相应的职能部门，具有直接提供利润的职能，由事业部组织产品或地区的生产、销售、采购等全部活动。组织中最高管理机构负责重大方针政策的确定，掌握影响组织成败的重大问题的决策权。图 11－5 表明了这种组织结构。

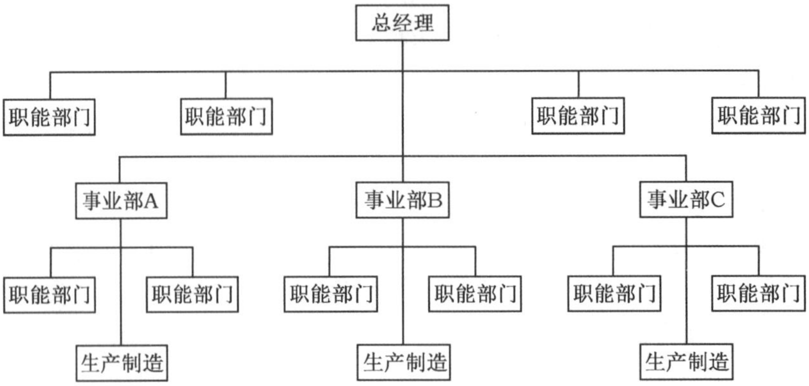

图 11—5　事业部制组织形式

这种组织形式的主要优点是:(1)最高管理者可集中精力考虑大政方针;(2)充分发挥各阶层管理人员和员工的积极性、主动性和创造性;(3)事业部以利润责任为核心,可以保证公司长期获得稳定的利润;(4)有利于培养通才式的管理者。

它的主要缺点是:(1)造成职能机构重叠,管理人员增多,管理费用增大;(2)各事业部都有自己独立的经济利益,容易产生本位主义,影响先进技术和科学管理方法的交流。

事业部制首创于美国通用汽车公司,由通用汽车公司副总裁斯隆研究和设计。1920 年,美国通用汽车公司和杜邦公司最先使用这种事业部制,并取得显著成效。一般来说,它适用于组织规模巨大、产品种类繁多、市场分布较广的大型企业。

任务三　组织变革

一、组织变革的概念

所谓组织变革(Organizational Change),是指组织根据外部环境和内部情况的变化,及时地改变自己的组织结构,以适应客观发展的需要。实际上,组织变革的目的是通过完善组织结构、优化组织管理功能,从而创造和谐的组织气氛以提升组织绩效。

组织变革一般包括制度变革、环境变革、人员变革、结构变革和技术变革等内容。其中,制度变革主要包括管理方法和理念的变革;环境变革主要是指内部物理环境的变革;人员变革包括人员组成、态度、技能、观念和行为等的改变;结构变革包括组织权力、协调机制以及其他相似结构的改变;技术变革包括工作方法、流程和固定设备等的改革。

二、组织变革的动因

组织变革的动因越来越多元化,可以说,组织变革的动因涵盖了当今世界上很多方面的影响。从宏观的角度看,组织变革的动因源于外部动因和内部动因。

(一)外部动因

外部动因主要强调组织外部环境因素,可以分为一般环境和具体环境。与一般环境相比,具体环境这些领域的变化对组织的影响通常要大一些。

1. 一般环境

(1)经济环境因素。这是指组织运行所处的经济系统的情况,如国内外的经济形势、政府财政和税收政策、银行利率、物价波动、市场状况等。经济环境是影响组织行为诸多因素中最关键、最基本的因素。

(2)技术环境因素。技术的含义很广,它既包括生产技术(如劳动手段,特别是新技术、新设备、新材料等),也包括管理技术(如管理方法、决策方法、组织方法及推销方法更新等),还包括生活技术、服务技术等内容。技术对组织及其管理工作一直具有重要的影响。任何企业为了达到其预定目标,都必须进行生产经营活动,而任何生产经营活动都与一定的技术密切相关。

(3)社会环境因素。风俗习惯、文化传统、教育程度、价值观念、道德伦理、宗教信仰、商业习惯等构成了一个组织所处的社会环境。在很多情况下,文化传统、道德价值观念等对人们的约束力量往往比正式法律的约束力量要大得多。

(4)政治法律环境因素。这是指政治制度、国际关系、国家法律和法令、政府政策等。一国的政治法律直接影响到企事业单位的管理政策和管理方法,这其中特别重要的是法律因素,因为政治环境中的许多因素是以法律的形式出现的。

(5)自然资源环境因素。相对于其他一般环境因素而言,自然资源环境相对稳定。自然资源因素与企业的厂址选择、原材料供应、产品输出、设备和生产技术的应用等方面都有着紧密的关系。随着经济和技术的发展,自然资源环境不论是从法律上还是从企业的社会责任角度来说,都必将成为企业关注的焦点。

2. 具体环境

(1)顾客。顾客是那些购买企业产品或服务的个人或组织。一个组织的产品或服务,只有转化为商品并被顾客消费后才能给组织带来效益,因此,对以营利为目的的组织来讲,顾客是它生产的基础。

(2)供应商。供应商是企业从外部获取投入的来源,供应商可能是组织,也可能是个人,供应商提供产品和服务的质量、价格直接影响到企业产品和服务的质量及成本水平。

(3)竞争者。与本企业竞争资源的其他组织就是竞争者。企业竞争不仅局限于生产同类产品或提供同类服务的不同企业之间,有时两个不相关的企业也会竞争。任何忽视竞争者行为的组织,无一例外都要付出惨重的代价。

(二)内部动因

组织变革的内部动因是指影响组织变革的核心要素,也是组织变革成功与否的关键所在,包含以下几个方面:

1. 组织战略

Richard Lynch 在《公司战略》一书中指出,想要保持卓越的企业,必须做到 3 点:明确且适宜的战略、高效的组织以及积极向上的组织文化。这 3 点中,比较关键的是组织战略,因为组织战略指明了组织的前进和发展方向。

2. 组织结构

组织结构的改变主要是指对组织结构中的权责体系、部门体系等进行的调整,如对部门的合并或者划分。组织结构的改变通常与其他因素有关(如科学技术的进步)。目前,随着团队建设的兴起,形成了组织结构变革的新动力。

3. 管理机制

管理的作用在于组织、协调和指挥，这些都是组织变革的必要基础和条件，并且管理本身就要为变革作出决策，从而实施整个计划。所以管理是组织变革的推动力，它的变化势必会带来组织一系列的变化，从而推动组织变革。

4. 社会心理因素

这是关于组织中人的因素，涵盖了成员的态度、士气、动机、行为等的改变。人是组织的根本，他影响着组织能否完成或者能否顺利完成变革。动机良好、态度积极、士气高昂、行为有效，有助于实施组织变革；反之则反是。

总之，为了适应变化的环境，组织要不断地调整自己，这个调整就是一个变革的过程。也只有持续变革，无论是局部的还是整体的，以适应环境发展为准则，才能使组织立于不败之地。

三、组织变革的阻力

组织变革研究发现，个体、群体和组织都抵制变革，这在一定程度上妨碍了组织进步。此外，组织变革的阻力表现也是多种多样的，公开的、潜在的、直接的或者间接的。公开的和直接的阻力容易处理，但潜在的阻力却十分微妙，也很难识别。

(一)组织层面的变革阻力

组织就其本质来说是保守的，抵制变革的现象在政府机构、教育机构以及很多商业组织中比较常见。关于组织层面的变革阻力，一般而言，主要有 6 个方面的原因：

1. 结构惯性

组织内部的结构一旦形成，就会出现保持自身稳定的倾向，所以当组织面临变革的时候，结构惯性就充当维持稳定的反作用力。

2. 有限的变革点

组织变革不是某个单一点上的变革，而是整个层面乃至整个组织的全体革新，有限的变革点很难起到推进组织变革的作用。

3. 群体惯性

在社会心理学中，有一个重要的概念叫做群体压力，在组织中的某个员工可能想变革，但是他所在群体的规范可能会制约其进行变革。

4. 对专业知识的威胁

科学技术的进步，往往会导致组织中专业技术的革新。例如，计算机今天已经融入人类生活的方方面面，以往的复杂问题在电脑上就可以顺利解决。这就需要组织成员学习新的知识，接受新的挑战。

5. 对已有权力关系的威胁

任何决策权力的重新分配都会威胁到组织长期以来已有的权力关系。在组织中进行变革，常常被基层管理者和中层管理者视为一种威胁。

6. 对已有资源分配的威胁

组织中控制一定数量资源的群体常常视变革为威胁。他们更倾向于对事情的原本状态感到满意，而变革意味着他们的预算减少或人员减少。

(二)群体层面的变革阻力

群体层面的变革阻力，主要来自以下 3 个方面：

1. 群体规范

群体规范具有层次性，边缘规范比较容易改变，而核心规范由于包含着群体的认同而难以改变。

2. 群体凝聚力

群体凝聚力强的组织，除非达到了对于变革的一致认同，否则组织变革会很难实施。

3. 群体惯性

群体压力往往会导致服从。原本支持变革的人也可能因为群体的压力转而抵制变革。

(三)个体层面的变革阻力

个体层面的变革阻力，主要来自以下5个方面：

1. 习惯

习惯是个人形成的一种惯性，它比较难以改变，也往往会成为组织变革的阻力之一。

2. 安全

安全需要很强的人一般都会抵制变革，特别是当他们感到工作难以稳定、自身利益受到威胁时。

3. 经济原因

当变革可能会影响到员工的经济收入时，就会引起个体的经济恐慌，从而导致员工激烈地对组织变革进行阻挠。

4. 对未知的恐惧

由于不知道变革后会给个体带来多少影响，所以会产生不安而抵制变革。

5. 选择性的信息加工

个体经常选择那些对个人有益的信息而忽视那些不利的信息，认为变革对自己产生威胁而反感，进而抵制变革。

同步案例11－1　　商鞅变法的启示

背景与情境：春秋战国时期，商鞅准备在秦国变法。为了使老百姓相信新的制度和法律是能够坚决执行的，他便在京城南门口竖了一根大木头，对围观者说："谁要能将这根木头从南门搬到北门，就赏他五十两银子！"大多数人不相信有这样的好事，估计商鞅的许诺不能兑现。

就在大家犹豫不决的时候，有一个人却扛起木头，从南门一直走到北门，商鞅当场兑现，赏他五十两银子。这样一来，人们都相信商鞅说的话是算数的，在推行他所制定的新法的时候，人们就遵守了。

变革是对组织的一种考验，能否成功取决于很多因素。商鞅的成功秘诀就在于，他抓住了这场变革的一个要害问题——变革领导者的威信。他以这种方式来树立自己的威信，表明自己言必信、行必果的作风，获得了群众的信任，从而在变革之前就消除了变革的阻力。

问题：

(1)从背景与情境中可以看出，变革前秦国运转或者管理的基本状况如何？

(2)从背景与情境中可以看出，商鞅变法的阻力体现在什么地方？

(3)为什么说变革领导者的威信对变革的成功与否至关重要？

案例精析：

(1)人们对管理者不信任，国家的制度形同虚设，需要及时进行变革。

(2)体现在人们对管理者的信任程度。

(3)变革领导者的以身示范作用。

四、组织变革的理论模型

组织变革总体上包括突变式变革与渐进式变革。突变式变革是一种快速的创新，其特点是对现有系统进行力度较大的冲击，其创新程度很大，但过程不是很长，一般都是在一个较短的时间内完成。渐进式变革以改进、完善现有系统为主要目标，在一个相当长的时间里缓慢地改革。一般而言，组织变革的理论模型主要包括以下几种：

(一)勒温的三步骤模型

勒温基于心理动力理论提出了组织变革的三步骤模型，该模型主要针对员工的心理态度和行为。

(1)解冻。通过合适的方法，打破原有的组织平衡，以使组织上升到一个新的层次，与此同时，创造良好的改革氛围，努力克服心理障碍，使风险降到最低，从而提高组织变革成功的信心。

(2)变革。组织变革在此阶段需要组织人员提供新的信息、行为模式和新的视角，指明改革方向，实施变革，从而形成新的行为模式。

(3)重新冻结。组织需要对员工新的行为模式和态度加以巩固，使组织新的均衡状态得以强化和稳定，这就是重新冻结。

(二)李皮特等人的模型

李皮特等人提出的组织变革模型包含以下5个阶段：

(1)发展变革需要。这与解冻阶段一样，是对旧有态度和行为的改变，并且采取各种方式来证明存在变革的需求。

(2)确定变革关系。变革推动者与组织内的成员彼此之间建立起同心协力的工作关系，以便将来推行变革时，使抗拒变革的力量降到最低，增加变革成功的机会。

(3)实施变革措施。这是组织变革实施中的一个程序，通过认同和同化来产生新的态度和行为模式。

(4)维持稳定变革。这相当于勒温的重新冻结阶段，使组织的变革逐步稳定下来，成为持续性工作并且获得员工的一致认同。

(5)结束协助关系。在组织已经习得变革的专业知识以后，变革推动者就可以考虑结束本次活动了。

(三)布洛克和巴藤的有计划的变革整合模型

这个模型是由他们在1989年提出的，包含以下4个阶段：

(1)探索阶段。此阶段包含察觉、收集资料和订立合同等方面。

(2)计划阶段。此阶段包括诊断、设计和决策3个循环的过程。

(3)行动阶段。此阶段由组织变革的执行和评估构成。

(4)整合阶段。此阶段包括巩固、扩张和创新3个循环的过程。

这个模型通过不同的阶段把连续的过程分解开来，形成一个有计划的组织变革过程，给人一种对组织变革的清晰理解。

(四)卡斯特的组织变革过程模型

卡斯特把组织变革分解成6个步骤：

(1)对组织作出回顾。即对组织现状进行回顾、反省、评价和研究。

(2)感知问题。理解组织变革的必要性。

(3)探明问题。找出目前状态与理想状态之间的差距。

(4)寻求解决办法。产生可供选择的多种方法，对这些方法进行评定，讨论怎样行动和测量，经过讨论作出选择。

(5)实施变革。按照所选择的方法实施变革，这是具体行动阶段。

(6)反馈。根据组织变革的结果，评估变革的成功与否。

(五)唐纳利的组织变革模式

唐纳利等人对组织变革提出了一个新模式，把组织变革分成8个环节：

(1)变革的力量。即组织自身变革的需要。

(2)认识变革的需要。要求领导者能够认清组织自身的形势，善于察觉需要变革的信息。

(3)诊断问题。弄清变革的原因和目标。

(4)确定可供选择的组织发展方法和策略。

(5)发掘限制条件并且了解其影响度。

(6)选择变革的方法。

(7)实施变革，但要注意时机和变革的范围。

(8)评估变革。

同步案例11－2　　背着独木舟的农夫

背景与情境：住在山城小镇中的一个农夫，有生以来第一次离开家到另一座村庄办事，走着走着，他遇到一条溪流挡住了他的去路，农夫为此十分烦恼。突然，他看见一旁有棵倾倒的树木，农夫灵机一动，拿出随身携带的小斧头三两下就做成了一艘独木舟，靠着独木舟他横越了溪流。

虽然已经顺利解决眼前的难题，但上岸后农夫却苦恼起来，心中涌起了许多“怎么办”：“万一我又不幸遇到溪流怎么办?”“万一那时附近没有树木可以做独木舟怎么办?”“万一我的斧头不小心遗失了该怎么办?”百般考虑之后，农夫决定背着独木舟走。

独木舟十分沉重，农夫没走几步就气喘吁吁，但为了防患于未然，农夫仍吃力地一步步往前走，走一会儿就必须休息一下，农夫往后的路程中一切顺畅，再也没有遇到一条溪流，却因为背着独木舟多花了好几倍的时间才到达目的地。

问题：

(1)农夫为什么要背着独木舟前进?

(2)组织中存在上述现象吗?如何克服?

案例精析：

每个人都有习惯，组织亦然。凡是对组织发挥过作用的东西，组织就对其有一种依赖感。但是，过去发挥的作用不能代表现在和将来还一定能发挥作用。因此，组织要克服传统的思维习惯束缚，打破组织思维的惯性，不断进行变革，才能适应组织的发展要求。

任务四 组织发展

一、组织发展的概念

组织发展(Organizational Development,OD)是近年来组织行为学中发展起来的新领域。这是因为组织不是静止的、封闭的系统,而是一个随着各种因素的变化而变化的开放式系统,并在变化中不断地发展。因此,组织发展是指组织根据形势发展的需要,有计划地对组织系统中的各种要素进行合理的调整,以保持和增加组织的生命力和活动效率的过程。同组织变革一样,组织发展主要是以促进人、技术和组织结构优化为中心的发展。

二、组织发展的特点

(一)组织发展是一个相互作用的过程

组织发展不仅有既定的目标,而且是一个相互连贯的、不断变化的过程。组织发展是通过长期的相互作用,经过一系列变革活动,不断提高组织效能。它实际包括两个方面:一是解决企业和组织中存在的问题;二是使企业和组织成员获得解决问题的能力。由此可见,组织发展的一个重要基础就是学习和解决问题。

(二)组织发展是以有计划的再教育手段实现变革的策略

组织发展的假设之一认为,规范形成了行为的基础。通过再教育,使人们抛弃旧有的规范,建立新的规范,以达到组织发展的目的。在组织中,规范主要涵盖了成员的态度和价值体系方面,所以组织发展就不仅仅是信息的交流和知识技能的改变,还包括态度、价值观念、人际关系和组织气氛等各个方面。

(三)组织发展是一个动态的系统

组织发展的动态系统有以下几方面含义:(1)在组织发展中,任何一个阶段或者情况都不是孤立的,而是相互联系的。(2)组织所处的环境比较复杂,因此,必须采用多因素的方法才能分析组织中的问题并作出准确的描述。(3)组织各部门之间是相互关联的,一个部门的发展必将给其他部门带来影响,从而引起各种连锁反应。(4)从整个组织系统出发进行组织发展,既要考虑各部分的工作,又必须从整个系统角度协调各部分的活动,并调节其与外界的关系。

(四)组织发展中明确目标和计划的重要性

目标是我们想要的结果,计划是我们达到目标的手段。一个行动,如果只有手段却没有目标将会导致不知何去何从,而没有计划的目标也最终将成为一个幻想。组织发展的许多内容就是订立和实施目标与计划的过程,并且需要设计各种学习活动来提高组织成员订立目标和计划的能力。在组织中,并非每个人都有订立目标和计划的能力,因此,我们就要通过组织发展来提升组织成员的自我学习能力,培养他们独立自主地制定目标和计划,能够按照组织的意愿去完成工作。

三、组织发展理论

作为组织行为学的一个领域,组织发展理论在很大程度上来源于心理学、社会学和人类学，它是以许多已为大众所接受的关于组织中个人和群体行为的原理为基础的。因此，我们可以认为，组织发展的理论基础主要包括现代系统理论、情境理论和行为理论。

（一）现代系统理论

该理论将组织看成一个开放、有机和动态的系统。作为一个开放系统，组织是社会的一个分系统，一方面是原材料、能源、劳动力和信息的输入，另一方面是产品、劳务和利润等的输出。在输入和输出之间，又要经过生产、技术、组织结构及人事等各个分系统的转换过程。组织发展的指导思想是，这些系统中任何一处的改变，都会影响其他有关的分系统甚至整个系统的改变，而改变的原动力往往要追溯到人的行为和人际关系。所以，典型的组织发展计划是通过改变职工的态度、价值观和信息交流，使他们自己认识和实现组织的变革。具体而言，现代系统理论认为，组织作为一个系统是由技术系统、管理系统和个体文化系统3个子系统组成的，这3个子系统的相互作用制约了人的行为，影响到组织活动的最终结果。

（二）情境理论

根据情境理论，要求组织管理根据组织所处的内外条件，即情境的变化来确定任务。该理论认为，在组织管理中，没有什么一成不变、普遍适用的最好的管理理论和方法。管理关系应该以环境情境作为自变量，管理作为因变量。作为一个组织，要发挥它的管理有效性，就要不断分析情境，包括组织内人的心理情境的变化，要有的放矢地使管理适应情境。

（三）行为理论

根据行为理论，组织中人的行为是组织与个人相互作用的结果。组织能够影响和控制人们的行为，同时，不同的组织结构可以产生不同的群体气氛。例如，在一个权力集中的组织结构中，员工处于高度专业化的角色，因而也就不可能表现出创造性。通过组织发展的具体情况，要有意识地改变人的行为风格、价值定向、熟练程度。与此同时，还要改变管理人员的认知方式，以及考察与解决组织问题的方法。

任务五　组织的应用

一、组织变革的方法

关于组织变革的方法，应该将组织变革的内容与组织优化的途径两者结合起来考虑，对于不同的变革要求、不同的组织状况，应采取不同的组织变革方式。一般来讲，组织变革可以从以下几个方面来进行：

（一）重新设计和完善组织结构

所谓组织结构，是组织中正式确定的使工作任务得以分解、组合和协调的框架体系。重新设计和完善组织结构，其目的是为了使组织更好地适应组织内外环境所承担的任务。其具体措施是：在广泛调查的基础上，通过分析进而充分揭示组织本身的矛盾现象，如结构和功能的矛盾、内外环境之间的矛盾等，然后根据当时的形势，对组织的结构进行重新设计。

（二）从技术改造的角度入手

技术不仅在发生变革，而且技术变革的速度也在加快，组织必须紧紧地与科学技术的进步相依托，采取新的方式和方法，才能使组织立于不败之地。这里的技术包括直接工作技术和管理技术两个方面。改造直接工作技术，如挖掘技术潜力、革新技术流程、更新工作设备、合理安排工作任务以及引进新技术、新工艺、新设备等，都可以提高工作的现代化程度，提高组织活动效率。改造管理技术，包括信息的收集和监控设备、办公室复印和文字处理设备的采用等。这些措施能够较快地提高管理的现代化水平。

（三）提高员工自身素质

员工的素质包括政治素质、业务素质和能力素质三个方面。提高员工的政治素质，能使员工进一步端正劳动态度，真正发扬主人翁精神，努力提高工作水平。提高员工的业务素质，包括技术培训、知识更新、技术演练等，是提高工作效率、增强组织活力的重要途径。提高员工的能力素质，包括人的创造能力的培养、交际能力的培养和自我教育能力的培养等，这是提高组织效率和强化组织凝聚力的重要途径。

（四）调节外部环境

根据系统论的观点，组织是系统中的一个方面，它必须要与其他系统发生相互作用，才能保持强大活力。因此，组织和外界环境是相互作用的。组织适应环境，又改变环境。实行组织变革，不仅要使组织单纯地顺应环境的变化，而且要主动地改造环境，使之适应组织的发展。在这些方面要做很多工作，如强化组织自身的功能、使组织成为外界追随的目标、提高组织的竞争力和渗透力、开发和占领新的市场、掌握活动的主动权等。

（五）提高工作质量

组织的内部环境能否使员工满意，很重要的一个方面是取决于工作的质量状况，即工作本身的性质、开展工作的方式以及合理的工作负担。在组织变革过程中，必须注意提高工作的质量，通过对工作的再设计和对责、权、利的再安排，使工作扩大化、丰富化和弹性化，富有刺激性。这是改善组织管理、增强员工自我管理的一条重要途径。

同步案例 11－3　通用电气基于竞争环境的组织结构变革

背景与情境：1971 年，通用电气进行“战略事业部”改革，因为它所面对的最大问题是“如何战胜竞争对手，巩固市场地位”。基于这样的想法，通用电气致力于提升企业对市场信息的反应速度和企业市场竞争策略的灵活性，于是“战略事业部”这种组织形式就应运而生。

20 世纪 70 年代中期，美国遭遇能源危机与通货膨胀，经济一片萧条。这个时候并不适合继续扩大投资和再生产，“如何避免资源浪费和制定长期的发展策略”成为通用电气的核心问题。基于这种想法，琼斯推行了“执行部制”的组织变革，企业最高层的领导从繁忙的日常事务中解脱出来，把精力聚焦于长期战略的制定和组织内部资源的调控，为通用电气走出经济衰退指明了方向。

到了 20 世纪 80 年代，美国经济再度复兴，加上世界经济一体化的发展，企业的经营环境日新月异，经常会出现“战略赶不上环境”的情况。在这种快速变化的环境下，韦尔奇为通用电气开出了著名的“扁平化”的药方。

问题：

(1)通用电气初次变革后，形成了何种模式的组织结构？优缺点有哪些？

(2)通用电气三次变革，针对何种不同环境？着重解决的问题又是什么？

案例精析：

(1)事业部制。优点：便于组织实现专业化和内部协作；最高管理部门可以摆脱日常事务；各个事业部作为自治单位，从整体观点来组织部门业务等。缺点：机构重复，造成管理人员浪费；各事业部独立经营，考虑问题从本部门出发，忽视整体企业利益。

（2）战略事业部应对的是成长性经营环境下的激烈竞争，这成为企业核心的竞争力；执行部的意义在于对衰退或者平衡经营环境下的资源调控；扁平化改善的是官僚组织的应变能力。

二、克服组织变革阻力的方法

抵制变革是一种正常的现象，但是如果不把这些阻力化解，就会给变革带来压力甚至导致变革失败。因此，变革推动者应采用有效方法，消除员工或组织对变革的抗拒。

（一）教育和沟通

这是化解组织变革阻力最常用的方法。通过对员工的劝导和沟通，使其明白变革的目的、方法、途径，从而做好准备、接受变革。这种方法建立在员工对组织变革存在误解的假设之上。

（二）参与

让员工参与设计和执行变革，增进其对组织变革的承诺。如果参与者具有专业的知识，他们会作出一些有益的贡献，提高组织决策的质量，减少抵制。但无意的参与有时会给组织带来一些负面影响。

（三）提供支持

变革机构可以在一定范围内提供支持性措施来减少阻力，如在员工感到焦虑时给予其支持、耐心地倾听、提供心理咨询和治疗等。

（四）操纵和协作

操纵就是运用一些隐蔽性策略，向组织变革的抵制者证明变革会给他们带来好处。协作是包含操纵和参与的一种方式，它通过让某个变革阻力群体的领导者改变态度，再请他去说服其他抵制者。但是这包含了一些伦理的问题，如果员工将来感到被欺骗，变革推动者将丧失其信誉。

（五）明确的或者含蓄的强制

这两种强制表现出的都是一种威胁，因此要慎用。它可以有效地削减阻力，但失去的是员工的忠诚和组织的和谐。

（六）时间和进程

让员工接受变革需要一个过程，对于变革领导者来说，要恰当安排组织变革的时间和进程，不可操之过急，以免下级产生抵制情绪，增加组织变革的阻力。

（七）群体促进和支持

运用“变革的群体动力学”，推动组织变革，如创造强烈的群体归属感，培养群体规范，建立关键成员威信，改变成员态度、价值观和行为等。

（八）谈判和协议

这是一种给予员工心理保障的方法。通过与员工的谈判和签订协议等，使员工的心理得到一种安慰，使有疑虑的人在心理上得到保障。

以上各种方法的使用，必须根据组织变革所面临的具体状态，必须在仔细思考和系统分析的基础上，从战略的高度出发，有选择地组合应用。

三、组织发展的方法

（一）调查反馈

调查反馈（Survey Feedback）是通过问卷和调查，从组织和各部门收集、评估、反馈组织成员所持有的态度，鉴别成员之间的认知差异以及清除这些差异的工具，常用于诊断组织并开发适当的工具来促进组织的发展。调查反馈主要有以下几个步骤：(1)所有组织人员包括高管层在内，共同参与调查的最初设计；(2)使用调查工具对组织内部所有部门和人员进行调查；(3)组织要求咨询人员进行数据的分析，然后将结果列表，提供诊断分析的方法，指导客户开展调查反馈工作；(4)从组织最高层逐步向下层反馈数据；(5)举行反馈会议，讨论数据，使每个人明确问卷结果所揭示的内在含义。

(二)过程咨询

过程咨询(Process Consultation)旨在帮助部门经理、雇员和团队评估并改进沟通、人际关系、决策、任务绩效等过程。其目的就是让外部顾问帮助客户(往往是管理者)对他们必须处理的事件进行认识、理解和行动。

过程咨询即通过协调人际关系和重视参与以提高组织的有效性，更具有任务导向性。过程咨询中的顾问和管理者共同工作，诊断哪些流程需要改进，但过程咨询顾问并不一定是解决具体问题的专家，他的专业技能在于诊断和开发一种协作性关系。过程咨询适用于：管理者知道问题存在，但不知道问题具体在哪里；管理者不确定究竟采取何种手段能最好地解决问题；管理者通过参与对问题的诊断工作而受益；顾问与管理者共同协作，且顾问有能力建立一种帮助管理者实现目标的关系；帮助管理者清楚地知道何种手段可以施行。

(三)团队建设

20 世纪 90 年代以来，团队工作成为管理的热点，众多管理者推崇团队的工作方法。团队建设(Team Building)是有计划地帮助团队成员改善他们完成任务的方式，并帮助团队成员提升其人际交往和问题解决技能的一系列活动。

团队建设可以适用于那些拥有团队的组织，无论这些团队是固定的还是暂时的。它可以帮助团队最大限度地利用成员的资源和贡献，可以为组织成员提供高水平的激励并完成群体决策，还可以帮助团队解决各种具体问题。团队建设可以采用角色界定途径、凝聚力途径、冲突途径等几种方式来完成。

(四)群体间关系开发

群体间关系开发(Intergroup Development)致力于改变群体间的态度、成见及群体之间的相互认知。群体相互之间的不理解给它们的协作带来了消极影响。改善群体之间关系的方法有很多种，最为流行的就是强调问题的解决。在这种方法中，每个群体独自列出它对自身、其他群体的认知以及认为其他社会群体如何看待它们自身。然后这些群体共同研究，并讨论其中的类似之处和差异。尤其是要指出不同之处，并寻找导致分歧的原因。最后，群体就可以进入整合阶段，并寻求解决方法来改善群体之间的关系。

四、学习型组织的构建

(一)学习型组织的概念

学习型组织(Learning Organization)这一概念是由西方学者赫钦斯(R. M. Hutchins)在其著作《学习社会》中首次提出的。20 世纪 90 年代，圣吉(P. Senge)在其著作《第五项修炼》中将这一概念进行理论化、系统化。

所谓学习型组织，是指个体、团队和组织在组织共同愿景的引导和激励下，不断学习新知识和新技能，并在学习的基础上不断创新，从而实现组织的可持续发展和个体的全面发展。

因此，学习型组织不存在单一的模型，它是用一种新的思维方式对组织进行思考。在学习型组织中，每个员工都要积极参与识别和解决问题，从而使组织能够不断提高适应外部环境的能力。

（二）学习型组织的特征

1. 组织成员拥有一个共同的愿景（Vision）

它是组织中所有员工共同的理想，共同愿景能够使不同个性的员工凝聚在一起朝着组织目标前进。

2. 善于不断学习

这是学习型组织的本质特征，包括 4 个方面的含义：(1)强调终身学习；(2)强调全员学习；(3)强调全过程学习；(4)强调团体学习。

3. “地方为主”的扁平式结构

传统组织通常是金字塔式的，学习型组织的组织结构是扁平式的，它尽可能将决策权向组织结构的下层移动，让最下层单位拥有充分的自主权。

4. 领导者的新角色

在学习型组织中，领导者是设计师、仆人和教师。

（三）建设学习型组织的五项修炼

圣吉认为，建设学习型组织需要经过五项修炼：

第一项修炼：自我超越。自我超越是指突破极限的自我实现或技巧的精熟，它是学习型组织的基础。

第二项修炼：改善心智模式。心智模式是根深蒂固于心中的，影响人们如何了解这个世界，以及如何采取行动的许多假设、成见甚至印象等。该修炼主要做到对自己心智模式的反思和对他人心智模式的探询。

第三项修炼：建立共同愿景。共同愿景是一个组织中各个成员发自内心的共同目标，组织的愿景是由指导哲学和可触知的景象组成的，它帮助组织培养其成员主动而真诚地奉献和投入的精神。

第四项修炼：团队学习。团体智慧总是高于个人智慧。当团体真正在学习的时候，不仅能产生出色的效果，其个别成员的成长速度也比其他学习方式快。

第五项修炼：系统思考。企业是一个系统，系统的各个组成部分之间相互牵连，彼此影响。因此，必须进行系统思考修炼。系统思考修炼是建立学习型组织最重要的修炼。

应知考核

一、单项选择题

1. 从宏观的角度看，组织变革的动因可以分为外部动因和（　　）两个方面。

A. 技术动因　　B. 内部环境　　C. 发展动因　　D. 内部动因

2. 组织变革的理论模型中，勒温的三步骤模型分别为解冻、变革和（　　）。

A. 重新冻结　　B. 发展　　C. 创新　　D. 高绩效

3.（　　）是通过问卷和调查，从组织和各部门收集、评估、反馈组织成员所持有的态度，鉴别成员之间的认知差异以及清除这些差异的工具，常用于诊断组织并开发适当的工具来促进组织的发展。

A. 过程咨询　B. 团队建设　C. 调查反馈　D. 群体间关系开发

4.“组织理论之父”是(　　)。

A. 泰勒　B. 法约尔　C. 韦伯　D. 巴纳德

5.(　　)最大的特点是打破了传统的“一个员工只有一个岗位或领导”的体制,使一个员工从属于两个以上的部门或领导。

A. 直线制组织形式　B. 职能制组织形式

C. 直线职能制组织形式　D. 矩阵制组织形式

二、多项选择题

1. 组织变革阻力中,群体层面的阻力包括(　　)。

A. 群体规范　B. 群体凝聚力　C. 群体惯性　D. 群体意识

2. 布洛克和巴藤在有计划的变革整合模型中将组织变革分为(　　)。

A. 开始阶段　B. 探索阶段　C. 计划阶段　D. 行动阶段

3. 建设学习型组织中的五项修炼是指(　　)。

A. 自我超越　B. 改善心智模式　C. 建立共同愿景　D. 团队学习

4. 组织职能的主要内容包括(　　)。

A. 组织结构的设计　B. 适度分权和正确授权

C. 组织内各职务人员的选择和配备　D. 组织文化的培育和建设

5. 正式组织的特点包括(　　)。

A. 专业分工性　B. 明确的科层

C. 没有明确的目标,自发形成　D. 没有明确的成文制度和规则,具有两面性

三、判断题

1. 组织内必须有明确的分工与协作。(　　)

2. 职权和责任是达成组织目标的必要保证。(　　)

3. 机械式组织是一种低复杂性、低正规化和分权化的组织。(　　)

4. 法国的亨利·法约尔被称为“科学管理之父”。(　　)

5. 职能制组织形式只适用于生产经营简单的小型企业。(　　)

四、简述题

1. 简述组织的概念和特征。

2. 简述组织职能及其体现。

3. 简述组织结构的形式。

4. 简述组织变革的概念和动因。

5. 简述组织发展的概念和特点。

应会考核

■ 观念应用

【背景资料】

达尔文的惊愕

从 1831 年至 1836 年，达尔文乘坐英国皇家海军“贝格尔”号作环球考察。

一次，在非洲，他访问了一个边远的原始部落。这里的人群竟还过着十分原始的生活。特别是达尔文了解到，当地人还有一个可怕的习俗——要把年老妇女放逐到深山任其饿死，实在令人惊诧不解。他问翻译他们为何这样做，部落酋长说：“妇女的任务是生孩子，年老的妇女没用了，留着她们干什么？”又说：“妇女生的孩子可以传宗接代，是有用的。但在没有食物吃时，一部分孩子也可以当食物吃。”

这个“逐老吃幼”的习俗与文明社会“尊老爱幼”的基本理念相去甚远。于是，悲天悯人的达尔文决定为这里做点什么。他花大价钱买了一个男孩带到伦敦，立志把他培养成文明人。16 年后，男孩长成标准的文明青年了，达尔文便托人把他带回部落，期待他移风易俗。

一年后，达尔文又一次来到非洲。他急切地想找那个青年，却杳无音信，便去问酋长：“那个青年是否回来了？现在在哪儿？”酋长平静地回答：“他回来了。我们把他吃了。”

这回，达尔文惊愕与失望到了极点！他万万没想到结局会如此，便连连发问：“为什么？为什么把这么好的人吃了？”酋长说：“他什么也不会做，留着没用。”

【考核要求】

通过背景资料，分析故事蕴含的哲理。

■ 技能应用

对下属的培养

你注意对下属的培养吗？请用“是”或“否”回答下面的问题。

1. 当你选派某位下属参加脱产进修时，你向他讲解选派他去的原因及进修的主要目的吗？（　　）

2. 当他学成归来时，你与他探讨学习成果并鼓励他学以致用吗？（　　）

3. 你是否鼓励下属自我发展，例如参加文凭进修班、出席研讨会等？（　　）

4. 你是否通过权力下放、制定硬性指标、创造锻炼机会等方法系统地培养下属？（　　）

5. 你鼓励下属阅读各种于其有益的有关经营管理方面的书和杂志吗？（　　）

6. 在为每位下属制定工作目标时，你考虑他们的自我发展并定期检查进度吗？（　　）

7. 你经常与下属探讨他们的理想与志向，并为他们做参谋吗？（　　）

8. 你鼓励下属培养自己手下的员工，并把这当作他们工作职责的一部分吗？（　　）

9. 你是否定期研究每位员工的培训需要？（　　）

10. 你与员工共同讨论、制订培训计划吗？（　　）

11. 你鼓励下属创新吗？（　　）

12. 你是否有意识地让下属承担重任，使其得到更多锻炼自己、积累经验的机会？（　　）

13. 你愿意抽出时间帮助、培养下属吗？（　　）

14. 你是否为每个重要的工作岗位都选定了接班人？（　　）

15. 你是否认为实行轮换工作制可以让员工熟悉各种工作环节，既让他们积累更多的经验，又能避免有人辞职或被提升时陷入困境？（　　）

评分标准：回答“是”得 5 分。

【技能要求】

测试对下属的培养能力。

60—75 分：你是一位优秀的领导者，在你手下工作的人无比幸运，他们能够得到充分发展自己的机会。

40—55 分：你能够培养、发展下属，但还要注意方法的多样化。

15—35 分：你对下属的培养还很不够，过于依赖正规途径。你若不抓紧培养接班人，恐怕连提升的机会都会错过，因为没有人接替你的工作。

0—10 分：你完全忽视人力资源，负不起管理人的责任，做你的下属实在是一种悲哀。

■ 案例分析

【情境与背景】

接吻青蛙

美国的 3M 公司，不仅鼓励工程师，也鼓励每个人成为“产品冠军”。公司鼓励每个人关心市场需求动态，让他们做一些家庭作业，以发现开发新产品的信息与知识、公司开发的新产品销售市场在哪里，以及可能的销售与利益状况等。如果新产品构思得到公司的支持，就将相应地建立一个新产品开发试验组，该组由 R&D 部门、生产部门、营销部门和法律部门等的代表组成。每组由“执行冠军”领导，他负责训练试验组，并且保护试验组免受官僚主义的干涉。一旦研制出“式样健全的产品”，试验组就一直工作下去，直到将产品成功地推向市场。有些开发组经过 3—4 次的努力，才使一个新产品构思最终获得成功；而在有些情况下，却十分顺利。3M 公司知道，千万个新产品构思可能只成功 1—2 个。一个有价值的口号是“为了发现王子，你必须与无数个青蛙接吻”。“接吻青蛙”经常意味着失败，但 3M 公司把失败和走进死胡同作为创新工作的一部分。其哲学是“如果你不想犯错误，那么什么也别干”。

【分析要求】

请结合上述情境与背景，分析如何形成组织创新精神。

项目实训

【实训内容】

你的抱负水平有多高？

【实训目标】

测试你的抱负水平。

【实训组织】

下列 10 个题目中，每题都有 5 个选择答案。根据你的实际情况，选择一个最适合你的答案，填到括号中。

1. 做一件事情，当结果与你的估计相符时，你就感到很满意；否则，即使别人说你成功了，你也会感到不满意。（　　）

A. 完全不同意　　B. 比较不同意　　C. 拿不准　　D. 比较同意

E. 完全同意

2. 通常，你对所做的事要求达到的标准往往要高于一般人。（　　）

A. 完全不同意　　B. 比较不同意　　C. 拿不准　　D. 比较同意

E. 完全同意

3. 对感兴趣的事，你都能尽力而为；对不感兴趣的事，干好干坏无所谓。（　　）

A. 完全不同意　　B. 比较不同意　　C. 拿不准　　D. 比较同意

E. 完全同意

4. 你觉得做出成就是人生最重要、最幸福的事,即使苦些也值得。(　　)

A. 完全不同意　　B. 比较不同意　　C. 拿不准　　D. 比较同意

E. 完全同意

5. 每做一件事,你通常都从工作方法上入手。(　　)

A. 完全不这样　　B. 比较不这样　　C. 拿不准　　D. 比较这样

E. 完全这样

6. 你经常成功,失败很少,即使失败了,也会在别的方面寻求弥补。(　　)

A. 完全不同意　　B. 比较不同意　　C. 拿不准　　D. 比较同意

E. 完全同意

7. 你好胜心强,从不服输。(　　)

A. 完全不同意　　B. 比较不同意　　C. 拿不准　　D. 比较同意

E. 完全同意

8. 如果有几件事重要程度相同、难易不等,你会选(　　)。

A. 最容易的　　B. 比较容易的　　C. 中等难度的　　D. 比较难的

E. 最难的

9. 如果人们做某种事预先有标准的话,你会选(　　)。

A. 最低标准　　B. 较低标准　　C. 标准适中　　D. 较高标准

E. 最高标准

10. 如果用 A、B、C、D、E 表示干一番事业的愿望程度,你会选择(　　)。

A. 根本不想　　B. 不太想　　C. 愿望适中　　D. 较想

E. 非常想

注意:每题选 A,记 1 分;选 B,记 2 分;选 C,记 3 分;选 D,记 4 分;选 E,记 5 分。各题得分相加,统计总分。

【实训成果】

1. 对应评语:

(1)10—25 分:说明你的事业心不强,抱负水平较低,不喜欢争强好胜,只求过一种安稳的日子。你对工作的标准定得过低,这样不利于你充分发挥和提高能力。你应该在工作上严格要求自己,在奋斗中实现自己的价值。

(2)26—39 分:说明你有较强的事业心和工作能力,抱负水平适中,能妥善处理好自己的能力与任务水平之间的关系,失败了也能正确对待。你身心健康,但还要不断地提高自己的工作能力。

(3)40—50 分:说明你的事业心很强,抱负水平很高,办事追求成功完美,不喜欢半途而废。如果一件事没办好或失败了,你会感到非常不满意。你经常生活在一种紧张、焦虑的氛围中。你也应该为自己创造一种轻松、愉快的气氛来调剂身心,使工作完成得更为出色。

2. 评分采用学生和老师共同评价的方式,并完成实训报告。

<table>
<tr><td colspan="3">《你的抱负水平有多高?》实训报告</td></tr>
<tr><td>项目实训班级:</td><td>项目小组:</td><td>项目组成员:</td></tr>
<tr><td>实训时间:　　年　　月　　日</td><td>实训地点:</td><td>实训成绩:</td></tr>
<tr><td colspan="3">实训目的:</td></tr>
<tr><td colspan="3">实训步骤:</td></tr>
<tr><td colspan="3">实训结果:</td></tr>
<tr><td colspan="3">实训感言:</td></tr>
</table>

项目十二

组织文化

○ **知识目标：**

理解：文化的概念和特征；组织文化的概念、层次及形式。

熟知：组织文化的特征及功能。

掌握：组织文化的分类；组织文化的应用。

○ **技能目标：**

能够运用组织文化的相关理论，学会如何创建组织文化。

○ **素质目标：**

运用所学的组织文化知识研究相关事例，培养和提高学生在特定业务情境中分析问题与决策设计的能力；结合行业规范或标准，运用知识分析行为的善恶，强化学生的职业道德素质。

○ **项目引例：**

德胜洋楼的企业文化

德胜洋楼成立于1997年，是一家总部位于中国苏州的专门从事美式木制别墅建造的公司。北京大学国家发展研究院BiMBA商学院联席院长杨壮称赞德胜洋楼是一家真实到令人震撼的公司。德胜建造的美式木结构住宅超过了美国标准，它把农村务工人员改造成高素质的产业工人和绅士，它的员工手册被誉为中国企业的管理圣经，它得到长期研究丰田制造体系的日本管理专家河田信先生的高度赞扬！

德胜洋楼始终坚持“诚实、勤劳、有爱心、不走捷径”的企业文化，德胜的高层深信：制度只能对君子有效，对于小人，任何优良制度的威力都将大打折扣，或者是无效的。德胜公司呼吁人们做一个合格的员工，应努力使自己变成君子。

德胜的企业文化总结起来就两点：第一，公司制定详细的制度，并且要十二万分地遵守和执行。第二，公司真心对员工好。

翻开德胜洋楼的员工手册，你会发现手册内容可谓洋洋洒洒、包罗万象，不仅有关于个人卫生和工作习惯的规定，还有关于生产和运营各方面的详细规定，如财务报销、采购规则、质量监督、工程管理、仓库管理、安全管理、用车规定等。员工手册几乎对员工生活和工作的各个方面都做了详细规定，从“每天刷牙一次”到“饭前便后必须洗手”，甚至连一个月内要洗澡几次、理发几次，公司都做出了具体的规定。德胜的管理是精细化的、科学的、严格的，甚至是冷酷无情的。如果你违反了任何一项规则，后果都很严重，随时可能回家待岗。

然而，德胜也有它人性化的一面，那就是德胜真心对员工好，包容关爱员工。德胜没有打卡制度,可以随时调休,不允许员工带病上班,员工不会因办公事而自己垫钱,甚至财务报销不必经过领导审批,签上自己的名字即可。德胜对员工的信任可见一斑!德胜每年会请员工到五星级酒店开大会,并年年组织员工到欧美国家参观学习,希望让员工享受到绅士的待遇,感受高品质的生活,从而获得一份自豪感和尊严感。这样做的公司恐怕国内仅有德胜一家。

引例感悟:德胜洋楼把管理当作一种教育,通过制度和文化的反复教育过程,把员工培养成君子,把管理贵族变成了精神贵族。德胜洋楼总裁聂圣哲说过:"德胜的成功是管理的成功,是思想的成果,但究其根本是价值观文化的胜利。"

○ **知识精讲**:

任务一 组织文化概述

一、文化的概念和特征

(一)文化的概念

文化是指人在改造客观世界、协调群体关系、调节自身情感的过程中所表现出来的时代特征、地域风格和民族样式。文化是这样一种很简单、很自然的事情,就如同有两个人都喜欢戴帽子,一个喜欢戴礼帽,一个喜欢戴牛仔帽。这只是个人爱好问题,但如果是千千万万的人都喜欢戴一种类型的帽子,集合在一起就是文化。

(二)文化的特征

文化是人类社会的特有现象。文化萦绕在我们的周围,充斥于我们的生活,无时不有,无处不在。简单来说,文化具有以下主要特征:

(1)多样性。不同的自然、历史和社会条件,形成了不同的文化种类和文化模式,使得世界文化从整体上呈现出多样性的特征。

(2)普同性。普同性表现在不同民族的意识和行为具有共同的、同一的样式。

(3)民族性。文化总是根植于民族之中,与民族的发展相伴相生。通常民族的社会生产力水平越高,历史越长,其文化概念就越丰富,文化精神就越强烈,因而其民族性也就越突出、越鲜明。

(4)继承性。继承性是文化的基础。在文化的历史发展进程中,每一个新的阶段在否定前一个阶段的同时,必须吸收它所有进步的内容,以及人类此前所取得的全部优秀成果。

(5)发展性。文化就其本质而言是不断发展变化的。文化的稳定性是相对的,文化的发展性是绝对的。

(6)时代性。每一个时代都有自己典型的文化,时代的更迭必然对文化产生影响,新的文化取代旧的文化。人类演进的每一个新时代,都必须继承前人优秀的文化成果,将其纳入自己的社会体系,同时又创造出新的文化类型,作为这个时代的标志性特征。

同步案例 12-1　　文化的差异

背景与情境:在一列国际列车上,德国人、日本人、美国人、法国人、中国人在一起旅行。途中上来一位端着鱼缸的客人,缸中鱼种甚为罕见,大家对这种鱼都很好奇。

德国人问:"你能告诉我这鱼的名称吗?它在生物学上是什么类别?"

日本人问："请问这种鱼我们国家能不能引进？在日本的气候、水温、水质条件下，这种鱼能不能生长？"

美国人问："你的鱼是不是从美国弄来的？因为只有美国才有这样的鱼。"

法国人问："你能不能把鱼卖给我？我想在我的卧室里养这样一缸鱼，我女朋友一定会兴奋不已。"

中国人则问："真棒，从来没有见过这种鱼，请问这种鱼怎么做才好吃，清蒸还是红烧？"

问题：

通过案例分析文化对思维方式的影响。

案例精析：

文化一旦形成，就具有深刻的影响力。文化潜移默化地影响着每个人的一言一行，并且以一种自然的方式流露和表现出来。文化带有深刻的印记特征，使我们可以很容易就能感受到文化的差异。

二、组织文化的概念、层次及形式

（一）组织文化的概念

美国著名社会学教授埃德加·H. 沙因认为，组织文化是一种基本的假设图式——由一个特定的团体在学习如何应对外部适应性和内部整合时发明、发现或发展出来。这种假设图式已经被证明很有效，也充分考虑到其价值，因此，作为与这些问题相关的正确的认识、思考和感受方式传授给组织的新成员。

简要来说，组织文化是组织在长期的实践活动中形成的、为组织成员所普遍认可和遵循的且具有本组织特色的价值观念、团体意识、工作作风、行为规范和思维方式的总和。

（二）组织文化的层次

组织文化往往以不同的形式出现，借助一种语言、组织使命、传说、故事、标志和英雄事迹等在组织中传播。所以组织文化可以是多层面的，最基本的层面是组织中员工所拥有的价值观和假设，这被认为是组织文化的本质。

沙因指出，一个组织的组织文化通常有 3 个层次：(1)人工制品(Artifacts)。人工制品是那些外显的文化产品，能够看得见、听得见、摸得着(如制服)，却不易被理解。(2)信仰(Espoused Values)。藏于人工制品之下的便是组织的"信仰"，它们是组织的战略、目标和哲学。(3)基本假设与价值观(Basic Assumptions and Values)。组织文化的核心是早已在人们头脑中生根的且不被意识到的假设、价值、信仰、规范等，由于它们大部分出自一种无意识的层次，所以很难被观察到。然而，正是由于它们的存在，我们才得以理解每一个具体组织事件为什么会以特定的形式发生。这些基本隐性假设存在于人们的自然属性、人际关系与活动、现实与事实之中。

目前，国际上普遍适用的组织文化的 3 个层次分别是物质层、制度行为层、精神层，即由此而来。

1. 物质层

物质层是组织文化的表层部分，它是组织创造的物质文化，是一种以物质形态为主要研究对象的表层组织文化，是形成组织文化制度层和精神层的条件。优秀的组织文化是通过重视产品的开发、服务的质量、产品的信誉以及组织生产环境、生活环境、文化设施等物质现象来体现的。

2. 制度行为层

制度行为层是组织文化的中间层次，把组织物质文化与精神文化有机地结合成一个整体。它主要是指对组织和成员的行为产生规范性、约束性影响的部分，是具有组织特色的各种规章制度、道德规范和员工行为准则的总和。它集中体现了组织文化的物质层和精神层对成员和组织行为的要求。

3. 精神层

精神层即组织的精神文化，它是组织在长期实践中形成的员工群体心理定势和价值取向，是组织的道德观、价值观即组织哲学的综合体现和高度概括，反映了全体员工的共同追求和共同认识。组织精神文化主要是指组织的领导和成员共同信守的基本信念、价值标准、职业道德和精神风貌，是组织价值观的核心，是组织优良传统的结晶，是维系组织生存和发展的精神支柱。

（三）组织文化的形式

从组织文化的形式看，其内容可以分为显性和隐性两大类。

1. 组织文化的显性内容

所谓显性内容，就是指那些以精神的物化产品和精神行为为表现形式的、人通过直观的视听器官能感受到的又符合组织文化实质的内容。它包括组织标志、工作环境、规章制度和经营管理行为等几部分。

(1)组织标志。它是指以标志性的外化形态来表示本组织的组织文化特色，并且与其他组织明显地区别开来的内容，包括厂牌、厂服、厂徽、厂旗、厂歌、商标、组织的标志性建筑等。

(2)工作环境。它是指职工在组织中办公、生产、休息的场所，包括办公楼、厂房、俱乐部、图书馆等。

(3)规章制度。并非所有的规章制度都是组织文化的内容，只有那些可以激发职工积极性和自觉性的规章制度，才是组织文化的内容。

(4)经营管理行为。再好的组织哲学或价值观念，如果不能有效地付诸实施，就无法被职工接受，也就无法成为组织文化。组织在生产中以“质量第一”为核心的生产活动、在销售中以“顾客至上”为宗旨的推销活动、在组织内部以“建立良好的人际关系”为目标的公共关系活动等行为，都是组织哲学、价值观念、道德规范的具体实施，是它们的直接体现，也是这些精神活动取得成果的桥梁。

显性内容主要表现为以上 4 个方面，它们是组织文化的重要组成部分，但它们毕竟是精神的外化，还不是组织文化的根本内容，因此，我们必须进一步研究组织文化的隐性内容。

2. 组织文化的隐性内容

组织文化的隐性内容是组织文化的根本，是最重要的部分。组织文化的隐性内容包括组织哲学、价值观念、道德规范、组织精神几个方面。

(1)组织哲学。组织哲学是一个组织全体职工所共有的对世界事物的一般看法。组织哲学是组织最高层次的文化，它主导、制约着组织文化内容的发展方向。从组织管理史角度看，组织哲学已经经历了“以物为中心”到“以人为中心”的转变。

(2)价值观念。它是人们对客观事物和个人进行的评价活动在头脑中的反映，是对客观事物和人是否具有价值以及价值大小的总的看法和根本观点，包括组织存在的意义和目的、组织各项规章制度的价值和作用、组织中人的各种行为和组织利益的关系等。

(3)道德规范。道德规范是组织在长期的生产经营活动中形成的、人们自觉遵守的道德风气和习俗,包括是非的界限、善恶的标准和荣辱的观念等。

(4)组织精神。它是组织群体的共同心理定势和价值取向,即组织哲学、价值观念、道德规范的综合体现和高度概括,反映了全体职工的共同追求和共同认识。组织精神是组织职工在长期的生产经营活动中,在组织哲学、价值观念和道德规范的影响下形成的。

以上就是组织文化隐性内容的 4 个方面。除此之外,组织文化的隐性内容还包括组织的美学意识、组织心理、组织的管理思维方式等,这些都是我们在进行更深入的研究中要加以注意的。

三、组织文化的特征及功能

(一)组织文化的特征

1. 弗雷德・鲁森斯的组织文化特征

弗雷德・鲁森斯认为,组织文化最重要的特征表现在以下 6 个方面:

(1)观察到的行为规则。员工在组织交往中所表现出来的语言、行为、神情等相关的仪式。

(2)规范。组织中存在的行为标准,如对工作制度的态度是严格遵守还是无视。

(3)主导的价值观。组织提倡并为大多数成员所认同的主要价值观。

(4)组织哲学。组织在如何对待员工和客户方面的信念。

(5)规则。存在与组织发展相关的严格的指导方针。新员工必须学习这些"组织哲学",从而更好地融入组织。

(6)组织的氛围。这是一种整体的感觉,由组织的外在表象、成员互动的方式、成员与客户或组织之外的其他人交往的方式来传达。

2. 周三多的组织文化特征

周三多认为,组织文化的主要特征有以下几点:

(1)超个体的独特性。每个组织都有其独特的组织文化,这是由不同的国家和民族、不同的地域、不同的时代背景及不同的行业特点所形成的。如美国硅谷文化具有"繁荣学术,不断创新;鼓励冒险,宽容失败;崇尚竞争,平等开放;讲究合作,以人为本"的特点。正是这些文化特点,使硅谷成为美国科技产业的发祥地,也是当代高科技企业最集中的地方。

(2)相对稳定性。组织文化是组织在长期的发展中逐步积累起来的,具有较强的稳定性,不会因组织结构的改变、战略的转移而随时变化。

(3)融合继承性。组织存在于社会之中,必然会受到所在社会的文化传统和价值体系的影响,组织文化的发展也必然融合和继承组织文化中的优秀成分。

(4)发展性。这世界唯一不变的就是变化。对于社会是如此,对于组织文化也是如此。用一套不变的文化来应对变化的社会和组织,其效果是很糟糕的。因此,组织文化也必须在继承其优秀合理成分的基础上,不断地根据社会的发展、环境的变迁而逐步深入和发展。

(二)组织文化的功能

在管理实践中,组织文化被认为是组织成员共同的价值观体系,它使组织独具特色,以区别于其他组织。组织文化代表了一个组织内各种由员工所认同及接受的信念、理想、价值观、态度、行为及思想方法、办事准则等，使员工凝聚在一起，帮助他们了解公司的政策。组织文化是组织成员的思想观念、思维方式、行为方式及组织规范、组织生存氛围的总和，既是一种客观存在，又是对客观条件的反映。组织文化代表了组织中不成文的、可感知的部分。

组织文化的功能是指组织文化发生作用的能力，也就是组织在组织文化的导向下对生产、经营、管理所起的作用。组织文化的功能按照它对组织作用的效果，可分为正功能和负功能。组织文化的正功能表现在改善组织气氛、规范组织成员行为、提高组织效能方面；同时也不能忽视组织文化存在的潜在负效应，它对组织是有害无益的，即组织文化的负功能。

1. 组织文化的正功能

(1)组织文化的导向功能。指组织文化能对组织整体和组织每个成员的价值取向及行为取向起引导作用，使之符合组织所确定的目标。

(2)组织文化的约束功能。指组织文化对每个组织员工的心理和行为具有约束和规范的作用。组织文化的约束不是制度式的硬约束，而是一种软约束。

(3)组织文化的凝聚功能。当价值观被该组织员工共同认可后，就会成为一种黏合剂，从各个方面把成员团结起来，产生一种巨大的向心力和凝聚力。

(4)组织文化的激励功能。指组织文化具有使组织成员从内心产生一种高昂情绪和发奋进取精神的效应，它能够最大限度地激发员工的积极性和首创精神。

(5)组织文化的辐射功能。指组织文化一旦形成就较为固定，它不仅会在组织内发挥作用，对本组织员工产生影响，而且也会通过各种渠道对社会产生影响。

(6)组织文化的调适功能。指组织文化可以帮助新进成员尽快适应组织，使自己的价值观与组织相匹配。在组织变革的时候，组织文化也可以帮助组织成员尽快适应变革后的局面，减少因为变革带来的压力和不适应。

2. 组织文化的负功能

(1)变革的障碍。如果组织的共同价值观与进一步提高组织效率的要求不相符合，它就成了组织的束缚。当组织环境经历变革时，根深蒂固的组织文化可能成为组织进一步发展的障碍。

(2)多样化的障碍。一方面管理者希望新成员能够接受组织的价值观，但另一方面组织决策需要成员思维和方案的多样化，一个强势文化的组织要求成员与组织的价值观一致，这就必然导致决策的单调性，抹杀多样化带来的优势。

(3)兼并和收购的障碍。在进行兼并或收购决策时，企业文化的兼容性是兼并行为能否成功的重要影响因素。如果两个组织无法成功整合，那么组织将出现大量的冲突、矛盾乃至对抗。

四、组织文化的分类

根据不同的标准和不同的用途，理论界目前对组织文化有着不同的划分方法，其中，最常见的划分方法有以下两种：

(一)按照组织文化的内在特征来划分

1. 学院型组织文化

学院型组织喜欢雇用年轻的大学毕业生，并为他们提供大量的专门培训，然后指导他们在特定的职能领域内从事各种专业化工作。

2. 俱乐部型组织文化

俱乐部型公司非常重视适应、忠诚感和承诺。在俱乐部型组织中，资历是关键因素，年龄和经验都至关重要。

3. 棒球队型组织文化

棒球队型组织鼓励冒险，招聘时，从各种年龄和经验层次的人中寻求有才能的人，薪酬制度以员工绩效水平为标准。由于这种组织对工作出色的员工给予巨额奖酬和较大的自由度，员工一般都拼命工作。

4. 堡垒型组织文化

堡垒型公司着眼于公司生存。这类公司以前多数是学院型、俱乐部型或棒球队型，但在困难时衰落了，现在想保证企业的生存。

（二）按照组织文化所涵盖的范围来划分

组织作为一个系统，是由各个子系统构成的，各个子系统又是由具有文化创造力的个体组成的。在一个组织中，各种正式的、有严格划分的子系统，或非正式群体，都能够作为一个小整体。从这个角度来说，组织文化可以分为两类：

1. 主文化

主文化（Dominant Culture）体现的是一种核心价值观，它为组织大多数成员所认可。当我们说组织文化时，一般就是指组织的主文化。正是这种宏观角度的文化，使组织具有独特的个性。

2. 亚文化

亚文化（Subculture）是某一社会主流文化中一个较小的组成部分。在组织中，主文化虽然为大多数成员所接受，但是它不能包含组织中所有的文化。组织中有各种小整体，在认同组织主文化的前提下，它们也有自己独特的亚文化。亚文化或者是对组织主文化更好的补充，或者是与主文化相悖，或者虽然与主文化有区别，但对组织来说是无害的，在一定条件下又有可能替代组织的主文化。

此外，按照组织中权力的集中或分散程度，组织文化可分为权力型组织文化、作用型组织文化、使命型组织文化、个性型组织文化。按照组织文化对其成员影响力的大小，组织文化可分为强力型组织文化、策略合理型组织文化、灵活适应型组织文化。按照组织实践和价值观念，组织文化可分为家族型组织文化、保育型组织文化、导弹型组织文化、埃菲尔铁塔型组织文化。

任务二　组织文化的应用

一、组织文化的形成过程

多数优秀的组织文化形成经历了这样一个过程：

首先，创始人对建立一家新企业有想法。满怀对电子产品的热爱和对未来计算机的狂想，史蒂夫·乔布斯和史蒂夫·沃兹一起在自家的小车库里琢磨电脑，他们梦想着能够拥有一台自己的计算机。

其次，创始人带来一个或更多关键人物并建立一个核心群体，这个群体共享一个愿景。

也就是说，核心成员一致性地认为创始人的想法是正确的、有效的，值得冒风险去实现它，值得为之付出时间、金钱和精力。当两人从市场上购得摩托罗拉公司出品的性能良好、价格低廉的6502芯片后，两个狂喜的年轻人回到乔布斯的车库，开始了自己伟大的创新。他们设计了一个电路板，将6502微处理器和接口及其他一些部件安装在上面，再通过接口将微处理器与键盘、视频显示器连接在一起，仅仅几个星期，电脑就装好了。乔布斯的朋友们都被震动了，但他们都没意识到，这个其貌不扬的东西就是世界上第一台个人电脑，会给以后的世界带来多大的影响。

再次，核心成员开始行动，通过筹集资金、获取执照、组成公司、选址、建设厂房等步骤来建立一个组织。1976年4月，史蒂夫·乔布斯、史蒂夫·沃兹和龙·韦恩三人在自家的车库里签署了一份合同，决定成立一家电脑公司。这就是后来"改变世界"的苹果电脑公司。

最后，在组织的建立和发展过程中，有更多的人加入组织。1976年10月，百万富翁马尔库拉慕名前来拜访沃兹和他们的车库，看到这两个年轻人的新产品，马尔库拉这位优秀的电气工程师决心重操旧业，帮助他们把公司大张旗鼓地办起来。他主动帮助他们设计了一份商业计划，给他们贷款69万美元，将自己的命运与两个年轻人联系在一起。有了马尔库拉这样行家里手的指导，有了这笔巨资，"苹果"公司的发展速度大大加快了。

二、组织文化的维系

企业的生存和发展，不但会面临外部环境的变化，在组织内部也面临人员的流动、高层管理者的更迭、组织结构的调整或组织规模的变化等状况，这些因素会对已经创立的组织文化产生冲击和影响。因此，如何维系和传承组织文化就成为管理者工作的重点。

在管理实践中，管理者往往会通过甄选员工、制定制度、设计组织结构和流程、举行仪式等来维系组织文化。在招聘过程中，企业将优先选择那些与组织价值观、组织规范相一致的个体，或者选择没有工作经验的毕业生，然后自己培养，最大限度地使新进员工的目标、看法及价值观与企业一致或匹配。同时，企业还应该将基础的组织规范制度化，一方面使其具有约束成员的效力，另一方面也为成员们学习和应用提供制度依据。在企业的组织架构和经营管理流程方面，充分体现企业文化的相关基础假设和理念，使企业文化深刻融入企业的日常经营管理中，这种潜移默化的效果对于维系组织文化是非常珍贵的。

三、组织成员的接受：社会化

当前，越来越多的组织关注员工加入组织后适应组织文化的过程，即新员工的社会化。沙因认为，组织社会化是新进员工为适应组织角色所需要学习的内容和经历的过程。

（一）员工社会化过程

经典的观点认为，员工社会化的过程可分为三个阶段：职前期、碰撞期和蜕变期。第一阶段包括员工加入组织之前的所有学习活动。第二阶段，新员工了解组织的真实状况，现实与预期之间可能发生冲突。第三阶段，相对持久的变化发生了，新员工已经掌握了工作所需的技能，胜任新角色，并适应了工作群体的价值观和规范。这三个阶段影响到新员工的工作绩效、对组织目标的承诺以及要留在组织的最终决定。其社会化的过程如图12—1所示。

在职前期(Prearrival Stage)，每个人都有一套对工作和组织的价值观、态度和预期。一旦进入组织，新员工就进入碰撞期(Encounter Stage)。在此阶段，个人将会经历期望与现实

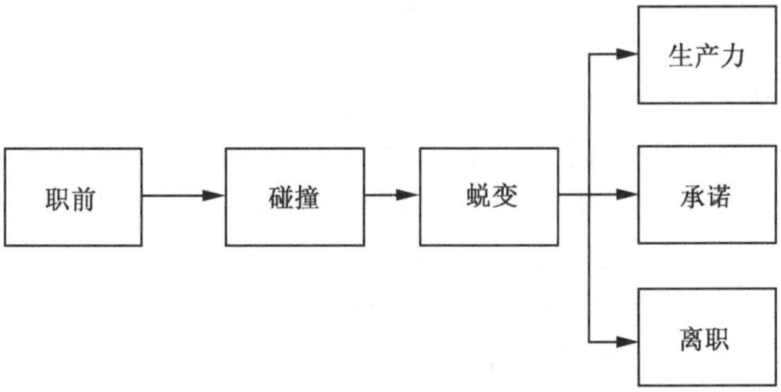

图 12—1　社会化模型

的冲突。如果期望与现实较为一致，员工将会加强已有的价值观；如果期望与现实差异较大，此时员工就需要经历一个社会化的过程，摈弃原有的认知假设，重建符合组织利益的认知假设。组织新成员根据组织文化作出的适应性调整的阶段，称为蜕变期（Metamorphosis Stage）。管理者通常使用一系列的、固定的、剥夺性的项目对新入职员工的差异化行为进行标准化。当新员工对组织和工作感到舒服时，蜕变期和社会化的过程就结束了。此时，他们已理解和接受了组织规范。他们自信能够按组织规则来完成工作任务，他们理解整个工作系统而不仅仅是自己的任务，还包括规则、程序和组织默许的活动，他们了解组织对自己的期望，也知道自己将如何被评估。

（二）组织文化的传递形式

组织文化以多种形式传递给员工，最常用的有故事、仪式、物质象征和语言。

1. 故事

一个企业在发展壮大过程中总会经历许许多多的事件，其中影响比较大的事件常被当作企业神话、英雄传说之类流传下来，这里面蕴含着企业的经营理念和核心价值观，并传达着企业创始人的信念。

2. 仪式

仪式是一系列活动的重复，这些活动能够表达并强化组织的核心价值观，如什么目标是最重要的、哪些人是重要的或哪些人无足轻重。

3. 物质象征

在一个组织中，谁拥有重要的资源和物质，就意味着他在这个组织中的地位和重要性，他的独特能力也就是组织文化所推崇的。因此，物质象征传达了什么才是组织重视的。

4. 语言

语言是人类交流最直接、最常用的方式，也是文化传承的途径之一。作为沟通方式之一，语言承担着重要的传递信息的功能。

四、组织文化的传承与创新

任何一种文化都会面临传承的问题，组织也会因为时代变迁、领导更迭而面临组织文化的传承与变革。企业文化作为企业在生存和发展中摸索出来的一套能够给企业带来成功、给组织成员带来安全和认同感的解决方案，即便在时间推移和环境变化的背景下仍能显示出较强的延续性。但是，随着时间的推移，环境可能发生较大的变化，企业内部领导和多数成员也可能会是新面孔，这些都会对组织固有的文化造成冲击。

（一）组织文化的变革

当管理者发现组织的某些价值观可能会对组织绩效产生破坏性影响时，就应当适时、适度地改变组织文化。改变组织文化是一件非常困难的工作。从各方面来看，现有的组织文化会抵制变革，因为它是组织的基本价值观，被视为天经地义，并通过故事或其他符号得到了有效传播。变革组织文化的本质就是改变人们对于哪些行为适当和哪些行为不适当的基本假定。尽管困难重重，当组织固有文化不能促进企业健康发展时，就不得不变革组织文化。在组织文化变革过程中，有一些非常重要的因素：

1. 符号管理

组织文化的传播有赖于故事和符号。因此，变革组织文化的管理者需要用新文化价值观的故事和传说代替过去的故事和传说。

2. 变革的困难

组织文化变革是一个长期的过程。一个重要的影响因素是，组织成员会不经意间恢复过去的行为模式，即使他已经决定采取新的组织文化。

3. 变革的稳定

组织文化的变革始于变革的需要，经过一个过渡的阶段，在过程中组织要作出采用新价值观和信念的努力。从长期来看，成功实施文化变革的组织会发现新的价值观和信念与旧的一样稳定和具备影响力。价值系统倾向于自我强化，一旦建立就很难改变。因此，如果组织能够利用文化使绩效增加，新的价值观将会保持很长时间。

同步案例 12—2　　美敦力的企业文化变革

背景与情境：美敦力是一家全球领先的医疗科技公司。自 2006 年起，在美敦力大中华区总裁李炳容的领导下，通过强化企业文化建设、优化组织结构、开发系统长效的人才模式、创立一流的员工沟通平台，显著提升了员工凝聚力和运营有效性，促进了持续高速的业务成长。美敦力在企业文化建设和组织结构优化方面实践如下：

一是通过年会等公司大型活动突出企业文化。美敦力视公司年会为统一思想、凝聚人心的重要活动，也是承载企业文化转变和推广年度战略新举措的关键沟通途径。每年，美敦力都会举办为期三天的年会。大中华区总裁亲自挂帅，回顾上一财年业绩，宣传新财年的发展方向和对全体员工的期望。在贯穿年会期间的部门分会上，各部门结合新的战略指示、根据自身的实际情况，确定新财年各部门与组织方向协同一致的工作重点，制订全年具体执行计划。此外，大中华区司歌、公司制服，以及业界重大展会上风格统一的展台，不仅让美敦力人以崭新的、整齐划一的形象出现在客户和合作伙伴面前，更在员工心目中树立了自豪感和归属感。

二是领导层和管理层上下齐心。在企业文化的转变中，领导层和管理层首先深入理解文化转变的意义，并且身先士卒，发挥承上启下的关键作用。配合每年公司的业务发展侧重点，人力资源部开发了针对核心领导团队的领导力训练营和针对管理层的管理训练营，训练的主题契合公司当年年会的主题，并安排在年会前进行。因此，在年会中管理层能够清晰地同所有员工沟通公司的发展方向，有效贯彻并落实会议精神和规划后续行动，使公司的领导层、管理层和一线员工拥有统一的语言，向同一个方向迈进。

三是优化组织架构，发挥内部资源协同效应。美敦力大中华区由内地、香港和台湾三个区域市场及七大业务部门构成。自2006年起，美敦力大中华区成立了业务运营部，实现跨部门资源整合。业务运营部通过成立跨部门委员会以及推广统一的流程和最佳实践，帮助各部门运营能力得到均衡发展。各委员会由各部门相关职能员工构成，职能是统一运营的方向、政策及流程，优化资源并确保执行。

凭借企业文化建设、组织结构优化、人才发展方面的持续变革，美敦力自2007年起连续5年获得20%以上的年销售额增长，员工敬业度和满意度在外部和内部的调查中逐年提升，员工离职率连续数年远低于同行，书写了美敦力大中华区发展史上的辉煌篇章。

问题：

企业文化变革为何能促进美敦力绩效的提高？

案例精析：

年会等公司大型活动，一方面提升了公司的凝聚力，另一方面年会上各级管理者对公司战略、公司年度工作计划的宣传，增强了上下级之间的信息沟通和员工的全局意识；领导层和管理层对于组织文化的理解和宣传，使公司的各项计划能有效贯彻和落实，加强了公司的执行力；通过跨部门资源整合，使资源得到优化，提高了组织运行效率。

（二）组织文化改变的步骤

组织文化改变的步骤：（1）评估现有文化；（2）设置对文化产生冲击的现实目标；（3）雇用有行业经验的外部员工；（4）从上至下地作出改变，使连贯的信息传达到所有的管理团队成员那里；（5）使员工参与到文化改变的过程中，特别是在规则和程序方面作出改变时；（6）去掉所有能提醒员工想起过去文化的外部标识；（7）预计到可能出现的某些问题，并且找出那些宁可遵循旧文化而不愿改变文化的人，尽早接受这些损失；（8）更快、更果断地建立改变的动力，排除新文化所面对的阻力；（9）持久地坚持。

根据沙因在其名著《组织文化与领导》中的说法，如果我们不能够将组织文化作为应对变革的首要资源的话，所谓的组织学习、组织发展、有规划的变革，都将无从谈起。而且，如果管理者对自己的组织文化无意识的话，他们将被动地为文化所左右。文化最好能够为组织的每一个成员所理解，但是，对于组织领导者来说，理解自己的组织文化则是必需的。

五、组织文化的测评

关于组织文化测评的研究，当前有4种代表性观点：一是以沙因为代表的研究者通过实地观察和调查获得原始资料，用面谈等方法进行定性评价；二是以奎恩为代表的研究者主张用量表和问卷进行客观的测量；三是霍夫斯泰德从组织文化的层次结构入手，构建测量组织文化的模型框架；四是加德曼教授从契合度的观点，构建组织文化剖面图。

（一）沙因的测评模式

沙因对文化本质和文化层次等内容进行了分析，特别是提出了组织文化本质的5种深层基本假设：（1）自然与人的关系；（2）现实和真实的本质；（3）人性的本质；（4）人类活动的本质；（5）人际关系的本质。沙因的这一理论成为企业文化研究的重要理论基础。在测量研究方面，他主张定性研究，认为文化不能通过问卷调查来测评，因为并不知道应该问什么，也不能确定回答的可信性和有效性；面对问卷调查，人们说不出深层的价值观和基本假设。文化可以通过个人和小组面谈的过程来测评，这种方式是高效的——文化测评要针对组织的具体问题，否则就没价值。

（二）奎恩的价值框架

美国密歇根大学商学院的奎恩（Quinn）开发的对立价值框架使用纵轴和横轴将组织文化进行区分，纵轴代表从“柔性和适应性”到“稳定性和控制性”，横轴代表从“内部导向”到“外部导向”，由此划分四个象限，每一象限代表一种文化类型，以其最显著的特征命名：宗族型（Clan）、活力型（Adhocracy）、层级型（Hierarchy）、市场型（Market）（如图 12—2 所示）。

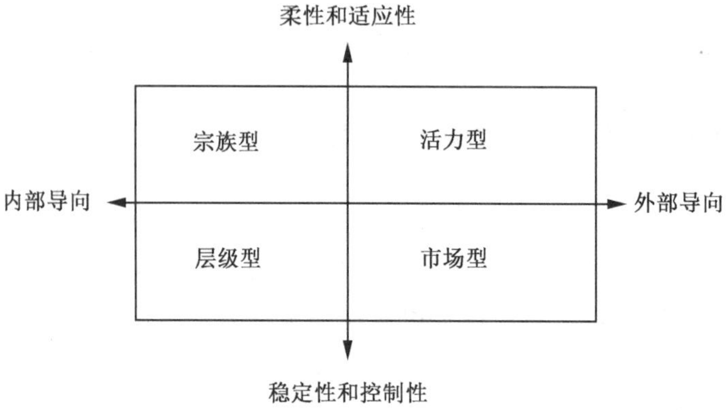

图 12—2 对立价值框架

1. 宗族型文化

组织更像是家族的延伸，领导更像是长辈、导师，忠诚和传承是组织的基础，员工的奉献精神高涨，组织关注员工的长期目标和自我提升。组织成员共享价值观和目标，团结互助。

2. 活力型文化

这种组织文化具有适应性、灵活性和创造性。组织的重点被放在新知识、新产品和新服务的领先优势上，并随时准备迎接变化和新的挑战。

3. 层级型文化

层级型文化出现在一些高度制度化和机构化的工作场所。组织的领导者是优秀的协调者和组织者，维持组织处于顺畅的、运行的状态，告诉人们做什么、怎么做。组织关注的重点是稳定、可预见性和效率。

4. 市场型文化

市场型文化是一个以业绩为重点的文化，重视外部竞争和控制。领导者是铁腕的生产者和竞争者，要求严格乃至苛刻。对于这类组织，成功意味着市场份额和渗透力。超越对手成为市场主宰是企业最主要的指标。

（三）霍夫斯泰德的多维度组织文化测量

霍夫斯泰德是跨文化管理领域的学术泰斗，开创了对工作场所文化的研究，找出了能够解释大范围内文化行为差异的因素，总结并提出了文化差异的 5 个维度：权力距离、不确定性规避、个人主义与集体主义、男性化与女性化以及长期导向与短期导向。

1. 权力距离

权力距离是指组织和团体（比如家庭）中的弱势群体接受与期待权力不平等分配的程度。一个权力距离大的社会认可组织内权力的巨大差异，雇员对权威显示出极大的尊敬；权力距离小的社会则尽可能减少这种不平等，上级虽然拥有权威，但雇员并不恐惧或敬畏老板。

2. 不确定性规避

不确定性规避是指一个社会感受到的不确定性和模糊情景的威胁程度。不确定性规避的表现通常可以从对规则的诉求愿望、对具体指令的依赖、对计划的执行程度的角度来考虑。在高不确定性规避的文化中，雇员乐意接到其主管的具体指令，偏好于回避工作中的模棱两可；而在低不确定性规避的文化中，雇员则以相反方式进行反应。

3. 个人主义与集体主义

个人主义与集体主义是指社会中个人与群体的关系。个人主义指的是一种松散的社会结构，而集体主义则是一种紧密的社会结构。重视个人主义的文化倾向于强调个人权利与自由，关注自尊，对人的职业和个人酬劳尤为重视。集体主义者推崇成员之间的和谐，强调个人感情服从团队整体利益。美国崇尚个人主义文化，日本则崇尚集体主义文化。

4. 男性化与女性化

"男性化"倾向是指社会中两性的社会性别角色差别清楚，男人应表现得自信、坚强、注重物质成就，女人应表现得谦逊、温柔、关注生活质量；"女性化"倾向则是指社会中两性的社会性别角色互相重叠，男人与女人都表现得谦逊、恭顺、关注生活质量。

5. 长期导向与短期导向

长期导向的文化关注未来，重视节俭和毅力，做事要坚持以达到目标，对社会关系和等级关系敏感，愿意为将来投资，接受缓慢的结果。短期导向的文化关注过去和现在，人们尊重传统，关注社会责任的履行，此时此地才是最重要的。

（四）加德曼的组织文化剖面图

美国加州大学的加德曼（Chatman）教授为了从契合度的途径研究"人—组织契合"与个体有效性（如职务绩效、组织承诺和离职）之间的关系，构建了企业价值观的 OCP（Organizational Culture Profile）量表。

OCP 量表的测量项目通过对学术和实务型文献的广泛回顾来获得。完整的 OCP 量表由 54 个测量项目组成 7 个维度，分别是革新性、稳定性、尊重员工、结果导向、注重细节、进取性和团队导向。

在西方"人—组织契合"的研究文献中，OCP 是最常用的企业价值观测量量表之一。OCP 量表在我国台湾和香港地区也有一定的影响。中国台湾的郑伯埙和北京师范大学心理研究所同中国企业文化测评中心合作进行的组织公民行为（OCB）与企业文化关联性的研究，其理论来源也与加德曼教授的 OCP 量表有很大关联。

应知考核

一、单项选择题

1. 组织文化的中间层次是（　　）。

A. 物质层　B. 制度行为层　C. 精神层　D. 价值观念层

2. 新进员工为适应组织角色所需要学习的内容和经历的过程被称为（　　）。

A. 新员工培训　B. 招聘预览　C. 组织同化　D. 员工社会化

3. 开发对立价值框架使用纵轴和横轴对组织文化进行区分的美国学者是（　　）。

A. 沙因　B. 奎恩　C. 霍夫斯泰德　D. 加德曼

4.（　　）是指组织文化可以帮助新进成员尽快适应组织，使自己的价值观与组织相匹配。

A. 组织文化的凝聚功能　B. 组织文化的激励功能
C. 组织文化的辐射功能　D. 组织文化的调适功能
5.(　　)是一个组织全体职工所共有的对世界事物的一般看法。
A. 组织哲学　B. 价值观念　C. 道德规范　D. 组织精神

二、多项选择题

1. 文化具有的主要特性有(　　)。
A. 多样性　B. 普同性　C. 民族性　D. 继承性
2. 国际上普遍适用的组织文化的3个层次分别是(　　)。
A. 综合层　B. 物质层　C. 制度行为层　D. 精神层
3. 霍夫斯泰德总结并提出了文化差异的维度包括(　　)。
A. 权力距离　B. 不确定性规避
C. 个人主义与集体主义　D. 男性化与女性化
4. 奎恩的价值框架包括(　　)。
A. 宗族型　B. 活力型　C. 层级型　D. 市场型
5. 在组织文化变革过程中,非常重要的因素是指(　　)。
A. 符号管理　B. 变革的困难　C. 变革的稳定　D. 变革的资源

三、判断题

1. 多样性是文化的基础。(　　)
2. 组织文化的概念是由美国著名社会学教授埃德加·H. 沙因提出的。(　　)
3. 国际上普遍适用的组织文化的3个层次为物质层、制度行为层、精神层。(　　)
4. 物质层是组织价值观的核心,是维系组织生存和发展的精神支柱。(　　)
5. 当我们说组织文化时,一般就是指组织的主文化。(　　)

四、简述题

1. 简述文化的概念和特征。
2. 简述组织文化的概念。
3. 简述组织文化的形式。
4. 简述组织文化的特征及功能。
5. 简述组织文化改变的步骤。

应会考核

■ 观念应用

【背景资料】

莫扎特一曲压"群魔"

朱利安尼曾被认为是有史以来最具"创意能力"的纽约市长。因为在其任内,他完成了一桩令历任市长都头疼不已的"不可能的任务":他只花了一年的时间,就将纽约犯罪率最高的中央地铁站的案发率降低了33%。更让人敬佩的是,他仅仅用了一招,就出奇制胜。

面对案发率越来越高的纽约高密度人群聚集地——纽约中央地铁站,朱利安尼调整了全站的背景音乐系统,开始24小时不间断地播放莫扎特的典雅梵音。

结果,这些不绝于耳的莫扎特贵族音乐,彻底地摧毁了地铁站原有昏暗的、混乱的"犯罪空气"。那些小偷堵不住耳朵,在莫扎特的音乐中不由自主地觉得行窃的氛围不对了;争强斗狠的黑帮老大们更是觉得无趣,在莫扎特的音乐中聚众械斗,无论怎么叫喊冲杀也欢快不起来。久而久之,中央地铁站的闲杂人员变得越来越稀少,而朱利安尼呢,没有派一兵一卒,仅靠一个莫扎特就摆平了全纽约最头疼的"犯罪之渊"。

【考核要求】

请结合背景资料,体会文化建设贵在润物细无声的道理,分析故事蕴含的哲理。

■ 技能应用

迪士尼的成功——企业文化的力量

如果你要寻找美国企业中的佼佼者,佛罗里达州的迪士尼世界(也称迪士尼乐园)无疑是有史以来最出色的。在忙碌的夏季,一天中最少也有10多万人次光临迪士尼世界,乐园在2002年接待了大约2 300万来自世界各地的旅游者,总收入达7.3亿美元。到底是什么吸引了这么多游客,并达到如此高的收入呢?一句话,就是乐园的注册商标"米老鼠"具有不可抗拒的魔力。

如何能够维持这一处装扮出来的景色长盛不衰呢?人们见到的是一座巨大的舞台,但是要使这座舞台真正活跃起来却需要表演,迪士尼公司优于他人之处就是训练其工作人员在这座舞台上进行逼真的表演。

迪士尼公司没有人事部门,招聘工作由演员中心负责,每位新受雇的人员都必须先在沃尔特·迪士尼大学中接受传统方式的培训。迪士尼公司精心安排训练的每一个细节,目的是要使其工作人员明了,迪士尼世界首先是一个表演企业。

每天的训练总从赞扬式的回顾开始,当训练员在班上讲述米老鼠、白雪公主等这些奇妙的形象时,他们是在向新来的人敞开沃尔特·迪士尼有关这座梦幻王国的想象。训练员制造一种气氛,似乎沃尔特本人就在房间里,正欢迎新的工作人员来到他的领地,其目的是使这些新的工作人员感到自己是这位乐园奠基人的合作者,和他共同来创造世界上最美妙的地方。一家大公司向其工作人员灌输本身的价值,恐怕没有比迪士尼乐园更好的办法了。

员工们首先需要学习的是对游客友好、客气、彬彬有礼、有求必应,要让他们觉得来到迪士尼世界所花费的美元是值得的,然后才是学习怎样在生动活泼的表演中充当一名演员。培训本身也是一种演出,或者严格一点说是一种彩排,是由训练员口传身授的,让每一个人明确他在表演中扮演的角色。在传统的培训方式完成之后,新的工作人员进入乐园实习3天。

员工们必须牢记,从来到大街的那一刻起,就登上了舞台,要记住你所扮演的人物要说的话,记住当人们在市政大厅门前时,你要给他们讲些什么,记住你要笑容满面,记住你在帮他们消磨时间,这些都是头等重要的大事。对于迪士尼的人员来说,列队通过大街是最长和最苦的差事,但他们的步伐、姿势整齐一致,对于游客来说实在是一种地道的款待。乐园强调,不在演员名单上的人,绝不允许偷看任何除掉面具的角色,那种头戴面具的印象必须永远保持,这些演员接到指示在任何情况下都不准破坏角色的形象。

迪士尼世界的全部舞台实际是在舞台之下,乐园之下的地面一层被称为地下乐园的隧道网络，设置在这条地下隧道中的是一个控制灯光的计算机中心、一家为工作人员开放的咖啡店和一处藏衣室。每天一早干干净净的戏装提供给演员，由于众多的节目和大量的库存，这里是世界上最大的藏衣室。躲在这谢绝一切游人的地下隧道中，工作人员可以吸烟、进餐、喝水和化妆，一般来说，也可以像在真实的天地中那样自如地行动。然而，他们一旦被送出隧道，穿过僻静角落中不显眼的门洞进入上面的魔幻王国，就再次来到舞台之上，进行人们预期的表演。

收获是显而易见的，这一魔幻王国很快就成了一个童话世界。

时间流逝，但这里仍盛况空前，人们被这里的魔幻气氛所吸引，不断涌来，而一旦步入园内就会忘乎所以，仿佛真的回到了童年时代。

【技能要求】

1. 请总结迪士尼企业文化的特点。

2. 请借鉴迪士尼的经验，设计一个具体化的企业文化方案。

■ 案例分析

【情境与背景】

生生不息的华为文化

华为成立于1988年。经过10年的艰苦创业，华为就建立了良好的组织体系和技术网络，市场覆盖内地，并延伸到中国香港、欧洲、中亚地区。在发展过程中，华为一直坚持以“爱祖国、爱人民、爱公司”为主导的企业文化，发展民族通信产业，连续3年获得深圳市高科技企业综合排序第一，1995年获得中国电子百强第26名。1996年产值达26亿元，1997年超过50亿元，1999年达到120亿元，此后一路攀升。

目前，华为在大容量数字交换机、商业网、智能网、用户接入网、SDH光传输、无线接入、图像多媒体通信、宽带通信、高频开关电源、监控工程、集成电路等领域的相关技术上，形成一系列突破，研制了众多拳头产品。华为的无线通信、智能网设备和SDH光传输系统正在大批量装备我国的通信网。华为不仅在经济领域取得了巨大发展，而且形成了强有力的企业文化。因为华为人深知，文化资源生生不息，在企业物质资源十分有限的情况下，只有靠文化资源、靠精神和文化的力量，才能战胜困难，获得发展。

一、民族文化、政治文化企业化

华为人认为，企业文化离不开民族文化与政治文化，并以此来约束和发展企业高中层管理者，以高中层管理者的行为带动全体员工的进步。华为管理层在号召员工向雷锋、焦裕禄同志学习的同时，又奉行绝不让“雷锋”吃亏的原则，坚持“以物质文明巩固精神文明，以精神文明促进物质文明”的政策。华为把实现先辈的繁荣梦想、民族的振兴希望、时代的革新精神作为华为人义不容辞的责任，铸造华为人的品格，坚持抱负的牵引原则、实事求是的科学原则和艰苦奋斗的工作原则，使政治文化、经济文化、民族文化与企业文化融为一体。

二、双重利益驱动

华为人坚持为祖国昌盛、为民族振兴、为家庭幸福而努力奋斗的双重利益驱动原则。这是因为，没有为国家的个人奉献精神，就会变成自私自利的小人。随着现代高科技的发展，只有坚持集体奋斗不自私的个体，才能组成一个团结的集体。同样，没有促成自己过体面生活的物质欲望，没有以劳动来实现欲望的理想，就会因循守旧、故步自封，进而滋生懒惰。因此，华为提倡欲望驱动、正派手段，使群体形成蓬勃向上、励精图治的风尚。

三、同甘共苦，荣辱与共

“团结协作、集体奋斗”是华为企业文化之魂。成功是集体努力的结果，失败是集体的责任，不将成绩归于个人，也不把失败视为个人的责任，一切都由集体来共担。“官兵”一律同甘共苦，除了工作上的差异外，华为人的高层领导不设专车，吃饭、看病一样排队，付同样的费用。在工作和生活中，上下平等，不平等的部分已用工资形式体现。华为无人享受特权，大家同甘共苦，集体奋斗，任何个人的利益都必须服从集体的利益，将个人的努力融入集体奋斗之中。“自强不息，荣辱与共，胜则举杯同庆，败则拼死相救”的团结协作精神，在华为得到了充分体现。

四、“华为基本法”

从1996年初开始，公司开展了“华为基本法”的起草活动。“华为基本法”总结、提升了公司成功的管理经验，确定华为二次创业的观念、战略、方针和基本政策，构筑公司未来发展的宏伟架构。华为人依照国际标准建设公司管理系统，不遗余力地进行人力资源的开发与利用，强化内部管理，致力于制度创新，优化公司形象，极力拓展市场，建立具有华为特色的企业文化。

【分析要求】

请体会华为的企业文化，并总结华为企业文化的特点。

项目实训

【实训内容】

写作一份组织文化建设方案。

【实训目标】

培养分析与建设组织文化的能力。

【实训组织】

根据所学知识以及从实际企业获得的信息资料，研讨并确定本模拟公司的管理理念与组织文化。

1. 结合本模拟公司的实际，论证应以何种理论作为管理的理论依据。
2. 本模拟公司应树立哪些先进的管理理念?
3. 对本模拟公司的文化建设提出各种设想，并制订建设方案。
4. 班级组织一次交流，每个模拟公司推荐两名成员谈谈管理的理论依据，并由“总经理”谈公司的文化建设方案。

【实训成果】

1. 每个人写出一份论证应以何种理论作为管理的理论依据的简要材料。
2. 每个模拟公司提交一份公司管理理念与文化建设方案。
3. 根据各模拟公司所交材料及学生在交流中的表现评定成绩。
4. 评分采用学生和老师共同评价的方式，并完成实训报告。

《写作一份组织文化建设方案》实训报告		
项目实训班级：	项目小组：	项目组成员：
实训时间：　　年　　月　　日	实训地点：	实训成绩：
实训目的：		
实训步骤：		
实训结果：		
实训感言：		